진화경제학

THE MIND OF THE MARKET

by Michael Shermer

| 진화하는 경제의 흐름을 읽는 눈 |

진화경제학

Mind of Market

| 마이클 셔머 지음 | 박종성 옮김 |

한국경제신문

추운 겨울날 호저 여러 마리가 온기를 나누기 위해 서로 엉켜 붙어 있었다. 그러자 가시털이 서로를 찔렀다. 그들은 떨어져 앉아 있어야 했다. 붙었다 떨어졌다 반복하기를 여러 차례, 드디어 그들은 어느 정도의 거리를 두는 게 최선책임을 깨달았다. 우리가 사는 사회 역시 인간이라는 호저들을 서로 한데 묶으려는 경향이 있다. 그렇지만 그 결과는 서로의 가시에, 쉽사리 화합할 줄 모르는 각자의 천성에 찔려 상처입고 뒤로 물러나는 것이다. 결국 사람들은 적당한 간격 유지야말로 공존의 유일한 조건임을 알게 된다. 그리고 이를 정중함과 예절의 표준으로 삼게 되는 것이다.

— 아르투르 쇼펜하우어(Arthur Schopenhauer)
《수필과 이삭줍기(Parerga and Paralipomena)》 중에서

위기의 경제를 극복하고
희망찬 미래를 그려줄 경제학
— 글로벌 위기와 다윈 탄생 200주년 그리고 진화경제학

어떤 책에 대한 서평을 부탁받았을 때, 그 저자에 대해 잘 모르는 경우란 거의 없었다. 적어도 지금까지는 그랬다. 그런데 이번 책은 달랐다. 번역가가 경제서라며 건넨 책의 저자는 내게 사전 정보가 없는 인물이었다. '마이클 셔머? 경제학자들 가운데 그런 이름은 없는데.' 이런 생각부터 들었다.

순간 한 사람이 떠올랐다. UFO와 음모론 그리고 각종 미신과 사이비(似而非) 과학에 대한 가차없는 공격으로 유명한 심리학자이자 생물학자. 과학을 지키는 용감한 투사라는 평가를 받는가 하면, 일부 종교 근본주의자들로부터 공적으로 낙인찍히기도 한 사람. 《왜 사람들은 이상한 것을 믿는가》, 《왜 다윈이 중요한가》로 국내에도 잘 알려진 인물.

그런데 그가 경제학을 논한다? 책을 자세히 들여다보기도 전에 호기심부터 일었다. 한참 책을 읽고 나니 궁금증이 풀렸다. 어떻게 그의 관심사가 경제학으로 옮겨왔는지, 정확히 말하면 왜 확장될 수밖에 없었는지 이해되었다.

요즘처럼 경제학에 대한 신뢰가 바닥에 떨어진 적은 없었다. 신용 등급으로 치자면 서브프라임 모기지(비우량 주택담보대출) 관련 파생상품의 그것보다도 형편없을 것이다. 이유는 간단하다. 미쳐 돌아가는 시장을 진단하고 예측하는 데 경제학이 근본적인 한계를 드러내고 있기 때문이다. 진단이나 예측은커녕, 일이 벌어지고 난 뒤의 해석조차 힘겨워하고 있다.

도대체 왜 이토록 시장이 미쳐 돌아가는 걸까? 누구나 궁금해하는 이 질문에 경제학자들이 명쾌하게 대답하지 못하는 데는 다 이유가 있다. 전통적 경제학에서는 이런 유형의 질문 자체가 성립되지 않기 때문이다. 경제학이 합리적 인간과 효율적 시장을 가정하는 한 미쳐 돌아가는 시장이란 존재하지 않는다(장담컨대 최근의 글로벌 위기를 넘기고 나면, 이 상황이 얼마나 합리적이었는지를 규명하는 경제학자들의 작업이 줄을 이을 것이다).

다행스럽게도 지난 몇십 년 동안 이러한 대중의 궁금증과 경제학의 무능력 사이의 간극을 메우려는 시도가 많았다. 그 중에서도 가장 성공적인 것이 '행동경제학'과 '진화경제학'이다. 이 두 경제학은 기존의 경제학에 각각 심리학과 생물학을 접목시킨 것이다. 사람들의 인식과 행동이 오랜 세월 어떻게 상호작용을 해왔는지, 그 과정에서 어떻게 시장이 왜곡될 수 있는지 규명했다. 이로써 이 분야의 연구자들은 시장에서 벌어지는 이상 현상에 대해 생명력을 불어넣는 데 성공했다.

그 가운데 진화경제학은 찰스 다윈이 제창한 진화론의 기본 개념을 차용했다. 진화 과정은 단순히 생명체에서만 나타나는 게 아니다. 인간이 만들어낸 모든 것, 리처드 도킨스가 말한 '밈(meme)' 또한 진화한다. 시장도 밈이다. 따라서 진화한다. 사실 1859년 다윈이 진화론을 주창한 이래 사회과학은 줄곧 그것을 차용해왔다. 경제학 분야도 마찬가지다. 예를 들어 알프레드 마셜의 한계 이론은 진화론의 기본 가정 일부를 차용한 것이라고 봐야 한다. 이런 움직임은 한때 우량학 같은 샛길로 빠져 집중 포화를 맞기도 했지만, 이제 다시 전성기를 맞을 차례다. 진화경제학은 아예 진화론의 토대 위에 자리 잡은 경제학이다.

특히 올해는 다윈 탄생 200주년이 되는 해다. 진화론처럼 오랜 세월 논란이 끊이지 않고 수시로 재평가받는 이론도 없을 것이다. 요즘에는 심지어 초기에 거부되었던 진화론의 일부 가설들까지도 학계에서 다시 수용할 정도다. 그리고 보면 마이클 셔머의 진화경제학에 대한 관심 또한 다윈에 대한 신뢰에서 비롯되었을 것이다. 그는 대중의 어리석음과 시장의 광기를 설명하는 도구로 다윈의 진화론을 능숙하게 이용한다. 진화의 과정에는 돌연변이와 적자생존 그리고 자연선택이 필수적으로 나타난다. 그리고 그것은 시장에 그대로 적용된다. 그는 이 진화의 메커니즘을 이용해 유독 돈 앞에서 비이성적이 되는 인간의 비합리성과 시장의 비효율성을 흥미롭게 설명한다.

마이클 셔머에 따르면 기존 경제학이 권위를 잃게 된 가장 큰 이유는 '물리학'의 방식을 차용했기 때문이다. 경제학자들은 각종 수식과 통계 그리고 하나의 체계를 통해 대중과 시장을 이해하려고 했다. 경제 시스템을 완벽한 하나의 틀로 설명할 수만 있다면, 시장의 움직임도 정확히 예측할 수 있다고 본 것이다. 그러나 시장의 마음은 물리학의 세계처럼 질서정연하지 않다. 오히려 '생물학'의 세계에 가깝다. 예측은 물론 해석조차 쉽지 않다. 시장은 관행이나 제도처럼, '인간이 오랫동안 축적해온 산물'에 의해 '진화'한다. 따라서 그것들이 시장에서 벌어지는 이해할 수 없는 상황에 대한 가장 좋은 해석재료다.

경제학자가 아니라 심리학자이자 생물학자가 이 책을 썼다는 것은 축복이다. 경제학자였다면 진화경제학을 경제학의 변방에서나 잠깐 유행할 이론 정도로만 다뤘을 것이다. 하지만 마이클 셔머는 놀랍도록 깊고 풍부한 심리학과 생물학 지식을 토대로 경제학의 기존 지식들을 완전히 해체하고 새롭게 재정립한다. 무엇보다 이 책은 대중이 혼란에 빠지고 시장이 무너져 내리는 글로벌 위기 상황에 부합하는 주장들로 가득 차 있다. 경제사 곳곳에 등장하는 수많은 사건들을 설명하기에 심리학의 분석과 생물학의 발견만한 것도 없다. 게다가 다윈 탄생 200 주년에 맞춘 진화론의 재평가까지, 미친 세상을 이해하는 데 이보다 완벽한 도구와 타이밍이 어디에 있겠는가.

이 책을 다 읽고 나면 진화경제학을 이해할 수 있게 되고 시장의 흐름에 대한 눈이 떠진다. 지극히 현실적인데도 기존의 경제학이 외면했던 경제 원리의 상당 부분을 깨닫게 된다. 마이클 셔머는 심리학과 생물학을 공부하기 전 한때 신학도였다. 자전거에 빠져 사이클 선수 생활을 하기도 했다. 이 부분에서 여러분은 다시 고마워할 것이다. 저자가 종교에서 과학으로, 자전거에서 경제학으로 돌아와준 것을. 동시에 자전거에 쏟아부을 시간을 아껴가며 번역을 해준 번역가에게도 고마움을 느끼게 될 것이다(그는 저자와 자전거에 대한 애정을 공유한다는 점에서 흥미를 느꼈을 것이 틀림없다).

김방희

(생활경제연구소장, KBS 제1라디오 〈성공예감, 김방희입니다〉 진행자)

| 차례 |

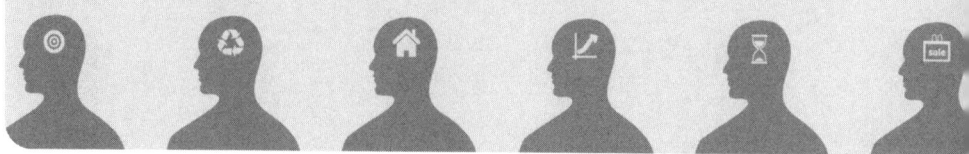

경제학, 모두를 위한 과학

마태복음 25장 14절부터 29절까지 예수가 말한 달란트의 비유에서 마지막 문장은 다음과 같다.

"무릇 있는 자는 받아 풍족하게 되고, 없는 자는 그 있는 것까지 빼앗기리라."

앞뒤 문맥을 거두절미하고 보면 이 문장이 온순한 자가 땅을 물려받으리라고 천명한 예언자의 말이라고는 믿어지지 않을 것이다. 그러나 문맥을 고려해서 살펴보면 예수의 이 말은 누군가가 적절하게 돈을 투자—달란트(talent)가 재능이라는 말임에 유의하라—한다면 더 많은 부를 창출할 것이라는 의미로 읽힌다.

5달란트를 받은 하인은 투자를 해서 돈을 불린 다음 주인에게 10달란트를 주었고, 2달란트를 받은 하인도 투자를 해서 주인에게 4달란트를 쥐어주었다. 그러나 1달란트를 받은 하인은 땅 속에 묻어 보관하다가 그대로 주인에게 돌려주었다. 주인은 이 '위험을 회피(risk-averse)'한 하인에게 명령하기를, 5달란트를 받아 2배로 늘린 하인에게 그 1달란트를 주라고 했다. 그래서 금전 감각이 있는 하인은 이미 가장 많은 돈을 갖게 되었음에도 1달란트를 더 벌게 되었다. 이게 바로 부자가 더 큰 부자가 된다는 진실이다.

예수가 진정 말하고 싶었던 것은 이런 식의 적절한 투자처 선택에 관한 경제학적인 비유 이상이었을 것이다. 그러나 나는 이 이야기를 시장의 마음에 관한 우화로 채택하고 싶다. 1960년대에 과학사회학자인 로버트 머튼(Robert K. Merton)은 과학 아이디어들이 아이디어 시장에서 어떻게 발굴되고 신뢰를 얻는지에 대한 폭넓은 연구를 한 적이 있다. 과학을 하나의 시장으로 다룬 이 연구 결과를 보면 저명한 과학자일수록 유명세에 힘입어 더 큰 신뢰를 받는 것으로 나타났다. 반면에 소장학자나 대학원생들은 그들이 실제로 대부분의 작업을 맡아 했다 하더라도 크게 주목을 받지 못했다.[1] 이와 유사한 사례로, 어떤 혁신적인 생각이나 창의적인 인용구도 웬만하면 관련 분야의 가장 저명한 인사에게서 나온 것으로 치부해버리는 경향을 들 수 있다.[2]

머튼은 이것을 '마태 효과(Matthew Effect)'라고 불렀다. 시장에서는 그것을 '누적적 이점(Cumulative Advantage)'이라고 한다. 나는 그 현상을 보다 폭넓은 경제적 맥락 안에 두면서 '베스트셀러 효과(Bestseller Effect)'라고 지칭했다.

어떤 제품이 출시되자마자 판매에서 호조를 보인다고 하자. 그러면 그것은 일반 소비자에게 신호를 보낸다. 즉, 남들도 이 제품을 원하고 있고 그렇기 때문에 필시 좋은 제품일 것이라는 생각을 하게 만드는 것이다. 그렇게 되면 그 제품을 갖고자 하는 욕망이 생기면서 결국 더 많은 구매가 일어난다. 이는 다시 다른 소비자들에게 더 강력한 신호를 보내며 신호를 받은 이 사람들 역시 반드시 사야겠다는 마음을 먹게 한다. 일이 이렇게 되면 이 제품의 베스트셀러 순위는 올라가게 마련이다.

기업경영 쪽에 몸담고 있는 사람이라면 누구나 이 효과를 알고 있을 것이다. 이를테면 작가들이나 출판업자들이 기를 쓰고 『뉴욕타임스(New York Times)』 베스트셀러 순위에 자신의 책을 올리려고 하는 이유가 여기에 있다. 한 번 그 목록에 올라가면 서점에서는 그 책들을 '베스트셀러' 용 서가에 진열해놓는다(이따금씩 '뉴욕타임스 베스트셀러' 라는 표찰까지 붙여놓는다). 그리고 서점 앞에 책을 땔감용 장작처럼 쌓아놓는다. 이는 서점에 들른 잠재적인 책 구매자들에게 좋은 읽을거리라는 신호가 되고, 그 결과 판매 부수는 증가한다. 그렇게 되면 다시 이 사실이 『뉴욕타임스』 북 리뷰 편집자에게 알려지고, 그는 이 책을 베스트셀러 순위의 맨 위로 쑥 뽑아 올린다. 이는 다시 다른 서적 도매상들에게 책을 구매하라는 신호가 되고 그들은 대량 주문을 한다. 그러고 나면 이 도서는 베스트셀러 순위에 장기적으로 자리 잡게 되며 수순처럼 더욱 더 많이 팔린다. 이런 식으로 선순환을 계속하게 되면 이미 돈을 엄청나게 번 이 책의 작가는 더 부자가 된다.[3]

베스트셀러 효과를 계량화하기 위해 컬럼비아대학교 사회학과의 던컨 왓츠(Duncan Watts) 교수와 그의 연구 협력자들인 매튜 샐가닉(Matthew Salganik) 그리고 피터 닷즈(Peter Dodds)는 인터넷에 기반을 둔 실험을 했다. 1만 4,000명의 피실험자들을 한 웹사이트에 등록하게 했고, 거기서 그들에게 무명밴드들의 노래를 다운로드해 들어본 후 점수를 매기도록 주문했다.[4]

이들 중 한 그룹에게는 노래와 밴드의 이름만 알려주었고 다른 그룹 참가자들에게는 노래가 얼마나 많이 다운로드되었는지, 그 상황을 볼 수 있도록 했다. 연구자들은 이를 '사회적 영향력' 조건이라 불렀다. 그들은 얼마나 많은 사람들이 어떤 노래를 다운로드했는가를 아는 것이 피실험자가 그 노래를 다운로드할지 말지를 결정하는 데 영향을 주는지 알아내려고 했기 때문이다.

예측한 대로 참가자들은 다운로드 횟수에 영향을 받았다. 다운로드 횟수가 많은 노래를 더 많이 다운로드한 것이다. 반면 다운로드 횟수를 볼 수 없었던 첫 번째 그룹 참가자들의 음악 선호도는 대단히 자유로운 분포를 보였다.[5]

물론 이런 결과가 나왔다고 해서 어떤 노래나 책, 기타 제품들이 고유하게 갖고 있는 품질의 중요성이 무시되거나 부인되는 것은 분명 아니다. 당연히 그것도 중요하고, 중요도 역시 측정 가능하다. 그러나 다른 소비자가 매긴 평가를 바탕으로 갖게 된 주관적인 소비자 선호도는 자주 제품의 품질에 근거한 객관적인 평가 결과를 압도하는 것으로 드러났다.

이런 평가, 등급 매기기, 베스트셀러 순위를 가지고 거래하는 시장은 스스로 의지를 가지고 작동하는 것처럼 보인다. 마치 어떤 집합적인 유기체처럼 말이다. 이것이 우리가 이 책에서 살펴보게 될 많은 효과들 중의 하나다. 이 효과들은 우리의 의지가 시장에 얼마나 큰 영향을 주는가를 나타내는 것이다. 또한 보다 넓은 의미에서 시장 스스로가 어떤 식으로 의지를 갖고 있는지를 보여준다. 베스트셀러 효과와 관련해서, 진화론적인 교훈을 담고 있는 또 다른 경제 우화 하나를 살펴보자.

● 은행가의 역설

당신은 지금 대출자금을 넉넉하게 확보하지 못하고 있는 은행의 은행주다. 그런데도 당신이 신용도가 취약한 사람에게 대출을 해준다는 것은 엄청난 도박이다. 만일 그들이 채무를 지지 않는다면 당신은 파산할 것이기 때문이다.

이 이야기는 한 가지 역설을 만들어낸다. 돈이 가장 절실하게 필요한 사람들은 신용도가 낮기 때문에 대출을 받지 못하는 반면, 돈이 거의 필요없는 사람들의 신용도는 높다. 여기서도 부자가 더 큰 부자가 된다는 진리가 증명된다. 진화심리학자인 존 투비(John Tooby)와 레다 코스미데스(Leda Cosmides)는 이를 '은행가의 역설(banker's paradox)'이라고 부른다. 그들은 이 역설을 보다 심원한 진화론적 문제인 '우리는 누구에게 우리의 우정을 베풀 것인가?'라는 것에 적용시킨다.

그들은 이렇게 말한다.

"은행가의 역설은 우리의 영장류 조상들이 직면했던 심각한 문제와 유사하다. 우리의 수렵채집자 조상들의 신용이 나빠진 순간은 누군가의 도움을 가장 절실히 필요로 했던 때였다. 그런데 이런 이유로 그들은 그닥 매력적이지 않은 원조 수혜자로 남들에게 비쳐졌다."[6]

만일 우리의 삶을 경제로 생각한다면, 그리고 재화—여기에는 특별히 우정도 포함시킬 수 있다—가 누군가를 도울 수 있는 그 무엇이라 생각한다면, 도움 받을 사람들의 신용도를 평가할 때 우리는 은행가의 역설 논리에 따라 어려운 결정을 내려야 할 것이다. 그리고 여기서 풀어야 할 보다 큰 문제가 있다면 바로 이타주의다. "왜 나는 나의 유전자를 다른 사람의 유전자를 위해 희생시켜야 하는가?"라는 문제다. 좀 더 기술적으로 말하자면 이타적 행동은 다른 누군가의 번식 성공률을 높이는 반면 나 자신의 번식 성공률은 낮추는 것이다.

표준 이론에 따라 이타주의의 2가지 진화적 경로를 설정해볼 수 있다. 동족선택(피는 물보다 진하다)과 상호적 이타주의(네가 내 등을 긁어주면 나도 네 등을 긁어주마). 즉, 내 동족과 친족을 도우면서 더 나아가 내 이타성에 보답할 수 있을 것 같은 사람들에게까지 도움의 손길을 뻗침으로써 나 자신을 돕는다는 것이다. 그래서 이타주의적 경향을 보이는 사람들도 어느 정도는 '선택' 행위를 한다. 재화가 한정되어 있는 상태에서 모든 사람을 다 도울 수는 없기 때문이다.

이때 우리는 신용 위험도를 산정한다. 그 결과 어떤 사람들은 다른 사람들보다 신용도가 높게 나타난다. 여기에 다시 은행가의 역설이 자리한다. 즉, 도움을 가장 많이 필요로 하는 사람이 가장 적게 도움을 받을 가능성이 높다. 역시 여기서도 부자가 더 큰 부자가 되는 것이다. 그러나 항상 그런 것은 아니다. 왜냐하면 좋은 때만 친구인 사람들은 가식적인 이타주의자들이기 때문에 결정적으로 상황이 다급해지면 우리를 외면한다. 이와는 대조적으로 진정한 친구들은 나중에 보답을 받느냐 못 받느냐에 상관없이 우리의 안녕에 항상 깊이 신경 써준다.

"좋을 때만 친구는 가짜 친구다."

투비와 코스미데스는 말한다. "만일 우리가 선사시대의 수렵채집자인데, 우리의 안녕을 염려해주는 이가 없다면 우리는 상황의 변화에 극단적으로 취약해질 것이다. 한마디로 운에 모든 게 좌우되는 상태가 되는 것이다."[7]

환경이 열악할수록 우리에게 진정한 친구가 있느냐 없느냐는 매우 중요하다. 우리가 진화해온 환경은 소풍 나온 들판이 아니었던 것이다.

진화는 우리 (조상)들로 하여금 '은행가의 역설적 딜레마'를 타개하기 위한 대책을 모색하도록 만들었다. 동료들 사이에서 믿음과 신뢰감을 얻기 위해 나 자신을 알리는 노력을 하거나, 집단 내의 다른 사람들이 선호하는 성품을 자발적으로 배양하고, 공동체 활동에 참가해 자신이 친사회적 속성을 갖고 있음을 다른 사람들이 알 수 있게 하거나 그러한 인지 사실을 강화하고, 불신감을 주고 부정적인 평판을 얻을 수 있는 반사회적 행동을 멀리하며, 신뢰도가 높은 사람들이 공통적으로 가지고 있는 특성들을 관찰·파악해, 진정한 친구와 좋을 때만의 친구를 구별하는 능력을 발달시켰던 것이다.

투비와 코스미데스는 은행가의 역설이 우리의 내면에 다음과 같은 심리를 키워냈다고 결론지었다.

"만일 우리가 누군가에게 어떤 이유에서든 보통 이상의 특별한 가치를 가진다면, 우리가 어려운 상황에 처했을 때 그는 우리의 생존에 비상한 관심을 보인다. 그가 우리의 생존에 대해 표명하는 관심으로 인해 그는 우리에게 대단히 가치 있는 사람이 된다. 그가 우리에게 중요한 존재라는 사실은 곧 우리가 그에게 중요한 존재임을 의미한다. 게다가 그가 이것(우리가 그에게 중요한 존재라는 사실)을 인식할 때, 그만큼 우리에 대한 그의 관심은 커질 것이다."[8]

이런 관심의 증대로 인해 가난한 자가 부유해질 수 있다. 우정의 기반이 커져가기 때문이다.

경제학은 암울한 학문인가

1859년 찰스 다윈(Charles Darwin)의 《종의 기원(On the Origin of Species)》이 출간되자 이 책은 극렬한 논쟁을 유발했고, 이에 1861년 영국과학진보협회(British Association for the Advancement of Science)는 연차 총회 기간 중에 이 문제를 다루기 위한 특별회기를 개설하기에 이르렀다. 회의가 시작되고 찬반이 일었다. 한 학자는 다윈의 책이 너무 이론에만 치우쳤다고 비판하면서 다윈은 그저 "사실들만 학자들 앞에 제시해놓고, 나머지는 손을 뗐어야 했다"고 주장했다. 참석자들 중에는 다윈의 친구이자 동료이고 정치경제학자이며 사회활동가인 헨리 포셋(Henry Fawcett)도 있었다. 그는 다윈에게 편지를 써서 진화론이 회의장 내부에서 어떻게 받아들여졌는지 알려줬다(다윈은 건강 문제와 가족 때문에 그 회의에 나가지 못했다). 다윈은 포셋에게 답장을 썼고, 그 편지에서 그는 '사실'과 '이론'의 적절한 관계에 대해 설명했다.

> 약 30년 전에 지질학자들 사이에서는 관찰만 해야지 이론화 작업을 해서는 안 된다는 견해가 무척 우세했었네. 나는 그 당시에 '이런 지경이라면 그냥 채석장 안에서 돌멩이 개수나 세고, 색깔이 어떻다더라 하고 말하는 게 훨씬 나을 것'이라는 말을 들었네. 관찰된 사실이 어떤 특정한 관점의 증거가 되는지, 아니면 반증이 되는지에 대해 몰라야 한다는 게 말이 되는가? 관찰이 나름대로의 유용성과 의미를 가져야 한다면 말일세.[9]

나는 과학잡지 『사이언티픽아메리칸(Scientific American)』에 매월 칼

럼을 기고하는데, 그 첫 번째 칼럼의 주제가 다윈이 쓴 이 편지글이었다. 그 칼럼에서 나는 다윈의 이 글을 어떤 원리(principle)의 수준으로 격상시켰다. '다윈의 정언(Darwin's dictum)'[10]이라고 명명할 만큼 그 위상을 높게 평가한 것이다. 편지의 마지막 부분이 모든 것을 압축하고 있다.

"관찰된 사실이 어떤 특정한 관점의 증거가 되는지, 아니면 반증이 되는지에 대해 몰라야 한다는 게 말이 되는가? 관찰이 나름대로의 유용성과 의미를 가져야 한다면 말일세."

다윈의 정언은 내가 이 책에서 말하고자 하는 과학 철학을 담고 있다. 즉, '관찰'이 쓰임새가 있으려면 반드시 어떤 관점, 즉 테제·모델·가설·이론·패러다임 등에 정합하는지 부합하는지 시험받아야 한다. 왜냐하면 사실(fact)은 결코 스스로 어떤 주장을 할 수 없고, 관념이라는 채색 렌즈를 통해 해석되어야 하는 것이기 때문이다. 즉, 지각은 개념을 필요로 한다. 과학은 자신이 놓인 기반암을 형성하고 있는 자료와 이론, 즉 지각과 개념을 절묘하게 섞은 것이다. 과학은 세계가 어떻게 작동하는가를 이해할 목적으로 지금까지 고안된 것 중에서 가장 위대한 도구라고 할 수 있다. 우리는 자신과 세계에 대한, 신의 관점이라고까지 불리는 진실로 객관적인 아르키메데스적인 관점 이상으로 이론과 개념을 자료와 지각으로부터 분리시킬 수 없다.

내가 이 책에서 반대 입장을 밝히려고 하는 한 가지 관점은 다윈과 그의 진화론이 사회과학 내에서는, 특히 인간의 사회경제적 행태 연구 분야에서는 설 자리가 없다는 믿음이다. 일부 과학자들이 공립학교 생물시간에 창조론과 지적설계론(intelligent design)—내 책 《왜 다윈이 중요한가(Why Darwin Matters)》를 참조하라—을 가르치기 위해 싸우고 있고, 다윈 이론이 배척되는 과학교육의 암울한 현실에(인간이 진화했다는 것을 믿는 미국인들은 절반도 안 된다)[11] 괴로워하고 있는 동안 또 한편으로 대부분의 과학자들, 특히 사회과학자들이 창조론자에 필적할 만한 격렬한 감정을 앞세우며 진화론적 사고를 심리학이나 사회학, 경제학 등에 적용하려는 시도에 저항하고 있다.

다윈주의에 저항하는 근본적인 이유는 진화론을 사회적 다윈주의와 등치시킨 데서 찾을 수 있다. 특히 극단적인 유전자결정론이 미국사회의 지적 지체와 불모화를 촉진했고 나치의 우생학 프로그램에 영향을 주어 유태인 학살을 촉발했다는 생각에 지나치게 압도당하고 있는 듯하다. 이런 생각들은 그 당시에는 나름대로 합당성과 근거를 가지고 있었다. 그러나 결과적으로 제2차 대전 이후 사회과학자들은 인간 행태 연구에 진화론을 적용하려는 모든 시도를 무력화시켰고 적용범위를 사회문화적인 면으로 한정시켰다.

그리고 내가 이 책에서 반론을 펴려는 두 번째 관점은 '호모 에코노미쿠스(Homo economicus)' 이론이다. 이는 '경제적 인간(economic man)'이라는 담론이 합리성, 자기 이익, 자유의지라는 관념을 배태했으며 그 결과 인간은 이기적으로 되었고, 자신의 영역만을 최대한 확장하려고 하며, 우리가 내리는 결정과 선택은 언제나 효율성을 띠고 있다는 생각이다. 그러나 진화론적 사고와 현대 심리학 이론 및 기술을 시장에서의 인간 행태 연구에 적용해본다면, 전통 경제학의 기초가 된 호모 에코노미쿠스 이론에는 많은 오류가 있고 설득력이 부족하다는 점을 발견할 수 있을 것이다. 인간이 대단히 비합리적인 생명체라는 증거가 속속 드러나고 있다. 우리의 삶은 현대 세계가 발달시킨 논리와 의식에 힘입어 지금까지 성공적으로 유지되어왔지만, 한편으로 우리는 저 영구한 세월 동안 진화 · 숙성된 깊고도 무의식적인 감정적 충동에 휘둘리는 비논리적 · 반이성적인 존재들이다.

세 번째로 내가 반론을 제기하고자 하는 관점은 1849년에 영국의 역사가 토머스 칼라일(Thomas Carlyle)이 내놓은 것으로, 경제학은 '암울한 과학(dismal science)'이라는 생각이다. 그 이후 한 세기 반 동안이나 대다수의 사람들이 경제학을 그런 학문으로 여겨왔다. 그저 수학적 모형 수립과 재정 분석에 그치는, 합리적으로 계산하고 사적인 이익추구를 최대화하는, 극히 현실과 동떨어진 인간상에 빠져 허우적대는 학문이라는 것이다. 그러나 실제로 위의 3가지 관점을 한 자리에 놓고 자세하게 들여다본다면 우리는 경제학이 결코 암울한 학문이 아님을 알 수 있다.

첫째, 경제학은 현재 애덤 스미스(Adam Smith)가 1776년에 《국부론(The Wealth of Nations)》을 펴낸 이래 가장 역동적인 혁명을 겪고 있는 중이다. 다양한 학문 사이의 통섭에서 나온 풍부한 지식들이 이 오래된 과학에 새로운 숨결을 불어넣고 있다. 이를테면 진화경제학(evolutionary economics), 복잡경제학(complexity economics), 행동경제학(behavioral economics), 신경경제학(neuroeconomics), 그리고 내가 '미덕경제학(virtue economics)'이라고 부른 것 등이 바로 그런 것들이다.

둘째, 사람들이나 회사, 국가가 자신의 재정에 대해 대단히 깊고도 열성적으로 신경 쓰게 되었으며 항상 그 자세를 견지하고 있다는 것이다. 그렇다면 경제학은 절대로 암울한 학문이 아니다. 몇 명의 자유주의자들과 보수주의자들을 한 방에 모아놓고 그들에게 다음의 주제로 냉정하게 토론할 것을 요구한다고 해보자. 전 국민 건강 보호 프로그램의 경제학, 공공 부문의 민영화, 대외 원조가 갖는 비용과 효과, 균등세와 누진세의 장점 비교 등. 결코 냉정하게 토론이 이뤄지지 않을 것이다. 대화의 톤이 급속도로 상승하면서 만들어내는 열띤 분위기를 목도한다면 결코 암울한 느낌은 들지 않으리라.

● 경제학은 가장 객관적인 과학이다

나는 과학 분야의 대단히 뜨거운 쟁점들을 다루면서 30년을 보냈다. 그것들의 면면을 살펴보면 창조론, 지구 온난화, 나치(Nazi)의 홀로코스트 부인, IQ지수나 스포츠에서 인종 간의 차이, 인지능력의 성별 차이, 진주만 습격에서부터 9.11 테러까지, JFK · 로버트 케네디 · 마틴 루터 킹 암살 배후의 음모 이론, 대체의학, 환생과 사후 세계, 신과 종교 등 너무나 많다.

그러나 분노가 개입된 어떤 감정적인 돌발성이라는 측면에서 보면 경제학도 다른 주제와 다르지 않다는 것이 내 생각이다. 사실(fact)은 제 스스로 주장하는 법이 없기에 그것들을 평가하기 위해서 우리가 불편부당함을 견지할 필요가 있다면 경제학에서도 마찬가지다. 경제학이라는 맥락에서 인간 행태를 연구할 때 물리학자나 화학자, 생물학자들이 자연법칙을 연구하는 것과 같은 태도로 행해야 한다. 인간의 행동을 경멸하거나 조롱하거나 애도하기 위해서가 아닌, 그것을 이해하기 위해 쉼 없는 노력을 기울여야 한다. 이제 내가 어떻게 이 주제를 다뤄볼 생각을 하게 되었는지 말하고 싶다.

1970년대 중반 나는 페퍼다인대학교에 다니고 있었다. 이 대학은 그리스도의 교회(Church of Christ, 1807년 장로교 출신의 토머스 캠벨이 주창, 초대 교회의 정신으로 돌아가자는 환원주의를 내건 교파—옮긴이)가 운영하는 교육기관으로 자유주의자들이 학계를 주름잡던 그 시절에도 매우 보수 편향적인 색채를 유지했다.

내가 이 학교에 입학한 이유는 복음주의 기독교인(Evangelical Christian)이었기 때문이고 장차 이와 관련해 대학 교수가 되고 싶었기 때문이다. 따라서 신학을 공부하는 것은 너무나 당연했고 그런 점에서 페퍼다인대학교 신학부는 대단히 명망 높은 곳이었다. 그러나 나는 곧 신학 박사학위를 받으려면 4개의 사어(死語)들에 통달해야 한다는 것을 알게 되었다. 히브리어, 그리스어, 라틴어 그리고 아람어(Aramaic, 옛 시리아와 팔레스타인 등지의 셈족 언어—옮긴이)를 공부해야 했다. 스페인어조차도 버거웠던 내게 이는 큰 문제가 아닐 수 없었다. 그때 주위에서 신학대학의 교수 시장(market)이 얼마나 비좁고 바람을 많이 타는지 충고해주었고, 부모님도 내가 좀 더 현실적인 생계수단을 강구해야 하는 것 아니냐고 하면서 걱정하셨다.

나는 심리학으로 전공을 바꿨다. 거기서 과학이라는 '언어'를 발견했고 그 속에서 나는 성과물을 만들어나가기 시작했다. 신학은 논리적 물음, 철학적 논쟁, 문학적 탈구축에 기반한 학문이다. 그러나 과학은 경험적 데이터, 통계적 분석, 이론 수립에 근거하고 있다. 내 사고 스타일로 볼 때 후자가 더 잘 맞았던 것이다.

경제학과의 첫 만남은 3학년 때 찾아왔다. 그때 심리학과의 많은 학생들은 에인 랜드(Ayn Rand)라는 소설가 겸 철학자가 쓴 《아틀라스(Atlas Shrugged)》라는 벽돌만한 책을 읽고 있었다. 그때까지 나는 한 번도 그런 작가와 책에 대해 들어본 적이 없었다. 게다가 책이 너무 커서 읽어볼 엄두를 내지 못했다. 그러나 주변의 (너도 나도 읽는) 압력에 못 이겨 책을 잡게 되었고, 첫 100페이지를 지렁이 기어가듯 느릿느릿 읽어나갔다(이 책을 읽기 위해서는 인내력이 가장 우선적으로 요구된다). 그러다가 세계의 동력을 꺼뜨려버린 남자의 미스터리가 나를 사로잡았고 나머지 1,000페이지는 일사천리로 읽어나가게 되었다.

나는 《아틀라스》가 대단히 주목할 만한 책임을 알게 되었다. 실제로 1991년에 의회 도서관과 '이 달의 북클럽'이 독자들을 대상으로 자신의 삶에서 가장 중요했던 책이 무엇이었는지 설문조사한 결과 성경 다음으로 이 책을 꼽은 적이 있다.[12] 랜드의 객관주의 철학은 4개의 근본 원칙에 기초하고 있다. 첫째, 형이상학-객관적 실제. 둘째, 인식론-이성. 셋째, 윤리학-자기이익, 넷째, 정치학-자본주의.[13] 비록 지금의 나는 그녀가 말한 자기이익의 윤리학에 동의하지 않지만(과학은 우리가 이기적이고 경쟁적이고 탐욕스럽다는 것 외에 이타성과 협력, 자비라는 큰 능력이 있음도 보여주고 있으니까), 랜드를 읽음으로 해서 나는 경영과 시장, 경제학에도 광대한 문학적 세계가 존재 가능함을 알게 되었다.

나는 내가 자유시장경제와 재정적 보수주의의 진정성을 확신하는 것이 그것들의 장점 때문인지 아닌지 확실하게 말할 수 없을뿐더러, 그런 세계관에 순응하는 태도가 내 성정 탓인지 어쩐지 잘 모른다. 나는 재정적으로는 보수적이고 사회적으로는 자유주의적인 부모 밑에서 성장했다. 대공황의 경험과 비참한 빈곤 속으로 다시 전락할지 모른다는 두려움이 그들로 하여금 대학교육을 건너뛰고 바로 직업전선으로 뛰어들어 평생을 바치도록 했다. 유년기 내내 나는 경제적 보수주의의 근본 원칙을 귀에 못이 박히도록 들어야 했다. 그 원칙이란 성실한 근로, 개인 책임, 자기 결정, 재정적 자립, 작은 정부 그리고 자유시장이었다. 비록 이것들은 조금도 종교적인 냄새를 풍기지 않았으나 (오늘날에는 심히 종교적 양상을 띠고 있다) 나의 부모님은 불운한 사람들에게도 과하다 싶을 정도로 잘해줬다. 탐욕이 좋은 것이라면 자비는 더 좋은 것이다.

페퍼다인대학교를 졸업하고 나는 캘리포니아주립대학교 풀러튼대학 대학원에 진학해서 실험심리학을 공부했다. 그때는 이미 신앙을 버린 상태였고 그 대신 계몽주의의 세속적 가치관을 받아들였으며 과학의 엄격한 방법론과 '잠정적 진실(provisional truth)' 원칙을 신봉하게 되었다.[14] 그러나 강화의 빈도와 강도에 맞추어 쥐가 막대기를 누르게 하는 유(類)의 실험을 2년 하고 나니 과학에 대한 내 열정도 수그러들었다. 반면에 현실 세계를 편력하고픈 열망은 더욱 커져갔다.[15]

나는 대학의 경력개발 사무실에 가서 내가 가진 석사학위를 방편삼아 생계를 꾸린다면 무슨 일을 할 수 있을지 물었다.

"당신이 받은 교육은 무엇입니까?" 그들이 물었다.

"쥐 훈련시키는 거요." 나는 빈정거리듯 대꾸했다.

"그것 말고 할 수 있는 게 뭡니까?" 그들은 계속 물어왔다.

"글쎄요."

나는 뭐가 있을지 곰곰이 생각했다. "연구·조사하고 글 쓰는 일을 할 수 있겠네요."

그때 마침 고용대장에는 자전거산업협회에서 발행하는 잡지에서 기자를 구한다는 내용이 기재되어 있었다. 나는 자전거산업에 대해 전혀 아는 바가 없었다.

내가 맡은 맨 처음 일은 시클레 푸조(Cycles Peugeot)와 미쉐린타이어 사가 LA에서 뉴욕까지 자전거 횡단기록을 세운 자전거 경주선수인 존 마리노(John Marino)를 치하하기 위해 주선한 기자회견장에 참석하는 것이었다. 나는 이 운동을 깊이 사랑하게 되었다. 바로 그 주말에 나는 나의 첫 레이스를 신청했다. 그리고 그 후 2년 동안 출판업, 판매와 마케팅의 경제학, 자전거 스포츠에 대해 배웠다. 나는 글을 썼고, 광고를 팔았으며, 자전거를 타고 갈 수 있는 한 멀리까지 돌아다녔다. 1981년 말 나는 레이스에 전념하기 위해 잡지사를 그만두었다. 후원사도 구했고 글렌데일대학교에서 심리학을 가르치면서 조교수 월급을 받을 수도 있게 되었다.

1981년의 어느 날, 훈련 라이딩을 하는 중에 마리노가 앤드류 갤럼보스(Andrew Galambos)에 대해 말해주었다. 그는 은퇴한 물리학자로 사비를 털어 자유기업연구소(Free Enterprise Institute)라는 것을 세워놓고 강의를 제공하고 있었다. 이 자유기업연구소는 그가 '자유의지적 과학(volitional science)'이라고 부르는 연구 분야의 소속 기관인 셈이었다.

입문 강의는 V-50이라는 명칭을 달고 있었다. 이는 일종의 자유시장 '근육강화론' 개론이었다. 이 강의에서 그는 상당히 우악스러운 흑백논리를 펼치고 있었는데, 애덤 스미스는 무조건 선이고 카를 마르크스는 무조건 악이며, 개인주의는 좋은 것이고 집단주의는 나쁜 것이요, 자유경제는 미덕이며 혼합경제는 악덕이었다. 그 강의는 캘리포니아 오렌지카운티에서 인기를 끌었다(이웃 LA카운티에 사는 사람들이 '오렌지커튼'이라고 호칭하는 바람에 이 이름을 얻게 되었다). 그리고 그때는 로널드 레이건이 대통령을 할 때였고 보수주의자들이 한창 부상하는 중이었다. 랜드가 제한적인 정부를 옹호하는 데 그쳤다면, 갤럼보스는 더 나아가 사회의 모든 것이 민영화될 것이며 종국에 가서 정부는 사라지고 말 것이라고 주장했다.

갤럼보스는 재산에 3가지 유형이 있다고 말했다. '시원적인 (primordial, 누군가의 생명) 재산' '제1의(primary, 누군가의 사상과 이념) 재산', '제2의(secondary, 시원적 재산이나 제1의 재산에서 파생된 재산, 땅이나 물건의 활용) 재산'이 그것이다. 그리하여 갤럼보스는 자본주의를 "모든 형태의 사적 재산을 완전히 보호할 수 있도록 메커니즘이 작동하는 사회구조"라고 정의했다. 그리고 진정한 자유사회를 실현시키기 위해서는 단지 "자본주의 사회 창조를 위한 적절한 수단만 찾으면 된다"면서 이 자유사회 안에서 우리는 모두 자본주의자라고 했다.[16]

갤럼보스의 이야기는 극단적인 자유의지론 운동의 역사에서 그다지 새삼스러운 것이 아니었다. 그가 품고 있는 커다란 자아는 성공적인 강사라는 목표를 향해 엄청난 속도로 내달리도록 만들었다. 그리고 이는 그로 하여금 항상 자만에 찬 단언을 하게 만들었다. 이를테면 그는 모든 과학을 물리학과 생물학 그리고 자신이 개발한 '자유의지적 과학'으로만 분류했다.

뛰어난 지력을 갖춘 그는 다(多)학문적 창조성이라는 부분에서 대단한 자리를 점하고 있었다. 그렇지만 종종 자신이나 그의 학생들은 어떤 모순 속에 빠지곤 했는데, 예를 들어 수강계약 서명을 할 때 우리는 그의 생각을 다른 누구에게도 발설하지 않겠다는 약속을 해야 했다. 그러면서 그는 우리에게 다른 사람을 구슬려서 강의 신청을 하도록 꼬드겼다(모순: "너 이 엄청난 강의 한번 들어봐", "그게 뭔데?", "말 못해").

그는 몇 시간 동안 강의 노트를 보지 않고 대화체로 강의할 수 있는 능력이 있었다. 그런데 2시간 강의가 3시간이 되고, 3시간 강의가 4시간으로 늘어지면 청중들은 진이 다 빠져버렸다. 가장 큰 문제는 이론을 실천으로 옮길 수 있는 희망이 없었다. 이는 (그의 말이라는) 풍선이 도대체 어디에서 경제적 원칙이라는 길과 만나느냐 하는 문제였다. 재산에 관한 정의는 옳다. 그런데 재산권 침해에 대해 우리가 서로 합의하지 못하면 어떻게 되는가? 그에 대한 대답은 어쩔 수 없이 이런 식이었다.

"진정한 자유사회에서 그 모든 분쟁은 사적인 중재를 통해 평화롭게 해결되리라."

이 말은 이론상으로도 괜찮은 소리였고 그럴 듯했다. 그렇지만 나는 현실 세계에서 보다 많은 사회적 실험 데이터를 얻고 싶었다.

갤럼보스에게는 제이 스튜어트 스넬슨(Jay Stuart Snelson)이라는 피후견인이 있었다. 나는 V-50 수강을 시작한 지 얼마 안 되어 그를 만났다. 스넬슨도 자유기업연구소에서 강의를 맡고 있었다. 그러나 갤럼보스와 관계가 틀어진 뒤에 자비로 인간진보연구소(Institute for Human Progress)를 세웠다(이런 일은 갤럼보스 같은 사람들이 사는 영역에서는 매우 흔하다. 에인 랜드도 그랬고 그밖에 다른 자유의지주의자들에게서도 비일비재하게 일어나는 일이었다).

갤럼보스와 거리를 두고 자신의 생각이 주류 경제학 이론에 가깝다는 것을 보여주기 위해 스넬슨은 오스트리아경제학파라고 알려진 사람들과 어울리기 시작했다. 이 학파는 오스트리아의 경제학자인 루드비히 폰 미제스(Ludwig von Mises)의 저작물로 대표되는 경제 이론을 주창했다. 스넬슨은 일련의 경제학 원칙과 역사적 사례를 들며, 자유시장 자본주의가 평화와 번영, 자유를 가능케 하는 가장 효과적인 수단이라는 점에는 의문의 여지가 없다고 설파했으며 교육, 교통, 통신, 건강 서비스, 환경 보호, 범죄 예방을 위해서는 많은 부분을 민영화해야만 최대 다수의 최대 이익이 실현될 수 있다고 주장했다.

　이런 일이 일어나고 있는 동안 마리노와 나, 그리고 내 자전거 경주 파트너인 론 핼더먼(Lon Haldeman)은 자전거에 대한 우리의 열정을 '미국 횡단 레이스'라는 사업에 쏟아 부었다. 이는 자전거를 타고 3,000마일을 쉬지 않고 달리는 대륙횡단 레이스로, 기업들의 후원을 따냈고 ABC방송국과 중계계약도 맺었다. 「와이드 월드 오브 스포츠(Wide World of Sports)」에 몇 차례 출연해서 얻은 인지도와 신용을 가지고 나는 캘리포니아, 아카디아(Arcadia)에 셔머 사이클(Shermer Cycle)이라는 자전거 판매점도 개장했다. 한편 가르치는 일에도 힘을 써서 글렌데일대학교에 진화론과 사상사에 관한 강좌를 개설하기도 했다.[17] 또한 '루나 소사이어티'라는 독서모임에서 매달 한 번씩 세미나를 열었다. 이 모임은 18세기의 유명한 루나 소사이어티 버밍햄(Lunar Society Birmingham)에서 그 이름을 따왔으며 《인간 행동(Human Action)》 같은 책을 읽고 토론했다.

　나는 저자인 루드비히 폰 미제스가 설정해놓은 높은 목표에서 깊은 영감을 받았다.

　"물리학자들이 자연의 법칙을 연구하듯이 인간 행동과 사회적 협력의 법칙에 대해서도 반드시 연구해야 할 것이다."

　나는 이 말에 '미제스의 공리(Mises's Maxim)'라는 명칭을 붙였다. 이는 이 책을 쓰는 데 있어서 내 사고의 길잡이가 되어준 2가지 원칙 중 하나다.[18]

　1987년에 나는 나름대로 경쟁력을 갖추고 있던 자전거 관련 경력을 포기하고 대학원 공부를 마저 하기로 결정했다. 그리고 심리학에서 역사학으로 전공을 바꿨으며 1991년 클레어몬트대학원대학교에서 박사학위를 받았다. 나는 LA에 있는 명망 높은 4년제 인문학 대학인 옥시 덴털대학교에서 학생들을 가르치기 시작했다. 과학 분야에서 발생하는 여러 이슈들, 특히 우리 사회에 점증하고 있는 사이비과학과 비합리성의 위협에 관심이 많았기 때문에 1992년 아내인 킴(Kim) 그리고 화가 팻 린스(Pat Linse)와 함께 공동으로 회의론자협회(Skeptics Society)를 설립했고, 잡지 『스켑틱(Skeptic)』지를 창간했으며 캘리포니아공과대학에서 대중을 대상으로 하는 일련의 과학 강의를 시작했다.

회의론자협회의 모토가 이 책을 쓰는 데 두 번째 길잡이가 되어주었다. 이는 네덜란드의 철학자 바루흐 스피노자(Baruch Spinoza)가 1667년 죽기 바로 직전에 쓴 논문인 《국가론(Tractatus Politicus)》에서 빌려온 것이다. 이 저작에서 그는 정치학이나 경제학처럼 감정이 개입되는 주제를 연구하는 방법론을 설파하고 있다.

나는 이 과학의 주제를 탐구하면서 우리가 수학을 연구할 때 필요로 하는 것과 동일한 정신의 자유를 동원할 것이다. 나는 인간 행동을 조롱하거나, 슬퍼하거나, 비난하지 않고 그것을 이해하기 위해 고심하고 노력했다. 이러한 목적을 위해 나는 어떤 열정들, 즉 사랑·증오·분노·질시·야망·동정 같은 감정들과 그 외 마음이 내보이는 여러 가지의 동요 양태를 들여다보아야 했다. 그러나 인간 천성이 사악하다는 관점에서 본 것이 아니고, 마치 대기의 천성이 열과 추위와 폭풍과 천둥인 것처럼 그런 것들을 인간의 특질로 보았던 것이다.[19]

이 글을 한 줄로 요약하면 다음과 같다.

"나는 인간 행동을 조롱하거나 애도하거나 경멸하지 않고, 이해하기 위해 쉼 없는 노력을 해왔다."

나는 이 문장을 '스피노자의 격언(Spinoza's proverb)'이라고 높여 부른다. 이 문장은 내가 과학이나 종교, 윤리처럼 감정이 담긴 주제를 다룰 때 의지하는 표준이 되었으며, 나의 '믿음' 3부작인 《왜 사람들은 이상한 것을 믿는가(Why People Believe Weird Things)》, 《우리는 어떻게 믿는가(How We Believe)》, 《선악의 과학(The Science of Good and Evil)》[20]에도 스며 있다. 이것은 진화경제학에서도 마찬가지다. 그렇게 보자면 경제학은 '모두를 위한 과학'이라고 할 수 있다.

대도약

브라질과 베네수엘라의 접경지대에 있는 오리노코 (Orinoco) 강을 따라가다 보면 야노마뫼(Yanomamö) 족이 사는 곳이 나온다. 이들은 수렵과 채집으로 생계를 유지하는데, 연 소득이 미국 달러로 치면 1인당 약 100달러 정도다. 그들이 사는 부락으로 들어가 사용하는 물품을 세어본다고 하자. 돌로 된 연장, 바구니, 화살촉, 화살대, 활, 면사 뭉치, 면사와 덩굴로 짠 그물 침대, 진흙 항아리, 그밖에 여러 도구들, 갖가지 약초들, 애완동물, 식량작물, 옷가지 등을 다 합해서 약 300여 개 정도가 될 것이다. 1만 년 전 지구상에 존재했던 부락들의 재산목록도 이와 비슷했을 것이다. 인류의 역사를 대략 10만 년으로 잡는다고 할 때, 그 시간의 90퍼센트는 이처럼 상대적으로 간단한 경제 상태에 있었을 것이다.[1]

뉴욕과 뉴저지 경계를 흐르는 허드슨 강가에 살고 있는 맨해튼 사람들은 1인당 연평균 소득이 4만 달러로 추정되고 있는 소비자이자 교역자이다. 맨해튼에 들어서서 소매점과 식당, 공장 특판점, 슈퍼마켓 등지에서 파는 각종 상품들을 세어본다면 아마 100억 개쯤 될 것이다. 이 놀랄 만한 비교 작업을 처음으로 시도한 사람은 경제학자 에릭 바인호커(Eric Beinhocker)로, 그는 자신의 방대한 연구 집적물인 《부의 기원(The Origin of Wealth)》에서 이 사례들을 소개하고 있다. 지난 1만 년 동안에 과연 무엇이 진행되었기에 수렵채집자들의 연 평균 소득이 400배나 높아진 것일까?

이러한 소득의 도약이 대단하긴 해도 상품 집계 측면에서 수렵채집자와 소비교역자의 차이에 비하면 아무것도 아니다. 현대 경제학에서 이 상품 집계는 '재고 유지 단위(Stock Keeping Unit)', 줄여서 SKU라는 것을 통해 이뤄진다. SKU는 한 가게 안에서 구입할 수 있는 각종 상품의 숫자를 나타내는 소매 측정 단위다. 어떤 통계에 의하면 미국 내 소매점마다 매일 700개의 신상품이 들어오고, 1년에는 25만 개의 신상품이 입고된다고 한다. 2005년에는 가게 하나에 2만 6,893개의 신제품 식품류와 생활용품들이 있었다. 그 안에는 187개의 신제품 아침식사용 시리얼과 303개의 신제품 여성용 향수, 115개의 신제품 방향제가 포함되어 있었다. 야노마뫼 족 마을의 300 SKU와 맨해튼의 100억 SKU 사이에는 무려 3,300만 배의 차이가 난다.[2]

소득에서 400배, 생산에서 3,300만 배 차이는 거의 묘사가 불가능할 정도다. 이 아찔한 불균등성을 이해하기 위해서는 비유가 필요하다 (이렇게 상상해보면 소득의 차이가 얼마나 큰 것인지 감이 잡힐 것이다). 맨해튼 섬의 폭은 직선거리로 3.7킬로미터다. 초고층 건물도 보고 여기 저기 구경도 하면서 걸어도 1시간이 채 안 걸리는 거리다. 이 숫자에

400을 곱하면 1,480킬로미터다. 이 거리는 뉴욕에서 애틀랜타까지의 거리보다 약간 길다. 한 번도 쉬지 않고 평속으로 걷는다면 261시간, 10.9일이 걸릴 것이다.

이보다 훨씬 극적인 대비는 SKU의 차이에서 나타난다. 맨해튼 섬의 길이는 21.5킬로미터다. 이 숫자에 3,300만을 곱하면 7억 950만 킬로미터가 된다. 이 길이는 지구와 목성이 태양을 향해 나란히 있을 때 둘 사이의 거리와 비슷하다. 맨해튼 섬을 종단하는 데는 하루면 족하지만 지구에서 목성까지는 보이저 1호가 시속 5만 1,000킬로미터라는 무시무시한 속도로 날아간다 해도 1년 반이나 소요된다.[3]

'대도약'이란 바로 이런 것을 말하는 것이다. 직립보행 · 큰 뇌 · 의식의 진화에 비견할 만하고, 불의 발견 · 인쇄술 · 인터넷의 발명과 동등하며, 농업혁명 · 산업혁명 · 디지털혁명과 어깨를 나란히 할 수 있다.

그리고 이 대도약은 점진적으로 일어난 것이 아니다. 1인당 100달러 수준의 연 소득이 150달러 선으로 오른 것은 기원전 1000년쯤으로 추정되고 있다. 이 시기는 청동기 시대가 끝나갈 무렵이고 다윗왕의 통치기였다. 인류의 1인당 연 소득이 200달러가 된 것은 1750년경이었다. 이때는 산업혁명이 시작되는 시기였다. 바꿔 말하면 1인당 연 소득이 100달러에서 150달러가 되는 데 9만 7,000년이 걸렸고, 다시 200달러가 되기까지는 2,750년이 더 필요했다는 얘기다. 그리고 그로부터 250년이 지나자 전 세계적으로 1인당 연평균 소득은 6,600달러가 되었다.

물론 주지하다시피 가장 잘사는 국가의 가장 부유한 사람들의 소득은 이것의 10배다. 만일 지난 10만 년을 1년으로 놓고 본다면, 최근의

250년은 그 1년에서 하루가 채 되지 않는 시간이다. 24시간으로 압축하면 산업적 생산과 시장경제 시스템이 형성·가동되고 있는 시간은 마지막 3.6분에 지나지 않는다. 우리가 현재 그 안에서 생활을 영위하고 있고, 거기서 이뤄지는 모든 삶의 방식을 원래부터 그랬던 것처럼 아무 의심 없이, 지극히 당연한 것으로 받아들이는 '이 시대'는 기껏해야 인간 역사의 0.25퍼센트에 지나지 않는 극히 짧은 시간에 불과하다는 것이다.

인류는 어떻게 이런 거대한 경제적 도약을 이뤄냈을까? 우리는 과학이 이룩해낸 수많은 혁명적이고 새로운 분야의 발견물과 방법론을 가지고 이 질문에 답할 수 있다. 이 새로운 분야에는 복잡성 이론, 진화심리학, 진화경제학, 행동경제학, 신경경제학, 미덕경제학 등이 포함되어 있다. 현대에 들어와서도 아직 풀리지 않은 채 가장 큰 미스터리로 남아 있는 이 의문을 풀기 위해서는 위의 모든 분야가 필요하다. 물론 그와 더불어 지금까지 해오던 전통적인 과학적 접근 역시 병행되어야 할 것이다.

보다 단순화하기 위해 나는 이 모든 과학들을 '진화경제학'이라는 큰 제목 아래 한데 묶고자 한다. 진화경제학은 경제학을 진화·발달하는 복잡한 적응 시스템으로 보고, 구석기 시대에 생존을 위해 무리 생활을 하는 영장류의 길을 택했던 인간의 특성과 관련이 있다고 보는 경제학 연구의 한 갈래다. 이런 정의는 꽤나 멋 부린 수사이고 결국은 다음과 같은 의미다. 경제는 매우 복잡한 시스템으로, 보다 단순한 시스템으로부터 진화·발달해오면서 환경에 맞추어 적응하고 변화해왔다. 그동안 인류는 무리를 이루어 수렵채집자로서의 삶을 9만 년이나 영위해왔는데, 이런 상황은 우리 안에 하나의 심리를 만들어냈다. 그런데 이 심리가 현대 세계를 살아가는 데 항상 적절한 역할을 한다고는 볼 수 없다. 결국 대도약을 설명하기 위해 나는 '시장의 마음(mind of market)'과 관련해서 3개의 문제를 거론하지 않을 수 없다.

1. 시장은 어떻게 해서 그 자신만의 마음을 가지게 되었는가: 경제는 어떻게 수렵채집경제에서 소비교역경제로 진화했는가.
2. 마음은 시장에서 어떻게 작용하는가: 수렵채집경제 안에서 작동하도록 진화·적응된 인간의 두뇌가 어떻게 소비교역경제 시스템 안에서도 기능하는가.
3. 어떻게 해서 마음과 시장은 도덕적이 되었는가: 어떻게 도덕적인 감정이 진화해서 서로 협력하게 하고, 또 공정하고 자유로운 교역을 촉진시켰는가.

⦿ 수렵채집자 사회에서 소비교역자 사회로

대학 신입생 시절에 천문학 강의를 들은 이래 나는 과학계와 그쪽의 문화에 자리하고 있는 어떤 혼란스러운 경향을 감지했다. 여기서 과학계의 문화라는 것은 과학을 '딱딱한 것들(천문학, 물리학, 화학 같은 물리과학들)', '중간 것들(해부학이나 생리학, 동물학 같은 생물과학들)', 그리고 '무른 것들(심리학, 사회학, 인류학 같은 사회과학)'로 분류하고 위계 짓는 태도를 말한다. 화약고처럼 다툼 심한 학문 세계에서 역사학은 과학으로 쳐주지도 않았고 경제학도 그 자신의 입지를 확보할 수 없었다. 그리고 이런 식의 분류가 당연시되면서 그 위계질서에 어떤 가치평가가 포함되었다. 즉, 딱딱한 과학이 가장 가치 있고 무른 과학은 가치가 없다는 식의 인식 말이다. 그러나 물리과학과 생물과학을 일정 부분 섭렵하고, 이어 사회과학 분야에서 꽤 광범위한 교육과 경험을 쌓은 결과, 나는 이 위계질서가 뒤집혀져야 한다는 생각을 갖게 되었다.

물리과학이 딱딱하다는 것은 미분방정식 계산이 어렵다는 점에서도 그렇다. 그러나 연구 주제 자체는 상대적으로 쉬울 뿐더러 상당 부분 더 복잡하게 상호 연결되어 있는 생명체나 생태 시스템 연구에 비하면 설명이 용이한 분야다. 생물학 역시 생명과학 분야에서 하나의 일반 이론을 정립하는 것이 쉽지 않은 일이지만 인간의 뇌와 사회를 주제로 연구하는 일에 비하면 약과라고 할 수 있다. 내 견해로는 사회과학이야말로 딱딱한 과학이다. 왜냐하면 이 분야의 연구 주제는 (물리, 생물 과학의 그것들에 비해) 10배나 더 복잡하고 다면적이기 때문이다.

신경과학에서 의식에 관한 연구는 어려운 문제다.[4] 이는 개별적인 수십억 개의 뉴런이 활동하면서 만들어내는 '의식적 사고' 혹은 과학자들이 '마음의 사회(society of mind)'[5]라고 부르는 집체적 현상을 설명하기가 매우 어렵기 때문이다. 그리고 과학한다는 입장에서 한층 더 어려운 문제, 내가 '진정으로 어려운 문제'라고 부르고 싶은 것은 개별적인 수십억의 인간이 활동하면서 만들어내는 '문화' 혹은 '문화의 사회(society of culture)'라는 집체적인 현상을 설명하는 일이며, 그런 사회와 조화를 이루기에 적합한 경제적 · 정치적 구조는 어떤 것인지를 알아내는 일이다.

수렵채집자 사회에서 소비교역자 사회로 이행해가면서 인간 집단들은 '진정으로 어려운 문제들'을 해결하기 위해 수백 가지의 사회적 실험을 시도했다. 무리, 부족, 종족사회, 국가 그리고 제국들이 탄생했다. 신권정치, 금권정치, 군주정치, 민주정치 등이 실험되었다. 부족주의, 국가주의, 사회주의, 그리고 이제 세계주의(globalism)가 시행되고 있다. 무(無)교역에서 공정교역으로, 다시 자유교역으로 경제제도의 변환이 끊임없이 이어졌으며 크고 작은 성공이 뒤따랐다. 그리고 새로운 천년을 맞이해 전 세계 다양한 문화권의 철학자들과 학자들이 이 진정으로 어려운 문제를 풀기 위한 시도를 하고 있다. 물론 아직까지는 아무런 합의점에 이르지 못하고 있다. 그렇다면 현대 과학은 이 문제를 더 잘 해결할 수 있을까?

● 아래로부터의 경제

진화는 유기체 스스로가 생존을 모색하고 후손을 기르기 위한 단순한 행동에서 비롯된 복잡한 체계다. 경제는 사람들이 생계를 유지하고 자식들을 키우기 위한 단순한 행동에서 비롯한 복잡한 체계다. 그래서 "경제는 어떻게 수렵채집경제에서 소비교역경제로 진화했는가", "수렵채집경제 안에서 작동하도록 진화된 인간의 두뇌가 어떻게 소비교역경제 시스템 안에서도 기능하는가", "어떻게 도덕적인 감정이 진화해서 서로가 협력하게 하고, 또 공정하고 자유로운 거래를 촉진시켰는가" 하는 물음을 던질 때, 우리는 다음과 같은 것을 연구하게 된다. 첫째, 시장과 경제 시스템의 행태. 둘째, 시장과 경제 시스템 안에서 작동하는 인간의 심리. 셋째, 시장과 경제 시스템의 도덕적 면모.
　진화와 경제학은 서로 유사하지 않다. 실제로 이것들은 전혀 다르며, '복잡적응계(complex adaptation systems)'라는 보다 큰 어떤 현상을 다른 각도에서 보여주는 2가지의 서로 다른 사례라고 할 수 있다. 이 복잡적응계 안에서 각각의 요소, 부분, 유기체들 혹은 사람들은 서로 소통하며, 정보를 처리하고 변화하는 환경에 자신들의 행동을 맞춰가며 적응한다.

이것들은 그 자체가 시스템이다. 단순한 것에서 복잡한 것으로 진화하면서 성장하고 학습하는 시스템이며 자가촉진적(autocatalytic) 작용을 한다. 이 말은 그것들이 스스로 작동하는 피드백 회로를 가지고 있다는 의미다(피드백 회로란 우리가 일반적으로 확성 시스템에서 스피커와 마이크 사이에 피드백 회로를 깔아놓았다고 말할 때의 그 피드백 회로다. 이 피드백 회로를 통해 음높이와 음량이 점점 더 커질 수 있다). 다음에 소개하는 것은 복잡적응계와 그로부터 유래된 것들, 즉 내장된 자가촉진 기능이 자가조직화(self-organized)되어가는 과정에서 나온 것들의 몇 가지 본보기다.

- '생명'은 생물 이전 단계의 어떤 화학적 특질이 스스로를 유지할 수 있고 복제와 재생산이 가능한 양태로 결합되고 자가조직화되어 나타난 것을 말한다.
- '복잡 생명(complex life)'은 단순 생명체적인 특질, 즉 원핵(原核) 세포들이 보다 복잡한 진핵(眞核)세포들로 융합되고 자가조직화되어 나타난 것을 말한다. 그리고 우리 (인간)들은 이 진핵세포들로 구성되어 있으며 여기에는 한때 원핵세포였던, 이를테면 자기만의 고유한 DNA를 담고 있는 미토콘드리아 같은 세포 소기관(organelles)들이 들어 있다.

- '다세포 생명(multicellular life)'은 보다 성공적인 생존과 번식을 위한 협동적 전략의 일환으로 단세포적 생명 형태의 특질이 서로 융합되고 자가조직화되어 나타난 것을 말한다.
- '면역(immunity)'은 수십억 개의 세포라는 특질이 있으며, 이것들이 협력하고 자가조직화되어 면역 시스템을 만들어내고, 이로써 박테리아와 바이러스에 대항할 수 있게 된 것을 말한다.
- '의식(consciousness)'은 수십억 개의 뉴런이라는 특질이 자가조직화되어 뇌 속에서 복잡한 패턴으로 신호를 발사하는 것을 말한다.
- '언어(language)'는 수천 개의 단어라는 특질이 자가조직화되어 언어 사용자들 사이에서 의사소통의 수단으로 발화되는 것을 말한다.
- '법(law)'은 수천 개의 비공식적 습속과 금제라는 특질이 자가조직화되어 나타나, 오랜 시간에 걸쳐 사회가 성장하고 복잡해지는 동안 공식적인 법규와 규제로 성문화된 것을 말한다.
- '경제(economy)'는 자신만의 이익을 추구하는 수백만 명의 사람들이라는 특질이 자가조직화되어 나타난 것이며, 이들은 자신들이 활동하는 보다 크고 복잡한 시스템에 대해서는 전혀 의식하지 못한다.

복잡적응계는 위에서 아래로의 하향식 설계에 의한 결과물처럼 보이기도 한다. 그러나 실제로는 스스로가 진화·발달하면서 기능적 적응(functional adaptations)을 통해 아래로부터 위로 올라간 것이다. 기능적 적응이란 기능하고 생존하고 재생산된 것들이 삶 혹은 문화라는 미래의 설계지형 속으로 흡수되는 것을 말한다. 생명의 가장 단순한 형태에서부터 복잡성이라는 연쇄망에 이르기까지, 우리는 단세포에서 복잡세포로, 다시 다세포적 유기체로, 군체(群體)로, 소(小)사회 단위로, 사회로, 의식으로, 언어로, 법으로, 경제로 진전되어가는 것이다.

살아있는 유기체들 사이에서 진화라는 복잡적응계는 자연선택(도태) 혹은 '변이와 누적적 선택이 결합해 만들어내는' 힘에 의해 움직인다. 제아무리 똑똑한 원숭이가 컴퓨터 자판을 두드린다 한들 10억 년이 걸려도 햄릿 같은 작품을 창조할 수는 없을 것이다. "죽느냐 사느냐(To be or not to be)" 하는 문구 한 줄도 만들어내지 못할 것이다. 그러나 어떤 비임의적인 누적적 선택 요소를 정타만 보존하고 오타는 삭제하는 방정식에 덧붙인다면,

wieTskewkOsdfeB92uE2OseRdl7jeNkseOdseTe3r22TsweOsxBwxseE

는 TOBEORNOTTOBE…가 된다.

실제로 누적적 선택이 가진 힘을 보여주기 위해 내 친구이자 동료인 리처드 하디슨(Richard Hardison)은 정교한 컴퓨터 프로그램을 개발했다. 이 프로그램 안에서는 임의대로 타이핑한 글자들이 누적적 선택의 기준에 따라 '선택' 되거나 '선택되지 않는' 데, 90초가 채 되지 않은 시간 동안 335.2회의 시도만으로 셰익스피어의 저 유명한 독백 문구를 만들어냈다. (이 프로그램 없이) 우연히 이 문구를 만들려면 26^{13}회를 시도해야 한다.[6]

자연에서는 무작위적인 유전적 변화가 일어나고 자식 대에서 부모

의 유전자가 섞이는 이유로 인해 변이가 일어난다. 그리고 유전자의 숙주들이 지속적으로 생존을 이어나가는 동안에 발생하는 이러한 유전적 변이로 인한 '선택'이 진화의 동인이 된다. 이 선택은 자기조직화되는 방향으로 이뤄진다. 그리고 이 과정으로부터 복잡성과 다양성이 나온다. 이를 통해서 진화가 어떻게 자기조직화되어 출현하는지 알 수 있다.

물질경제의 진화도 이와 유사한 경로를 밟는다. 그것은 무수한 상품의 숱한 변환과 교체라는 선택이 일어나고, 그에 따라 생산이 이뤄지는 과정이다. 맨해튼 동네에 있는 100억 개의 상품들은 그것들이 시장에 도달할 때까지의 변이 과정을 보여준다. 우선 제조자들이 시장 예측을 하고 그에 따라 물건을 만든다는 초기의 선택 과정이 있다. 이런 선택 과정을 거친 상품들이 시장에 출시되면, 그 다음 단계에서 누적적 선택이 일어나는데, 즉 가장 유용하거나 가장 선호되는 것들을 추려내는 과정이 펼쳐진다. 시장에서 소비자들은 자신의 돈을 지불하는 행위를 통해 선택을 하고, 이렇게 해서 선택된 상품들이 살아남는다. 베타맥스보다는 VHS가, VHS보다는 DVD가, 레코드보다는 CD가, 벽돌모양 휴대전화보다는 폴더형 휴대전화가, 타자기보다는 컴퓨터가, 알타비스타보다는 구글(Google)이, 스테이션왜건보다는 SUV가, 전자책보다는 종이책(아직까진 그렇다)이, 지상파 뉴스보다는 인터넷 뉴스(곧 그렇게 될 것이다)가 선호되고 살아남게 될 것이다.[7] 구매된 상품들은 반복적인 사용과 재제조를 통해 '생존'하고 '번식'하며 미래로 간다.

환경은 진화의 설계 공간이다. 시장은 경제의 설계 공간이다. 자연이 특정한 환경에서 생존하기에 가장 적합한 형태의 변이를 선택하듯 사람들은 특정한 시장에서 자신들의 필요와 욕망에 부합하는 재화와 용역을 선택한다. 여기서 주목해야 할 점은 진화든 경제든 간에, 위에서 전 시스템을 감찰하는 전능한 설계자는 존재하지 않는다는 것이다. 생명체의 경우도 마찬가지다. 어떤 강력한 존재가 있어서 동물보호가처럼 선한 의도를 가지고 어떤 유기체를 생존시키거나 나치에 부역한 의사들처럼 악한 의도를 가지고 절멸시키거나 하는 쪽으로 '선택'하는 게 아니다. 진화는 자각될 수도 예측될 수도 없다. 진화에서는 생존을 위해 어떤 변화가 필요한지를 미리 알아낼 수 없다. 그걸 기대할 수조차 없다. 그런 점에서 진화와 경제를 비유하는 것은 그리 완벽하지 않다고 말할 수도 있다. 경제는 전체를 포괄하고, 위로부터 만들어져 시행되는 제도나 규칙 또는 법규가 어떤 구조를 제공하며, 그 안에서 자유롭고 공정한 교역이 이뤄지도록 해야 하기 때문이다.

그러나 시장에 대한 위로부터의 개입과 간섭이 너무 많아지면 거래는 자유롭거나 공정해질 수 없다. 과거에 그런 시도들이 많이 행해졌지만 그때마다 결과는 실패로 끝났다. 왜냐하면 시장은 엄청나게 복잡하고 상호작용적이고 자가촉진적이기 때문이다.

1922년에 쓴 《사회주의(Socialism)》를 통해 루드비히 폰 미제스는 사회주의 계획경제에서 '경제적 계산(economic calculation)'이 왜 문제가 되는지 자세하게 설파하고 있다. 자본주의에서는 가격이 끊임없이, 빠르게 변화하며 시장에서 자유롭게 거래하는 개인들에 의해 아래로부터 결정된다. 그러나 사회주의에서는 가격의 변화 속도가 느리고 정부의 명령에 의해 위로부터 결정된다. 돈은 교환의 수단이고 가격은 사람들이 선택을 할 때 의지하는 정보다. 미제스는 사회주의 경제가 자본주의 경제에 의지하고 있음을 보여주었다. 어떤 상품과 재화에 어느 정도의 가격을 부여하는지를 결정하는 데 있어서 그렇다는 것이다. 그리고 사회주의자들은 그 일을 매우 지척거리면서 비효율적으로 수행한다고 했다. 궁극적으로 자유시장이야말로 구매자가 얼마를 지불하려 하고 판매자가 얼마에 기꺼이 팔고 싶은지를 알아낼 수 있는 유일한 길이라는 것이다.[8]

예를 들면 인터넷상에서 항공 요금은 한 시간 동안에도 수천 번씩 바뀐다. 고객들이 자신들의 행선지까지 가는 가장 싸고 유리한 요금을 계속 찾기 때문이다. 항공사들은 아주 정교한 소프트웨어 프로그램을 만들어서 특정한 노선에 대한 수요 공급에 따라 그 가격이 자동조정될 수 있게 하고 있다. 언제, 어떤 경우에라도 좌석을 구할 수 있어야 한다. 여하튼 그들은 '역동적인 가격 책정'이 가능하도록 여러 가지 변수들을 프로그램에 입력시켜놓고 있다.[9]

이걸 한번 생각해보자. 중앙집권화된 관료적인 항공요금결정위원회가 매일 아침마다 소집되어 누군가가 비행기를 타는 데 드는 비용을 일일이 책정한다고 말이다. 예를 들어 어떤 승객이 노스캐롤라이나의 그린스보로에서 캔자스의 위치타까지 간다고 할 때, 거기에는 적어도 십수 개의 다른 항공편이 존재한다. 어디 그뿐인가. 구입할 수 있는 좌석의 수, 실시간 수요 공급 상황은 물론이고 날짜와 시간, 비행기의 종류, 좌석등급, 항공유 비용, 지금까지의 사용 마일리지, 할인쿠폰, 기타 수십 가지의 변수들을 수십만 명의 예상 고객들을 상대로 고려해야 한다.

이 일이 시도하지도 못할 만큼 불가능한 업무는 아닐 것이며 계획경제에서는 마땅히 그렇게 하리라고 생각한다. 그러나 이는 마치 두 발로 걷는 개를 지켜보는 것처럼 아주 진기하면서도 볼썽사납고, 고통스러워 보이면서도 우스꽝스러운 광경이 될 것이다. 그런데 불행하게도 20세기 계획경제하에서 살 수밖에 없었던 사람들의 경우, 그들이 불가피하게 맛보아야 했던 경제적 곤란은 진기하지도 우스꽝스럽지도 않은 것이었다.

한 가지 예를 더 들면 내 주장의 근거가 확실해질 것이다. 1년에 출간되는 17만 종의 다른 책에 각각 가격을 매기고자 하는 정부 관료가 있다고 하면 그의 노력이 얼마나 무용해 보일지를 말이다. 아마존닷컴(Amazon.com)이나 반즈앤노블닷컴(BarnesandNoble.com), 바이닷컴(Buy.com), 이베이닷컴(ebay.com), 하프닷컴(Half.com) 등에서 온라인으로 쉽게 구할 수 있는 이 책들의 가격 책정을 위해서는 양장이냐 페이퍼백이냐부터 시작해서, 다량 구매 시 적용되는 할인율과 특별 운송요금이 적용되는 최소한의 구매부수 등을 고려해 넣어야 하고 거기에다 당연히 최근의 항공회사들이 티켓가격을 매기는 것과 똑같은 방식으로 차별적 가격 책정을 해야 하고, 이런 과정에다가 수십만 개의 다른 시장, 산업, 비즈니스 영역이라는 변수를 곱해야 한다.

이쯤 되면 분명해지지 않는가. 왜 하향 명령식 시스템이 아래로부터 올라오는 복잡적응 가격 책정 시스템이 만들어내는 실시간 가격 움직임을 도저히 따라잡을 수 없는지를 말이다. 이런 문제가 숱한 다른 업계에서도 똑같이 발생할 것을 생각한다면 전체 경제를 통제할 수 있다는 생각이 얼마나 공허한지를 쉽게 알 수 있다. 수백만의 구매자와 판매자가 끊임없이 실시간으로 수백만의 다른 구매자, 판매자와 흥정하고 협상할 때만이, 그게 허용될 때만이 현대 경제에서 제공되는 수백억 개의 상품과 용역에 저마다의 가격을 매기는 일이 가능해진다.

살아있는 유기체와 생태계가 그래 보이듯이 경제 시스템 역시 정교하게 설계된 것처럼 보인다. 그렇기 때문에 우리는 자연히 저 위에 전능한 설계자(정부)가 있어 경제의 전 분야를 주재하고 있고 그럴 필요가 있을 거라고 추론한다. 그러나 살아 있는 유기체가 아래로부터의 자연선택에 의해 설계되고 구축되어 올라온 것처럼 경제 역시 '보이지 않는 손(invisible hand)'에 의해 아래로부터 이뤄지는 상향식 시스템이다.

● 최후통첩 게임

인류의 역사에서 처음 9만 년은 수십 명에서 수백 명 단위의 무리로 구성된 수렵채집경제 시기였다. 그런고로 그와 함께 진화한 인간의 심리는 우리가 살아가는 현대 세계를 이해하는 데 적합지 않은 부분도 있었다. 오늘날에는 대단히 비합리적인 행태로 보이는 것들도 10만 년 전에는 합리적인 것들이었을 수 있다. 이런 진화론적 관점을 떠나서는 경제적 인간, 즉 '호모 에코노미쿠스'라는 가정을 이해할 수 없다. 한 예로써 경제적 이익 대 공정성의 심리를 들어본다.

　행동경제학자들은 '최후통첩 게임(ultimatum game)'이라는 실험을 들어 말하려고 한다. 그것은 이런 것이다. 누군가가 100달러를 받아서 그의 게임 상대와 나누어야 한다. 어떻게 나누든지 상관없지만 상대가 그것을 수락하기만 하면 어쨌든 둘 다 그만큼 돈을 벌게 된다. 그는 어떻게 나눌까? 그가 90 대 10 배분을 제안하지 않는다면 왜일까? 게임 상대가 합리적이고 자기 화폐이익을 최대화하려는 사람이라면, 즉 호모 에코노미쿠스의 정의에 부합하는 표준 모델이라면 공짜로 생긴 10

달러를 받지 않을 이유가 없다. 그러나 이 경우 게임 상대는 그 제안을 거절한다. 실험 결과를 보면 많이 가져가는 쪽이 70달러를 넘는 경우 상대는 대부분 그 제안을 수락하시 않았다.[10]

왜일까? 공정한 배분이 아니기 때문이다. 무슨 말인가? '상호 이타주의'라는 윤리적 정서는 구석기 시대 이래 기나긴 시간 동안 인간들로 하여금 누군가와 거래를 할 때는 공정함을 유지할 것을 요구해왔다. '네가 내 등을 긁어주면 나도 네 등을 긁어주마'라는 원칙은 어느 정도 수용 가능한 형평성이 보장될 때 실행될 수 있다는 것이다.

공정성이라는 도덕관념은 우리의 뇌 깊숙이 뿌리 내리고 있으며 모든 인간들, 그리고 이와 관련된 실험 대상이 되었던 모든 영장류 동물들이 가지고 있는 것으로 나타났다. 서구 국가들에서 행해진 수천 번의 실험에서, 피실험자들은 이런 유의 불공정한 제안에 대해 일관되게 부당하다는 감정을 드러내고 있다. 그 외에도 비(非)서구국가 사람들에게서 발견된 상당량의 데이터도 확보되어 있다. 특히 구석기 시대 조상들이 살았을 법한 방식으로 살아가고 있는 사람들과 관련된 데이터도 있다. 물론 그들의 반응은 시장경제 안에서 살아가는 '현대인'들의 그것에 비하면 보다 다양하게 나타나지만, 어쨌든 그들 역시 불공정성에 대해서는 강한 반감을 보이고 있다.[11]

이 경향이 보다 심도 있게 진화된 경우를 우리는 영장류 친척들에게서 볼 수 있다. 침팬지와 꼬리원숭이를 대상으로 연구하면서, 에모리대학교 영장류학자인 프랜스 드 왈(Frans de Waal)은 어떤 한 개체가 과업 수행의 대가로 만족할 만큼의 먹이를 지급받은 반면, 함께 과업에 참가했던 다른 개체는 먹이를 얻지 못했다면, 그 이후의 과업 수행에서 후자의 원숭이는 협력을 거부하고 불공정성에 대한 불만 표시를 한다는 것을 알아냈다.[12] 이 결과가 시사하는 바는 인간을 포함한 모든 영장류는 '정의의 감각(sens of justice)'을 발달시켜왔다는 것이며, 이 도덕적인 감정은 어떤 교환 행위를 할 때마다 그게 공정한 것인지 불공정한 것인지를 당사자에게 고지하는 신호기 역할을 한다는 것이다. 다양한 분야에서 나타나는 수많은 증거들은 공정성이 일종의 전략, 즉 우리 조상들이 이루고 살았던 소규모 집단 사회의 조화를 유지하는 안정화 전략으로 진화·발달된 것임을 보여준다. 그 사회에서는 협력이 필수적인 것으로 권장되었고 무임승차 행위는 벌을 받았으며 정상이 아닌 것으로 간주되었다. 공짜로 10달러 버는 것을 불공정하다는 이유로 거절하는 일은 오늘날의 기준에서 보면 비합리적이라고 할 수 있겠으나 진화라는 관점에서 바라본, 과거의 어느 시점에는 지극히 합리적인 선택이었다.

진화는 오로지 '이기적 유전자'에 의해 추진된다는 신화, 모든 유기체는 배타적인 탐욕에 사로잡혀 있고, 자기밖에 모르며 경쟁 지향적이라는 신화가 있는 것처럼, 경제도 이기적인 의도에 의해 추진되고 사람들은 배타적인 탐욕에 사로잡혀 있고 경쟁 지향적이라는 신화가 있다. 그러나 사실 우리는 이기적인 동시에 자기희생적이고 협력 지향적이면서도 경쟁 지향적이며 평화를 사랑하면서도 호전적이고 사회적인가 하면 반사회적이기도 하다. 삶과 경제 모두, 그 안에는 상호 투쟁과 상호 협조가 공존한다. 그런데 대개의 경우 우리의 천성은 악보다는 선에 더 많이 기울어져 있다. 저녁뉴스를 장식하는 돌발적인 폭력 행위가 한 건이라면, 매일매일 기록되지 않고 넘어가는, 양식에 근거한 선행은 1만 건이나 된다. 시장은 윤리적이며 현대 경제는 우리가 가진 미덕 위에 기초하고 있다. 그렇지 않았다면 시장자본주의는 오래

전에 붕괴되었을 것이다.

이는 경제에 대한 턱없는 낙관론이 아니다. 나는 진공 상태와 같은 100퍼센트 자유시장에서 행해지는 사업 활동이면 무엇이든 항상 반드시 도덕적이라고 주장하는 것이 아니다. 우리는 견제와 균형 그리고 법 위에 기초한 사회, 법규 안에서 시장이 자유롭고 공정하게 움직이는 그런 사회를 필요로 한다. 제임스 매디슨(James Madison)은 〈페더럴리스트 페이퍼 51(Federalist Paper Number 51)〉을 썼을 때 우파였다.

"만일 인간들이 천사라면 정부는 필요 없을 것이다. 만일 천사들이 인간을 다스린다면 정부에 대한 어떤 내·외부의 통제도 필요 없을 것이다."[13]

왜 복잡계 과학과 인간의 천성은 혼돈과 이기심 속에서도 굳건한 선(善)이 나올 수 있을 것이라고 예측하고 있고, 또 그것이 가능함을 몸소 보여주고 있는가? 사회적인 영장류로서 진화한 결과, 우리는 집단 내 친화와 집단 간 불화를 보여주는 단계에 이르렀다. 그리고 이는 사적 쟁취나 가족의 통합이라는 이기적 욕망과 집단 내 평등이나 외부 위협에 맞서는 사회적 통합이라는 사회적 욕망 간에 격한 긴장을 만들어냈다. 내가 '미덕경제학'이라고 부른 것의 제1원칙은 우리에게 유전적으로 깊게 새겨져 있는 상호성과 호혜주의를 반영하고 있다. 누군가가 우리에게 무언가를 줄 때, 우리는 다른 무언가로 그것에 대해 보답해야 할 것 같은 느낌을 갖는 것 말이다.

'집단 내'와 '집단 간'을 막론하고 타자와의 소통을 위해 우리는 타자에 대한 우리 자신의 지각에 크게 의지한다. 특히 타자가 우리를 어떻게 생각하는가에 대한 우리의 인식이 중요하다. 그것은 말하자면 우리는 평판과 위신에 크게 신경을 쓴다는 것이다. 인터넷상에서 하나의

'신뢰가 자가조직화되어 나타나는 특질'인 신용 평가라는 것이 그토록 빨리 확산된 것도 다 그런 이유에서다. 이베이에서 판매자 신용 평가, 아마존에서 서평자의 서평을 놓고 품평 등급 매기기, 마이스페이스(Myspace), 페이스북(Facebook), 링크드인(LinkedIn) 같은 사교적이고 직업적인 인맥 형성 사이트에서 신용 평가 방법으로 사용자들 간의 접속량과 그 접속의 질을 참고하는 것 등은 어떤 종류의 교환·거래에서든지 '신뢰'가 필요하다는 것을 입증하는 대표적인 사례다.

우리는 공정하고 정직한 거래자로 인식되기를 원한다. 그러나 한편으로 우리는 대단히 부족적 (문화의) 영향을 많이 받으며 집단의 정체성에 의해 자아인식이 휘둘리기도 하는 존재들이다. 이런 집단 내외 부족주의가 만들어내는 불행한 부산물은 외부(인) 기피증이다. 우리는 천성적으로 타자를 기피한다. 그러므로 누가 자기 집단 내부에 속하고 누가 외부에 속하는지를 가려내는 일에는 천재적인 재능을 발휘한다. 그 분류의 수준은 천차만별인데, 크립스와 블러즈(Crips and Bloods) 같은 갱조직에서도 그렇고, 후투족(Hutus)이냐 투치족(Tutsis, 르완다 내전 시 대량살육을 벌였던 대표적인 두 종족—옮긴이)이냐, 알바니아계냐 세르비아계냐 하는 문제가 그러며, 시아파냐 수니파냐 하는 것도 이런 편가름의 비극적 케이스에 들어간다. 우리가 아무리 고대 문화의 유산인 이런 의례들을 순화하고 법으로 규제한다 하더라도 그것이 가진 심리적인 골간들은 아직 구석기 시대를 벗어나지 못하고 있는 우리 뇌의 어떤 부분에 깊이 박혀 있어 언제든지 준동할 때만을 기다리고 있는 것이다. 때로 그것들은 정치(와 전쟁)의 영역에서 파괴적으로 날뛰기도 하고 경제(와 교역)의 영역에서 극렬하게 경쟁적으로 발호하기도 한다.

이와 동시에 우리는 무리와 부족사회에서 부족연합체제, 국가체제,

공동체로 진화해왔으며, 그와 함께 다양한 사회 조직 기술을 동원해 실험을 거듭하고 분투한 결과 자유와 평등 사이에서 적절한 균형점이라고 할 만한 것을 찾아내게 되었다. 그리고 이는 무리 내에서 공평하게 부를 배분하는 일을 최고로 치던 문화에서, 부족 내에서의 지위와 권력서열에 따른 부의 위계적 배분 사회로 변화해감을 의미한다. 수렵채집자 사회의 평등주의(아니면 최소한 그런 팻말만이라도) 원칙은 무리와 부족들이 부족연합체제와 국가체제로 융합되면서 해체된다. 그런데 부가 권력의 상징이 된 순간, 미덕의 가치는 사적 이익에 기반하고 있는 (이기적인) 반대편 가치에 맞서는 힘으로 등장하게 된다.

제2장

통념 경제학의 오류

1873년, 진화론을 둘러싸고 일어났던 성공회 주교 새뮤얼 윌버포스(Samuel Wiberforce, '아첨꾼 샘'으로 불림)와 진화생물학자인 토머스 헨리 헉슬리(Thomas Henry Huxley, '다윈의 불독'으로 불림)의 전설적인 논쟁이 끝난 지 13년 되는 해 윌버포스는 낙마사고로 죽었다. 윌버포스의 비극적인 종말을 두고 헉슬리는 물리학자인 존 틴달(John Tyndall)에게 이렇게 빈정댔다.

"그의 머리가 현실 세계와 만난 최초의 순간이었네만, 그 결과가 치명적이었군."

중력이나 물체의 낙하 현상 같은 기본적인 힘과 현상에 관해서라면 일반인들도 직관적으로 알고 있을 것이다. 다른 말로 하자면 우리의 '통념 물리학(folk physics)'으로도 물질세계의 그런 단순한 작동 원리 정도를 파악하는 데는 별로 부족함이 없다는 얘기다. 심지어 아이들도 만화영화에서 나오는 물리학적 유머를 알아챈다. 예를 들면 어떤 주인공이 달리다가 절벽 끝을 벗어나도 바로 밑으로 떨어지지 않는다. 그가 막상 추락하는 시점은 자신이 '견고한 대지(terra firma)'를 이탈해 있음을 알아챈 순간이다. 이런 장면은 만화영화 캐릭터인 와일 E. 코요테(Wile E. Coyote)를 기려 코요테 정지(Coytes interruptus)라고 불린다. 그는 숙적인 로드 러너를 쫓다가 항상 이런 식으로 최후를 맞이한다.

그러나 물리학의 많은 부분은 직관의 영역에 있지 않다. 마이크로 세계의 양자역학에서부터 매크로 세계의 일반 상대성 이론에 이르기까지 직관으로 이해할 수 있는 것을 찾기는 매우 어렵다. 이는 다른 분야나 학문에서도 마찬가지다. 하지만 현대 과학이 태동하기 전 인류는 모두 일반적인 직관에 의지해 감을 잡곤 했다.

예를 들어 '통념 천문학(folk astronomy)'에서 세계는 평평하며, 천체가 지구 주위를 돌고 행성들은 우리의 미래를 주재하는 신들이었다. 통념 생물학은 또 어떤가. 어떤 활력량이 살아 있는 모든 생명체의 내부를 흐른다고 가르쳤다. 그리고 이 생명체의 활동 설계는 어떤 전지전능한 설계자가 무(無)에서 창조해냈다고 (직관적으로) 믿고 있었다. 그런가 하면 세간의 통념 심리학은 우리로 하여금 뇌 속에 사는 '극미인(極微人, homunculus)'을 찾아보게 만들었다. 이는 기계의 영(靈)과 같은 것으로, 마음이 뇌와 분리될 수 있다는 믿음에 근거해 상상된 것이었다.

통념적 과학이 그토록 잦은 오류를 범하게 된 이유는 우리가 진화해온 환경과 우리가 현재 살고 있는 환경이 천지차이이기 때문이다. 우리는 진화생물학자인 리처드 도킨스가 말한 이른바 '중간 세계' 안에서 진화를 겪었다. 이 세계는 거대한 것과 미세한 것, 빠른 것과 느린 것, 어린 것과 오래된 것들의 중간에 위치한 장소다.[1] 문학적인 표현을 좋아하는지라 나는 그것을 '중간 대지(Middle Land)' 라고도 부른다.

우리는 우주의 중간 대지 안에서 중간 크기의 사물을 인식하는 쪽으로 진화했다. 말하자면 우리가 인식할 수 있는 모든 사물은 그 크기가 개미와 산의 사이에 있다. 우리는 작은 쪽으로는 박테리아나 분자, 원자를 볼 수 없으며, 큰 쪽으로는 퀘이사(quasar, quasi-stellar radio source, 광학적으로도 보통 별과 구별이 되지 않는 천체를 말한다. 그러나 퀘이사는 다른 별들보다 훨씬 큰 적색편이를 나타낸다. 이것은 퀘이사가 보통의 별보다 훨씬 먼 곳에 있다는 것을 나타낸다. 현재 퀘이사는 아주 먼 곳에 있는 은하의 밝은 핵일 것으로 믿고 있다-옮긴이), 은하계들, 팽창하는 우주 등을 지각할 수 없다. 중간 대지에서 우리의 눈은 걷거나 달리는 속도로 움직이는 것만을 탐지할 수 있다. 느린 쪽으로는 산맥의 아주 느린 성장이나 대륙의 움직임을 감지할 수 없으며, 빠른 쪽으로는 아무리 노력해도 빛의 속도를 따라갈 수 없다.

시간은 또 어떤가. 우리는 고작해야 80년쯤 산다. 진화 과정이나 대륙의 유동, 장기간에 걸친 환경 변화를 목격하기에는 턱없이 짧은 시간이다. 이것은 왜 그토록 많은 사람들이 진화론이나 지구 기후 변화 이론을 이해하는 데 어려움을 겪는지를 잘 말해준다. 진화와 기후 변화는 직관으로 이해할 수 없다. 중간 세계에서 살아가는 우리가 절대 감당할 수 없고 또 전혀 익숙하지도 않은 스케일의 변화이기 때문에 그렇다.

통념 과학에서 이뤄지는 임의적인 추론은 현실 세계에서 어떤 인과 관계를 정하는 데 쓰이기도 하지만, 이것 역시 신뢰할 만한 것은 못 된다. 우리는 석기 같은 인공적인 물건을 보면서 지능을 갖춘 설계자가 그것을 만들었을 것이라고 추정한다. 그러고 나면 자동적으로, 자연에서 기능하는 모든 사물, 예를 들면 눈(目) 같은 것들이 석기와 마찬가지로 누군가가 설계한 작품이라고 추론하게 된다. 어떻게 뉴런이 의식을 만들어내는지에 대한 설득력 있는 이론이 빈약한 상태에서는 정령(精靈)이 뇌 속을 떠다니고 있을 것이라고 상상할 수밖에 없는 것이다.

● 제로섬 게임은 끝났다

과학으로 자리 잡은 이래 경제학은 줄곧 논쟁의 진창 속에서 허우적대야만 했다. 어떻게 자료와 이론을 적용해서 제기된 문제에 대한 해결책을 내놓느냐가 항상 논쟁의 핵심이었다. 시장을 통해 사회적 문제를 해결한다는 방책에 대해서는 전반적으로 회의론이 주류를 이루고 있다. 사업가들은 불신의 대상이며, 기업들은 의심받는다. 또한 시장에서 가장 많은 이익을 얻은 사람들에게 어떤 반감을 가지고 있다는 것도 주지의 사실이다. 이 불신과 반감의 뿌리는 통념 과학에 있으며, 중간 대지에 산다는 한계로 말미암아 시장과 경제에 대해 직관적으로 인식할 수밖에 없는 상황에서 비롯되는 것이다.

통념 경제학은 과도한 부를 경멸하게 만들며, 고리대금업에 죄의 딱지를 붙이고, 시장의 보이지 않는 손을 신뢰하지 못하도록 한다. 우리는 우리가 이해하지 못하는 것을 두려워한다. 그리고 우리는 우리가 두려워하는 것을 싫어한다. 『뉴요커(New Yorker)』지의 어느 만평에는 두 사람이 이런 대화를 나누는 그림이 있다.

"나는 빌 게이츠가 그렇게 인기가 많아지기 전까지 그를 싫어했다고."

인간 집단의 진화

현재 이전	집단	구성원의 수
100,000~10,000년 전	무리	10~100명
10,000~5,000년 전	부족	100~1000명
5,000~3,000년 전	부족연합	1,000~10,000명
3,000~1,000년 전	국가	10,000~100,000명
1,000년 전~현재	제국	100,000~1,000,000명

통념 경제학이 합당하다고 여겨질 때는 우리로 하여금 진화를 겪은 공간인 수렵채집자 집단 사회의 경제를 설명할 때다. 어떤 자본시장도, 경제 성장도, 부의 축적도, 과도한 빈부격차도 없었으며, 노동의 배분이나 집중은 거의 이뤄지지 않았고(대부분의 수렵채집자들은 모든 일을 다 했다) 당연히 보이지 않는 손도 작동하지 않았던 경제 말이다. 중간 대지의 통념 경제학이 어디서부터 진화했고 그것이 왜 오늘날 우리를 힘들게 하는지, 위의 도표는 수렵채집자로부터 소비교역자로 발전한 우리의 진화 과정을 거칠게 개괄해서 보여준다.

이 진화시간표에는 무리 내에서 경제적 부가 공평하게 분배되었던 시기로부터 부족 내에서 지위와 권력에 따라 부의 서열이 출현하는 시기로의 이행이 나타나고 있다. 무리와 부족이 부족연합사회와 국가로 융합되면서 평등주의가 해체되고 있는 것이다. 그래서 현대 세계에서는 보다 더 큰 부를 쟁취하려는 우리의 이기적 욕망과 평등을 추구하는(아니면 최소한 사회구성원 중 어느 누구라도 너무 부유하거나 너무 가난해서 말도 안 되게 불평등해지지 말아야 한다는) 우리의 사회적 욕망 사이에서 긴장이 발생한다. 괴물처럼 거대한 현대 국가에서는 끔찍한 빈곤과 상상 불가의 부가 공존하며 이는 엄청난 놀라움을 야기한다.

대부분의 국가에서 이런 현실은 가난한 자들을 떠받쳐주고 부유한 자들을 억누르는 정책을 낳는다. 진화 기간 동안 우리는 제로섬(zero sum, 얻고 잃어서 결과는 '0') 세계에서 살았는데, 그 안에서 누군가의 이익은 누군가의 손실을 의미했다. 이는 어째서 상호이익과 식량의 공유가 수렵채집자 무리 구성원들에게 그토록 중요했는지를 보여준다. 또한 어째서 그들이 공동으로 사냥과 채집을 하면서 획득한 것들을 나눠 갖는 습속과 도덕을 발전시키게 되었는지 그 이유도 설명해준다.

파라과이 동부에 사는 아체(Ache) 족은 전적으로 유목에 종사하는 수렵채집자들이며 가축에게 먹일 풀을 찾아서 상당히 먼 거리를 이동한다. 사냥한 짐승의 고기는 부족 내에서 두루 배분되지, 그것을 잡은 사냥꾼 개인이 독차지하는 법이란 없다.

그런데 인류학자인 킴 힐(Kim Hill)과 힐라드 카플란(Hillard Kaplan)이 발견한 사실이 흥미롭다. 가장 뛰어난 사냥꾼은 보다 많은 여인들을 취하는 것이 허용되고 그 결과 많은 자손을 퍼뜨림으로써 성공적인 번식을 할 수 있다는 것이다. 더 나아가 힐과 카플란은 사냥 참가가 강제적이거나 의무적인 것이 아니기 때문에 최고의 사냥꾼은 아이를 잘 봐주겠다든지 무리 내에서 높은 지위를 보장해주겠다는 실질적이고 사회적인 보상 제안을 받고 사냥길을 떠난다는 것을 알아냈다. 그리고 상대적으로 성공 확률이 낮은 사냥에 나설 때 식량 나누기나 보상 시스템을 채택했다면, 예측 가능하고 실제로 많은 것을 획득할 수 있는 채집을 할 때에는 그 결과물을 개별 가족 구성원들끼리 나눠 가졌다.[2]

이누이트(Inuit) 족 역시 이와 비슷한 보상 시스템을 발전시켰는데, 북극곰을 사냥할 때 맨 처음 창으로 찌른 사냥꾼에게 곰의 상반신 가죽을 상으로 주었다. 이 가죽 부분에는 긴 갈기털이 있어서 그것으로 여성의 장화 안쪽을 대면 좋았기 때문에 그가 가져온 상품은 집안에서도 환영을 받았으니 포상 효과가 한결 두둑한 셈이었다.[3] 남성들은 여성들에게 강한 인상을 주고 싶어 하고 또 남성 동료들로부터는 인정과 지위를 희구하는 경향이 강하기 때문에 무리의 이익을 위해 이런 심리를 이용한 것이다.

그러나 현재 우리는 비(非)제로섬 세계에 살고 있다. 발달된 과학과 테크놀로지에 힘입어 생산성을 엄청난 높이까지 올렸다. 이는 과거와 같은 양의 혹은 더 적은 활용 자원을 가지고도 식량의 생산을 계속 늘릴 수 있는 단계다. 그러나 우리의 뇌는 우리가 아직도 제로섬 법칙이 유효한 중간 대지에 살고 있는 것처럼 행동한다.[4]

● 민중의 로맨스

위대한 역사가인 아놀드 토인비(Arnold Toynbee)는 "증기기관과 《국부론》이 구(舊)세계를 혁파했으며 새로운 세계를 건설했다"고 부르짖었다. 노벨상 수상 경제학자인 조지 스티글러(George J. Stigler)는 《국부론》을 일컬어 "경제학의 모든 것들 가운데서 가장 중요한 실체적 진술"이라고 했다.[5]

애덤 스미스의 이론이 그토록 심오하고 입증된 것이라면, 어째서 일부 사람들은 이를 받아들이지 않는 것일까? 마치 진화론을 거부하는 어떤 사람들처럼 말이다. 그러나 진화론과 경제학에서 자연선택(도태)과 보이지 않는 손 이론은 누군가가 믿기로 서약한 종교적 교리도 아닐뿐더러 믿음의 대상 자체도 될 수 없다. 그것들은 경험적 세계의 사실적 진실(factual realities)일 뿐이다. 누군가가 "나는 중력을 믿는다"라고 말할 수 없다면 "나는 시장을 믿는다"라는 말도 할 수 없어야 한다. 자유시장경제에 대한 거부는 특정한 사회심리적 요인과 연관이 있다.

이는 인간들이 수렵채집공동체 내에서 적게는 수십 명, 크게는 수백 명 단위의 소집단을 이루어 진화해왔기 때문이다. 공동체 내의 모든 구성원은 유전적으로 연결되어 있거나 사적으로 서로를 잘 알았고, 대부분의 물자를 공유했기 때문에 부는 거의 축적되는 게 없었으며, 과도한 탐욕은 징벌의 대상이었다.

따라서 남보다 월등한 부가 성공의 표지가 되는 자유시장 시스템에 대해 우리가 질시와 분노의 감정을 실어 반응하는 것은 자연스러운 일이다. 그래서 탐욕스러운 개인보다 더 강력한 권력을 갖춘 어떤 사람이나 기구가 이 '불공정함'을 바로잡아주기를 기대하는 것이다. 이를 '진화적 평등주의(evolutionary egalitarianism)'라고 부른다.

더 나아가 문명사가 시작된 이래 경제적인 불평등은 대부분 사회구성원들이 성공을 도모할 권리를 평등하게 가지고 있었던 상태에서 자연스럽게 나타나는 재능이나 추진력의 차이에서 기인한 것이 아니었다. 그보다는 소수의 족장, 왕, 귀족, 성직자들이 자신들의 사적 이익을 탐하기 위해 불공정하고 부정한 사회 시스템을 만들어내 악용한 것이었으며 다수의 빈곤화라는 희생 위에 그들만의 영달을 꾀한 데서 비롯된 것이었다. 이는 우리가 경제적 불평등을 일종의 불법 취득물 같은 것으로 생각하도록 이끌었고, 한 개인이 축적할 수 있는 부의 크기에 대해 위로부터의 강력한 규제를 요구하게 만들었다. 누군가가 "저들이 뭔가를 해줘야 해"라고 말할 때, '저들'은 바로 가장 강력한 권력을 가진 사회적 기구를 암시하는데, 대개 그것은 '정부'가 된다.

사람들이 경제적인 불명확성에 대해 얼마나 참을 수 없는지를 알게 되다면 놀랄 정도다. 자유시장은 혼돈스럽고 불확실하며, 제어 불가능하고 예측 불가능하다. 대부분은 그런 환경에 대해 못 견뎌 한다. 그래서 정부 같은 사회적 기구가 개입해서 어느 정도의 확실성을 보장해줄 것을 바란다. 지진이나 허리케인 등은 '신의 행위(acts of God)'라고 부른다. 지난 세기 동안 우리는 필요한 조정과 안전을 제공하는 '정부의 행위'에 의지하는 법을 배웠다. 특히 우리 스스로가 어찌할 수 없는 상황에서는 더욱 그렇다. 신의 행위에 대비한 보험 비용을 감당할 수 없는(아니면 그걸 스스로 구매하지 않는) 사람들은 항상 연방비상관리국(Federal Emergency Management Agency, FEMA) 같은 정부기관이 나서서 그런 위험이 현실화될 때 자신들을 구제해주길 기대한다.

경제학자 대니얼 클라인(Daniel Klein)은 경제정책에, 심지어는 노벨상을 수상한 경제학자의 정책 제안에도 '정부'라는 신이 가할 수 있는 무서운 영향력에 관해 상세히 설명하고 있다. 전미경제학회(American Economic Association)의 1995년도 연례회의에서 클라인은 노벨상 수상 경제학자인 MIT의 로버트 솔로우(Robert Solow) 교수에게 어째서 학교 바우처 제도(school voucher, 사립학교에 다니는 학생이 정부로부터 바우처를 받아 학교에 내면, 학교는 그것을 근거로 정부에 재정 지원을 요구할 수 있는 제도-옮긴이)를 좋아하지 않는지 물었다. 그것은 자유시장 원칙과 그 메커니즘을 공교육에 도입하는 시스템이었다. 솔로우는 이렇게 대답했다.

"경제적 이유 때문에 그런 것은 아닙니다. 경제적 이유로만 따지면 학교 바우처 제도는 바람직한 것이죠. 그러나 나를 미국인으로 만든 것은 미국 군대와 공교육 시스템이기 때문입니다."

클라인 교수는 사람들이 자유시장경제에 저항하는 이유가 "정부를 강한 결속력을 가진 공동체적 힘으로 보고 사랑하기 때문"이라고 했다. 그는 이것을 '민중의 로맨스(people's romance)'라고 부른다. 즉, 사람들이 정부가 제공하는 서비스를 나누어 쓰고, 정부가 우리 사회 내부의 영역들을 지정해주기를 바라는 마음에서 나오는 것이다.

"정부는 공익적이고 효율적인 상설기구를 만들어냅니다. 예를 들면 거리와 도로, 공공시설, 학교 시스템 등이 그런 것들이죠. 그렇게 함으로써 정부는 공공적인 경험, 아니면 최소한 이런 경험의 신화라도 맛볼 수 있는 환경을 결성해내고 그것을 강제하는 것입니다."[6]

경제적이고 사회적인 문제에 대한 정부의 해결 능력이나 의무에 회의를 표명하는 사람에게는 누구라도 방외인(方外人)의 표찰이 붙여지며 집단의 명분을 도외시하는 반역자라는 낙인이 찍힌다.

대개 사람들의 경제적인 신념은 '부족적'인 그리고 정치적인 참여의식에서 비롯된다. 자유주의자들은 규제 없는 자유시장에 반대하고 보수주의자들은 찬성한다. 이는 또 다른 형태의 통념 경제학이다. 그러나 자유주의자나 보수주의자 양쪽 다 (원칙적으로는) 엄격한 경제규제 시행과 큰 정부를 인정한다. 그들이 갈라서는 곳은 규제 중 얼마나 많은 것들이 철폐되어야 하고, 부과되어야 하는지를 결정하는 지점이다. 자유주의자들은 규제받는 기업과 '위원회 정부(government in the boardroom)'를 원하며, 보수주의자들은 강한 군대와 '침실 정부(government in the bedroom)'를 원한다. 자유주의자들은 재정 남용과 군대 내에서의 예산 부정지출에 주의를 기울인다.

내 친구이자 동료인 데이빗 슐로서(David B. Schlosser)는 사업가이자 애리조나 주에서 출마한 정치 초년생이기도 한데, 그는 이렇게 지적한다.

 "자유주의자들은 정부에 선한 업무, 예를 들어 의료지원정책 같은 것을 할당함으로써 모든 과정에서 그 나름의 효율성을 기할 수 있다고 생각한다. 그들은 자유주의자 자신들이 좋아하는 이런 업무에 관한 정책 결정을 내리는 정부 종사자들이야말로 이기적인 결정을 한다는 이유로 자유주의자들이 신뢰하지 않는 사람들과 같은 사람들이라는 사실을 무시한다. 왜 우리는 관료들에게 의약정책을 맡겨야 하나? 그들은 군용 렌치 하나에 예산 800달러를 책정하고 공군 화장실 변기의자 하나를 구입하는 데 2,000달러를 지불하는 바로 그 사람들이 아닌가?"[7]

 정치 풍자를 일삼는 시사평론가 P. J. 오루크(P. J. O' Rouke)는 이렇게 비꼰다.

 "만일 지금의 의료비용이 비싸다고 생각한다면 그것이 무료가 될 때 어떤 비용을 치르게 될지 기다려보라."

 부족적인 마인드를 가진 보수주의자들 역시 위선으로부터 자유롭지 못하다. 이들 대다수는 경제정책에 있어서 작은 정부를 원하는 것으로 알려져 있지만 거대 기업에 대한 정부 보조금만큼은 예외다. 랄프 네이더(Ralph Nader)는 이것에 '기업복지' 라는 아주 적절한 이름을 지어주었다. 석유산업, 거대 농산물 기업, 그리고 특히 방위산업 등과의 계약에서 많은 부정이 적발되고 있다. 누군가는 그런 보조금이 미국을 위해 좋은 것이라고 말할 수 있으리라. 그러나 그것은 필연적으로 소비자들이 결정한 바를 왜곡하게 된다. 왜냐하면 소비자들은 그런 개입이 없다는 전제하에 결정하기 때문이다. 보수주의자들 또한 대외무역과 관련된 경우에는 자유시장 원칙을 버리고 부족주의로 돌아서는데, 제로섬 이데올로기에 매달려 해외에서 값싸게 생산한 상품들이 저렴한 가격으로 수입되기 때문에 미국 소비자들에게 이익이 되는 것이 아니라 미국 내 일자리와 제조업에 손실을 가져온다고 생각한다.[8] 민주당, 공화당을 막론하고 지난 세기, 정권을 거칠 때마다 정부는 세금 규모와 함께 그 크기가 커져왔다. 그리고 거의 모든 사람들이 우리의 경제가 건강해지기 위해서는 위에서부터의 규제가 필요하다는 '통념적 믿음'을 신봉하게 되었다.

● 경제는 복잡하지 않다

진화론과 자유시장경제 반대론에서 발견되는 가장 보편적인 신화가 있다면 그것은 동물이나 인간이 본래 이기적이며 경제는 테니슨(Tennyson)이 자연을 두고 쓴 유명한 묘사에 나오는 것처럼 "피로 물든 이빨과 발톱"을 가지고 있다는 가정 위에 성립되었다는 것이다. 《종의 기원》이 출간된 후 영국의 철학자인 허버트 스펜서(Herbert Spencer)는 '적자생존'이라는 문구를 동원해 자연선택(도태)설을 불후의 이론으로 만든다. 그러나 적자생존설이야말로 과학 역사상 가장 오도된 설명 중 하나다. 이후 사회적 다윈주의자들이 이것을 인종주의 이론이나 민족주의 정치학, 경제학 원칙 등에 부당하게 적용하고 있고, 심지어 다윈의 불독이라고 불리던 토머스 헨리 헉슬리조차 일련의 에세이에서 이 '검투사적인' 생명에 대한 관점을 피력하고 있다. 그는 자연을 하나의 시스템으로 묘사하고 있는데 거기서는 "가장 강하고, 가장 빠르고, 가장 영악한 것들만이 살아남아서 후일의 싸움을 기약

한다"는 것이다.[9]

그러나 생명에 대한 관점이 이런 것만 있는 것은 아니다.[10] 1902년 러시아의 아나키스트이며 사회비평가인 표트르 크로포트킨(Pyotr Kropotkin)은 스펜서와 헉슬리에 대한 반박으로 《상호부조(Mutual Aid)》라는 책을 펴낸다. 글을 통해 크로포트킨은 스펜서에게 도전하며 이렇게 쓰고 있다.

"만일 우리가 자연에게 '누가 적자인가. 끊임없이 서로 싸우는 것들인가 아니면 서로 돕는 것들인가' 라는 질문을 던지면, 의심할 나위 없이 서로 돕는 습성을 가진 동물들이 적자라는 사실을 알게 될 것이다. 그것들에게는 더 많은 생존의 기회가 보장되며 각각의 종들이 속해 있는 자연질서상의 서열 내에서 최고의 지력과 신체적 발달 상태에 도달할 수 있다."

시베리아의 오지를 여러 차례 여행하면서 크로포트킨은 동물 종들이 자연 상태에서 매우 사회적이고 상호 협조적임을 발견했다. 그는 이것이 생존을 위한 적응 노력이라고 생각했으며 진화에서 극히 중요한 역할을 한다고 보았다.

"동물의 세계에서 우리는 엄청나게 많은 종들이 사회를 이루어 살고 있음을 보았으며, 그것들은 연대가 생존을 위한 가장 훌륭한 무기임을 알고 있었다. 크게 다원적인 관점에서 이해하건대, 그것들에게 투쟁이라 함은 존립의 수단이 아닌, 자신들에게 위협을 가하는 자연환경에 맞서는 투쟁이었다."

그는 인간공동체도 마찬가지라고 주장한다. '미개사회', '야만인들', 중세 마을, 심지어 현대 도시에도 상호 부조의 증거가 있음을 피력한다.

"이 경우에 획득되는 상호 보호, 길어지는 수명, 더 높은 단계의 지적 발달, 사교적인 습성의 성장 등이 종들의 존속과 확산, 발전적 진화를 보장하는 것이다. 반대로 비사회적인 종들은 소멸의 길을 걸을 수밖에 없다."

크로포트킨은 아나키스트였지만 인간의 천성에 관해 말할 때에는 전혀 기인다운 데가 없었다. "다양한 종들 사이에서 어마어마한 싸움과 절멸이 일어난다"고 그는 인정했다. 그러면서 '개인의 자기 내세우기' 또한 우리의 천성 한 켠에 흐르고 있는 다른 '흐름'이며 이 사실을 반드시 인식해야 한다고 말하고 있다. 덧붙여 "상호 지원, 상호 도움, 상호 방어도 그만큼 혹은 그 이상 존재하고 있으며, 사회성은 상호 투쟁만큼이나 자연의 철칙"이라고 말하고 있다.[11]

이기심과 희생심, 경쟁과 협력, 탐욕과 베풂, 상호 투쟁과 상호 부조라는 2가지 흐름 사이에서 균형을 잡는 일이 가장 큰 문제다. 이런 삶의 관점은 그들이 어디에서 성장했는가와 관련이 있을 수 있다. 즉, 보다 경쟁 지향적인 영국의 경제 시스템과 보다 평등 지향적인 러시아의 경제 시스템이 반영되었을 수도 있는 것이다.[12] 세간에서는 애덤 스미스가 스코틀랜드 사람이었기 때문에 오랫동안 이기적·경쟁적 가치관을 가졌을 것으로 생각했다. 그래서 비평가들은 그의 초기 저작들이 윤리적 정서를 바탕으로 하고 있으며, 그 역시 사람들이 사회적이고, 협력적이고, 감정이입 능력이 있음을 주장했다는 사실을 애써 무시한다(어쩌면 그런 주장을 한 적이 있다는 것도 모를 수 있다).

삶은 복잡하고 혼효(混淆)되어 있으면서 겉보기에는 매우 영리하게 설계된 듯이 보인다. 그래서 통념 과학적인 직관은 누군가 지적인 설계자가 반드시 있을 것이라고 추론하게 만들었다. 이와 유사하게 경제 역시 복잡하게 뒤엉키도록 설계된 것처럼 보인다. 그래서 우리는 자연히 경제 역시 그 뒤에 누군가 설계자가 있다고 생각하게 되었다. 즉, 정부라는 신이 우리 경제 시스템의 지적 설계자로 간주되고 있다.

그러나 삶과 경제는 지적으로 설계되어 위로부터 내려온 것들이 아니다. 그것들은 자발적으로 보다 단순한 시스템에서, 아래로부터 발전한 것이다. 이에 관한 설명은 출현 이론이나 복잡성 이론을 다루는 과학에서 찾아볼 수 있다. 이 이론들에 따르면 복잡계(complex system)는 단순계(simple system)에서 나왔다. 삶과 경제는 언어나 글쓰기, 법률, 문명, 문화 같은 것과 마찬가지로 모두 자발적으로, 어떤 전지한 공학자의 청사진 설계도 없이 자가조직화되어 스스로의 시스템 안에서 솟아난 것들이다. 이런 현상을 설명하는 데에는 신도 정부도 필요치 않다. 대신에 자연선택과 보이지 않는 손이 어떻게 개별 유기체와 사람들이 생계유지와 자신들의 이익을 추구하기 위해 노력하면서 복잡한 생태와 경제라는 (자가)발현적인 특질들을 생성해내는지 정확하게 설명해줄 수 있을 것이다.

우리가 이해하는 바와 같이 생태와 경제는 복잡적응계(complex adaptive system)이다. 이는 개별적인 입자들, 부분들, 동인(動因)들이 상호작용하며, 정보를 처리하고 학습하고, 변화하는 환경에 스스로의 행동을 적응시켜나가는 시스템을 일컫는다.

생태학은 하나의 복잡적응계로서, 어떻게 해서 그토록 많은, 그러나 서로 관련 없는 유기체들과 종들이 커다란 생물학적 공동체에서 상대적으로 조화를 이루며 공존하는지에 대한 의문을 풀기 위해 나타난 것이다. 그리고 경제학도 하나의 복잡적응계로서, 어떻게 해서 그토록 많은, 그러나 서로 관련 없는 타인들이 커다란 도시에서 상대적으로 조화를 이루며 공존하는지에 대한 의문을 풀기 위해 나타난 것이다.

찰스 다윈과 애덤 스미스는 모두 자신들만의 고유한 방식으로 이러한 문제를 풀어보려고 했으며, 우연히 멋진 해법을 찾아냈다. 그런데 알고 보니 이는 보다 크고 아득한 어떤 현상에 대한 해답이었던 것이다. 단순성에서 복잡성이 출현하는 현상이었는데, 진화 시스템 자체의 특성과 개체의 진화적 특성이 서로 일맥상통한다는 데에 그 해답이 있었던 것이다. 또한 자신의 진화적 특성, 혹은 "복잡적응계의 변화에 맞게 행동하는 개체들의 집합으로서 우리는 어떤 행위를 하는가"라는 의문에도 문제를 푸는 열쇠가 있었다.

제3장

아래로부터의 자본주의

1825년 8월, 찰스 다윈은 의학을 공부하기 위해 에든버러 대학교에 입학한다. 야심만만한 의사였던 자신의 아버지 로버트와 박식가로 유명했던 할아버지 에라스무스의 뒤를 잇겠다는 생각이었다. 교양과목 강의를 들으면서 다윈은 위대한 계몽주의자들인 데이빗 흄(David Hume), 에드워드 기번(Edward Gibbon), 애덤 스미스 등의 저작을 접했다. 그리고 10년 후 5년에 걸친 비글호 항해를 마치고 집에 돌아오자마자 다윈은 이 책들을 다시 잡는다. 자신이 연구하고 있는 새로운 이론의 관점에서 이것들이 담고 있는 의미를 다시 생각해보기 위해서였다.[1] 비록 다윈은 애덤 스미스를 직접 거론하지는 않았지만, 그의 제자들은 다윈이 애덤의 보이지 않는 손 이론에서 자연선택 이론을 따왔을 것이라는 점에 크게 이의를 제기하지 않는다.[2]

모든 위대한 과학 저작물들은 어떤 특정한 관점에 찬성하거나 반대할 목적으로 쓰인 것이다. 그런데 다윈이 글로 반대를 표명한 관점이란 1802년에 윌리엄 페일리(William Paley)가 출간한 《자연신학: 혹은 자연의 외관으로부터 취한 신의 속성과 존재의 증거(Natural Theology: or, Evidence of the Existence and Attributes of the Deity, Collected from the Appearances of Nature)》에 제시된 관점이었다. 다윈은 이 책에 대해 아주 잘 알고 있었으며 한 사적인 편지에서 이를 거론하기도 했다.

"내가 그 책을 전혀 존중하지 않는다고 말할 수는 없네. 전에는 그 책을 거의 외우다시피할 정도였으니까 말일세."

신의 존재에 관해 너무나도 유명한 '시계공' 주장을 처음 우리에게 설파한 사람은 바로 페일리였다. 이 주장은 오늘날에도 지적 설계 창조론을 믿는 사람들 사이에서는 대단히 인기가 있다.

다윈이 페일리를 논박했다면 페일리는 누구를 논박했을까? 그가 부분적으로 문제를 제기한 사람은 스코틀랜드의 경제학자 애덤 스미스였다. 페일리는 자연 속에서 신의 섭리를 논증하기 위해 한 쌍의 참새가 번식하는 과정을 예로 들었다. 참새는 종의 생존을 위해 자신들이 행하는 생식 과정의 중대함에 대해 조금도 인식하지 못한다는 것이다.

참새 수컷과 암컷은 자신들 종의 영속이 얼마나 시급한 문제인지 토론하려 들지 않는다. 그것들은 스스로의 감각에 따르고, 그 후의 결말은 자연스럽게 지어진다. 이는 가장 현명한 조언자의 지침을 따르기 때문이며, 참새들의 세계와 그 미래에 대해 가장 자상하고 정성스러운 배려가 있기 때문이다. 그런데 어떻게 번식이 일어나는가? 우리가 본능으로 치부하는 동물들의 행위에 그것들 스스로는 아무런 의미와 관점도 부여하지 못한다. 그렇다면 단지 만족을 느끼기 위해 할 뿐인가? 이것이 입증하는 것은 무엇인가? 어딘가에 분명히 어떤 전망이 있어야 한다면 그것은 동물이 아닌 창조주에게 있어야 함이 아닌가?

모든 현상 뒤에서 신이 줄로 조종하고 있다. 이 과정을 묘사하기 위해 페일리는 보이지 않는 손의 은유에 의지한다. 그러나 그는 그것을 뒤집어 스미스가 말한 아래에서 위로의 상향식 과정이 아닌, 신의 능력이 주관하는 위에서 아래로의 하향식 과정으로 이야기한다.

나는 새의 번식 행위를 직접 본 일이 없다. 그러나 나는 보이지 않는 손을 인식하고 있다. 그 손은 어떤 목적을 위해, 들판과 숲에서 날아와 기꺼이 죄수가 된 그 피조물을 가두고 있으니, 이것이 증명하는 바는 가장 값어치 있고 중요하며 유익한 희생이다.[3]

다윈이 페일리를 논박했다면 페일리는 스미스를 논박했다. 그렇다면 스미스는 누구를 논박했을까? 바로 중상주의자들이다.

근대 시기, 민족국가의 탄생에서부터 시작해 19세기 동안 서구 세계를 지배한 경제 이데올로기는 중상주의, 다시 말해 국가는 한정된 부를 놓고 제로섬 게임 경쟁을 한다는 믿음이었다. 이 중상주의는 부분적으로 수렵채집자 사회에 그 뿌리를 두고 있다. 중상주의는 어느 한 나라의 +X 이익이 다른 한 나라의 −X 손실을 의미함을 전제로 하고 있다. +X와 −X를 합하면 제로가 된다(모든 제로섬 게임은 이런 식이다. 어떤 게임에서 내가 누군가를 13 대 3으로 이겼다면, 내 순수한 승리의 몫은 10이고 그의 순수한 패배의 몫은 −10이다. 이 양수와 음수를 더하면 0이 된다). 그래서 어느 한 국가가 부유해지려면 정부는 대내외 교역에 대해 하향식의 엄격한 규제를 가하는 방식으로 경제를 운영해야 하며, 독점 제도를 시행하고 상인조합을 통제하고 식민지를 육성하고, 금괴를 비롯한 여타의 귀한 광물을 확보해야 하며 헤아릴 수 없이 많은 여러 형태의 간섭과 개입을 행해야 한다는 것이다. 그리고 이 모든 것의 목적은 '유리한 무역균형'을 맞추는 데 있었다. 어느 한 국가에게 유리하다는 것은 다른 국가 '위에' 서는 것을 의미했다.

애덤 스미스는 원래 경제학자가 아니었다. 그는 동시대 학자들이 '정치경제학'이라 부른 것을 공부했고, 실제로 그는 글래스고대학교의 도덕철학 교수였으며, 법률학·윤리학·수사학·정치경제학을 가르쳤다. 그의 첫 번째 저작은 《도덕감정론(A Theory of Moral Sentiment)》으로 1759년에 출간되었고, 그 책에서 그는 인간이 천부적인 도덕성을 가지고 있다는 이론을 개진했다.

"인간이 아무리 이기적이라 해도 천성에는 분명히 몇 가지 도의가 있다. 그것이 인간으로 하여금 타인의 행운에 관심을 갖게 하며, 다른 사람의 행복이 자신에게 필요한 것임을 천명하게 만든다. 인간은 남의 행복을 두고 그것을 바라보는 즐거움 외에 아무것도 얻는 것이 없다. 그러나 이런 것들로부터 동정이나 자비심이 나오며, 다른 이의 비참함을 목도하거나 생생하게 떠올릴 때 느끼는 감정 역시 이와 다르지 않다."

우리는 감정이입을 통해 다른 사람의 기쁨이나 번민을 감지한다. 그의 입장이 되어보고 그 상황에서 우리라면 어떻게 느낄지 상상해보는 것이다. 스미스는 이렇게 쓰고 있다.

"우리는 다른 이들이 느끼는 것과 똑같이 느낄 수 없기 때문에 그들의 마음이 어떤지 외부에서 보아서는 감을 잡을 길이 없다. 그러나 우리 자신이 그와 같은 상황에 처한다면 어떤 느낌일지 상상함으로써 가늠할 수 있다."[4]

감정이입할 수 있는 우리의 천성으로부터 시민사회의 기초를 이루는 그 무엇이 나온다. 타인의 고통을 보면서 자신의 괴로움을 달래기 위해 노력할 때, 스스로가 가진 부정적인 감정을 약화시키고 긍정적인 열정을 강화하는 것이다.

이 2가지 상이한 노력, 즉 목도하는 자가 동정받는 자의 정서 속으로 들어가고자 하는 노력과 동정받는 자가 자신의 정서를 목도하는 자의 그것과 일치시키려는 노력 위에 2가지의 상이한 미덕들이 기초하게 된다. 온화하고 부드럽고 상냥스러운 미덕, 즉 솔직한 겸양과 관대한 인간애라는 미덕이 그 하나라면, 멋대로 요동치는 천성을 자기 억제, 자기 통제를 통해 영혼의 한 켠에 보관하고 있는 위엄과 명예심에 복속시키고 우리에게 올바른 행동을 명령하는 열정이라는 미덕이 그 다른 하나다.[5]

《도덕감정론》에 뒤이어 1776년 정치경제학 논문인 《국부론》이 발표되었다. 중상주의에 맞서는 스미스의 입장은 도덕과 실용이었는데, 그의 입장이 도덕인 이유는 "수많은 사람들로 하여금 자신이 생산할 수 있는 모든 상품을 만들어내지 못하도록 금지하거나 스스로가 판단하기에 가장 이익이 된다고 생각하는 방식으로 자신의 자원과 노력을 동원하지 못하게 하는 것은 인간의 신성한 권리를 명백하게 침해하는 것"[6]이라 주장했기 때문이다. 또 그의 입장이 실용인 이유는 "법이 노동자의 임금을 규제하려고 할 때는 항상 낮추는 쪽이지 높이는 쪽이 아니기 때문"[7]이라고 했기 때문이었다.

《국부론》은 보호무역주의가 만들어준 특권에 의지하고 있는 중상주의 체제에 대한 긴 논박의 글이었다. 보호무역주의는 짧게 보면 생산자들에게 이익이 될지 모르나 길게 보면 소비자에게 손해를 끼치고 그 결과 국가의 부를 감소시킨다는 것이다. 모든 중상주의적 관행은 생산자나 독점기업가, 정부 당국자들에게 이익을 가져다주지만 국부의 진정한 원천인 국민들을 빈곤 상태에 방치하게 된다고 지적했다.

"국가의 부는 국가가 소유한 금과 은으로 이뤄지는 것이 아니라 그 땅과 집과 소비할 수 있는 갖가지 상품들에 있다. 그러나 중상주의 체제 하에서는 소비자의 이익이 거의 항상, 지속적으로 생산자의 이익을 위해 희생되곤 한다."[8]

그럼 해결책은 무엇인가? 손 떼라. (하고 싶은 대로 하게) 내버려둬라. 무역장벽과 사람들의 경제적 자유에 가한 구속을 제거하고 사람들이 가장 적합하다고 생각하는 방식으로 교역하도록 허용하라. 도덕적으로도 그렇고 실용적으로도 그렇게 해야 한다. 다른 말로 하자면 경제는 소비자가 추동해야지 생산자가 몰고 가서는 안 된다. 예를 들어 중상주의 철학 아래에서는 값싼 외국 상품이 소비자들에게 이익이지만 자국 생산자들에게는 손해다. 그러므로 정부는 보호무역 관세를 부과해서 유리한 무역 균형 상태를 유지한다. 그런데 보호 관세가 보호하는 대상은 누구인가? 스미스는 주장하길, 원칙적으로 중상주의 체제는 소수의 생산자들만 보호하고 대다수의 소비자들을 더욱 가난하게 만든다고 한다. 그 이유는 소비자들이 외국 상품을 사기 위해 더 높은 가격을 지불해야 하기 때문이다.

그의 말은 이렇다. 프랑스에서 포도 재배를 하는 것은 추운 영국에서 하는 것보다 훨씬 비용이 적게 드는 반면 작황은 월등하게 좋다.

"물론 유리 온실에서 키우면 스코틀랜드에서도 양질의 포도를 생산해낼 수 있다."

그러나 가격은 프랑스산보다 30배 정도 비싸진다.

"그렇다면 스코틀랜드에서 보르도와 부르고뉴급의 포도주 제조를 장려하기 위해 모든 외국산 포도주 수입을 법으로 금하는 것이 합리적인가?"

애덤 스미스는 이러한 의문을 제기하며 다음과 같은 원리를 들어 답을 제시한다.

"일반 가정에서 행했다고 하면 분별 있었다고 할 행위가 대영제국이 행한다 해서 어리석다고 할 수는 없을 것이다. 외국이 우리에게 싼 물건을 공급해줄 수 있으면 사는 것이 당연히 좋다."[9]

이것이 애덤 스미스 경제 이론의 핵심이다.

"소비는 모든 생산의 유일한 목적이며 귀착점이다. 그리고 생산자의 이익은 그것이 소비자의 이익을 증진시킨다고 할 때에 한해 보호받아야 할 것이다."

문제는 중상주의 체제가 "소비가 아닌 생산을 모든 산업과 상업 활동의 목표이자 최종 도착지로 본다는 것"이었다.[10] 그리고 소비가 아닌 생산이 목적일 때, 생산자는 아래로부터 시장을 움직이는 소비자 대신에 위로부터 명령하는 규제자들에게 더 매달리게 된다. 소비자가 생산자에게 무엇을 소비하고 싶은지 말하는 대신에 정부 당국과 정치가들이 소비자들에게 무엇을, 얼마만큼, 어떤 가격에 소비해야 하는지 지시한다.

국내적으로 정부는 기업들에게 세금 특혜를 줌으로써 시장에 간섭한다(현재 미국의 경우, 이런 특혜 액수는 연간 약 7,500억 달러에 달하는 것으로 알려져 있다). 그런가 하면 세금 보조금을 지원(『포춘(Fortune)』에 등재된 500대 기업에 이런 식으로 할당되는 금액은 무려 1,250억 달러에 달한다)하기도 하고, 규제를 가하기도 하며(가격, 수출입, 생산, 배분, 판매 통제) 각종 (임금을 통제하고 일자리를 보호하기 위한) 인허가 정책을 통해 개입한다.[11]

그리고 국제적으로는 주로 다양한 이름의 각종 세금을 통해 간섭이 이뤄진다. '조세(duties)', '부과금(imposts)', '발동(exercises)', '관세(tariffs)', '보호관세(protective tariffs)', '수입할당량(import quotas)', '수출할당량(export quotas)', '최혜국협정(most favored nation agreements)', '쌍무협정(bilateral agreements)', '다자간협정(multilateral agreements)' 등.

이런 협정들은 당사국의 소비자들 간에 이뤄지는 것이 아니다. 보통은 그 국가들의 정치가들과 생산자들이 체결한다. 소비자들은 이 문제에 대해 아무 발언권이 없다. 관세 부과에 찬성하거나 반대한 정치가들에게 간접적으로 의사를 전달하는 것 외에는 달리 방도가 없다.

이 모든 협정들이 도달하는 결말은 같다. 자유무역을 '공정무역'으로 대체하는 것(생산자를 위한 공정함이지 소비자를 위한 것은 아니다), 그리고 중상주의 시대적인 '유리한 무역 균형'의 진화(생산자에게 유리한 것이지 소비자에게 유리한 것이 아니다) 등이다. 중상주의식의 진짜 제로섬 게임은 (국내) 생산자들과 경쟁이 될 만한 외국 생산자들의 싹을 제거하거나 그 힘을 약화시켜 승리를 거두는 것인데, 그 와중에서 소비자들은 진정한 패배자가 된다. 선택할 수 있는 상품의 수가 줄고 가격은 올라가며, 품질은 저하되는 경우가 잦기 때문이다. 이래저래 엄밀히 따져보면 국부는 감소한 것이다.

누구를 위한 반독점인가

미합중국을 건국하고 헌법의 틀을 만든 사람들은 영국과 유럽의 계몽 사상가들에게 큰 영향을 받았다. 그 중에는 애덤 스미스도 있었다. 그러나 그럼에도 불구하고 건국 후 얼마 지나지 않아 미국의 정치가들은 경제의 역점을 소비에서 생산으로 옮기기 시작했다. 1787년 미합중국 헌법이 비준되었다. 1조 8항에 "의회는 세금과 관세와 부과금을 지우고 거두며, 미국의 채무를 감당하기 위한 여러 조치를 시행할 권력을 갖는다"라고 되어 있다.

이 관료주의적인 말장난에 대해 옥스퍼드 영어사전에서는 어떻게 풀이하고 있는지 보자.

- 세금: 정부를 지원하기 위한 강제적인 기여.
- 관세: 특정한 상품의 판매, 제조, 수출, 수입을 놓고 징수된 공공 세수 납부액.
- 부과금: 상품을 놓고 징수된 세금, 관세 및 여타 과세.
- 발동: 징수 혹은 과세(첫 번째 정의에서 표기된 '강제적인 기여'라는 모순어법적인 문장에 주목할 것.)

이렇게 놓고 보면 이 1조 8항은 이렇게 읽힐 수도 있다.

"의회는 미국의 채무를 감당하기 위해 세금, 세금, 세금, 세금을 지우고 거둘 권력을 가진다."

유럽에서는 정치경제학자들이 애덤 스미스가 제공한 지적 무기로 무장하고 칼 대신 펜을 휘두르며 싸움터에 복귀했고, 중상주의자들은 참호를 파고 진지를 구축했다. 그 중 19세기 프랑스 경제학자인 프레데릭 바스티아(Frédéric Bastiat)를 예로 들 수 있는데, 그는 애덤 스미스의 뒤를 이어 시장이 정부의 하향식 조치에 크게 의지하면 어떤 일이 일어날 수 있는지를 보여준 최초의 학자들 중 한 사람이었다. 자신이 쓴 '악랄한' 책《양초공의 청원(The Petition of the Candlemakers)》에서 바스티아는 특정 이익집단을 조롱하고 있다. 여기서 이익집단이란 양초공들의 집단을 말하는데, 그들은 이렇게 정부에 특혜를 청원하고 있다.

> 우리는 외국 경쟁자와의 살인적인 경쟁에 시달리고 있습니다. 그는 분명히 우리보다 우월한 조건에서 빛을 생산하는 작업을 하고 있습니다. 그는 믿을 수 없을 정도로 싼 가격에 빛을 공급함으로써 국내 시장을 석권하고 있습니다. 이 경쟁자는 다름 아닌 태양입니다. 우리는 정부가 조속히 필요한 법안을 통과시켜, 사람들이 모든 실내 창문과 지붕창과 채광창, 덧문, 커튼, 여닫이창, 둥근 창, 현창, 가리개, 짧게 말해 모든 출입구, 구멍, 틈새, 균열을 가리고 막는 것을 의무화하도록 요구합니다.[12]

바스티아는 또한 정부가 시장에 개입할 때 '보이는 것' 과 '보이지 않는 것' 에 어떤 차이가 있는지를 말하고 있다. 공공 토목공사로 세운 다리, 이를테면 알래스카의 저 악명 높은 '아무데도 이어지지 않은 다리' 같은 것들이 '보이는 것' 이며, 만든 사람이 찬양받는 것이고 몇 안 되는 사용자들로부터 치하 받는 것이라고 한다. 그렇지만 '보이지 않는 것' 은 모든 생산품들, 즉 개개인의 손에서 징수되어 공공개발계획에 사용된 돈이 그렇게 쓰이지 않고 상품이나 용역을 만들어내는 데 쓰였더라면 산출되었을 모든 생산품이라는 것이다. 바스티아의 주장을 계속 들어보자.

"좋은 경제학자와 나쁜 경제학자 사이에는 단 하나의 차이점만 있다. 나쁜 경제학자는 '보이는' 효과에만 매달린다. 좋은 경제학자는 '볼 수 있는' 효과와 '볼 수 있을(예상)' 효과, 2가지 모두를 고려한다."[13]

한편 바스티아가 경이롭게 생각하는 이면이 있다. "매일같이 길모퉁이 커피숍에 베이글 빵을 가져다 놓기 위해 수백만 명의 사람들이 다른 수백만 명의 사람들과 협력하는 것을 보면 얼마나 놀라운가? 이 모든 상업 활동을 관장하는 어떤 사무실이나 정부 당국 혹은 중심부가 있는 것도 아닌데 말이다. 시스템을 유지시키는 연계망은 눈에 보이는 것이 아니다."

연계망이란 시장구조를 받쳐 그것이 혼돈 속으로 붕괴되는 것을 막아주는 것이다.[14]

중상주의적 제로섬 모형은 19세기와 20세기 내내 유효한 것으로 받아들여졌다. 미국도 예외가 아니었다. 평화 시기의 상설 소득세제가 1913년 이전에는 없었기 때문에 19세기에는 대부분 나라의 무역과 상업 종사자들이 다른 형태의 세금을 통해 정부에 돈을 바칠 수밖에 없었다. 미국은 대외무역만 가지고서는 증가하는 빚을 감당할 수 없었다. 그래서 미국 정부는 1887년에 주간통상위원회(Interstate Commerce Commission, ICC)를 창설해서 한창 성장 중이던 철도산업의 힘을 이용하고, 무력감과 불만을 품고 있던 농업계의 압력에 대응코자 한다. ICC는 초기에는 주(州) 사이에서 철도 서비스를 규제하는 데 주력했지만 그 후에 영역을 확장해 해외 운송, 버스노선, 화물 운송, 수상 운송,

송유관, 운송 중개, 그리고 기타 상업적 운송 사업을 관할했다.[15] 그런데 그 의도와는 무관하게, ICC의 주 업무는 미국 내 주 경계를 마음대로 넘나들 수 있는 시장의 자유를 제한하는 일이 되어버린다. 미국이 불과 20여 년 전 스스로를 위기로 몰아넣었던 분파적 내부 분열(부족적이라는 말로 불러도 무방하다)을 극복하고 국가적 정체성을 세우려고 하는 바로 그 시기에 그랬던 것이다.

ICC는 1890년의 셔먼독점금지법(Sherman Antitrust Act) 제정의 길을 닦았다. 이 법은 이렇게 천명하고 있다.

"주 사이의 혹은 외국과의 상업적 거래나 교역을 제한할 목적으로 행해진 모든 계약, 트러스트나 기타 형태의 기업 결합이나 결탁은 불법이다. 이에 따라 어떤 결합이나 결탁에 참여하거나 계약 당사자가 되는 모든 개인 역시 불법 행위를 하는 것이며 중범죄의 사유가 된다."

그러므로 이들은 거액의 벌금이나 징역형 혹은 2가지 모두에 처해질 수 있었다. 헷갈리게 하는 관료적 언어의 외피를 벗겨내고 셔먼 반독점법과 그 당시 법원의 판례를 보면, 정부는 다음 4가지 범죄 중 어느 한 가지 혹은 그 이상을 저지른 개인이나 법인을 기소할 수 있게 되어 있었다. 첫째, 폭리 행위(가격을 경쟁가격보다 더 책정한 경우). 둘째, 제살깎기 경쟁(경쟁가격보다 적게 책정한 경우). 셋째, 가격 담합(경쟁자들이 사전에 똑같이 가격을 책정한 경우). 넷째, 독점(경쟁이 이뤄지지 않는 경우).[16]

이는 반기업 입법자들과 제로섬 중상주의에 충실한 관료들이 그때까지 소비자와 생산자들이 마음껏 누렸던 사고파는 자유를 제한할 수 있게 하는 확실한 버팀목이 되었다. 그런데 이 법이 통과된 이래 그 어떤 회사도 아메리카 알루미늄 회사보다 불리한 처분을 받은 적이

없다.[17]

1886년에 찰스 마틴 홀(Charles Martin Hall)은 전해조에 빙정석과 산화알루미늄을 넣고 전류를 흘려보내 반(半)희토류 금속 물질을 얻어냈는데 이것이 알루미늄이었다. 그는 이 방식을 통해 알루미늄의 상업적 생산이라는 난제를 풀어냈다. 재정적 지원이 몰려오고, 홀은 이를 가지고 피츠버그 환원 회사를 세웠다. 이 회사는 1907년에 아메리카 알루미늄 회사(Aluminum Company of America)를 줄여 알코아(Alcoa)라는 이름으로 개칭된다. 홀은 그의 혁명적인 제련법을 도입한 지 얼마 안 되어 파운드당 알루미늄 가격을 545달러에서 8달러까지 무려 98.5퍼센트 낮추게 되며, 하루에 알루미늄 10파운드를 생산해서 매일 총 80달러의 수익을 올리게 된다. 그러던 것이 1930년대에는 하루에 100만 달러어치를 생산하게 된다. 이는 가격을 올려서가 아니었다(독점기업이면 응당 그럴 것이라고 보는 통념적 직관은 그런 식으로 경제에 대한 우리의 이해를 방해하고 있다). 알코아는 알루미늄 가격을 파운드당 20센트까지, 당시 현재 가격에서 97.5퍼센트를 낮춘 것이었다. 국가의 부와 수백만 명의 소비자에 바친 이 대단한 공헌의 보답으로 1937년 미국 법무부는 알코아 사를 기소했다. 회사 이사진들의 기소 사유로 무려 140가지 죄목을 들었는데, 그 중에는 놀랍게도 '과도한 가격' 항목이 들어 있었다.

이 재판은 1938년부터 1940년까지 이어졌다. 이는 그때까지의 미국 역사에서 가장 긴 재판이었다. 재판기록 사본은 무려 5만 페이지가 넘었으며 480권으로 분재되었고 무게만도 325파운드나 나갔다. 법정은 알코아의 손을 들어줬고 이에 법무부는 항소했다. 1944년 6월 12일 판결은 뒤집어졌고 알코아는 140개 기소 사유 중 단 한 가지, 독점

사유에서 패했다. 이 결과 알코아의 경쟁사들이었던 레이놀즈 금속회사와 카이저 화학이 완벽한 경쟁력을 갖춘 1차 알루미늄 생산자로 떠오르게 되었다. 다음의 알코아 사에 대한 판결은 이중사고적 추론의 전형으로 볼 수 있다.

이 회사가 알루미늄 수요가 증가할 것으로 예상하고 그에 맞추어 공급할 준비를 갖추려고 했다는 것은 설득력이 없다. 다른 회사가 이 분야에 진출하기 전에 알코아 사가 생산 용량을 몇 배씩 늘려나 갈 아무런 이유가 없었다. 그들은 한 번도 경쟁을 배제한 적이 없다고 주장한다. 그러나 우리는 새로운 기회가 만들어지는 족족 그것을 차지하는 것만큼 실효적인 배제는 없다고 생각한다. 새로운 능력을 갖춘 새로운 참가자가 시장에 등장하려고 할 때 그를 맞는 것은 이미 거대한 조직과 오랜 경험, 교역망, 최고의 인력을 갖춘 알코아라는 거인인 것이다.[18]

모호한 관료적 법률 표현을 벗겨내고 보면, 우리는 알코아가 저지른 범죄가 다음과 같은 것임을 알 수 있다. 첫째, 알코아는 알루미늄에 대한 소비자 수요가 증가할 것으로 예상했고 그것에 맞추어 공급할 준비를 갖추었다. 둘째, 알코아는 소비자들의 필요에 맞추고자 생산 용량을 몇 배씩 늘렸다. 셋째, 알코아는 새로운 기회를 차지했다. 넷째, 알코아는 경험이 많았고, 교역망을 가지고 있었으며 숙련된 인력을 확보하고 있었다.

자, 이러한 사실이 수백만 명의 알루미늄 소비자들에게 어떤 손해를 입히는가? 아니다. 다른 알루미늄 생산자들에게 손해가 될 뿐이다.

독점이라는 막연한 위법 행위로부터 소비자를 보호한다는 명분하에 미국 법무부는 몇몇 알루미늄 제조업자의 이익을 보호했고 그 때문에 알루미늄 소비자 수백만 명의 이익이 희생되었다. 비록 알코아 사가 독점이었다고는 하나(그 당시에는 그랬다), 그리고 경쟁자들에 맞서 가격을 낮추거나 올리거나 그대로 유지하거나 하는 등의 노력을 했다고는 하나, 이 사례에서 가장 중요한 시사점은 그것이 아니고 위로부터의 간섭이 시장에 어떤 영향을 미칠 수 있는가에 있다. 큰 규모로 이뤄지는 기업 합병들로 인해 때로는 (그들의) 소비자들보다 (그들 자신인) 생산자들에게 더 이익이 되는 방식의 사전 공모가 가능할 수 있다는 점을 인정할 수 있다.

그러나 내 관심은 애덤 스미스의 보다 심오한 원칙과 그것이 말하고자 하는 '장기적 효과'에 더 쏠려 있다. 즉, 경제는 위에서 아래로(생산자 추동 방식)가 아닌 아래에서 위로(소비자 추동 방식) 구축될 때 가장 좋은 모습을 가지게 된다는 것이다.[19]

알코아 사의 이야기가 오늘날에는 다소 고색창연하게 들릴지 모르지만, 이 회사가 겪은 일은 원칙적으로 1990년대에 마이크로소프트(Microsoft)에서 일어났던 일과 다르지 않다. 당시 마이크로소프트는 셔먼 반독점법을 위반했다고 단죄를 받았는데, 그들은 자신들이 개발한 컴퓨터 운영체계인 윈도우에 웹브라우저인 인터넷 익스플로러를 무료로 끼워 팔아 엄청난 성공을 거둠으로써 경쟁자들, 이를테면 넷스케이프 같은 여타의 브라우저들을 제치고 시장에서 우위를 확보했던 것이다. 다른 브라우저들은 공짜가 아니었기 때문이다.

마이크로소프트의 (또 다른) 범죄 사유는 IBM이나 컴팩, 인텔 같은 주요 컴퓨터 관련 회사들에게 자사의 기술을 사용하는 대가로 특별 할

인혜택을 주었다는 데 있었다. 이런 회사들 중에는 아메리카 온라인 (America Online, AOL)도 있었는데 마이크로소프트는 특별히 이 회사의 인터넷 서비스를 위한 브라우저를 개발했다. 마이크로소프트는 자사의 인터넷 소프트웨어를 구매한 대가로 AOL에게 인터넷 익스플로러의 전 세계 배포권을 무료로 주었으며, 윈도우를 쓰는 데스크톱 컴퓨터의 특정한 폴더 안에 AOL의 아이콘을 설치할 수 있게 해주었다. 이런 일들이 불러온 효과는 즉각적이고 극적인 것이었다. AOL은 빠른 시간 안에 거의 100만 명에 달하는 신규 가입자들을 확보했고 얼마 안 있어 수천만 명의 '인터넷 소비자'들이 추가 비용을 들이지 않고 사이버 세계에 접근할 수 있게 되었다. 마이크로소프트는 인터넷 익스플로러를 소비자들에게 공짜로 제공했다. 이는 확실히 좋은 일이다. 아닌가?

마이크로소프트를 독점 행위로 기소한 법무부와는 다르게 미 연방지방법원의 토머스 펜필드 잭슨(Thomas Penfield Jackson) 판사는 1999년 11월 5일 마이크로소프트와 그 회사의 범죄 행위에 대한 판결을 내리면서 다음과 같이 말하고 있다.

인터넷 익스플로러와 윈도우의 요금을 따로 받지 않고 한 번에 계산함으로써 인터넷에 대한 일반인들의 접근이 쉬워졌으며 그에 따르는 공공의 부담이 최소한 부분적으로는 완화되었다. 이는 넷스케이프로 하여금 자사의 네비게이터 사용료 청구를 하지 못하게 만들었기 때문이다. 이런 행위들은 웹 브라우징 소프트웨어의 품질을 향상시키고 비용을 낮춰주었으며 사용 편의성을 제고시킴으로써 소비자들에게 혜택을 주었다.[20]

이것이 죄인가? 그렇다. 왜냐하면 "마이크로소프트는 일련의 협력 행위를 통해 넷스케이프(Netscape)의 웹브라우저나 썬마이크로시스템 즈(Sun Microsystems)의 자바(Java)를 포함한 다양한 미들웨어들이 진입하지 못하도록 애플리케이션 장벽 설치를 획책함으로써 자신의 독점적 힘을 보호했기 때문"이다.[21]

판사에 따르면 "우월한 품질을 가졌다고 해서 인터넷 익스플로러의 사용 점유율 상승에 대해 책임을 져야 하는 것은 아니다."[22] 다른 말로 하면 마이크로소프트가 보다 저렴한 가격에 높은 품질의 상품을 제공했다 하더라도 이를 두고 넷스케이프를 짓밟고 성공한 것으로 볼 수는 없다는 얘기다. 그보다는 마이크로소프트가 자사와 제휴해 활동하기를 원하는 다른 회사와 맺은 독점적인 계약과 특별한 대가의 제공 행위가 결국 성공을 이끌었던 것이고 그 점이 불공정했다는 것이다. 누구에게 불공정했다는 말인가? 소비자들에게? 잭슨 판사도 인정했다시피 그것은 소비자들에게는 혜택이었다. 그렇다면 대체 누구에게 불공정했다는 말인가? 이미 대답은 분명히 나와 있다. 다른 생산자들이다.

● 자유무역과 경제적 번영

독점을 두려워하는 사람들, 정부가 어떤 생산자들을 다른 생산자들로부터 보호해야 한다고 생각하는 사람들은 그런 반독점법 소송이 도덕적으로 필요하다고 여길 것이다. 그러나 요체는 반독점 입법이 도덕적이냐 아니냐가 아니다(개인적으로 나는 그것이 비도덕적이라고 생각한다). 문제는 반독점법이 자유시장에, 혹은 경제적 통념에 복무하는가 안 하는가다. 반독점 조치는 승패, 제로섬, 생산자 추동 방식 경제 등을 전제로 행해진다. 그러나 경제는 제로섬이 아니다. 경제가 위에서 설계되어 주어진 것이며, 정부의 지속적인 조정과 통제가 있어야만 성공할 수 있다는 믿음은 경제적인 통념, 선입견이다. 애덤 스미스는 자신의 진화론적인, 아래로부터 위로 올라가는 경제 모형 안에 이런 신화를 반박하는 무수한 정보를 끌어 모았는데, 현대의 복잡계 이론을 빌어 말하자면 경제가 자가 조직화되어 발현하는 복잡적응계의 성격을 띠고 있음을 보여주고 있다.

애덤 스미스가 발진시킨 혁명은 아직까지 제대로 인식되고 있지 못하다. 단 1주일도 정치가나 경제학자, 시사평론가들이 미국 내 일자리와 미국 제조업, 미국 상품의 운명에 대해 걱정하지 않고 지나가는 때는 없다. 그들은 외국의 일자리와 제조업, 상품들이 미국의 그것들에 손실을 입히고 있다고 생각한다. 심지어 경제에서 경쟁의 확대와 정부 간섭의 최소화를 외치는 자유시장 신봉자들로 알려진 보수주의자들마저도 국내 생산자의 문제에 이르면 보호주의를 채택하는 것을 서슴지 않는다. 심지어 국내 소비자들의 이익을 희생하고서라도 말이다.

자유시장 자본주의의 아이콘이라는 로널드 레이건(Ronald Reagan) 대통령도 1982년에 할리데이비슨모터(Harley-Davidson Motor) 사를 구하기 위해 자신의 원칙을 훼손하지 않을 수 없었다. 그때 이 회사는 보다 저렴한 가격의 보다 성능 좋은 모터사이클을 생산하던 일본 제조업체들과 힘겨운 경쟁을 벌이고 있었다. 혼다(Honda), 가와사키(Kawasaki), 야마하(Yamaha), 그리고 스즈키(Suzuki) 등은 상시적으로 할리의 비교 기종보다 대당 1,500달러에서 2,000달러 싼 가격에 모터

사이클을 팔고 있었으니, 자유시장 혁명 경제의 진정한 옹호자라면 미국 소비자들의 지갑이 두둑이 보전되고 있는 이 상황에 환호했어야 했다. 그러나 결국 소비자들에게 중요했던 것은 그들이 원하는 상품을 누가 만드느냐가 되고 말았다.

1983년 1월 19일, 국제무역위원회(International Trade Commission, ITC)는 외국 모터사이클의 수입이 미국 내 모터사이클 제조업체에 위협이 된다는 판정을 내린다. 그리고 할리 데이비슨이 제기한, 자신들이 외국 모터사이클 제조사와 경쟁할 수 없다는 진정에 대해 2 대 1로 사실 인정 평결이 내려졌다.[23] 4월 1일 레이건은 ITC 권고안을 재가하고 의회에 다음과 같이 설명한다.

"나는 이번 사안의 수입 규제 조처가 우리나라의 경제적 이익에 부합한다고 결론 내렸습니다."

이에 따라 당시 외국산 모터사이클에 매겨졌던 4.4퍼센트의 관세율은 1년 동안 무려 49.4퍼센트까지 올라간다. 이 10배의 관세 증가에 따른 불이익은 고스란히 미국 소비자들이 떠안게 되었다. 보호관세는 할리 데이비슨이 재정적으로 회생하는 데 도움을 줬지만 그 대가는 일본 모터사이클 제조업체가 아닌 미국 소비자들이 치렀다. ITC 회장 알프레드 에크스(Alfred E. Eckes)는 그의 결정에 대해 이렇게 해명하고 있다.

"간단히 말하면 가격상승은 소비자들에게 어느 정도 안 좋은 영향을 줄 수 있다. 그러나 국내 산업이 잘 조정되어야만 장기적으로 긍정적인 효과를 가질 것이다. 우리가 제안한 수입 규제 조처는 국내 일자리를 보호할 것이고 경쟁력을 갖춘 모터사이클의 국내 생산 증가를 이끌어낼 것이다."[24]

자유무역협정이 거론될 때마다 이것이 국내 제조업체들이 국내 노동력을 이용해서 생산하는 것(을 통해 국내 소비자와 국가의 부에 기여하기)보다 저렴한 비용으로 해외에서 상품을 만들어 판매할 수 있게 한다는 점을 들어, 정치가들이나 경제학자들은 으레 거부 반응을 보인다. 거기에 노동조합과 선거구 유권자들의 압력이 더해지면서 그들은 미국의 노동자들을 보호해야 한다고 외치게 된다.

대통령 후보였던 로스 페로(Ross Perot)가 1992년에 북미자유무역협정(North American Free Trade Agreement, NAFTA)에 대해 논평한 말이 자주 인용되곤 한다. 그는 NAFTA가 미국의 일자리를 모두 멕시코로 가져갈 것이라며 "거인이 일자리들을 쭉 빨아 마시는 소리"가 들린다고 했다. 여기서 보호주의 공식이 만들어진다. 국내 노동자는 얻는다. 반면 외국 노동자들은 잃는다. 국내 소비자도 잃는다. 이 승-패-패 게임은 오늘날에도 계속 행해지고 있다.

만일 빌 게이츠가 생산자 추동 경제 시스템을 지지하는 좌파의 추락한 신들을 모신 판테온에서 적그리스도 같은 존재라면, 월마트(Wal-Mart)는 단테의 《신곡》 지옥편 제8원에 나오는 위조꾼, 사기꾼보다 더 타락한 존재일 것이다. 가격을 무자비하게 후려치고 작은 소매점 체인망과 동네 잡화점의 허약한 경쟁력을 뿌리째 뽑아 문을 닫게 만들었으니 월마트야말로 미국 경제에 손해를 입힌 주범이다. 그렇지 않은가?

그런데 그것이 그렇지 않다. 130만 명(거의 미군 수와 맞먹는다)의 고용을 창출했으며 대량 구매를 통해 소매가격을 낮게 유지시켰다. 맥킨지앤컴퍼니(McKinsey & Company) 조사에 따르면 1990년대 후반기 동안의 미국 생산성 이득 중 13퍼센트가 월마트 단독으로 올린 것이다.

정통한 시사평론가이자 정치분석가인 조지 윌(George Will)이 주목했다시피 월마트의 경쟁자들이 궁지에 몰리면서 많은 일자리가 없어졌다면, 월마트는 한편으로 그렇게 사라진 50개의 소매점 일자리마다 그에 갈음해 100개씩의 새 일자리를 만들어냈다. 이 성과만 놓고 본다면 월마트는 "인플레이션을 억제하는 연방준비제도이사회만큼이나 중요"하다.

그럼에도 불구하고 2004년 대통령 선거운동 기간 동안 존 케리(John Kerry)는 월마트를 "수치스러운" 것이며 "뭔가 잘못된 미국"을 상징하는 존재라고 불렀다. 물론 이는 생산자 주도적 관점에서 본 것이었다. 소비자 주도적 관점에서 보면 얘기는 달라진다. 소비자들이 월마트 상품을 쓰는 이유는 돈이 절약되기 때문이었다. 노동자들이 월마트에서 일하는 이유는 자신들이 가장 큰 이익을 취할 수 있다고 보기 때문이다. 윌이 말한 대로, 월마트 상품가격은 기타 소매 아울렛에서 파는 가격보다 평균 17퍼센트 쌌다. 그 결과 매주 1억 2,700만 명의 고객이 몰려들었고, 2006년도에는 2만 4,000명이 넘는 사람들이 일리노이 에버그린 파크에 있는 한 월마트 매장에서 325개 일자리를 놓고 구직 신청을 하기에 이르렀다. 월마트를 "우리 은하계의 민간 부문 역사상 가장 비범한 일자리 창출자"라고 부르며 윌은 "월마트 혹은 월마트 효과가 쇼핑객들에게 매년 2,000억 달러 이상을 절약하게 해주었으며 이 액수는 푸드 스탬프(286억 달러)나 근로소득세 공제액(346억 달러) 같은 정부 프로그램을 무색하게 한다"고 말하고 있다.[25] 요기 베라(Lawrence Peter 'Yogi' Berra, 미국의 전설적인 야구선수, 주로 뉴욕 양키즈에서 포수로 활약했으며 1972년에 명예의 전당에 올랐다─옮긴이)식으로 말하자면, 사람들이 다른 소매점에서 쇼핑을 하거나 노동을 하지 않는 한 그들이 월마트로 오는 것을 막을 방법은 없다.

2007년 초에 노벨 경제학상을 수상한 에드워드 프레스콧(Edward C. Prescott)은 경제학자들이 "정부가 외국의 경쟁자들에 맞서 미국 산업과 고용과 부를 보호해야 할 경제적 책임을 진다"라는 신화를 반박하기 위해 막대한 시간과 재원을 허비하고 있다고 개탄했다. 프레스콧은 그것이 절대로 정부의 책임이 아니라고 말한다. 그는 애덤 스미스의 주장에 동의하면서, 대신 정부는 "단지 사람들이 살아 있는 동안 개방된 국제 시장에서 가급적 정부로부터 간섭받지 않고 스스로의 생계를 꾸려갈 수 있도록 기회만 제공하면 된다"고 주장하고 있다.

프레스콧은 "국제 경쟁에서 국경을 개방한 나라들은 1인당 국민소득이 가장 높은 나라들"이라며 경제적 국경을 개방하는 일이야말로 "개발도상국들을 보다 부유한 국가의 국민들이 향유하고 있는 삶의 수준으로 끌어올리기 위해 가장 중요한 것"이라고 역설한다.

2007년은 로마조약이 체결된 지 50주년이 되는 해였다. 처음에는 프랑스, 이탈리아, 벨기에, 서독, 룩셈부르크, 네덜란드에 의해 만들어졌지만 후에 유럽공동체(European Union)로 발전한다. 국경을 열고 자유무역을 허용한 결과 애초에는 생산성이 미국의 절반에 그쳤던 것에서 불과 이십 몇 년 만에 똑같은 수준으로 발돋움하게 된다. 이와는 대조적으로 덴마크, 아일랜드, 영국은 로마조약을 체결하기 전까지는 이들 6개국과 비슷한 수준의 생산성을 유지했으나, 그 후 차츰 뒤처지게 된다. 그러나 덴마크와 아일랜드, 영국도 로마조약 가입 6개국에게 국경을 열고 자유무역을 시작하자 곧 따라잡게 되었고 오늘날 영국의 생산성은 독일과 맞먹는다.[26]

1980년대에 스페인, 포르투갈, 그리스가 이 자유시장 클럽에 가입했다. 그러고 나서 얼마 지나지 않아 스페인은 로마조약 발기 멤버 6개국과 생산성이 동등해졌다. 포르투갈이나 그리스도 그렇게 뒤처지지 않게 되었다. 오스트리아, 스웨덴, 핀란드는 1995년에 가입했는데, 그러자 그들의 자산은 상승곡선을 그리게 되었다. 2004년 이래, 10개국이 더 참여했다. 이제 그들 국가의 경제적 활동성은 상향 신호를 보내기 시작하고 있다. 이와 유사하게 동아시아에서 가장 부유한 5개국인 대만, 싱가포르, 일본, 한국, 홍콩 역시 자신들의 시장을 옭아맸던 밧줄을 풀자마자 경제 상승을 경험하게 되었다. 이에 반해 보호무역주의가 한 국가의 부에 어떤 영향을 주는지 프레스콧은 관련 자료들을 제시하고 있다. 예를 들어 1950년부터 2001년까지 유럽의 1인당 GDP는 미국과 대비해 68퍼센트 증가했다. 반면에 동아시아 국가들은 무려 244퍼센트나 올랐다. 이와 대조적으로 국제 교역에 폐쇄적이었던 남미 국가들은 미국 대비 21퍼센트 감소했다. 그런데 1950년대 이 남미 국가들의 총 GDP 규모는 동아시아 국가들보다 75퍼센트나 더 컸던 것이다.[27]

나아가 이런 비교법은 중미자유무역협정(Central American Free Trade Agreement, CAFTA)의 형태로 진행되고 있는 경제적 실험에 대해서도 적용해볼 수 있다. 2006년 3월에 CAFTA가 체결된 이래, 미국은 엘살바도르, 과테말라, 니카라과, 온두라스와 교역을 시작했다. 미국에서 이들 중미 국가들로의 수출과 주요 산업에 대한 자본 투자는 괄목할 만하게 증가했다. 그 예로써 CAFTA에 가입한 후인 2006년 하반기에 과테말라의 총 무역액은 17퍼센트 증가했다. 같은 해 상반기에는 5퍼센트 증가를 기록했다.

니카라과 역시 비슷한 경제적 향상을 보였다. 이 나라가 CAFTA에 가입한 2006년 4월과 같은 해 연말 사이에 니카라과의 총무역액은 전년 동기 대비 20퍼센트 이상 늘었다.[28]

이것들은 어느 정도 머리를 써서 계산해낸 데이터다. 그렇지만 이런 것들 말고도 세계 도처에서 찾아볼 수 있는 이런 저런 결과들을 가지고 우리는 체험적으로 자유무역과 경제적 번영과의 인과관계를 측정해낼 수 있다. 프레스콧은 말한다.

"보호무역주의의 유혹에는 빠지기 쉽다. 그러나 이에 굴복한 나라들은 머지않아 자신들의 '경제적' 가슴이 찢어지는 아픔을 맛보게 될 것이다. 반대로 국경을 열고 경쟁을 선언한 나라들은 자신들의 국민들을 위한 보다 밝은 경제적 미래를 보장받게 될 것이다."

그렇다면 어떻게 해서 경제적 국경 개방과 자유무역, 국제 경쟁이 한 국가의 부를 더 크게 할 수 있는가? 애덤 스미스 시대 이후로 200년도 더 지난 시점이지만, 프레스콧의 주장에는 그 도덕철학자의 독창적인 통찰이 녹아 있다.

"사람들에게 기회를 부여해서 그들이 가진 기업가적 재능을 발휘해 사회적 잉여를 창출하게 하는 것은 개방이다. 개방은 사람들이 이미 보유하고 있는 것들을 지키는 데만 그들의 재능을 쓰도록 하지 않는다. 사회적 잉여는 성장을 낳고, 그것은 다시 사회적 잉여를 낳고, 그것은 다시… 이렇게 진행되어간다. 모든 국가의 국민들은 그들이 처해 있는 조건을 스스로 개선하도록 동기 부여가 되어야 할 것인데, 모든 국가들은 이를 위해서라면 위험조차 불사하는 능력 있는 자들을 다 가지고 있다. 그러나 경쟁적 체제가 도입된다는 약속이 없을 때, 이 동기와 능력은 그저 잠만 자게 될 것이다."[29]

● 보호무역주의와 중상주의로의 진화

중상주의적 제로섬 보호주의는 왜 그토록 침투력이 강하고 집요한가? 나는 복잡계에 대한 '아래로부터의 보이지 않는 손'을 이용한 설명이 반(反)통념적인 것임을 계속 말해왔다. 우리의 통념적 경제관은 경제를 이미 설계된 시스템으로 인식하려는 경향이 있고, 그런 인식은 저 위에 누군가 설계자가 있으리라는 생각을 품게 한다고 했다. 그러나 알고 보면 더 깊은 이유가 있으니, 그것은 집단에 대한 충성심이라는 우리의 사회적 심리 안에 뿌리를 두고 있는 것이다. 우리는 우리의 마차를 호위하고 자신의 것을 지키려는 성향을 강하게 가지고 있다.

수백 명 단위의 무리는 수천 명 단위의 부족으로, 그 중 몇몇 부족은 수만 명 단위의 부족연합집단으로, 몇몇 집단들은 다시 수십만 명 단위의 국가로, 여기서 소수의 국가들은 수백만 명 단위의 제국으로 성장해왔다. 그게 겨우 지난 1만 년 동안에 일어난 일이다. 무리, 부족에서 더 큰 연합체제로 옮겨가면서 식량 생산과 인구의 증가가 따랐다. 그리고 국가체제가 등장하면서 노동력의 분화가 이뤄졌고 경제적 영역과 사회적 영역 모두에서 발전을 기할 수 있게 되었다. 전업 직공, 장인, 필경사들이 조직화된 사회구조 내에서 노동했으며, 전업 정치가, 관료들이 그 사회를 다스렸고 수세관들이 그 모든 비용을 조달했다. 근대 국가 경제가 탄생한 것이다.

이런 역사적 궤적을 따라 우리 인류의 사회적 심리는 진화했다. 그리고 외부기피증 역시 같이 커졌다. 집단 안의 것은 좋은 것이고 집단 밖의 것은 나쁜 것이라는 생각도 같이 진화한 것이다. 구석기 사회 환경에서는 우리의 도덕적 책무의식도 진화했다. 집단 내 구성원들을 보면 가족 구성원을 중심으로 방계 가족, 친구들이 합쳐진 양상이었으며 그런 고로 공동체 구성원들은 서로 서로 잘 알고 지냈다. 이런 환경에서는 누군가를 돕는다는 것이 곧 자신을 돕는 길이었다. 집단 내 화목과 집단 간 불화를 잘 도모하는 집단은 자기 내부에서 사회적 분열과 불화를 겪고 있거나 충분한 신뢰의 검증 없이 마구 이방인을 받아들이는 집단보다 생존이 유리할 수 있었다. 인간의 마음에 깊이 뿌리 내린 '사회적 헌신'이라는 의무감은 복잡한 사회 환경 내에서 생존을 위한 중요한 처세이자 반응 양식으로 진화해왔기 때문에 오늘날까지도 집단 내 귀속이 강력한 힘을 발휘하는 것이다. 이렇게 집단 내 결속이란 한편으로 집단 간 기피와 부족주의를 동반하는 것이었다. 그리고 이는 근대 경제 시스템 속에서 보호무역주의와 중상주의의 모습으로 나타나게 되었다.

⦂ 보이지 않는 손과 자연선택

애덤 스미스가 맹목적으로 친기업적인 것만은 아니었다. 실제로 스미스는 생산의 기본적 동기에 대해 회의적이었다. 《국부론》에서 그는 일관되게 '유착집단들'을 비판하고 있다. 이들은 결탁한 사업가와 은행가, 무역업자, 공장주들로서 정부에 자신들의 이익과 요구를 관철시키려는 자들이다. 이런 유착집단들은 권력 블록을 낳으며 소비자 일반의 이익이 아닌 생산자들의 특수 이익만을 대변했다.

"동업자들이라 하더라도 거의 만나는 적은 없다. 심지어 연회나 여흥 자리에서도 서로 보기 어렵다. 그러나 그들 간에 대화가 이뤄질 때는 언제나 공공에 대한 공모로, 아니면 가격을 올리고자 하는 획책으로 발전하곤 한다."[30]

스미스는 자기이익이 언제나 좋은 것이라 주장하지는 않았다. 그가 보기에 자기이익이란 감정이입을 비롯한 다른 친사회적인 감정과 마찬가지로 인간 본성의 일부였고 따라서 반드시 나쁜 것만은 아닐 따름이었다. 그러나 그는 자신이 생각하기에 과도한 탐욕, 물욕만을 앞세워 행동하는 사람들을 절대로 봐주지 않았다. 그는 말한다.

"어느 누구도 이기심이 결여되어 있다고 추측할 수 없다."

그러면서 이렇게 경고한다. "우리 자신에게는 모든 것을 주고, 다른 사람들에게는 아무것도 주지 않는 태도는 이 세상이 생긴 이래 시대를 불문하고 항상 존재해왔으며 인류의 스승들이 가르쳐준 추악한 진실이다."[31]

우리는 미덕과 악덕 둘 다 가지고 있으며 양자는 서로 교통하고 상호작용하며, 그것들이 어떤 비율로 어떻게 구성되는지는 당대의 사회적 환경과 맥락에 달려 있다. 서로에게 유익한 자유로운 교환 환경은 협동성을 만들어낸다. 물론 이때에도 각 당사자들의 동기를 유발시키는 것은 경쟁이다. 교환을 할 때 어떤 속임수나 강제가 없는 한 구매자와 판매자가 상호 유리하다고 판단하는 지점에서 동의하고 거래를 하면 양자 모두가 이익을 얻는다. 이때 구매자는 판매자의 상품이 자신의 돈보다 더 가치가 있다고 '이기적'으로 계산하며, 판매자는 구매자의 돈이 자신의 상품보다 더 가치 있다고 이기적으로 머리를 굴린다. 스미스는 《국부론》에서 가장 유명한 문장을 통해 설명한다.

"우리가 저녁 식탁에 올리려고 하는 것은 도축업자나 양조공, 제빵사의 선행에서 나오는 것이 아니다. 그것은 그들이 스스로에게 이익이 된다고 생각하는 것에서 나온다. 우리는 그들의 인류애보다는 자기애를 간파해야 하며 그들에게 우리가 필요로 하는 것이 무언지 절대로 말해서는 안 되며, 항상 그들이 챙길 수 있는 이익에 대해서만 알려줘야 한다."[32]

사람들이 각자의 자기애를 추구하도록 허용함으로써 국가 전체를 번영하게 할 수 있다. 마치 전 시스템이 어떤 마력에라도 끌려가는 것처럼 보일 것이다. 우리가 서구의 경제 사상에서 가장 유명한 은유가 《국부론》에 쓰여 있음을 떠올리게 되는 것도 바로 이 지점이다.

모든 개인들은 자신이 얼마를 벌 수 있든 간에 스스로에게 가장 유리한 일자리를 찾기 위해 쉼 없이 분발한다. 그는 대체로 공공이익을 증진하는 데에는 별 뜻이 없다. 그리고 그 자신이 그것을 얼마나 증진시키고 있는지도 알지 못한다.

그는 오직 자신의 안녕만을 꾀한다. 그런 식으로 발현되는 근면성이 적절히 조종된다면, 그가 만들어내는 상품은 최고의 가치를 지닐 수 있다.

그는 오직 자신의 이익만을 추구한다. 다른 여러 경우에도 그렇지만 그의 이익 추구 욕망은 보이지 않는 손에 이끌려 전혀 공헌할 생각이 없었던 어떤 목적에 봉사하게 된다. 자신의 이익만을 찾는 가운데, 그는 자주 사회의 이익을 증진시킨다. 그리고 이렇게 하는 것이 처음부터 사회의 이익을 위해서 활동하는 것보다 훨씬 큰 효과를 낸다.[33]

경제는 인간 행동의 산물이지 인간의 설계 작품이 아니다. 보이지 않는 손에 의해 움직이는 시스템에는 중심부가 없다. 그러므로 (경제) 시스템 내의 복잡한 조직은 경제적 동인(動因)의 저열한 본능이 만들 어낸 예기치 않은 부산물이다. 여기서 우리는 다시 다윈에게로 돌아가 자. 유기체들이 자기애를 추구할 때 어떤 일이 일어나는가? 그것들은 자신의 행위가 어떤 의도하지 않은 결말을 가져오는지 전혀 모른다.

> 자연선택은 세상에서 일어나는 것이라면 아주 극미한 것이라 할 지라도 매순간 모든 사건을 샅샅이 검사하고 있는 것처럼 보인다. 그래서 나쁜 것이 나오면 버리고 좋은 것만 골라서 보존하고 축적한 다고 말이다. 언제 어디서나 유기적 · 무기적 환경 속에서 각각의 유 기체가 발전하는 기회가 주어질 때마다 조용하고 아무도 눈치 못 채 게 이런 일이 일어난다고 믿어진다.
> 우리는 진화 과정에서의 이런 느린 변화를 전혀 볼 수가 없다. 시 간의 손이 장구한 세월의 바퀴를 돌리고 나서야 겨우, 그것도 대단 히 불완전한 눈으로 오랜 지질학적 나이만 들여다볼 수 있을 뿐이 다. 결국 우리가 알 수 있는 것은 현재 삶의 형태는 과거와 다르다는 것 정도다.[34]

이 기록자들, 즉 보이지 않는 손과 자연선택은 너무나 강력하고 나 무나 깊이 우리 정신에 새겨져 있어서 그것들을 중력이나 전자기장과 같은 자연의 힘, 혹은 기어나 도르래 같은 기계 장치라고 생각하기 쉽 다. 그러나 그것들은 힘도 기계 장치도 아니다. 왜냐하면 그 어떤 힘이 나 기계도 그토록 비의도적인 방식으로 어떤 시스템 내의 동인에 영향 을 가하지는 않기 때문이다. 그보다는 과정의 '기술(descriptions)'로 보는 것이 맞을 텐데, 그 과정이란 자연과 사회경제 안에서 '자연스럽게' 발생하는 것이다. 보이지 않는 손과 자연선택 배후에 있는 비의도적인 우연의 메커니즘은 시스템 안의 다른 어딘가에, 바로 말하자면 동인 그 자체에 있다. 이게 바로 스미스가 사람들이 가진 자연적인 공감 능력을 이해하기 위해 그토록 많은 노력을 쏟았던 이유이며 다윈이 유기체의 자연적 성향을 파악하기 위해 그토록 애썼던 이유다.[35]

애덤 스미스는 국부와 사회적 조화가 어떻게 해서 국민들의 개인적 경쟁의 결과로 나타나는지 보여주었다. 찰스 다윈은 자연의 복잡한 설계와 생태적 균형이 어떻게 해서 유기체들 내부의 개체 경쟁의 결과로 나타나는지 보여주었다. 인간의 경제는 자연의 경제를 반영한다.[36]

● 상향식 경제 시스템

경제가 하향식이 아닌 상향식으로 운용될 때 가장 잘 움직일 수 있다면, 그리고 소비자가 추동하는 자유시장이 생산자가 추동하는 중상주의 시장보다 공정하고 효율적이라면, 우리는 이런 일반화를 어디까지 확장할 수 있을까?

무정부적 자본주의(anarchocapitalism)를 표방하는 극단주의자들이 있는데, 이들은 궁극적으로 정치 시스템 자체가 폐기될 것이라고 주장한다(칼 마르크스의 예측과 말투는 같지만, 그 이유와 결말은 다르다). 공공서비스 부분은 점진적으로 민영화되어 종국에 가서는 전 지구가 하나의 글로벌 자유시장이 될 것이고, 어떤 경제적 · 정치적 국경이나 적대국들도 사라질 것이며, 범죄와 범죄자 수는 최소화되고, 모든 분쟁은 민간 중재기관을 통해 해소될 것이라고 말한다. 전환인본주의자(transhumanist)들은 언젠가 우리 인류가 유전공학적으로 설계된 생체로봇으로 진화되어 지금보다 월등한 힘과 지력과 수명을 가질 것이라 믿는 사람들인데, 이들은 한술 더 떠서 자유시장사회가 지구뿐만 아니라 화성을 식민지로 만들면 거기까지 뻗어나갈 것이고, 더 나아가 목성과 토성의 위성, 그리고 다른 태양계까지 자유시장사회를 건설할 수 있으며, 최종적으로는 수백만 년을 거쳐 은하계 전체가 통합된 탐험-식민-교역시장이 될 것이라고 본다. 누가 알겠는가?

어떤 미래학자들은 이런 상상을 하기도 한다. 지금부터 수십억 년이 지나면 우리가 다른 은하계를 식민지화할 것이고, 수백억 년이 지나면 전 우주를 우리 것으로 삼으리라고.

그런데 이런 유토피아적인 상상은 존 레논의 이매진(Imagine)을 떠올리게 한다.

"상상해봐요. 국경도 없고, 국가도 없어요. 욕심 부릴 필요도, 굶주릴 필요도 없죠. 인간은 한 형제지요."

그러나 현명한 '대중철학자'인 요기 베라는 이렇게 말한 적이 있다.

"이론적으로는, 이론과 실제 사이에 아무런 차이도 없지만 실제로는 차이가 있다."

자유시장을 자유롭고 공정하게 유지시키기 위해서는 법치에 기반을 두고 있는 정치적 국가가 필요하다. 재산권, 안전하고 믿을 만한 은행과 금융 시스템, 경제적 안정성, 튼튼한 사회 기간시설, 깨끗하고 위험성 없는 환경 그리고 갖가지 자유들, 즉 이동·출판·결사·교육의 자유를 보장하는 국가 말이다.

우리는 다른 국가의 공격으로부터 자유를 지키기 위한 강력한 군대가 필요하다. 국가 내 다른 사람들의 공격으로부터 자유를 지키기 위한 힘 있는 경찰력도 필요하다. 공정하고 정의로운 법률을 제정하기 위한 유능한 입법 시스템도 필요하다. 그 공정하고 정의로운 법을 불편부당하게 집행할 수 있는 효율적인 사법 시스템도 필요하다.

이상에 어울리는 최선의, 그리고 최신의 정치경제 시스템은 자유민주주의와 자유시장 자본주의 혹은 민주주의적 자본주의다. (민주적) 자본주의 시스템 안에서 (사회적) 자유주의와 (재정적) 보수주의는 결합할 수 있고, 그에 따른 상승 효과를 낼 수 있다. 이는 최대 다수의 최대 행복 그리고 이에 더해 최대 자유와 최대 번영을 낳을 것이다.

제4장

진화하는 경제

1979년 나는 자전거 경주 스포츠계에 첫발을 디뎠다. 그리고 이듬해에는 직접 경주에 참가해보는 것에 대해 진지하게 고려했고, 결국 비앙키(Bianchi) 경주용 자전거를 구입했다. 이탈리아에서 수입한 제품으로 차체는 초경량, 초강력 레이놀즈 531 더블 버티드(duble-butted, 무게를 줄이려고 튜브의 안쪽을 두 번 깎아낸 것-옮긴이) 강철 튜브로 이뤄졌고, 전통적인 비앙키 자전거 색깔인 하늘색 페인트칠이 되어 있었다.

무게를 줄이기 위해 일부 속을 파낸 캄파뇰로(Campagnolo) 사의 슈퍼 레코드 구동부품이 장착되어 있었고 놋쇠 징을 박은 브룩스 안장에, 손으로 꿰매어 만든 가죽 손잡이, 초경량 타이어, 티타늄으로 된 토 클립(toe clip, 발끝을 앞에 끼워 빠지지 않도록 고정시킬 수 있는 페달-옮긴이)과 추가적인 무게 감량이 되는 자유륜(freewheel, 페달을 계속해서 밟지 않아도 계속 돌아가게 되어 있는 뒷바퀴로, 현재 거의 모든 자전거에서 쓰이고 있다−옮긴이)가 달려 있었다. 그것은 말하자면 아무 힘들이지 않고 조용히 길을 미끄러져 갈 수 있는 꿈의 기계였다.

당시의 나로서는 자전거가 얼마나 발전할지, 혹은 자전거 시장이 어떻게, 어째서 변화할지 전혀 상상하지 못했다. 전문가용 자전거의 프레임용 튜브(tube) 시장은 레이놀즈(Reynolds)와 콜럼버스(Columbus)사가 지배하고 있었으며, 캄파뇰로는 부품 시장을 석권하고 있었고, 유럽산 제품들이 고가 브랜드 시장을 좌지우지하고 있었다. 자전거 프레임에 관한 한 연녹색 바탕에 금속광택이 나는 황금색 글씨가 뚜렷이 새겨진 TI 레이놀즈 스티커가 붙어 있으면 최고라는 표시였다.

캄피(Campy)는 자전거 부품업계에서 최고 중의 최고로 인식되었다. 이는 이탈리아의 자전거 경주 선수였던 툴리오 캄파뇰로(Tullio Campagnolo)가 시합 중에 불량한 장비 때문에 경주를 망치게 되자, 본인이 직접 부품 공장을 차려 만들어낸 제품으로 전문가 정신의 상징이라 할 만했다. 자전거 경주 선수들이라면 다리털을 깎지 않고 탔으면 탔지, 차체에 캄피를 장착하지 않고서는 절대로 자전거에 오르지 않았다. 이런 추세는 수십 년 동안 이어졌다. 그렇다 보니 시장 구도에 변화가 올 것이라고는 그 누구도 생각하지 않았다.

그런데 아니었다. 1980년대 중반에는 알루미늄, 티타늄, 카본 섬유, 혹은 기타 합금으로 된 차체를 사용하게 되었으며 토 클립 페달은 거의 다 클릭 인 클립리스 페달(click-in clipless pedals, 탑승자의 다리 힘을 최대한 바퀴에 전달할 수 있도록 전용 신발 밑창에 조임쇠로 부착시킬 수 있게 만든 전문가용 페달−옮긴이)로 교체되었는데 이는 스키 바인딩 제조업자들이 처음으로 선보인 제품이었다. 무거운 가죽 안장은 보다 가벼운 합성 물질로 만든 제품들로 바뀌었고, 편안하도록 패드가 부착되었다. 그리고 우리가 애지중지하던 캄피는 일본의 신진 제조업체인 시마노(Shimano)의 무자비한 공세에 겨우 목숨만 부지했다. 시마노는 디자인과 성능에서 캄피의 모든 제품을 능가하는, 기술적으로 대단히 향상된 구동계 일습을 제공했다. 그 중에서도 가장 돋보였던 것은 인덱스 방식의 듀라 에이스 시마노(Dura-Ace Shimano) 변속 장치였는데 기어를 바꿀 때마다 정확하게 자리를 잡아서 옮겨주었고 변속기가 부착된 위치도 다운 튜브에서 브레이크 후드 안으로 이동했다(이렇게 되자 기어 변속을 할 때 손을 핸들에서 뗄 필요가 없어졌다). 시마노는 종래의 10단 기어를 12단, 14단, 16단, 심지어 18단까지 올렸다. 몇몇 소수의 제조업체가 지배하는 구조가 타성적으로 굳어버린 시장은 상상을 넘어선 혁신적인 경쟁력과 힘을 갖춘 외부 업체의 공격에 지극히 취약하다는 교훈을 남겨준 것이다.

판다의 엄지발가락

시장은 일련의 우발적이고 불시적인 기상천외한 사건들, 즉 우연의 연속에 의해 결정되는가, 아니면 어떤 필연적인 물리적 · 경제적 · 사회적인 힘, 다시 말해 법칙에 따라 결정되는가? 우리가 지금까지의 경제사라는 테이프를 되감아서 다시 돌려본다면, 현재 우리가 보고 있는 것과 비슷한 일단의 시장, 산업, 기업, 생산품, 즉 지금과 같은 경제 현실이 재현될 수 있을까?

이는 경제학의 영역을 넘어서는 분야에서도 중대한 의미를 가질 수 있는 깊이 있는 의문을 낳는다. 이를테면 우리의 존재 자체는 우주 생성 시점에 이미 자연법칙에 따라 특정한 지점에 위치하도록 정해져 있는 것인가 아니면 시간의 흐름 속에서 어쩌다 발생한 것으로, 거의 무한한 우연의 연쇄 반응 끝에 나타난 최종 생성물 같은 것인가? 즉, 어떤 것들의 현재 상태가 필연에 의한 것인가? 이렇게 되는 것 말고는 다른 어떤 길도 없었는가? 아니면 우연인가? 꼭 이렇게 되지 않을 수도 있었는가?

이는 아리스토텔레스까지 거슬러 올라가는 오래된 문제다. 그렇지만 그 가장 최근 버전은 스티븐 제이 굴드(Stephen Jay Gould, 미국의 고생물학자이자 진화생물학자—옮긴이)가 1989년에 자신의 책 《멋진 인생(Wonderful Life)》에서 언급함으로써 유명해진 것이다.

굴드는 생명의 테이프를 5억 3,000만 년 전쯤, 캐나다의 버제스(Burgess) 혈암이라는 지층 속에서 화석으로 발견된 유기체가 살았던 시간으로 되돌린 다음, 몇 군데에 '우연성'의 왜곡을 가한다면 인간이라는 진화체가 나타나지 않았을 수도 있었다고 주장한다. 인간이 탄생하기까지는 수백만 개의 단계를 거쳐야 했다. 각 단계마다 정해진 원인이 있었다. 그러나 결과는 예측 불가능한 것이었다. 왜냐하면 복잡하게 배열된 우연성이 개입되었기 때문이다. 굴드의 말에 따르면, 우연성의 효과는 너무나 강력해서 진화 초기 단계의 아주 작은 변화라도 나중 단계에서는 엄청난 차이를 가져온다는 것이다.

나는 (D를 거쳐 A의 귀결로 E가 일어났다고 말할 때의) 무작위성을 말하는 것이 아니다. 그보다는 모든 역사는 우연성에 의해 이뤄져왔다는 근본 원칙에 대해 말하는 것이다. 어떤 역사적인 해석은 자연

법칙에 의거해서 이뤄지기보다는 선행하는 단계들의 예측 불가능한 연속성에 기대고 있다. 이 단계들 중에서 어떤 단계에 일어난 변화가 최종적인 결과를 바꿀 수 있었을까가 가장 중요한 관건이 되는 것이다. 그러므로 이 최종 결과라는 것은 그에 앞서 왔던 모든 것에 종속적이며 순전히 우연한 것이다. 이 선행적인 것들이야말로 지울 수 없는, 결정적인 역사의 서명(signature)이리라.[1]

우연의 힘에 대해서는 물리학자 에드워드 로렌츠(Edward Lorenz)도 그의 유명한 논문 〈브라질에서 나비가 날개를 펄럭이면 텍사스에서 회오리바람이 불까?(Does the Flap of a Butterfly's Wings in Brasil Set Off a Tornado in Texas?)〉에서 잘 설파하고 있다.[2] 이 '나비 효과'에는 일반 법칙과 보편 원리들은 반드시 역사의 예측 불가능한 우연성에 영향을 받는다는 그의 주장이 단적으로 나타나 있다.

굴드가 우연성 효과의 표본으로 제시하고 있는 것은 판다곰의 엄지 발가락이다. 그는 1978년에 쓴 에세이 《판다의 특이한 엄지발가락(The Panda's Peculiar Thumb)》에서 판다의 엄지발가락은 자연의 필연적 법칙에 따라 형성된, 예측 가능한 설계 형태가 아니라고 했다. 그보다는 판다의 진화 과정에서 만들어진 일종의 즉석 장치라는 것이다.[3]

실제로 판다의 엄지발가락은 '아래로부터 위로' 설계의 한 본보기다. 진화 과정에서 이용 가능한 생물학적인 '장비'들이 되는 대로 동원되어 즉흥적인 땜질 작업을 통해 만들어진 것으로 보인다. 만일 저 위에 전지전능한 설계자가 있었다면 그보다는 훨씬 정교하고 효율적인 엄지발가락을 만들어 선사했을 것이고, 댓잎을 따는 일이 지금보다는 아주 쉬웠으리라. 그러나 판다의 그것은 말이 발가락이지 연약하고 작은 혹에 불과하다. 잎사귀를 떼어낼 때 쓰는 발가락을 판다의 '엄지발가락'이라고 부르지만 실상은 늘어난 방사상 종자골(放射狀 種子骨), 즉 발목뼈가 연장된 것에 불과한 것이다.

판다의 발은 원래부터 5개의 발가락이 제자리를 잡고 있었으며, 진화를 겪으면서 발달된 근육과 힘줄과 신경을 통해 발가락을 움직여 무엇인가를 움켜잡을 수 있도록 되었다. 이는 여타의 곰 종류나 기타 육식성 포유류와 다르지 않았다. 다른 말로 하면 판다가 여분으로 가지고 있는 발가락은 '지적으로 설계된' 엄지발가락이 아니고, 원래 있던 신체 부위를 가지고 진화 과정에서 임시변통으로 조립한 것이라는 얘기다. 말하자면 발목뼈를 가지고 만든 사기(詐欺) 발가락인 셈이다. 우리의 엄지에 비해 판다의 그것은 기능도 부실해 보이고 생김새도 어색하기 짝이 없지만 나뭇잎을 따는 용도라면 그런 대로 쓸 만하다. 적응을 못하면 '자연도태'가 된다. 하지만 그 정도 일을 하기 위해 발을 통째로 개조해야 할 이유는 없었던 것이다.

쿼티 자판의 경제학

이러한 진화 과정을 경제학에서는 '경로 의존' 혹은 '역사적 잠금'이라 부른다. 시장이 이미 밟고 있는 경로에 (다시) 의존하거나, 어떤 경로 안에서 작동하면서 그 안에 감금되어버리는 것을 말한다. 경로 의존의 개념은 1985년에 스탠퍼드대학교의 폴 데이빗(Paul David) 교수가 그의 독창적인 논문 〈클리오와 쿼티 자판의 경제학(Clio and the Economics of QWERTY)〉에서 처음 소개한 개념이다.[4] 데이빗 교수는 기술적인 관점에서 경로 의존이 "우연의, 비가역적인 동적 과정으로, 그 안에는 '진화적'이라 할 수 있는 여러 경로들이 폭넓게 포진해 있다"고 보았다. 한마디로 말하면 '역사 문제'라는 것이다.[5]

경로 의존의 한 사례로 들 수 있는 것이 프롤로그에서 거론했던 베스트셀러 효과, 즉 부자가 더 큰 부자가 된다는 진리다. 좀 더 넓은 시각에서의 경로 의존 이론에 따르면, 어떤 산업에 먼저 뛰어들어 후발 경쟁자들보다 한 발 앞서가는 기업은 다수의 요인들로 인해 경쟁상의 이점을 확보하리라는 것이 예측 가능하다. 이를테면 생산에서 규모의 경제를 들 수 있는데, 이것이 의미하는 것은 고정된 비용이 생산 과정 전반에 고루 배분될 때 더 많이 생산할 수 있고 소비자에게 전달되는 최종 생산물의 가격을 낮출 수 있으며, 그 결과 시장점유율을 높일 수 있다는 것이다. 첫째, 이는 '밴드왜건 효과(band-wagon effect, 어떤 재화에 대한 수요가 많아지면 다른 사람들도 그 경향에 따라서 수요를 증가시키는 편승효과—옮긴이)'를 창출한다. (조기 사용자를 제외한) 소비자들로 하여금 가격과 구입 편의성에서 가장 적절할 것 같은 상품이라 생각하게 만든다. 둘째, 이는 '네트워크 효과'를 만들어낸다. 생산자와 소매업자들은 밴드왜건 효과를 기대하면서 소비자들이 가장 원할 것 같은 상품을 만들어 쌓아놓는다. 순환고리가 생겨나면서 가장 인기 좋은 (것으로 판명된) 상품들이 가장 많이 생산되고 이는 다시 소비자들에게 그 상품을 더 많이 소비하도록 부추기며, 그렇게 되면 더 많은 생산이 이뤄지고, 소비자는 더 소비하고… 이런 식이다.

어떤 상품을 다른 상품보다 더 선호하는 소비자들은 자신의 소비 패턴을 굳게 유지하는 경향이 있다. 물리적인 호환성에 문제가 있다든지, 바꾸는 비용이 너무 많이 든다든지 하는 이유에서다. 예를 들어 마이크로소프트의 윈도우가 컴퓨터 운영체계 사용자 시장에서 큰 비중을 차지하고 있고, 윈도우가 다른 운영체계와 호환되지 않는다면 아마도 이미 윈도우를 사용하고 있는 소비자들은 골치 아프게 다른 시스템으로 옮겨가지 않을 것이다.

따라서 어떤 사회에서 한 생산자가 소비자들의 네트워크를 이미 좌우하고 있다면, (나중에) 신제품을 시장에 내보내려는 생산자는 보다 품질 좋은 제품을 보다 낮은 가격에 제공한다 하더라도 엄청난 분투를 필요로 한다. 왜냐하면 시장 전체가 초기 진입자들이 구축한 '경로'에 심하게 종속되어 있기 때문이다. 이는 시장이 어떤 일시적인 평형, 최적 혹은 안정에 도달해 있는 상태라고 할 수 있다.

기술적으로 말하면 오래된 테크놀로지를 고수하는 것은 때로 '내시 평형(Nash equilibrium)'이라 불리는 것과 같은 것이 된다. 이는 노벨상 수상자인 수학자 존 내시(John Nash, 영화 「뷰티풀 마인드」에서 영원불멸의 존재가 된 그 사람)가 알아낸 개념이다. 둘 혹은 그 이상의 참가자들이 어떤 평형 상태에 도달하는데, 이 지점에서는 어느 누구도 일방적으로 전략을 변경해서는 아무것도 얻을 수 없다. 만일 모든 참가자들이 각자의 전술을 선택해서 고수하는데, 그 중 어떤 참가자 하나가 단독으로 전술을 바꾸었는데도 아무 이익도 볼 수 없는 상황이 만들어졌다면, 이런 전술적 선택의 결과를 일컬어 평형점에 도달했다고 하는 것이다.[6] 이를 경제학에 적용하면 시장이 평형 상태에 이르면 그때는 전략을 바꾸지 않고 고수하는 것이 보다 이익이다(최소한 그렇게 생각된다).

이와 관련된 경제학 모형에 보다 직접적으로 적용되는 개념이 하나 있다. 그 개념을 빌려 위의 상태를 표현하면 "이런 생산 변화는 파레토 효율을 기하지 못한 것이다"라고 말할 수 있다. 이 개념은 이탈리아의 경제학자 빌프레도 파레토(Vilfredo Pareto)가 시장효율성에 관해 연구한 결과 추출해낸 것이다.

그에게 문제가 되었던 것은 다음과 같다. 자유롭고 경쟁적인 시장은 '가장 낮은 가격'과 '가장 높은 품질'을 이끌어낼 수 있다는 관점에서 효율적인가? 이 질문에 대답하기 위해 파레토는 시장에서 사람들이 취하는 4가지 거래 유형을 내세우고 있다. '승—승(win-win, 모든 당사자들이 이익을 얻음)', '승—비패(win-no-lose, 일부 당사자들은 이익을 취하고 나머지 당사자들은 어떤 이익이나 손해를 보지 않음)', '비패—패(no-lose-lose, 아무도 이익을 얻지 못하는 가운데 누군가는 손해를 봄)', 그리고 '승—패(win-lose, 누군가는 이익을 얻고 누군가는 손해를 봄)'가 그것들이다.

파레토 이론이 주장하는 것은 결국 당사자들은 양쪽 모두 이익을 보거나 한쪽이 이익을 얻더라도 다른 한쪽이 손해를 보지 않을 때에만 거래에 참여한다는 것이다. 말하자면 '승—승'이 아니면 '승—비패'일 때에만 거래가 성립된다. 그리고 종국에 가서는 시장이 평형 상태에 도달하는데, 그 지점은 '승—승' 혹은 '승—비패'가 최적의 균형을 이루는 지점이며, 여기서 거래가 더 행해진다면 반드시 누군가가 손해를 보는 상태가 된다. 만일 우리가 경제란 택일적으로 쓸 수밖에 없을 정도로 불충분한 재화를 배분하는 일이라 정의한다고 하고, 현재 존재하는 일단의 개인들이 선택해야 할 일단의 배분 행위들이 있다고 할 때, 한 배분 행위에서 다른 배분 행위로 바뀐다 하더라도 최소한 누군가의 이익이 누군가의 손해가 되지 않는 상태가 바로 '파레토 최적화(Pareto optimization)'이다. 더 이상의 어떤 개선도 이뤄질 수 없는 지점에 다

다르면 '재화의 배분이 파레토 효율을 기하고 있다'라고 말할 수 있다.[7]

진화론에서는 이러한 평형, 효율, 그리고 최적화가 '진화적 안정 전략'이라고 부르는 것과 유사하거나, 특정 개체 집단들이 일관되게 채택함으로써 다른 어떤 대안적인 전략도 불필요하게 만든 전략에 비유할 수 있다.[8] 판다의 예에서 우리는 변형된 발목뼈로 댓잎을 따는 전략이 선택된 것은 그것이 비록 최적은 아닐지라도, 엄지발가락 하나를 확보하기 위해 발전체를 송두리째 바꾸는 것보다는 효율적이기 때문이라는 것을 알 수 있었다. 판다의 엄지발가락은 하나의 진화적 안정 전략이다.

그런가 하면 QWERTY 자판(맨 위 왼쪽에서부터 순서대로 Q-W-E-R-T-Y로 이어지는 글자 배열을 가진 표준 자판—옮긴이)도 마찬가지다.

1873년에 크리스토퍼 숄스(Christopher Latham Sholes)는 자신이 보유한 타자기 특허를 레밍턴앤선스(Remington & Sons) 사에 팔았는데, 거기에는 QWERTY 자판도 들어 있었다. 한편 1882년에 롱리(L. V. Longley)가 신시내티에 세운 속기타자연구소(Shorthand and Typewriter Institute)에서는 여러 가지 자판 배열방식 중에서 QWERTY 시스템을 채택하게 된다. 그녀의 타자 강의가 성공을 거두자, 그녀의 타자 교육법도 널리 보급되었고 관련 산업 표준이 되었다. 급기야는 레밍턴 사도 타자학교를 세우면서 그 타자법을 채택하게 되었다. 그리고 1888년에 롱리의 방식과 그녀의 경쟁자였던 루이스 토브(Louis Taub)의 방식으로 타자 시합이 열린다. 루이스는 QWERTY 자판이 아닌 다른 자판으로 타자하는 기술을 사용하고 있었다.

소문에 의하면 롱리의 수제자였던 프랭크 맥거린(Frank MaGurrin)

은 QWERTY 자판을 외운 뒤 이를 보지 않고 치는, 당시로서는 최신 타자 기법을 구사해 상대의 코를 납작하게 만들어버렸다고 한다. 이 일은 널리 알려졌고 자판을 안 보고 치는 타자법은 미국 타자수들이 무조건 선택하는 타자법이 되었다. 레밍턴 타자기의 QWERTY 자판이 도달한 위치는 자판 배열을 바꾸려면 타자 혁명이 일어나야 가능한 지점에 놓이게 된 것이다.[9] 이 전설이 말해주는 것처럼 그 이후로 자판 부호는 오늘날 우리가 보는 것과 같이 되었다.

전해지는 바에 따르면 QWERTY 자판은 19세기 타자수들을 위해 고안된 것인데, 당시에는 활자 키가 글자를 치는 작동 속도가 사람 손에 비해 너무 느려 손가락을 다 써서 타자를 치면 항상 활자 키들이 엉켰다고 한다. 영어 단어의 70퍼센트 이상이 D · H · I · A · T · E · N · S · O · R을 이용해서 만들어지긴 하지만, 자판을 한 번만 둘러보아도 이들 글자 자리들 대부분이 강하게 칠 수 있는 위치에 있지 않음을 알 수 있다(강하게 칠 수 있는 위치란 양손의 검지와 중지가 타자할 수 있는 중앙열을 말한다). QWERTY 자판에서는 모든 모음들이 가장 강한 타자 위치에서 비껴나 있으며 타자되는 단어의 32퍼센트만이 자판 중앙열에서 만들어진다. 중앙열의 활자로만 칠 수 있는 단어는 고작 100여 개 정도에 불과하다. 반면에 오른손을 전혀 쓰지 않은 상태에서 상대적으로 힘이 약한 왼손만 가지고 무려 3,000개 이상의 단어를 치게 되어 있다. 자판을 다시 한 번 들여다보면 (모음은 빼고) 알파벳 순서 D · F · G · H · J · K · L이 눈에 들어온다. 원래의 자판 배열이 알파벳 순서를 그대로 옮겨놓은 것이었음을 알 수 있다. 이해가 되는 것이, 어떤 테스트도 해보지 않았던 초기 단계에서는 자판 배열을 가능한 한 빨리 정하는 것이 급선무였을 것이기 때문이다. 모음은 타자수의 손을 느리게 하고 활자 키를 엉키게 할 수도 있었기 때문에 일단 배제되었다. 이 문제는 끝에 가서 해결되었지만, QWERTY 시스템은 어쨌든 이미 뿌리를 너무 깊이 내리고 있어서(타자 교본, 타자 교육법 등을 통해) 대형 타자기 회사, 타자 교사, 교본, 다수의 타자수가 한꺼번에 다른 것으로 바꿔야겠다고 들고 일어나지 않는 이상 그대로 갈 수밖에 없는 게 되어버렸다.

● 드보락의 패배

경로 의존의 사례로서 QWERTY 자판이 탄생하고 지속된 사연은 너무나 강력한 힘을 가지고 있어 숱한 저자들이 이 이야기를 하고 또 하지 않을 수 없게 만들었다. 데이빗의 학구적인 논문과 굴드의 대중적인 저작들을 들어가며 경제학자, 사회비평가, 저널리스트들은 이것이 마치 역사가 시장보다 우위에 있다는 경제 법칙의 사례가 되는 것처럼 말하곤 했다. 그리고 시장에서의 성공이 생산물의 품질보다 제비뽑기의 운에 달려 있다는 주장의 근거로 삼았다. 그러나 만일 경로 의존이 경제에서 그토록 막강한 힘을 가지고 있다면, 왜 수십 수백 가지의 다른 사례들은 눈에 띄지 않았을까? QWERTY 자판 배열 이야기가 대체로 부풀려졌다는 것 정도가 이에 대한 대답이 될 수 있을 것이다. 비록 QWERTY 자판 배열이 일련의 우연하고 변화무쌍한 사건들을 거쳐서 굳어진 것이긴 하지만, 그렇다 하더라도 그것이 결코 최적에 미치지 못하는 결과라고는 단언할 수 없다. QWERTY 시스템은 다른 어떤 자판 배열과 비교해봐도 타자의 빠르기나 효율성에 있어 뒤지지 않는다.

그러므로 이것은 판다의 특이한 엄지발가락보다는 기능성이 뛰어난 사람의 엄지손가락과 같다고 할 수 있을 것이다.

QWERTY 경로 의존성을 테스트하면서 자주 비교의 대상이 되는 것이 1936년 어거스트 드보락(August Dvorak)이 특허를 낸 드보락식 간이자판(Dvorak Simplified Keyboard, DSK)이다. 이 자판은 최선이라고는 할 수는 없는 QWERTY 자판보다 더 효율적이라는 얘기도 있었다. 드보락식이 그렇게 뛰어나다면 시장에서는 왜 인정받지 못했을까? QWERTY 자판 대세의 경로 의존성 때문이라고 간단히 대답할 수 있다. 드보락 자판 사용법을 배운 사람들은 극소수였고, 그러다 보니 자판 제조자들이 공급해주고 싶어도 이 우수한 자판에 대한 수요가 없었던 것이다.

그러나 이러한 해석에 문제가 제기되었다. 한 새로운 역사연구 결과에 따르면, 원래 숄스가 QWERTY 자판을 고안한 것이 키 엉킴 현상을 방지하기 위해서였다. 그런데 이는 타자수의 손을 느리게 만듦으로써 그렇게 하려고 했던 것이 아니고 서로 가까이 붙어 있는 (자주 쓰이는) 활자 타이프 바를 떼어놓음으로써 그렇게 하려고 했다는 것이다 (예를 들어 그는 T와 H의 사이를 멀리 떼어놓았다). 이렇게 보면 QWERTY 설계는 숄스가 어떤 글자들이 짝이 되는 빈도수가 높은지를 면밀하게 연구한 결과라고 할 수 있다. 손이 너무 빨라서 그 당시 타자기의 기계적 성능과 맞지 않던 타자수들을 곤경에 빠뜨리려고 그랬던 것은 아니라는 것이다.

실제로 경제학자인 스탄 리보위츠(Stan Liebowitz)와 스티븐 마골리스(Stephen Margolis)는 QWERTY 대비 드보락 자판의 우수성을 입증하는 여러 테스트 결과를 추적했다. 그 결과 그들이 알아낸 것은 드보락에게는 그다지 유리하지 않은 것들이었다.[10] 일례로 어떤 연구 사례를 보면, 드보락은 나이도 학교도 교육 기간도 타자 시험도 다 다른 학생들을 데리고 비교하고 있다. "그런 비교가 제어된 실험을 통한 것이 아님을 알기 위해 굳이 과학자가 될 필요까지는 없을 것이다"라고 리보위츠와 마골리스는 비꼬는 투로 적고 있다.[11] 그리고 이것 외에 드보락이 QWERTY보다 우월하다는 결정적인 근거가 되는 것으로 자주 인용되는 1944년의 해군 테스트 결과는 조작된 것임이 드러났다. 처음 이 작업을 시작하면서 리보위츠와 마골리스는 누가 해군 테스트 결과를 가지고 있는지 알아낼 수가 없었다. 그래서 그들은 "이는 어떤 저자가 다른 저자의 글을 인용하고 이 다른 저자는 또 누군가의 기록에 의존했고, 이 누군가는 다시 다른 누군가의 책에서 내용을 가져오는 식의 일이 일어났기 때문인 것으로 보인다. 말하자면 어느 누구도 원본을 읽은 일이 없었던 것이다"라고 결론짓지 않을 수 없었다.[12] 그들이 마침내 자칭 드보락 인터내셔널이라는 집단의 본부라는 버몬트주의 한 농가 다락방에서 그 사본을 찾아냈을 때, 테스트를 행한 사람은 다름 아닌 해군 중위 어거스트 드보락 그 자신이었음이 드러났다.

이 사실은 그의 자료를 더욱 의심하도록 만들었다. 그의 연구는 방법론상의 문제점들로 가득 차 있었다. 해군 타자수들이 QWERTY 대 드보락 비교 시험을 위해 받은 교육 기간은 저마다 다 달랐다. 그리고 두 그룹의 타자 점수 채점 방식은 동일하지 않았다. QWERTY 그룹에 속한 세 타자수의 처음 점수를 보면 1분당 한 단어도 치지 못한 것으로 나와 있다. 이 영점짜리들도 QWERTY 그룹의 평균 점수 환산에 포함되었는데, 리보위츠와 마골리스의 계산에 따르면 이 점수들이 QWERTY 그룹 나머지 점수 평균의 절반을 깎아먹었다. 이 테스트는 사기였다.

진실인즉 QWERTY 시스템이 관련 업무의 수행을 제대로 해낼 수 있을 만큼 우수하다는 것이며 경쟁자를 자처하는 여타의 어느 자판 시스템과도 충분히 맞설 수 있다는 것이다. 그것도 불공정한 시장의 타성에 힘입어서가 아니라 스스로가 가진 대등한 혹은 우월한 기능 덕분에 그렇다는 것이다.

이 이야기를 통해 우리는 19세기 말에 타자법을 둘러싼 엄청난 경쟁이 있었으며 수많은 상이한 자판 배열이 공존했고, 또 보지 않고 타자를 칠 수 있는 사람의 숫자도 엄청났다는 사실을 알 수 있다. 이 와중에서 QWERTY는 자신만의 독자적인 업무 수행 표준을 꿋꿋이 지켜냈다. 리보위츠와 마골리스는 1888년 8월에 열린 것으로 『뉴욕타임스』에 보도된 어떤 시합을 찾아냈다. 맥거린이 신시내티에서 승리를 거둔 지 막 몇 주가 지났을 때였다. 그 시합에서 메이 오어(May Orr)라는 선수가 분당 95.2개의 단어를 쳐냈다. M. 그랜트(M. Grant)라는 다른 참가자는 93.8개의 단어를 쳤다. 한편 여기에는 프랭크 맥거린도 참가했는데 그는 분당 95.8단어를 쳐서 간발의 차이로 우승했다.

역사는 중요하다. 그러나 품질 또한 중요하다. QWERTY는 최적의 시스템이 아니었을지도 모른다. 그러나 그것은 이전의 경쟁자들보다 못하지 않았다. QWERTY는 완벽하지는 않았지만 업무 수행 능력에 전혀 문제가 없었다.

경로 의존 이론이 더 심오하게 시사하는 것은 아래로부터 위로 진화해나갈 뿐 위로부터 아래로의 통제가 '전혀' 없을 때 시장은 오히려 비효율적이 될 뿐더러 최상의 생산물을 제공할 수 없다는 것이다. 1990년 『사이언티픽아메리칸』에 실린 한 기사에서 경제학자 브라이언 아서(Brian Arthur)는 경로 의존성의 유해 효과에 주목하고 있다.

"어떤 임의적인 경제적 사건이 일어나면 이것은 특정한 경로를 채택한다. 그리고 그 선택은 다른 대안적인 것들이 아무리 좋아도 그대로 고정된다."[13]

QWERTY 신화를 만들어낸 장본인인 폴 데이빗 교수는 QWERTY 설계의 중요성에 관해 다음과 같이 언급하고 있다. "완벽한 선물(先物) 시장이 부재한 상태에서 일어나는 경쟁은 그릇된 시스템을 조급하게 표준으로 삼도록 만든다. 이 잘못된 시스템은 차후에 중구난방의 정책 결정이 이뤄지는 경우, 그 와중에서 그대로 기득권을 유지하게 된다."[14]

이런 식으로 추론하자면 IBM이 개인 컴퓨터 시장에서 1위를 고수할 때 다른 경쟁자들은 불공정하게 배제된 것이다. 경제학자 폴 크루그먼(Paul Krugman)은 QWERTY 자판의 이야기를 빌려 이렇게 추론하고 있다.

"당신은 어떤 컴퓨터를 사용하는가? 아마도 IBM 호환 기종일 것이다. 당신은 왜 그것을 사용하는가? 아마도 다른 모든 이들이 IBM 호환 기종을 사용하기 때문일 것이다. 모두들 IBM 호환 기종을 보유하고 있다면 그것의 성능이 우수해서인가? 분명히 말하건대 아니다. 그럼 왜? IBM은 시장 초기 진입자로서의 이점을 가지고 있었기 때문이다. 그리고 계속해서 수익이 증가했다. 초기 이점이란 무엇인가? 지난 40여 년 동안 이 컴퓨터를 사들인 수천 명의 법인 내 조달직원들은 IBM을 샀다고 해고당한 사람이 아무도 없었다. 그리고 이와 유사하게는 VHS 대 베타 방식의 사례도 있다."[15]

같은 방식으로 또 다른 추론도 가능하다. 만일 DOS가 최초의 운영체계라면 매킨토시 운영체계는 시장에서 부당하게 밀려난 것이라는 점이다. 애플사의 공동 설립자인 스티브 워즈니액(Steve Wozniak)의 말은 이와 관련해 대단히 논쟁적인 시사점을 던진다. 그는 QWERTY 자판 이야기를 예로 들었다.

"드보락 자판처럼 애플의 우월한 운영체계도 시장점유율 전쟁에서 졌다."

따라서 대개의 경제적 불공평성은 우연에만 기대어 아래로부터 구축되는 공정치 못한 시장으로부터 배출되는 것이며, 이 문제는 위로부터의 조처에 의해 교정될 수 있다. 크루그먼의 결론도 그렇다.

"QWERTY적인 세계에서 시장은 신뢰받을 수 없다."

그러나 우리가 보아왔다시피 우리는 QWERTY적인 세계에 살지 않는다. 그 예로 이 모든 것은 IBM이 PC업계에서 계속해서 압도적인 시장 지배력을 행사하고 있다는 것을 전제로 한다. 그렇지만 사실은 그렇지 않다. 그리고 DOS가 최초의 운영체계냐 하면 그것도 그렇지 않다. 그러면 사용자들이 DOS에만 악착같이 매달려 있었느냐 하면 그것도 그렇지 않다. 윈도우로 옮겨갈 때까지만 그랬을 뿐이다. 실제로 오늘날의 모든 운영체계들이 알고 보면 맥에서 연유한 모양새 좋은 시각적 인터페이스를 채용하고 있다는 사실은 도외시하고 있다. 컴퓨터가 자기감금적이라고 할 수 있는 타자기를 대체하고 있고 개인용 컴퓨터가 경로 의존적인 것처럼 보이는 큰 컴퓨터 본체들을 밀어내고 그 자리를 대신하고 있다는 사실은 말할 것도 없다.

이런 말들이 역사가 중요하지 않다는 뜻은 아니다. 당연히 중요하다. 역사적인 잠금과 경로 의존은 실제로 일어나고 있는 현상이다. 예를 들면 대부분의 사람들은 대문자를 치고자 할 때 여전히 컴퓨터 자판의 시프트(shift)를 누른다. 컴퓨터에는 타자 용지를 이동(shift)시키는

'캐리지(carriage)'가 없는데도 말이다. 우리는 아직도 리턴(return, 애플 키보드에 있는 키, IBM 키보드의 엔터와 같다)를 누른다. 시작 위치로 되돌아와야 하는 캐리지가 도대체 어디에 있나. QWERTY 자판을 둘러싼 이야기는 참으로 종잡을 수 없다. 그럼에도 불구하고 이 자판 배열이 시장을 지배하기에 충분할 만큼 훌륭하다는 것은 스스로가 입증해왔다. 만일 드보락 자판이(혹은 다른 어떤 형식의 자판이) QWERTY보다 우월하다는 것을 입증할 수 있었다면 그것은 QWERTY가 확보하고 있던 개인적 · 사회적 선호의 관성을 극복하고 자신만의 내시 평형을, 파레토 최적을, 혹은 진화적 안정 전략을 이루었을 것이다. 기술적인 시스템은 생물학적인 시스템과 마찬가지로 스스로의 형태와 기능을 고정시켜버리는데, 이는 그 효능과 역사가 결합되는 데서 가능한 것이다. 최적이냐 최적 미달이냐가 유일한 결정 요인이 아니다.

● 표준이 선호를 낳는다

그러나 위 QWERTY 이야기가 경로 의존성 개념의 전부는 아니다. 이 생물학적 이론 모형이 강조하는 바를 '우연성의 힘'에서 '필연성의 힘'으로 옮겨보자. 그렇게 되면 '균형'과 '맥락'이 관건이 된다.

경제사가인 더글러스 퍼펏(Douglas Puffert)은 2001년에 철도 궤간폭 표준화를 주제로 쓴 논문에서 균형이라는 것을 어떻게 찾아낼 수 있는지 알려주고 있다.[16] 철로 양쪽 사이의 거리는 별 생각 없이 결정된 것처럼 보이지만 이는 여러 철도회사와 정부당국이 고수해야 하는 확립된 표준으로서, 이를 통해 보다 낮은 비용과 좋은 서비스, 높은 이

윤을 내면서 산업과 상업의 바퀴가 굴러가도록 꾀한 것이다. 긍정적인 선순환고리의 네트워크 효과에 영향을 받아 사용자들은 궤간폭의 표준에 대해 합의하게 되었다.

　일반적으로 오랜 시간이 지나면 경로 의존 이론을 통해 어떤 표준이 채택될 것인지 예측할 수 있다. 그러나 이 경우는 다르다. 오스트레일리아와 아르헨티나는 자국 내에 각각 다른 3개의 궤간폭 표준을 마련하고 있다. 이렇게 함으로써 보다 많은 이익이 감소하리라는 것을 누구나 알고 있지만 말이다. 인도와 일본, 칠레 등지에서는 2개의 표준을 사용한다. (이처럼) 표준을 정하는 데 있어서 우연성은 한 부분을 차지했다. 그러나 미국이나 캐나다, 영국에서는 다양한 궤간폭을 하나의 보편적인 표준으로 통합했다. (이렇게 보면) 표준을 정하는 데 있어서 필연성도 한 부분을 차지했다(현재 보스턴과 워싱턴 DC 사이를 기차로 오가는 사람들은 알겠지만 이 구간은 단일 표준 궤도로 되어 있다. 하지만 가장 사람이 붐비는 노선은 아직도 복수철로 시스템을 사용하고 있다. 가서 보라). 거의 모든 경우에 해당 지역의 시장적 상황에 따라 철도 궤간폭의 크기가 하나로 혹은 여러 개로 결정되었다. 이는 초기 궤도 설정에 있어서의 우연성과 그 후의 시장효율성의 함수관계에 따른 것이었다.

　어떤 역사적 사건 전개의 초기 단계에서는 확실히 우연성이 영향력을 행사한다. 그렇지만 그것은 필연성의 힘이라는 진동파에 의해 빠르게 씻겨나간다. 이 힘은 의존 경로를 더욱 깊이 파고 방호벽을 더욱 높이 쌓아올린다. 이 필연성의 힘이 득세하게 되면 경로는 평형, 최적화, 안정에 이르게 되고 그 상황의 지배자가 된다. 그러나 기술의 역사도 그렇지만 생명의 진화에서 '멸종은 법칙이고 생존은 예외다'. 경로 의존적인 평형, 최적, 안정의 지점은 붕괴될 수 있으며, 그렇게 되면 국면은 한 상태에서 다른 상태로 이행되고 그러면서 생명의 변이가 발생된다. 기술의 경우는 혁명을 겪는다.

시장은 수많은 고점과 저점을 가진 진동파로 생각할 수 있다. 평형과 최적화와 안정이라는 고점들은 우연성과 필연성이라는 서로 겨루는 힘에 의해 그 토대가 무너진다. 모든 발명을 보면 그 시작은 기발하다. 그러나 그렇다고 해서 그것들이 시장에서 영원불멸하리라 단언할 수는 없다. 나비의 날갯짓이라는 시작보다 더 문제가 되는 것은 '소비자의 선호'라는 바람(風)이다.

⦂ 기술 진화가 가져온 시장의 변화

많은 사람들이 진화와 경제 사이의 비교담론을 과도하게 확장한다. 생물학적 진화와 문화적 진화(의 차이)를 다루면서도 그렇다. 둘 사이의 비교는 유익하고 실제적이지만 한편으로 중요한 차이도 있다. 역사가인 조지 바살라(George Basalla)는 자신의 독창적인 저작인 《기술의 진화(The Evolution of Technology)》에서 이 점을 명백하게 밝히고 있다.[17]

바살라는 발명가의 신화를 깨뜨리는 것으로 운을 뗀다. 그 신화란 발명가들이 고립된 상태에서 순전히 창조적인 천재성만을 가지고 새롭고 혁신적인 그 무엇을 꿈꾸며 작업한다는 신화다(머릿속에서 전구가 확 켜지는 것처럼 그렇게 된다는). 바살라는 주장한다. 모든 테크놀로지는 인공물이나 자연물로부터 나온다는 것을.

"세상에서 만들어지는 모든 새로운 것은 이미 존재하는 어떤 물건에 기초하고 있는 것이다."

그런데 어떤 발명품의 경우는 다른 발명품에 의지한 것이 아닌 그 야말로 무(無)에서부터 나온 최초의 것처럼 보일 때가 있다. 이런 경우라면 이 물건은 자연물에서부터 나오는 것이라고 바살라는 말한다.

철조망 발명자인 마이클 켈리(Michael Kelly)는 1868년에 이렇게 말하고 있다.

"내 발명품은 철사 울타리에 가시 울타리와 유사한 성격을 부여한 것이다. 나는 그 철사 울타리가 가시 울타리와 같은 작용을 하기를 바랐다."[18]

유기적이고 진화론적인 유추를 하는 가운데 바살라는 인공물을 유기체와 같이 대우한다.

"인공물은 식물이나 동물이 유기체적 진화를 하는 것만큼이나 기술의 진화에 중요하다."[19]

그렇다면 우리는 어디서 '외로운 천재'의 신화를 만들어냈는가? 바살라는 그것이 국가가 시행하는 특허 시스템의 산물이라고 주장한다. 특허 시스템은 한 개인이 발명과 관련해 얻을 수 있는 모든 신용을 다 가질 자격이 있다는 것을 전제하기 때문이다. 누구도 그 발명에 대한 원천적 권리를 주장하거나 그것을 이용해서 뭔가를 개발하는 일이 법으로 금하고 있는 것이다. 기술적 진보의 속도가 정부에 의해 조절되는 것이다.

회사들은 특허를 만들어내거나 구입하도록 권유받는다. 그것을 더 발전시킬 계획이 없다 하더라도 그들이 그렇게 해야 하는 이유는 기술적인 '현상 유지'라도 해야 하기 때문이다. 1869년부터 1912년까지 특허제도가 없었던 네덜란드 시스템과 1850년부터 1907년까지 역시 특허제도가 없었던 스위스 시스템을 거론하면서 바살라는 네덜란드나 스위스 모두 테크놀로지와 시장의 창조적인 진행을 위로부터 통제하려는 이러한 제도가 없었음에도 불구하고 어떤 손해도 입지 않았음을 보여주고 있다. 오히려 그 전보다 더 번영했다는 것이다. "스위스는 1850년과 1907년 사이에 왕성한 경제 성장을 이루었다. 산업은 대단히 활황이어서 특허 보호제도가 없었음에도 불구하고 신사업 분야에 투자하려는 해외 자본이 물밀듯이 들어왔다."[20]

그런 자유방임적 시스템에서는 "오늘날보다는 19세기에 더 적합하지 않은가" 하는 논박이 가능할 수도 있다. 그러나 바살라는 한 연구 결과를 인용하면서, 20세기 전반기에 이뤄진 가장 중요한 발명 중 70가지가 자신의 발명품에 특허를 내지 않은 독립 발명가들의 작품임을 주장하고 있다. 자동변속장치, 베이클라이트 합성수지(Bakelite, 페놀과 포름알데히드가 반응해서 생기는 열경화성 수지로, 플라스틱의 시초가 됨-옮긴이), 볼펜, 셀로판, 사이클로트론(cyclotron, 양성자와 중양성자, 알파입자 등을 가속시키는 장치-옮긴이), 자이로컴퍼스(gyrocompass, 전륜 나침반), 인슐린, 제트엔진, 코다크롬 필름, 자기녹음, 자동차의 파워 스티어링, 안전면도기, 전자사진술(Xerography), 지퍼 등이 그것들이다.[21]

문화사의 계통수는 당연히 진화사의 계통수와 정확하게 닮지는 않았다. 각각의 생물 종들을 (그것들이게) 규정하는 것은 그것들의 동종 재생산 능력이다. 다른 종의 생물들과는 상호 교배할 수 없게 되어 있다. 반면에 인공적·관념적 '종(種)'은 극단적으로 다른 종들과 상호 교배할 수 있으며 또 그렇게 한다. 인공물적인 계통수에서는 가지들이 나뉘었다가 다시 합쳐질 수 있으며, 이렇게 됨으로써 새로운 종의 테크놀로지를 배태할 수 있다. 생물적 변화가 한 세대에서 다음 세대로 유전자가 넘겨진다는 점에서 다원적이라면, 문화적 변화는 획득된 형질이 '한 세대 안'에서 전해진다는 점에서 라마르크적이다. 기술적 시스템과 진화적 시스템은 완벽하게 일 대 일로 대응하지 않는다. 생물학적 시스템이 상대적으로 안정적인 유전자 프로그램에 의해 운용되는 반면에 기술적 시스템은 상대적으로 유동적인 문화 프로그램에 의해 운용되기 때문이다.

⦙ 적응과 이중적응

스티븐 제이 굴드는 진화적 변화가 기술적 변화와 잘 접목된다고 생각했는데, 그 중 가장 중요한 대목이 바로 '굴절적응(exaptation)'이라는 개념이다. 이는 적응에서 (부가적으로) 나타나는 결과로, 어떤 것이 원래 특정한 목적을 위해 진화되었으나 나중에는 다른 목적으로 사용되는 것을 말한다.

여기 그다지 볼품이 없지는 않은 날개가 있다고 하자. 손상을 입은 부분이 없고 공기역학적으로 문제가 없는 날개는 비행에 적응하도록 발달된 것이다. 게걸스러운 맹금류로부터 달아나거나 잡기 어려운 먹이를 사냥할 때, 혹은 거친 지형이나 바다를 건너 넓은 거리를 이동할 목적으로 진화한 것이다. 그러나 그것만이 전부일까? 다윈 식의 점진주의가 작동한다는 것은 날개 진화의 각 단계들이 기능의 발달에 맞추어져 있어야 함을 말한다. 그런데 날개의 일부분에 있는 작은 혹은 공기역학적으로 비행에 필요한 것이라고 볼 수 없다. 그런 변이는 자연에 의해 선택된 것인가, 아닌가? 이는 '초기 단계의 문제'라고 알려진 것으로서 다윈을 논박하는 데 쓰였다. 이에 대해 다윈은 테크놀로지(적인) 유추를 사용해 재반박했다.

"비록 어떤 한 기관이 원래 목적했던 대로 형성되지는 않았어도 그목적을 수행하는 데 문제가 없다면, 그 목적을 위해 특별히 고안된 기관이라 말한다 해도 무리는 없을 것이다. 마찬가지로, 누군가가 어떤특정한 용도를 위해 새 기계를 만든다고 할 때, 그 전부터 쓰이던 바퀴나 용수철, 활차를 이용하거나 어떤 낡은 기계의 부품을 살짝 고쳐 새로운 용도에 맞게 내놓았다고 해서 이 기계가 그 특별한 목적을 위해고안된 것이라고 말 못할 이유는 없는 것이다. 그러므로 자연에서 살아 있는 생명체의 모든 부분은 약간만 변형이 가해진 상태에서도 다양한 목적을 위해 복무할 수 있다. 이런 사례들은 지금까지 존속하고 있는 다수의 오래되고 개별적이고 특별한 형태의 생명기관들 속에서 찾아볼 수 있다."[22]

굴드와 동료인 엘리자베스 브르바(Elizabeth Vrba)는 이러한 해법 혹은 결과를 '이중적응' 이라고 불렀다. 그리고 그것을 뒷받침하는 상당수의 자연물 및 인공물의 사례들을 제시했다.[23] 예를 들어 날개는 초기 단계에 공기역학적인 비행을 하는 용도 말고도 다른 것들이 있었다. 날개의 반은 '제대로 발달하지 못한 날개' 라기보다 '잘 발달한 (날개 아닌) 무엇' 이라고 볼 수 있다. 그 중 하나가 열 조절기 혹은 체온 제어 장치다. 화석에 나타난 것을 보면 최초의 깃털은 일반 체모와 비슷했으며 오늘날의 새 새끼들에게서 보이는 단열 기능 솜털과 유사했다.[24] 현재의 조류를 냉혈동물인 두 발 보행 공룡에서 진화한 것으로보면, 깃털 달린 날개는 아마 체온을 조절할 목적으로 진화했을 것이다. 날개를 몸에 붙이면 열이 보존되고, 펼치면 열이 발산되는 식으로

말이다.[25]

그러나 한편으로 초창기 날개와 깃털은 달릴 때 가속력을 주는 역할도 했던 것으로 보인다. 오늘날의 어떤 새들이 경사를 달려 올라갈 때 날개를 퍼덕임으로써 견인력을 얻는 것을 보면 이를 알 수 있다. 어떤 새들은 이런 방식으로 90도 수직 벽을 쭉 올라갈 수도 있다.[26]

두 발 공룡에게서 나타나는 원시 날개의 또 다른 기능은 뭔가를 움켜쥐는 것이었다. 진화사에서 가장 유명한 과도기적 화석은 '시조새(archaeopteryx)'이다. 시조새에게는 몸을 지탱할 만큼 표면적이 큰 날개가 달려 있었고, 비대칭적 모양의 깃털로 인해 부양력을 확보할 수 있었으며, 어깨는 충분히 유연해서 비행에 필요한 상승 날개 운동이 가능했다. 그럼에도 불구하고 시조새는 많은 공룡적인 특질도 가지고 있었다. 이를테면 움켜쥐는 기능을 갖춘 발이 달려 있었다는 건데, 애초에 '날개'가 적응코자 한 목적은 바로 그것이었을 것이다. 그러다가 나중에 비행 목적을 위해 적응하게 된 것이다.[27] 생물 진화에서는 어떤 구조가 한 가지 기능에만 복무하기도 하고, 다른 기능을 수행하기 위한 용도로 진화하기도 한다. 또는 한 번에 여러 기능을 하기 위해 발달하기도 한다.

적응과 이중적응은 자연물뿐만 아니라 인공물에서도 발견된다. 굴드는 한 에세이에서 둘 사이의 연관성을 밝히고 있다. 《타이어 대 샌들(Tires to Sandals)》에서 그는 제3세계 사람들이 얼마나 흔히 (경제적 필요에 의해) 원래 다른 목적에 적용되는 기술들을 이중적응적으로 변용하는지 보여주고 있다(타이어가 한 켤레의 샌들이 되는 과정을 정확히 보여주는 자료 화면을 온라인으로 내려 받을 수도 있다).[28]

자전거 관련 테크놀로지에서도 페달이나 헬멧, 장갑, 안장 등에 가

128

해진 변화는 적응과 이중적응의 사례로 제시될 수 있다. 예를 들어 클립리스 페달 시스템은 스키 바인딩을 제작하는 룩이라는 프랑스 회사에서 처음 내놓은 것이다. 룩의 사주인 베르나르 타피(Bernard Tapie)는 라 비 클레르(La Vie Claire)라는 직업 자전거 경주팀을 소유한 사람이었다. 이 팀에는 세계에서 가장 뛰어난 2명의 자전거 경주선수가 있었는데 베르나르 이노(Bernard Hinault)와 그렉 르몽드(Greg LeMond)가 그들이다. 이런 사업적 조합은 그로 하여금 스키와 자전거 기술을 자연스럽게 결합하는 쪽으로 나아가게 했다. 그 결과 나타난 것이 대단히 급진적인 새로운 페달 시스템이었다. 그런데 이것은 종전의 토클립 페달 시스템과는 전혀 닮지 않았을 뿐더러 비슷한 기능을 수행할 것처럼 보이지도 않았다. 그러나 1년이 채 못되어 모든 전문 자전거 경주선수들은 이 페달을 쓰게 되었고, 2년이 지나자 거의 모든 아마추어 자전거 애호가들도 이 페달을 장착했다.

나는 자전거 경주 후원사였던 벨헬멧 사와의 인연으로 현대 헬멧 기술의 이중적응 사례를 직접 목격할 기회가 있었다. 오늘날 보편적으로 사용되는 발포성 폴리스틸렌 헬멧은 과거 수십 년 동안 선수들이 이용했던 가죽제 '머리 망사형' 헬멧에서 바로 진화한 것이 아니다. 이 가죽 헬멧으로 말하자면, 포장도로에 부딪칠 때의 충격 흡수력 면에서 거의 무용지물이나 다름없었다. 그런데 이 신형 헬멧은 벨헬멧 사의 엔지니어들이 오토바이용 헬멧에 쓰이는 발포성 폴리스티렌 기술을 빌려와서 고안해낸 것이었다. 사실 발포성 폴리스티렌이야말로 헬멧과는 전혀 무관한 목적으로 개발된 것이었다. 그러나 이 기술은 자전거 선수용으로 변형되었고 시장의 환영을 받았다. 초기의 '벨 쉘' 헬멧은 충격 방지에는 효과적이었지만 선수들 사이에서 별종들이나 쓰는 것으로 알려져 있었다. 나는 엔지니어들에게 그 헬멧이 예전의 가죽제 머리 망사형 헬멧처럼 보이기 때문에 전문 자전거 경주선수들이 싫어할 것이며, 만일 경주선수들이 안 쓰면 아마추어 라이더들도 기피할 것이라 말해주기도 했다. 여하튼 발포성 폴리스티렌으로 만든 첫 번째 제품인 V1 프로는 겉은 검은 가죽 망사형 헬멧처럼 보였지만, 기능은 오토바이용 헬멧과 똑같았다.

우리는 이런 자전거 관련 기술의 이중적응 사례들을 장갑과 안장에서도 볼 수 있다. 이들 장비는 탑승자와 기계가 만나는 2개의 가장 중요한 (그러나 그리 편치는 않은) 접점을 나타낸다.

전 세기에는 가죽이 자전거 안장 제작에 주로 사용되는 소재였다. 변화를 준다고 해봐야 가죽의 두께나 재단, 디자인, 색깔 정도에서 다양성을 주는 것뿐이었다. 그런데 1982년에 처음 열린 미국 횡단 경주에 참가한 모든 자전거 선수들이 손목 터널 증후군을 겪게 되었다. 이는 손가락의 감각 마비와 부분적인 기능 장애를 초래했다. 게다가 수백 시간씩 가죽과 피부가 만나면서 생겨나는 안장 통증의 괴로움은 이루 말할 수 없었다. 나는 이 통증과 불쾌감을 완화시키기 위해 경주 중 반쯤에 스펀지를 장갑 안에 집어넣었는가 하면, 심지어 노면 진동을 흡수하기 위해 자전거용 반바지 안쪽에 유럽에서 오래전부터 하던 방식대로 날고기 덩어리를 집어넣어 깔고 앉아 가기도 했다. 이 경주는 그해 ABC방송국의 「와이드 월드 오브 스포츠」에서 방송되었는데, 우연히 텍사스 와코에 사는 웨이먼 스펜스(Wayman Spence)라는 의사가 이 프로그램을 보면서 큰 흥미를 느꼈다. 그는 마침 침대에 누워서만 지내는 환자들이 겪는 욕창을 감소시킬 수 있는 새로운 젤 기법을 개발한 터였다. 스펜스 박사는 이 2가지 경우가 유사함을 즉시 간파했고, 나를 와코에 있는 스펜코메디컬이라는 자신이 설립한 작은 회사로 불렀다. 거기서 스펜스와 나 그리고 여자 재봉사는 장갑과 안장을 집어 들고 어떻게 이 새로운 타입의 젤 물질을 그것들에 주입하면 자전거 타는 사람들이 좀 더 편해질 수 있을까를 궁리했다. 몇 년이 지나자 거의 모든 장갑과 안장 회사는 젤 장갑, 안장, 안장 패드를 내놓기 시작했다. 겉모양만 보면 예전의 장갑이나 안장과 비슷했지만 그 기능은 완벽하게 새로운 기술을 구현하고 있었다.[29]

연속적 변화에서 불연속적 변화로

생명체의 종(種)과 관념 그리고 인공물은 진화(느리고 점진적인 변화)에 의해서뿐만 아니라 혁명적(돌연하고도 극적인 변화)으로도 발전한다.

　'연속성(continuities)'은 단절 없고 항속적인 과거와의 연결을 말하며 오랜 시간을 두고 점진적으로 변화가 발생함을 의미한다. 연속적으로 이뤄지는 변화의 양상이란, 누구도 눈치 채지 못할 정도로 느리며 어떤 것이 다른 것 속으로 서서히 지워지며 흡수되는 것을 말한다. 1960년대에서부터 1980년대에 일어났던 경주용 자전거의 진화가 그렇다(잘 모르는 사람들 눈에는 거의 감지되지도 않을 변화였다). '불연속성(discontinuities)'이란 변화가 극적으로 일어나면서 과거로부터 떨어져 나오는 것을 일컫는다. 따라서 불연속적으로 이뤄지는 변화의 양상은 누구라도 감지할 만큼 빠르다. 어떤 것이 다른 것 속으로 뛰어드는 것과 같다. 1980년대에서 2000년에 이르는 동안 경주용 자전거에 일어났던 혁명적 변화가 그렇다(그 변화는 누구의 눈에도 띌 만한 것이었다. 반드시 자전거 마니아가 아니더라도 말이다). 따라서 우리는 다음과 같이 정의 내릴 수 있다.

연속성은 과거와의 연결이며, 시간상 천천히 변화하는 것이다.
불연속성은 과거와의 결렬이며, 시간상 돌연하고 극적으로 변화하는 것이다.

이는 1960년대부터 1980년대까지 경주용 자전거에 변화가 없었다는 말이 아니다. 변화가 있긴 했다. 그러나 그것은 연속적이었다. 디레일러(detailleur, 자전거에서 기어변속에 따라 체인을 옮겨주는 장치-옮긴이)와 브레이크 시스템의 효율성이 다소 높아졌고, 또한 부품을 가벼운 소재로 한다든지 프레임의 제조 방법이나 소재의 강화, 경량화가 이뤄졌고 내구성이 좋아진 타이어가 나왔으며 핸들 바에 감는 테이프의 품질도 개선되는 등의 변화가 있었다.

반면에 1980년대부터 2000년까지의 변화는 보다 극적이었다. 변화의 진원지는 자전거 자체에 있다기보다 다른 산업에 있었다. 이 변화는 불연속적이었다. 완전히 새로운 인덱스 시프팅(index shifting, 기어를 바꿀 때 기어의 단을 표시한 눈금 숫자에 맞춰 레버를 한 번만 움직여주면 체인이 그 위치로 정확하게 이동하는 방식-옮긴이) 변속 장치가 도입되었으며, 전혀 다른 소재가 프레임 제조에 쓰이게 된다(알루미늄, 티타늄, 흑연, 탄소섬유, 심지어는 플라스틱도).

그뿐인가. 공기역학적 설계, 클립리스 페달, 발포성 폴리스티렌 강화 헬멧, 젤이 들어간 장갑과 안장 등 엄청난 변화가 일어난 것이다. 자전거의 변화에는 '연속성'과 '불연속성'이 공히 동시에 등장한다.

그러나 이는 우연성과 필연성에 따른 상대적인 것들일 뿐이다. 왜냐하면 변화라는 것은 그것이 촉발된, 어떤 '연대기적인 진행' 안에서의 특정한 상황에 좌우되는 것이기 때문이다. 만일 강력한 필연성이 상황을 지배하고 있다면 변화는 느리고 연속적일 것이고 그 필연성이 확실하게 지배를 하지 못하고 있거나 상당한 영향력을 가진 우연성과 경쟁하는 처지에 있다면 변화는 급진적이고 불연속적일 것이다.

다이아몬드형 프레임, 체인 구동 방식, 탑승자가 '올라앉도록 된' 안장은 자전거의 기본 설계를 이루는 것들이며 이는 20세기 내내 지속된 디자인이었다. 그런데 1980년대 초에 여러 가지 발명이 이뤄지고, 여기에 많은 사건들과 사회적 상황이 합쳐지면서 불연속적인 도약을 할 수 있는 토대가 형성된다. 내가 자전거 스포츠계에 입문한 것이 1979년이고 은퇴한 것이 그 10년 후이니, 나로서는 이 연속성에서 불연속성으로의 변화를 직접 목격할 기회가 있었던 것이다. 1979년의 자전거는 1959년의 그것보다 분명히 나았다. 그렇지만 탑승자가 그 차이를 무시하지 못할 정도로 대단히 개선된 것은 아니었다. 그러나 그 후 10년 동안 일어난 다음의 사건들이 불연속적인 변화를 촉발했던 것이다.

- 1979년의 석유파동으로 자전거 판매는 당해연도만 따져도 엄청나게 늘어났다.
- 일본 업체들이 미국 자전거 시장에 진출했다. 이들은 첨단 설계와 기술개발 정신으로 무장된 여러 개선 장치들을 자랑했으며 빠르게 캄파뇰로 같은 유서 깊은 유럽 회사들을 압도해나갔다.
- 자전거 선수인 브라이언 앨런(Bryan Allen)은 폴 맥그레디(Paul

McGready)가 만든 비행 자전거를 탔다. 인력으로만 움직이는 '가서머 알바트로스(Gossamer Albatross)'라는 이름의 이 비행기는 영국 해협을 횡단했으며 세계 신문의 헤드라인을 장식했다.

- 스피드 스케이팅 선수인 에릭 하이든(Eric Heiden)은 1980년 동계 올림픽에서 5관왕이 되었다. 그는 자신의 승리가 자전거 훈련 덕분이라고 말함으로써 자전거의 위신을 높였다.

- 세븐일레븐 편의점 체인의 소유주인 사우스랜드 코퍼레이션은 하이든을 영입해서 직업 자전거 경주팀을 창설하고 2개의 올림픽 벨로드롬 경기장을 건설하는 등 자전거 스포츠에 수백만 달러를 퍼부었으며 자전거 경주를 누구나 즐길 수 있는 스포츠로 만들려고 했다.

- 전 LA다저스 포수였던 존 마리노(John Marino)는 허리를 다치자 재활훈련 삼아 자전거를 타기 시작했는데 그는 이 스포츠를 너무 사랑하게 된 나머지 자전거를 몰고 미국을 12일 만에 횡단하는 기록을 세운다.

- 자전거 경주를 다룬 영화 「브레이킹 어웨이(Breaking Away)」가 아카데미상을 수상했다. 이는 미국인들에게 자전거 스포츠를 자세하게 소개하는 효과를 불러왔다. 이를테면 드래프팅(바람의 저항을 줄이기 위해 앞 선수 뒤에 바짝 붙어 따라가는 것—옮긴이), 경주 중 주 그룹에서 치고 나가기, 다리 면도, 이탈리아제 경주용 자전거와 캄파뇰로의 노란색 경주용 모자 등이 그런 것들이다.

- 생태주의 운동으로 인해 사람들은 화석 연료를 쓰지 않는 대안적 이동 수단으로 자전거 타기를 시도하게 되었다.

- 올림픽 자전거 경기에 3회나 참가했던 존 하워드(John Howard)

라는 선수가 하와이 철인 3종 경기에서 승리했고 ABC방송국은 이를 「와이드 월드 오브 스포츠」에서 방영해주었다.

- 국제인간동력차량협회(International Human-Powered Vehicle Association)가 유선형의 자전거와 공기역학적인 장비를 장착한 자전거들을 모아 시합을 벌였는데 여기서 기존의 모든 속도 기록이 깨졌다. 어떤 기술을 사용했든지 간에 인간의 힘으로 움직이는 것이면 참여가 가능했기 때문이었다.

- 존 하워드는 자전거를 타고 본느빌의 소금평원(Salt Flats, 유타주에 있는 자연 평지-옮긴이)에서 시속 152마일로 달리는 경주용 차 바로 뒤에 바짝 붙어 달림으로써 기네스북 세계 기록에 이름을 올렸고 「자니 카슨 투나잇 쇼(Johnny Carson's Tonight Show)」에 출연했다.

- 이탈리아의 자전거 경주 선수인 프란체스코 모제르(Francesco Moser)는 공기역학을 이용한 특수 자전거를 타고 위대한 에디 머크스(Eddy Merckx)가 세운 1시간 최장거리 라이딩 기록을 깨뜨렸다. 이는 장비와 훈련법, 그리고 말하기는 유감스럽지만 운동능력 증진 약물에 대한 연구와 관심을 끌어 모으는 효과를 낳았다.

- UCI(Union Cycliste Internationale, 국제자전거연맹-옮긴이)가 모제르의 기록을 인정(나중에 다시 무효가 되긴 했지만)하자 미국자전거연맹은 체스터 카일(Chester Kyle) 박사와 여러 과학자들을 초빙해서 궁극의 하이테크 초경량 경주용 자전거를 설계해서 이를 1984년 LA올림픽 시합에 쓰고자 했다. 과학적으로 훈련받은 미국팀은 (소련이나 동독 선수들이 보이콧으로 불참한 상태에서) 이 자전거를 타고 메달을 쓸어 모았다.

- 산악자전거의 등장으로 인해 라이딩은 더욱 편해졌고 접근성도 좋아졌다. 자전거 라이딩에서 또 다른 지리적 영역을 개척한 것이다.
- 조나단 보이어(Jonathan 'Jack' Boyer)라는 선수는 권위 있는 투르 드 프랑스(Tour de France, 프랑스 전역을 누비며 자전거 경주를 벌이는 대회-옮긴이)에 참가한 최초의 미국인이었으며 20위를 했다.
- 그렉 르몽드(Greg LeMond)라는 또 다른 선수는 노상 경주 부문 세계선수권대회와 투르 드 프랑스에서 무려 세 번이나 우승한 첫 번째 미국인이었으며 그로 인해 『스포츠일러스트레이티드(Sports Illustrated)』 표지의 '올해의 체육인'으로 선정되기도 했다.
- 각종 자전거 잡지, 책, 비디오 등이 쏟아져 나오면서 자전거에 대한 관심이 높아졌으며 관련 산업의 규모도 폭발적으로 커졌다. 매년 수백여 종의 신개발 장비가 출시되었고 자전거 애호가라면 결코 이를 외면하지 못했다.

이런 사건들과 기타 요인들이 합쳐지면서 연속적 변화에서 불연속적 변화로의 이동을 촉발시킨 것이다.

욕구가 진화를 촉진한다

진화 대 기술의 이 같은 차이를 보면서 우리는 문화적 변화에 관해서도 보다 깊이 있는 어떤 것을 알 수 있다. 즉, 생물학적 (변화의) 계통수와 문화적 (변화의) 계통수가 분기하는 각각의 시스템을 작동시키는 것이 무엇인가라는 의문을 캐는 과정에서 발견할 수 있다. 생물적 종들을 움직이고 추동하는 힘은 근본적으로 생존에 필요한 것(을 구하는 데)에서 나온다. 식량, 물, 번식, 자연재해로부터의 피난, 맹수로부터의 자기방어 등이 생존에 필요한 것들이다. 생물적 종으로서 인간 역시 이 모든 것을 필요로 한다. 그러나 우리는 그 이상의 것, 필요한 것보다 더 많은 것들을 가지고 있다. 필요가 발명의 유일한 어머니라면 모든 발명의 99.9퍼센트는 열매를 맺지 못했을 것이다. 타자기, 자전거, 비행기, 그리고 컴퓨터 같은 것들이 진정 어디에 그렇게 필요한가? 그것들이 발명되기 전에는 도대체 어떻게 살았단 말인가?

우리는 항상 기본적인 요구를 가지고 있었다. 그리고 새로운 바람(願望)을 발달시켜왔다. 자, 그렇다면 이것이 어떻게 진행되는지 알아보자. 진화 과정에서 유전자형(genetype, 유전인자에 의해 생물 내부에 숨겨진 형질)은 폭넓고 다양한 표현형(phenotype, 드러난 생물의 형질)을 생성시키는데 자연선택은 바로 이 표현형들에 작용한다. 유전적 변이는 대단히 넓은 범위에 걸치는 신체적 변이들을 낳으며 자연은 이것들 중 가장 적합한 것만을 골라낸다는 것이다. 그리고 이렇게 선택된 것들은 자신들의 유전자를 고유한 생식 방법을 통해 다음 세대로 넘김으로써 하나의 종으로서 스스로를 분명히 규정짓게 된다. 간단히 말하면 자손을 남김으로써 그렇게 한다는 말이다.

경제학에서는 인공물이 가지고 있는 다양성과 진기함이 기술적 '자연선택'의 실질적인 작용을 한다고 보면 된다. 소비자들은 많은 인공물들 중 가장 (생존에) 적합한 것, 즉 가장 오래갈 만한 것을 선택하고 이렇게 선택된 상품은 지속적으로 생산되고 팔리고 사용됨으로써 (상품의 종으로서) 분명히 규정된다. 이 인공물적 시스템을 추동하는 것은 인간의 내면에 깊게 스며든 욕망, 즉 더 부유하고 더 성취하고 싶다는 원망이다. 우리의 인공적인 세계에서 물건들이란 단지 기본적이고 1차적인 욕구를 해소시키는 좁은 의미의 해결책이 아니라 우리가 가지고 있는 심리적인 열망과 영적인 요구를 물질로 구현하고 있는 것이다. 보다 더 성취하고 싶다는 이 욕망은 우리가 인간임을 의미하는 그 무엇에 다름 아니다. 우리는 타자기와 컴퓨터, 자전거와 자동차를 구축했다. 그것들이 꼭 필요해서라기보다는 그것들을 원했기 때문이다.

제5장

돈에 대한 우리의 틀린 생각

1954년 12월, 심리학자인 레온 페스팅어(Leon Festinger)와 그의 동료들은 다음과 같은 신문 헤드라인을 보았다.

"클라리온 행성의 예언이 도시에 울려 퍼지다: 홍수를 피해 달아나라."

시카고에 사는 주부인 메리언 키치(Marion Keech)는 말하길, 자신이 클라리온 행성에서 어떤 메시지를 받았는데, 큰 홍수가 나서 1954년 12월 21일 새벽이 오기 전에 세상이 종말을 맞는다는 것이다. 그런데 만일 그녀와 추종자들이 자정에 모여 우주선이 때맞춰 도착하기를 기다리면 그들 모두를 태우고 안전한 곳으로 데려갈 것이라는 전갈도 같이 받았다고 주장했다.

페스팅어는 여기서 어떤 기회를 포착했다. 바로 '인지적 부조화(cognitive dissonance)'라는 현상을 연구할 기회임을 파악했던 것이다.

인지적 부조화란 한 사람이 2가지의 모순되는 생각을 동시에 품게 될 때 일어나는 정신적 긴장 상태를 일컫는다.

"누군가 온 마음을 다해 어떤 것을 믿는다고 하자."

페스팅어는 말한다.

"더 나아가 그가 이 믿음에 헌신할 생각도 하고 있다고 하자. 그리고 그가 그 믿음으로 인해 돌이킬 수 없는 행위를 했다고 하자. 그런데 종국에 가서 그의 믿음이 잘못된 것이라는 명백하고도 부인할 수 없는 증거가 그의 눈앞에 제시되었다고 하자. 그러면 무슨 일이 일어날까? 그는 여전히 흔들림이 없을 것이다. 그뿐만 아니라 이전보다 더 자신의 믿음이 진실하다고 확신할 것이다. 이쯤 되면 그는 새로운 열정에 휩싸여 다른 사람들에게 자신의 관점을 확신시키고 그들의 생각을 돌려놓으려 할 것이다."[1]

키치의 추종자들 중 다수는 직장을 그만두고, 배우자와 결별했으며 자신들의 재산을 남들에게 다 나누어주었다. 페스팅어는 이 사람들이 가장 강력한 실행력을 가지고 있다고 볼 수는 없겠지만, 그 예언이 거짓임이 드러난다 해도 자신의 잘못을 시인하지 않을 것이고 오히려 올바른 행위였다고 합리화할 정도는 될 것으로 예측했다.

12월 20일 자정이 다가오자 키치와 추종자들은 외계인이 보낸 우주선이 도착하기를 기다렸다. 메리언의 지시에 따라 사람들은 모든 금속 물질과 기타 우주선의 운행에 지장을 줄 만한 물건들을 다 떼어놓고 있었다. 시계가 21일 새벽 0시 5분을 쳤을 때, 불안감이 사람들 사이에서 퍼져나가기 시작했으나 누군가 다른 시계가 아직 11시 55분을 가리키고 있다고 말하자 잠잠해졌다. 그러나 시간이 흐르고 키치의 무리는 점점 참을 수 없어졌다.

새벽 4시, 키치는 절망에 빠져 울기 시작했고 4시 45분이 되어서야 겨우 정신을 수습했다. 그러면서 주장하길 그녀는 클라리온 행성에서 또 다른 메시지를 받았는데, 신이 자신들의 열성에 감복해서 지구를 용서하기로 했다는 내용이라고 말했다.

"그러나 21일 이른 아침이 되자 몇몇 추종자들이 광적으로 자신들의 믿음을 다른 사람들에게 확신시키려 했음에도 불구하고 이들의 대오는 흩어졌다."

페스팅어의 말을 들어보자.

"그 후 매일같이 그들은 자신의 뼈아픈 부조화를 해소하기 위해 필사적인 노력을 기울였다. 그들은 계속 예언을 해댔다. 언젠가는 그것이 실현될 것이라는 희망을 가지고 신의 지침을 헛되이 찾아 헤맸다."[2]

메리언 키치는 평소보다 몇 배의 노력을 기울여 추종자들을 끌어모으려 했다. 그러면서 그녀는 예언이 실제로는 실현된 것이며, 단지 그들의 믿음이 너무 신실해서 역으로 '좋은' 결과가 나온 것이라고 강변했다.

페스팅어가 내린 결론에 따르면 키치의 무리들은 자신들 내부에서 터져나오는 인지적 부조화를 완화시키려 했는데, 그 방법은 자신들이 원하는 결과를 상상해내기 위해 스스로의 지각 방식을 재편하는 것이었다. 그리고 한편으로 다른 사람들에게 자신들의 대의를 설파하는 노력을 배가하면서 스스로가 꾸며낸 믿음들을 한층 더 강화해나갔다.[3]

'최후의 날' 숭배자들은 인지적 부조화에 특히 취약하다. 더군다나 반드시 현실의 검증을 거치게 되어 있는 지구 종말 예언은 더욱 그렇다. 이렇게 되면 대개는 믿음이 강한 선동가가 나서서 아무 일이 일어나지 않은 것이 예언 실현의 증거라고 강변하면서 다음과 같이 합리화를 한다. 첫째, 날짜를 잘못 셌다. 둘째, 예언된 날짜라는 것이 반드시 그날을 지정하는 것이 아니고 대충 그쯤 된다는 뜻이다. 셋째, 날짜는 경고이지 예언이 아니다. 넷째, 신이 마음을 바꿨다. 다섯째, 예언은 단지 신도들의 믿음을 시험해보려는 것이었다. 여섯째, 예언은 실제로 실현되었으나 예상된 모습으로 나타나지 않았을 뿐이다. 일곱째, 예언은 그대로 실현되었다. 단, 영적으로.[4]

물론 인지적 부조화가 최후의 날 신도들에게만 나타나는 것은 아니다. 주식에 손실이 났을 때, 투자 이익이 나지 않았을 때, 사업이 부도 났을 때, 인간관계가 풀리지 않을 때 우리는 이런 현상을 겪는다. 왜 예전에 한 투자가 미래의 결정에 영향을 끼쳐야 하는가? 우리가 완벽하게 합리적이라면 과거에 가지고 있었던 믿음은 다 버리고 단지 그 시점에서부터의 이익률만 따지면 된다. 그런데 우리는 이렇게 하는 대신 과거의 선택을 합리화한다. 그리고 이런 합리화는 우리의 현재에 영향을 미친다.

● 실수는 행해졌다

자신이 겪고 있는 만성적인 인지적 부조화를 치료하기 위해 애쓰는 사람들에게는 불행한 일이지만, 페스팅어의 연구는 그가 이 증상의 힘을 과소평가하고 있음을 보여준다. 페스팅어의 제자들 중 2명, 캐롤 태브리스(Carol Tavris)와 엘리어트 아론슨(Elliot Aronson)은 기막히게 들어맞는 제목을 달고 있는 책 《실수는 행해졌다, 그러나 내가 한 것은 아니다(Mistakes Were Made, but not by me)》에서 스스로가 한 선택과 행동을 '자기정당화'를 통해 합리화하는 우리의 능력에는 한도가 없음을 보여주고 있다.

"실수는 행해졌다"라는 수동태 문장에는 많은 뜻이 함축되어 있으며 합리화 과정의 진행을 보여준다. 2007년 3월, 미국 법무장관 알베르토 곤잘레스(Alberto B. Gonzales)는 논란을 불러일으켰던 몇몇 연방검사들의 해임에 대한 입장을 밝힌 성명서에서 바로 이 문장을 사용하고 있다.

"나는 여기서 실수가 행해졌다는 것을 인정합니다. 나는 그에 대한 책임을 감수하겠습니다."

그럼에도 불구하고 그는 합리화를 하고 있다.

"나는 그 결정을 지지합니다. 그리고 나는 그것이 옳은 결정이었다고 생각합니다."[5]

이런 식의 문장구사는 너무 흔하고 진부한 표현이다.

"실수는 제가 복무하고 있는 행정부에 의해 행해졌습니다."

헨리 키신저는 베트남, 캄보디아, 남미 문제에 대해 이렇게 털어놓았다.

"만일 나중에라도 실수가 행해졌을 수도 있다는 사실을 알게 된다면 나는 심히 유감스럽게 생각합니다."

뉴욕의 추기경 에드워드 이건(Edward Egan)은 가톨릭교회 성직자의 아동 성추행 사건을 적절히 처리하지 못했음을 이렇게 인정했다. 당연히, 기업총수들이라고 해서 정치가나 성직자들보다 덜하지 않다. "프렌치 프라이와 해시 브라운에 들어가는 재료와 관련해서 일반 대중과 고객들에게 의사를 전달하는 과정에서 실수가 행해졌습니다"라고 맥도널드의 대변인은 '자연 그대로의 맛'이라고 내세웠던 감자튀

김에 쇠고기 부산물이 들어가 있음이 발각된 뒤에 일단의 힌두교도와 채식주의자들에게 이를 시인했다.

"부조화는 정신적 불편함을 일으키는데, 이는 작은 고통에서부터 아주 깊은 번민에 이르기까지 다양하다. 사람들은 자신들이 그것을 경감하는 방법을 찾을 때까지 편히 쉴 수가 없다."

태브리스와 아론슨은 이렇게 적고 있다.[6]

"부조화를 감소 · 완화시키려는 과정에서 우리의 자기정당화라는 가속 장치는 최대한의 출력을 내뿜는다."

자기정당화에서 얻을 수 있는 실질적인 혜택 중의 하나는 우리가 어떤 결정을 내리든지, 즉 직업을 선택하든 배우자를 선택하든 어떤 물건을 구매하든 간에 우리는 거의 항상 그 결정에 만족한다는 것이다. 심지어는 객관적인 증거가 나타나 이 선택이 잘못된 것임을 알려주는 경우에도 그렇다. 일단 결정이 내려지면 우리는 그에 수반되는 정보들을 주의 깊게 검사하고, 결정된 내용과 맞지 않는 모든 데이터를 걸러냄으로써 우리의 선택을 옹호해주는 증거만을 남겨놓는다.

이런 '과일 고르기' 과정은 전문가들이 행하는 최고 수준의 평가 과정에서도 발생한다. 정치학자인 필립 테틀록(Philip Tetlock)은 저서인 《전문가의 정치적 판단(Expert Political Judgement)》에서 정치경제의 전문가들이 가지고 있다는 예측 능력이 근거가 있는 것인지 살펴보고 있다. 그리고 나서 그는 그들에게 이 능력이 심히 결핍되어 있음을 알아냈다. 요컨대 전문가들의 견해가 비전문가보다 나을 것이 없다는 것이고 예측도 결국은 자기정당화의 결과인데, 전문가들은 이 점에서 자신들이 틀렸다는 사실을 오히려 비전문가들보다 더 시인하지 않는다는 것이다.[7]

정치야말로 어마어마한 자기정당화의 세계다. 민주당은 자유주의적 색깔이 칠해진 안경을 쓰고 세계를 본다. 반면에 공화당은 보수주의적 코팅이 입혀진 렌즈를 통해 현실을 주시한다. 하루 중 어떤 시간 혹은 1주일 중 어떤 요일이든 간에, 보수주의 방송도 좋고 자유주의 방송도 좋으니 토크 전문 라디오 채널에 주파수를 맞춰보라. 똑같은 시사 문제인데도 불구하고 180도 다른 시각에서 사안을 해석하는 것을 들을 수 있다.

사회심리학자인 제프리 코헨(Geoffrey Cohen)은 한 연구에서 이 현상을 계량화했다. 그 결과 그는 민주당 의원들이 어떤 복지법안을 두고, 동료 민주당 의원이 이것을 발의했다고 믿는 경우 매우 잘 수용했음을 알아냈다. 실은 그 법안이 공화당 의원이 발의한 것이고 복지 혜택에 상당한 제한을 가하고 있는 법안이었는데도 말이다. 공화당의 경우도 예상대로였다. 공화당 의원들은 자기편 의원이 발의한 복지법안인 경우 거의 무조건 승인했다. 복지에 아낌없이 예산을 쓰도록 되어 있는 그런 (비공화당적인) 법안이었음에도 불구하고 공화당 의원들은 같은 당 의원이 내놓았다는 이유만으로 이를 받아들였다.[8]

경제적인 입장이나 처지 또한 마찬가지다. 타고난 결과든 유산으로 물려받았든 열심히 일한 결과이든 간에, 정치적 입장만큼이나 실재를 받아들이는 우리의 지각 작용을 왜곡하는 데 일조한다. 사회학자인 존 조스트(John Jost)는 사람들이 자신들이 속해 있는 경제적 지위와 다른 사람들의 그것을 어떻게 정당화하는지 연구했다. 부유한 사람들은 그들의 지위를 누릴 자격이 있는, 획득된 특권으로 합리화하는 경향이 있으며 사회적인 자선활동 등을 통해 정당화하기도 한다. 그리고 가난한 사람이 더 행복하고 정직하다고 믿음으로써 가난한 사람들에 대해 갖게 되는 모종의 인지적 부조화를 완화시키려고 한다. 그런가 하면 덜 유복한 층의 사람들은 자신들이 도덕적으로 더 우월하거나 보다 사회적으로 정상적이라고 믿음으로써, 또는 돈이 다가 아니라는 태도를 견지함으로써 스스로의 처지를 합리화하는 경향이 있다. 그리고는 부자들이 향유하는 삶을 그저 재수 좋아 누리는 것으로, 일종의 불법 취득된 특권으로 폄훼한다.[9]

인지적 왜곡은 치명적인 결과를 초래할 수도 있다. 오심으로 사람들에게 유죄판결을 내리고 사형을 선고했다면 이는 인지적 부조화를 초래할 수 있는 최악의 결과가 될 것이다. 1992년 이래 무죄 계획(Innocent Project)은 14명을 사형대에서 구출해냈으며, 250건 이상의 비사형선고 유죄판결을 뒤집었다. 미시건대학교 법학교수인 새뮤얼 그로스(Samuel R. Gross)의 말을 들어보자.

"만일 우리가 사형수에게 쏟는 것만큼의 주의력을 다른 일반 죄수들에게 쏟았다면, 지난 15년 동안 혐의를 벗겨낼 수 있었던 비사형 기결수들의 숫자는 255명이 아니라 2만 8,500명이 넘었을 것이다."

이런 형태의 부조화를 감소시켜주는 데 있어서 자기정당화는 어떤 역할을 하나?

"우리가 그 (사법) 시스템 안에 들어가면, 우리는 매우 냉소적으로 됩니다."

노스웨스턴대학교 법학대학원의 로브 워든(Rob Warden) 교수는 말한다.

"사람들은 어디에서나 거짓말을 해댑니다. 그걸 알기 때문에 우리는 사람들에게 쉽게 범죄의 혐의를 씌우지요. 그것은 마치 터널에 들어와 있는 것처럼 우리의 시야를 좁힙니다. 몇 년이 지나고 유죄판결을 받았던 누군가가 무죄임을 밝히는 명명백백한 증거가 나타납니다. 그럼 우리는 앉아서 이렇게 생각을 하죠. '잠깐, 잠깐만, 이 증거가 잘못되었거나 내가 잘못했거나 둘 중의 하나인데, 내가 잘못했을 리는 없지. 나는 훌륭한 사람이거든', 바로 이게 내가 거듭 보는 심리적 현상들입니다."[10]

자기정당화와 인지적 부조화에 대한 진화론적인 근거뿐만 아니라 칭찬을 받을 만큼의 도덕적 수준에서 진실을 말하고 실수를 시인하는 태도 등도 '기만의 (그리고 자기기만의) 심리' 안에 자리 잡고 있음이 발견된다. 연구 결과를 보면 우리는 기만을 탐지하는 일보다는 기만하는 일에 더 능하다. 그러나 거짓말쟁이들은 한편으로 다른 사람들, 특히 많은 시간을 같이 하는 사람들을 속이는 것이 위험하다는 것도 잘 파악하고 있다. 예를 들어 친한 친구를 속이려 할 때 은연중 내비치게 되는 낌새는 더 쉽게 발각될 가능성이 있다. 특히 심호흡을 한다든지, 말을 할 때 사람을 똑바로 보지 못한다든지, 대답하기 전에 머뭇거리는 등의 비언어적 신호는 쉽게 감지된다. 그렇지만 이런 신호들은 거짓말하는 당사자가 그 '거짓말' 을 사실로 굳게 믿고 있다면 잘 표출되지 않는다.[11] 이것이 자기기만의 힘이다. 그리는 이는 우리 조상들이 무리 안의 다른 구성원들을 속일 때 발각되지 않기 위해 발달시켜온 능력이다.

진화론적인 관점에서 보면 옳은 일을 하는 것처럼 '조작' 하는 일만으로는 충분치 않다. 왜냐하면 우리는 꽤나 유능한 거짓말쟁이이지만, 한편으로 꽤나 유능한 거짓말 탐지꾼이기도 하기 때문이다. 우리로서는 우리 자신이 옳은 일을 하고 있다고 '믿을' 필요가 있다. 우리는 우리가 믿는 것을 느낀다. 그럼으로써 우리는 그저 도덕적인 동작만을 취하는 것이 아니라 실제로 도덕관념을 가질 수 있으며, 진짜 도덕적 감정이 우러나오게 할 수 있다. 이는 영장류와 현대의 수렵채집 부족에 대한 연구를 통해 밝혀진 것이다. 다음 장에서 이를 자세히 알아볼 것이다.

다음은 인지적 편향이 우리의 사생활과 경제 활동에서 합리적인 의사결정을 방해하는 여러 가지 경우다.

뇌의 착각

여러분이 1분짜리 비디오를 보고 있다고 상상하라. 거기에는 각각 3명의 참가자들로 구성된 두 팀이 있다. 한 팀은 흰 셔츠를 입고 있고 다른 팀은 검은 셔츠를 입고 있다. 그리고 그들은 작은 방 안에서 2개의 농구공을 주거니 받거니 하면서 이리 저리 움직이고 있다. 당신의 일은 흰 셔츠를 입은 팀이 하는 패스의 숫자를 세는 것이다. 그런데 35초 후에 아무 예고 없이 '고릴라' 한 마리가 방으로 뛰어 들어와서 제 가슴을 두드리며 사람들 사이를 헤집고 다닌다. 그리고 정확히 9초 후에 고릴라는 방을 나간다. 자, 그러면 당신은 고릴라를 볼 수 있었을까?

대부분의 사람들은 고릴라를 볼 수 있었을 거라고 생각한다. 자신의 지각력에 대한 허세일지 모르지만 고릴라 옷을 입은 그 사람을 결코 놓치는 일은 없을 것이라고 믿는다. 그런데 실제로는 그렇지 않다. 심리학자인 대니얼 시몬스(Daniel Simons)와 크리스토퍼 채브리스(Christopher Chabris)가 진행한 이 독특한 실험에서 피실험자들의 50퍼센트는 고릴라를 보지 못했다. 뭔가 이상한 낌새도 눈치 채지 못했느냐고 물어도 그들은 고릴라를 전혀 떠올리지 못했다.[12] 이런 현상은 '부주의적 맹목(inattentional blindness)' 이라고 불린다. 즉, 어떤 일에 주의를 뺏길 때, 예를 들어 운전하면서 휴대전화로 통화를 하고 있다면 우리 중 많은 수가 동적인 사건을 시야에서 놓친다. 이를테면 고릴라가 횡단보도를 건너간다 해도 그것을 보지 못하는 것이다.

수년 동안 나는 이 고릴라 비디오를 '믿음의 힘' 을 주제로 한 대중 강연의 부교재로 활용해왔다. 강연의 끄트머리에서는 항상 청중들 중에서 고릴라를 보지 못한 사람이 있으면 손을 들어보라고 했다. 여러 해 동안 10만 명이 넘는 사람들에게 이 질문을 했는데, 절반도 안 되는 사람들만이 고릴라를 보았다고 답했다. 이 숫자도 실험을 하면서 성 (gender)을 개입시키면 더 줄어들었다. 무슨 말이냐 하면 이 비디오를 보여주기 전에 청중들에게 양성 중 어느 한쪽이 패스 숫자를 세는 일에 더 능하다고 말해주는 것이다. 테스트를 왜곡시키지 않기 위해 어떤 성이 더 유능한지는 말하지 않는다. 그러자 사람들은 자리를 잡고 앉아 세는 일에 집중하기 시작했다. 당연히 더 많은 사람들이 고릴라의 모습을 놓쳤다. 가장 많이 고릴라를 보지 못한 사람들은 약 1,500명가량의 행동심리학자들 그룹이었다. 이들은 행태 관찰 전문가들이었는데, 고릴라를 본 사람이 거의 없었다. 이들 중 다수는 큰 충격을 받았고, 일부는 내가 자기들에게 보여준 것이 2개의 다른 비디오였다고 비난하기도 했다.[13]

이런 유의 실험은 우리가 스스로의 지각력에 대해 터무니없는 자신감을 가지고 있음을 드러내준다. 마찬가지로 뇌가 작동하는 법에 대한 근본적인 오해가 있음도 밝혀준다. 우리는 눈을 일종의 비디오카메라로 생각한다. 그리고 뇌는 정보와 지식으로 채워지는 빈 테이프와 같다고 본다. 그러면 이 불완전한 기관 안에서 기억은 무슨 일을 하고 있을까? 그것은 단지 마음이라는 극장에서 테이프를 되감고 다시 돌려주는 영사기사와 같다고 여겨지는 것이다. 그러면 대뇌피질이라는 사령관이 그 쇼를 보고 나서 뇌 안의 상관 지휘자에게 자신이 본 것을 보고한다는 것이다. 그런데 형사소송의 피고인측 변호사가 들으면 다행이라고 생각하겠지만 이는 사실이 아니다. 지각 시스템 그리고 데이터를 분석하는 뇌는 보다 더 복잡하다. 결론부터 말하자면 어떤 다른 일에 집중하고 있는 뇌는 눈앞에 스쳐지나가는 것들을 보지 못한다.

운전이 그 좋은 예다. 사고 기록을 보면 많은 사람들이 이렇게 진술하고 있음을 알 수 있다.

"난 거길 제대로 보고 있었다고요. 그런데 그들은 보이지 않았어요."

시몬스는 이렇게 말한다.

"오토바이나 자전거 탑승자가 희생자가 되는 것도 바로 이런 경우입니다. 설명하자면 차 운전자는 다른 차에만 신경을 쓴다는 겁니다. 자전거가 아니라. 그러면 설사 자전거를 눈으로 보았다 해도 놓치는 것이지요."

그러면서 시몬스는 내게 리처드 하인스(Richard Haines)라는 비행기 조종사에 대한 연구 하나를 소개했다. 이 사람은 아주 중요한 비행 정보가 앞 유리창에 겹쳐 나타나도록 해놓고 행해진 모의 비행 실험에서 비행기 착륙을 시도했다.

"이런 상황이라면 어떤 조종사들은 땅 위에 앉아 있는 비행기가 자신들의 착륙 경로를 떡 하니 막고 있다는 것을 감지하지 못할 수도 있어요."[14]

눈을 뜨고도 뭔가를 보지 못하는 사람이 도대체 장님과 무엇이 다른가?

● 자기관찰의 맹점

다른 누군가가 어떤 편향으로 인해 눈이 멀어 있다고 느껴본 적이 있는가? 또한 여러분 자신은 어떤 편향에 사로잡히기 전에 항상 빠져나온다고 생각하는가? 만일 그렇게 생각한다면 여러분은 '맹점 편향(blind spot bias)'의 희생자다.

이것은 누군가가 다른 사람들이 8가지의 인지적 편향들을 가지고 있다는 것과 그것의 영향력에 대해 잘 알고 있으면서도 정작 자신이 가지고 있는 동일한 편향들은 보지 못하는 것을 말한다. 어떤 연구에서 스탠퍼드대학교 학생들에게 친절이나 이기심 같은 개인적 성벽에 대해 그들 자신과 친구들을 비교해보라고 시켰다. 예상했던 대로 그들은 친구들보다 스스로에게 후한 점수를 주었다. 그 다음에는 이 학생들에게 '평균 이상 편향(better-than-average bias)'의 위험성을 경고하고 난 뒤 처음의 비교치를 재평가해보도록 했다. 그랬더니 이들 중 63퍼센트가 자신들의 원래 비교치가 객관적이라고 주장했고 심지어 13퍼센트는 너무 '겸손하게' 평가한 것이었다고 되레 강한 반응을 보였다. 이와 관련된 한 연구에서 프린스턴 대학교의 심리학 교수인 에밀리 프로닌(Emily Pronin)과 공동연구진은 일단의 피실험자들에게 '사회적 지능'이라는 테스트를 치르게 한 후 무작위적으로 높고 낮은 점수를 매겼다.

마찬가지로 높은 점수를 받은 사람들은 점수가 낮은 사람들보다 그 테스트가 공정했고 유용했다는 평가를 했다. 자신들이 받은 점수로 인해 그런 생각이 든 게 아닌가 물어보자, 그런 얘기라면 자신들보다는 다른 참가자들이 훨씬 왜곡이 심하고 편향되어 있을 것이라고 응답했다. 그러나 그들도 특정한 집단에 속한 구성원으로서 어떤 편향을 가지고 있음은 시인했다. 이에 대해 프로닌은 이렇게 말하고 있다.

"이런 편향은 자신들이 특별하게 깨어 있다는 주장을 동반하기 일쑤다. 그러나 실제로는 깨어 있음이 결핍되어 있다. 그리고 이것이 이들로 하여금 편향에 관한 잘못된 입장을 취하게 한다."[15]

세 번째 연구에서 프로닌은 사람들에게 자기 자신의 편향과 다른 사람의 편향을 평가하기 위해 어떤 방법을 썼는지 물었다. 그녀가 알아낸 것은 사람들이 다른 사람을 평가할 때는 행동이론 일반을 사용하고 자신을 평가할 때는 자기관찰적 방법론을 쓴다는 것이었다. 그런데 이 방법론의 문제는 프로닌 교수가 말하는 '자기관찰의 착각(introspection illusion)'에 있었다. 사람들은 스스로를 신뢰하기 때문에 자기관찰이라는 주관적 과정을 채택하지만, 다른 사람들은 신뢰하지 못하기 때문에 그런 방법론을 적용하지 않는다는 것이다.[16] 요컨대 "나는 문제없지만, 너는 안 돼"라는 뜻이다.

"우리는 자신의 정신적 내면과 그 안에서 일어나는 과정을 지각한다. 그리고 이 지각이 우리 자신의 행동, 동기, 선호 등을 이해하는 데 있어서의 절대 기준이라고 간주한다."

프로닌 교수는 설명한다. "그러나 타인에게 적용할 때에는 입장이 달라진다. 타인들 역시 스스로의 내면을 지각하고 있으며, 이것이 그들의 행동, 동기, 선호 등을 이해하는 데 절대 기준이라는 점을 우리는 인정하지 않는다. 이런 '착각', 다시 말해 자기관찰을 통한 자신의 지각이 절대 기준이 된다는 착각은 우리에게 편향의 증거를 찾아 자신의 내면을 들여다보도록 한다. 그리고 그럼으로써 자신이 편향에 빠지지 않고 있다고 생각하기 쉽다. 왜냐하면 대부분의 편향은 의식의 외부에서 작동하기 때문이다."[17]

우리는 다른 사람이 보는 것보다 스스로를 긍정적인 관점에서 보는 경향이 있다. 어떤 전국적인 통계를 보면 대부분의 기업 경영자들은 다른 경영자들보다 자신이 더 도덕적이라고 믿고 있다.[18] 반면에 도덕적 직관을 연구하는 심리학자들은 자신들이 다른 심리학자들보다 더 도덕적이라고 생각한다.[19] 대입시험위원회(College Examination Board)가 82만 9,000명의 고교 고학년 학생들을 대상으로 한 조사 결과를 보면, 학생들의 60퍼센트가 '다른 사람들과 어울리는 능력'이 상위 10퍼센트에 든다고 주장하고 있다. 반면에 평균 이하라고 말한 학생은 단한 명도 없었다.[20]

이런 '자기복무적 편향(self-serving bias)'은 워베곤(Wobegon) 호수 효과(자신을 과대평가하는 심리적 경향—옮긴이)를 두드러지게 한다. 이에 관해 재미있는 조사 결과가 있다. 1997년 『US뉴스앤월드리포트(U.S. News & World Report)』지는 미국인들을 대상으로 "누가 천국에 갈 확률이 가장 높을 것으로 생각하는가"라는 설문을 던졌다. 빌 클린턴은 평균 52퍼센트였고 다이애나 황태자비는 60퍼센트였다. 오프라 윈프리는 66퍼센트, 마더 테레사는 79퍼센트였다. 그런데 자기 자신이 천국에 갈 확률은 평균 87퍼센트라는 응답이 나왔다.[21]

● 나는 합리적, 너는 충동적?

일반적으로 사람들은 타인에게서 보는 것들을 자신에게서는 보지 못한다. 이는 '전가 편향(attribution bias)'으로 이어진다. 많은 연구 결과를 보면 사람들은 자신의 좋은 행동에 대한 칭찬은 받아들이고 나쁜 행동에 대한 책임은 상황 탓으로 돌리는 경향이 있다.[22] 다른 사람들과 관련해서는 그들의 좋은 행동 나쁜 행동을 모두 성벽(性癖)의 요인으로 치부하기 쉽다. 우리는 자신의 운을 근면과 영민함의 결과로 보는 반면에 다른 사람의 운은 그저 상황, 조건과 재수가 좋았던 것뿐이라고 단정한다. 역으로 자신의 나쁜 행동은 상황의 산물이라고 강변하고 다른 사람에 대해서는 그들이 인격적으로 취약하기 때문이라고 비난한다.[23]

내 동료인 프랭크 설로웨이(Frank J. Sulloway)는 UC버클리에서 심리학과 과학사를 가르치고 있는데, 그와 나는 사람들이 자신의 행태와 다른 사람들의 그것을 평가하는 방법에 도사리고 있는 또 다른 편향을 발견해냈다. 우리는 사람들이 왜 신을 믿는지를 알아내기 위해 무작위로 뽑은 미국인 1,000명을 대상으로 설문조사를 실시했다. 다양한 인구통계학적 · 사회학적 변수들을 고려해 넣은 뒤에 우리는 설문 대상자들에게 다음 2개의 자유답변식 질문에 응답을 써서 보내줄 것을 요청했다.

"당신은 왜 신을 믿습니까? 그리고 당신은 다른 사람들이 왜 신을 믿는다고 생각하십니까?"

왜 신을 믿느냐는 질문에 사람들이 가장 많이 보낸 2개의 답변은 '우주의 선한 설계'와 '매일 매일의 생활에서 신을 체험'하기 때문이라고 답했다. 그런데 흥미롭게도 두 번째 질문에는 이 답변이 여섯 번째와 세 번째 자리로 떨어졌다. 반면에 가장 많은 응답은 믿음이 (그들에게) '위안을 주거나', '죽음의 두려움' 때문이라는 것이었다.[24] 이처럼 사람들은 그들 자신의 믿음을 어떻게 보는가와 다른 사람의 그것을 어떻게 보는가에 있어서 분명한 차이를 보였다. 즉, 자신의 믿음은 합리적인 동기에서, 다른 사람의 믿음은 감정적 충동에서 나왔다고 보고 있었다. 어떤 믿음에 대한 나의 헌신은 일반적으로 '지적인 선택'의 결과에 따른 것으로 본다. 예컨대 이런 식이다.

"나는 200달러짜리 청바지를 샀다. 왜냐하면 정말 잘 만들었고 나한테 완벽하게 어울리니까."

"나는 총기 규제를 찬성한다. 통계에 따르면 총기 소지가 줄어들수록 범죄도 감소한다니까."

반면에 (믿음에 대한) 다른 누군가의 결정이나 견해는 결핍이나 감정적인 이유에서 비롯된다고 생각한다. 예를 들면 "그녀는 이 거품투성이 가격의 명품 청바지를 샀다. 왜냐하면 그녀는 유행을 강박적으로 따르고 자기 현시욕이 강하니까", 또는 "그는 총기 규제를 찬성한다. 왜냐하면 그는 동정심 과잉의 민주당원이라서 총기 희생자와 자기 자신을 동일시할 필요가 있으니까."[25]

● 보이는 것이 주는 오류

누구에게나 있는 이런 인지적 편향의 강력한 힘을 생각하면, 경제학에서도 이 주제를 전담해서 연구하는 분야가 생겨나리라는 것은 불을 보듯 빤한 일이었다. 이 분야, 즉 행동경제학을 개척한 사람들은 2명의 심리학자들이었다. 대니얼 카너먼(Daniel Kahneman)과 아모스 트베르스키(Amos Tversky)가 그들인데, 둘 다 경제학에 대해서는 강의 한 번 듣지 않은 사람들이었으나 전쟁이라는 사적 체험과 사람의 마음이 어떻게 작동하는지에 대한 과학적 탐구 경력에 힘입어 사회과학사상 가장 큰 성과를 거둔 협동 작업 중의 하나를 이뤄냈다.

대니얼 카너먼은 텔 아비브에서 태어났으며 파리에서 성장했다. 그리고 제2차 대전 후에 자신의 조국으로 돌아왔다. 그는 훗날 회고하기를, 인간 행태의 복잡성과 모순에 흥미를 갖게 된 것은 나치 점령 직후의 프랑스에서 나치 친위대 장교와의 잊을 수 없는 만남 때문이라고 했다.

유태인의 표지인 노란색 다윗의 별을 달고 다녀야 했던 어린 소년은 어느 날 저녁 통금이 해제되고 집으로 돌아가는 중이었다. 한 독일군 장교가 다가왔을 때 그는 스웨터를 뒤집어 입고 있었다. 카너먼은 황급히 지나가려고 했다. 그때의 상황을 들어보자.

"그가 나를 불러 세웠고 나를 들어 올리더니 껴안아주었다. 나는 그가 내 스웨터 안쪽에 별이 달려 있다는 것을 눈치챌까봐 겁이 났다. 그는 나에게 독일어로 말했는데 깊은 감정이 실린 목소리였다. 그는 나를 내려놓더니 자신의 지갑을 열어 어떤 소년의 모습이 담긴 사진 한 장을 꺼내 보여주었다. 그리고 돈도 약간 주었다. 나는 집으로 가면서 내 어머니가 하신 말씀이 옳다는 것을 더욱 더 확신하게 되었다. 사람은 무한히도 복잡하고 흥미로운 존재라는 말씀을."[26]

카너먼은 UC버클리에서 심리학 박사학위를 받았으며 2002년에 노벨 경제학상을 받았다.

아모스 트베르스키 역시 같은 상을 받았다. 그러나 그는 1996년 59세의 나이에 전이성 흑색종으로 사망했다. 그 또한 이스라엘에서 태어났으며 인간 행태가 보이는 미묘함과 기이함을 이해하는 일에 대단히 흥미를 가지고 있었다. 트베르스키의 회고에 따르면 "생존을 위해 싸워야 하는 나라에서 자랐다면, 자연스럽게 이론적인 문제와 이를 실제 상황에 응용하는 문제를 동시에 생각하게 될 것이다." '응용'이란 말 속에는 이스라엘 군의 정예 공수부대원으로 복무했던 일도 포함된다. 트베르스키는 군 복무 중에 발발했던 1956년의 국경 분쟁에서 공훈을 세워 이스라엘 최고 훈장을 받았다. 그가 철조망 아래에 매설해놓은 폭발 장치 위로 동료 병사 1명이 넘어졌다. 그 병사의 몇 발짝 뒤에서 따라가던 그는 미처 생각할 틈도 없이, 물러서라는 지휘 장교의 명령도 무시한 채 몸을 날려 동료를 폭발 장치 위에서 끌어냈다. 동료 병사는 목숨을 건졌다. 그러나 트베르스키는 이 사고로 인해 부상을 당했으며 그 후 평생 동안 몸 안에 금속 파편을 지니고 살아야 했다. 그러나 그는 큰 교훈을 얻었다. 사람은 언제나 합리적인 선택만을 하지는 않는다.

트베르스키는 사람이 패턴을 찾아내고자 하는 동물임을 알아챘다. 무작위적인 자료들에서 유의미한 관련성을 발견하고자 하는 것이다. 여기에는 주식 시장의 움직임에서부터 동전 던지기 결과, 운동 경기 결과의 경향에 이르기까지 모든 것이 포함된다.

농구 팬이었던 트베르스키는 동료 인지심리학자인 로버트 발론(Robert Vallone), 토머스 길로비치(Thomas Gilovich)와 함께 '핫 핸드(hot hands, 농구에서 어떤 선수가 연속해서 골을 성공시키는 상태를 말함-옮긴이)'라는 개념이 과연 맞는 것인지 시험해보기로 한다. 농구 팬이라면 누구다 다 알지만, 손이 한 번 달아오르면 계속 달아오르고 그렇지 않으면 계속 그렇지 않다는 것을 우리는 매일 밤 농구 코트에서 볼 수 있지 않은가? 인간이란 실제로 있건 없건 그런 패턴을 찾아내려는 성향이 있다는 것을 알고 있는 터에, 트베르스키와 동료 연구자들은 한 시즌 내내 필라델피아 세븐티식서즈 농구팀에서 선수들이 던진 모든 슛을 분석했다.

그들이 발견한 것은, 어떤 한 선수가 첫 골을 기록하고 난 뒤에 연속으로 두 번째 골을 성공시킬 가능성이 막연한 기대 이상으로, 그리고 그 선수의 평균 득점력 이상으로 올라가지 않는다는 것이었다. 말하자면 연속 득점 횟수는 동전 던지기 게임에서 나올 수 있는 통계적 예측치를 넘어서지 않는다는 것이다.

만일 우리가 동전을 던져서 그 결과를 기록한다고 치자. 그러면 어떤 경향성을 발견할 수 있다. 1회에 다섯 번씩 동전을 던진다고 할 때, 평균적으로 그리고 결과적으로 32회마다 한 차례 꼴로 다섯 번 연속 앞면 혹은 뒷면이 나온다. 대부분의 사람들은 이런 '제멋대로의' 경향도 유의미한 것으로 해석한다.[27] 제발, 그렇게 하지 않는 것이 반(反)통념적인 태도일 것이다.

트베르스키의 인지심리학적인 연구는 그에게 자신감을 주었다. 그는 그 여세를 몰아 경제 이론상의 어떤 도그마, 사람들은 자신들의 복지를 최대화하기 위해 '합리적'으로 행동한다는 정설에 도전하기로 한다. 경제학자 케네스 애로우(Kenneth Arrow)는 신고전주의 경제학의 창시자요 역대 노벨 경제학상 수상자 중 최연소인데, 그는 이런 말을 한 적이 있다.

"경제학자들은 심리학자들이 경제학 원리에 대해 가하는 비판을 간단히 무시해버리곤 했다. 그러면서 주장하기를, '심리학자들은 자신들이 비판하고 있는 가설들을 이해하지도 못하고 있다'고 했다. 나름대로 일리가 있는 부분도 있었다. 그렇지만 그런 방어도 아모스의 학문적 작업 앞에서는 무용지물이나 다름없었다."[28]

이렇게 보면 트베르스키는 천재였다. 그러나 겸손한 성격의 트베르스키는 자신의 경제학적 연구 결과가 광고업자나 자동차 세일즈맨들이 이미 다 알고 있는 것이라고 말한다. 예를 들어 고객들은 신용카드로 계산한다는 이유로 소매점에서 할증 수수료를 붙이면 싫어한다. 그렇지만 현금으로 계산할 때 할인을 해주면 좋아한다. 이런 선택의 '틀 짜기(framing)'은 박탈 혹은 보상의 형태로 누군가의 의사결정에 영향을 미친다.[29]

카너먼과 트베르스키는 동료인 리처드 테일러(Richard Thaler), 폴 슬로빅(Paul Slovic), 토머스 길로비치, 콜린 캐머러(Colin Camerer) 등과 함께 연구 프로그램을 발족시켜 사고와 의사결정에 있어서 사람들이 보편적으로 저지르는 오류들이 어떤 인지적 근거를 가지고 있는지 알아보고자 했다. 그들은 다수의 '판단력을 위한 편법들'을 찾아냈다. 소위 '마음의 지름길 표지판', 보다 간단하게는 '실용 참고서'라고 말할 수 있을 텐데, 이것들이 우리의 사고방식을 모양 짓는다는 것이다. 특히 돈에 관한 우리의 생각을 결정한다고 한다.

여러분이 어떤 대학교의 대학원 입학허가처에서 근무한다고 하자. 그런데 다음과 같은 입학추천서를 받았다.

톰(Tom)은 높은 지적 능력을 소유하고 있습니다. 진정한 창의력이라고 할 수 있는 부분에서는 다소 부족한 점이 있긴 하지만요. 그는 정리정돈이 필요합니다. 모든 것들이 제자리를 잡고 있는 그런 말끔한 상태를 유지하는 것 말이죠. 그의 작문은 기계적이고 날카로운 맛이 없습니다. 가끔은 진부한 신소리나 공상과학 분위기의 상상력을 가지고 문장의 맛을 살려본다고 하기는 합니다. 그는 경쟁이라면 온몸을 던지는 유형입니다. 다른 사람에 대한 동정심이 별로 없는 듯하고 또 다른 사람들과 교제하는 것도 내켜하지 않아 보입니다. 자기중심적이죠. 그러나 그럼에도 불구하고 깊은 도덕의식을 지니고 있습니다.

카너먼과 트베르스키는 세 그룹의 피실험자에게 이 시나리오를 보여줬다. 한 그룹에게는 톰이 다음 열거하는 9개 전공 분야의 대학원생들 중 어떤 전공을 하는 학생과 유사한지를 질문했다. 경영학, 컴퓨터과학, 공학, 인문·교육, 법학, 문헌정보학, 의학, 물리·생활과학, 사회과학·사회사업학이 그것들이었다. 이 그룹의 피실험자들은 대부분 톰에게서 공학도를 떠올렸다. 아니면 최소한 사회과학이나 사회사업학을 전공하는 학생과 흡사하다고 생각했다. 두 번째 그룹에게는 톰이 9개 전공 분야 중에서 어떤 것을 공부하게 될 것 같은지를 물었다. 이에 대한 대답도 첫 번째 그룹의 판단과 연결선상에 있었다. 세 번째 그룹에게는 이 9개 전공 분야의 대학원생 가운데 1학년생 전공비율을 가늠해보라고 주문했다. 피실험자들은 공학 전공자들보다는 사회과학 전공자들의 비율이 훨씬 높을 것이라고 응답했다. 그렇지만 그럼에도 그들은 톰이 공학도일 가능성이 높다고 생각했다. 톰에 대해 기술한 추천서에 근거해 내린 판단이다.[30]

트베르스키와 카너먼은 이것을 '표상의 오류(representative fallacy)'

라고 부른다. 이는 "어떤 사안이 그것의 모집단이나 생성 과정의 특질을 표상하는 정도까지 개연성을 갖는다고 보는 것"을 말한다. 보다 일반적으로 말하자면 "개연성이나 빈도를 판단해야 하는 어려운 상황에 봉착했을 때 사람들은 몇 가지 '참고서'를 보게 되고 이는 복잡한 판단들을 보다 단순한 몇 가지로 줄여준다."[31] 우리는 사람들에 대해 이런 저런 이야기를 하고 듣는 것에 능하며 이를 통해 우리가 편의적으로 의사결정을 내릴 때 필요한 정보들을 얼마간 습득한다.

한편 우리는 개연성을 계산하고 어떤 일이 일어날 가능성을 따지는 것에 안달하는 경향이 있다. 이번에는 여러분이 누군가를 고용하려고 하는 사주라고 상상해보자. 다음과 같은 후보자를 놓고 어떻게 할지 생각 중이다.

린다(Linda)는 31세로 미혼이며, 솔직하고 밝은 성격이다. 그녀는 철학을 전공했다. 학생 시절에는 인종차별과 사회정의 문제에 깊은 관심을 가지고 있었으며 반핵 시위에도 참가했다.

어떤 것이 보다 그럴듯한가? 1) 린다는 은행 출납계원이다. 2) 린다는 은행 출납계원이면서 여성운동가로 활동하고 있다.

이 시나리오가 피실험자들에게 제시되었을 때 85퍼센트는 2번을 찍었다. 수학적으로 말하자면 이는 잘못된 선택이다. 이유는 단순하다. 2개의 사안이 동시에 일어날 가능성은 항상 어느 한쪽만 일어날 가능성보다 확률적으로 낮거나 같다. 트베르스키와 카너먼은 대부분의 사람들이 오산을 한다고 말한다. 사람들이 2번을 선택한 이유는 그것이 린다에 대해 더 많이 기술하고 있고, 보다 더 '표상하고

(representative)'있기 때문이라는 것이다.[32]

　이런 오류들과 관련된 수백 차례의 실험이 행해졌다. 그때마다 사람들은 어김없이 불확실성이 대단히 높은 상황에서 즉각적인 의사결정을 했다. 그리고 그들은 다양한 편법을 이용해서 계산 과정을 한꺼번에 뛰어넘었다. 예를 들어 정책 전문가들로 이뤄진 피실험자 그룹에게 소련이 폴란드를 침공하고 유엔이 외교적 해결 노력을 포기할 가능성을 계산해내라는 요구가 주어졌다. 그들은 그 시나리오에 4퍼센트의 가능성을 부여했다. 다른 정책 전문가 그룹에게는 미국이 소련과 외교 관계를 단절할 가능성을 산정하라는 주문이 떨어졌다. 실제로 일어날 가능성과는 정반대로, 전문가들은 후자의 시나리오가 현실화될 가능성을 1퍼센트로 잡았다. 연구자들은 2부로 구성된, 더 정교한 전자의 시나리오가 높은 점수를 받은 이유가 사람들이 보다 자세한 이야기를 좋아하고 거기에 더 큰 진실성을 부여하기 때문이라고 결론 내렸다.

● 실현 가능성의 오류와 뒷북 편향

1976년 미국 대통령 선거를 앞두고 열기를 더해가던 와중에 한 실험이 행해졌다. 이 실험에서는 한 피실험자 그룹에게 "제럴드 포드(Gerald Ford)가 다가올 선거에서 이기는 것을 상상"하라고 시켰고, 다른 그룹에게는 "지미 카터(Jimmy Carter)가 이기는 것을 상상"하라고 시켰다. 이어서 각 후보의 승리 가능성을 어림해보라고 요구하자 포드가 이기는 것을 상상했던 사람들은 카터가 이기는 것을 상상했던 사람들보다 포드의 당선 가능성을 높게 보았다. 역시 카터가 이기는 것을

상상했던 사람들은 그의 승리를 더 많이 점쳤다.[33]

이는 '실현 가능성의 오류(availability fallacy)'라고 불린다. 사람들은 잠재적인 결과의 실현 가능성을 점칠 때 자신이 즉각적으로 이용할 수 있는 정보와 사례에 의지한다는 것이다.[34] 운전을 하면서 빨간 신호에 걸릴 가능성을 점치는 일과 지금 늦었느냐 아니냐는 밀접한 관계가 있다. 비행기 추락사(혹은 낙뢰 사망, 상어의 공격, 테러, 기타 등)로 죽을 가능성을 따져보는 일은 실제로 우리가 그런 사건을 접할 수 있느냐와 관련되어 있다. 특히 대중매체를 통해 그런 일을 목격했느냐가 중요하다. 만일 신문이 그런 유의 사건을 대서특필했으면, 사람들은 그런 사건의 발생 가능성을 과도하게 점친다.[35]

서던캘리포니아대학교의 사회학자인 배리 글래스너(Barry Glassner)는 어떻게 매체가 '공포 문화'를 만들어내는가, 즉 현실과는 전혀 일치하지 않는 현상의 생성을 연구함으로써 자신의 학문적 이력을 구축했다. 대중매체들은 우리를 공포로 몰아넣을 수 있는 여러 가지 이용 가능한 '비법'을 확보하고 있기 때문에 사람들은 사실 그러지 않아도 될 것들에 대해 두려움을 느끼고 실제로 우리를 위협할 수 있는 것들은 무시하게 된다.

"1990년대 후반 마약 사용자들의 숫자는 10년 전에 비해 절반으로 줄어들었다."

글래스너는 말한다. "그러나 대부분의 성인들은 아직도 미국 젊은 이들에게 가장 큰 위협을 끼치는 것으로 마약 남용을 들고 있다."

대중매체가 이용 가능한 정보들에 왜곡을 가한다는 것은 참으로 어처구니없는 일이다. 연구 결과들을 보면 40대 여성들은 자신들이 10명 중 1명꼴로 유방암에 걸려 죽는다고 믿고 있다. 그러나 실제로는

250명에 1명꼴이다. 이런 현상은 유방암을 다룬 뉴스 기사의 숫자와 직결되어 있다. 글래스너는 이렇게 쓰고 있다.

"우리는 매년 수백억 달러와 인력을 실체 없는 위험에 대처하느라 낭비하고 있다. 거리 폭동 방지책, 타인들에게 별로 위험하지 않은 사람들로 감방을 채우는 일, 젊은이들이 듣도 보도 못한 위험에서 그들을 보호한답시고 만들어내는 대책들, 은유적인 질병의 희생자들을 위한 보상 조치, 이미 그 어떤 방식의 여행보다 안전한 항공 여행을 더 안전하게 만들 목적으로 개발되는 기술들이 바로 그런 것들이다."[36]

경제에 대한 우리의 인식도 이와 비슷하게 왜곡된다.

"실업률이 25년 만에 처음으로 5퍼센트 이하로 떨어졌습니다. 그러나 전문가들은 빠른 시일 내에 큰 경제 불황이 닥칠 것이라고 경고하고 있습니다."

이용 가능한 정보들은 우리의 의사결정을 놀라운 방식으로 왜곡시킨다. 2개의 피실험자 그룹에게 다음과 같은 문제에 대한 답을 요구했다.

- 그룹 1: 아프리카 국가들 중 몇 퍼센트가 UN에 가입하고 있습니까? 45퍼센트 이상이라고 생각합니까? 아니면 그 이하라고 생각합니까? 정확한 퍼센티지를 말해주시오.
- 그룹 2: 아프리카 국가들 중 몇 퍼센트가 UN에 가입하고 있습니까? 65퍼센트 이상이라고 생각합니까? 아니면 그 이하라고 생각합니까? 정확한 퍼센티지를 말해주시오.

첫 번째 질문에 대답한 피실험자들은 두 번째 질문에 대답한 피실험자들보다 낮은 퍼센티지를 적어냈다. 왜 그랬을까? 그들에게 제시된 기준점이 낮다 보니 그들의 머릿속은 보다 낮은 수치들로 채워지게 되었던 것이다.

일단 초기값이 설정되면 우리는 그 값을 중심으로 편향을 갖게 된다. 행동경제학자들은 이런 현상을 '정박의 오류(anchoring fallacy)'라고 부른다. 이는 공정한 가격 혹은 정당한 거래라고 생각하는 것에 대한 우리의 인식을 형성한다. 그러나 돈이라는 것은 잉크를 바른 싸구려 종이에 불과할 뿐이다. 그러므로 상품의 가치는 어떤 맥락 안에서 평가되어야 한다.

비교의 대상이 되는 고정된 기준이란 전적으로 자의적일 수밖에 없다. 어떤 연구에서 피실험자들에게 자신의 사회보장번호 중 마지막 네 자리 숫자를 말해보라는 주문을 했다. 그런 다음 뉴욕의 내과의사 수를 어림해보라고 했다. 신기하게도 사회보장번호의 숫자가 높은 사람일수록 맨해튼의 의사 수를 더 많이 부르는 경향을 보였다. 이어서 관련된 또 다른 실험을 했다. 피실험자들 앞에 와인, 무선 키보드 컴퓨터, 비디오 게임의 몇 가지 상품을 가져다놓고 구입하도록 했다. 그리고는 이 상품들의 가격이 사회보장번호의 마지막 두 자리 숫자와 같다고 말해주었다. 그런 다음 그들이 기꺼이 지불할 수 있는 가격이 얼마인지 물었다. 사회보장번호가 높은 사람들이 낮은 사람들보다 더 많은 돈을 쓸 용의가 있다고 밝혔다.

정박 효과와 그 힘에 대해 우리는 직감적으로 안다. 그렇기 때문에 기업 합병에 대해 의논하는 협상자들이나 사업 거래에서의 대리인들, 심지어는 이혼 법정의 당사자 및 관련자들까지도 초기에 극단적인 태도를 취함으로써 이익을 보려고 하는 것이다. 고정 기준점을 높게 설정하면 양쪽이 이용할 수 있는 정보에 영향을 줄 수밖에 없다. 그러나 일단 어떤 일이 벌어지면 어떻게 그 일이 일어났는지, 왜 그것이 그런 식으로 일어날 수밖에 없었는지, 뿐만 아니라 왜 우리가 그 일이 그렇게 쭉 진행되는 과정을 볼 수밖에 없었는지에 대해 돌아보게 되고 또 이 모든 것을 재구성하게 된다. 평범한 말로 하자면 '일이 다 끝나고 결과만을 놓고 이러쿵저러쿵' 하는 것과 다름없다. 이런 '뒷북 편향(hindsight bias)'은 과거를 현재 알고 있는 바에 맞도록 재구성하는 것을 말한다.[37]

뒷북 편향이라는 개념은 1941년 12월 7일 이래로 유효하다. 그날은 일본이 진주만을 공격하려고 꾸준히 계획을 세워왔다는 것이 명확하게 드러난 날이다. 이른바 '폭탄 계획 메시지'가 날아왔다. 이는 1941년 8월에 하와이에 있는 일본 첩자가 본국의 상관으로부터 받은 지시로, 오아후 해군기지 주변의 동태와 군함의 움직임을 감시하라는 내용이었는데, 미국 정보기관이 도청을 하게 된다. 그러나 이 결정적인 메시지는 루즈벨트 대통령에게 보고되지 않았다. 하와이를 잠재적 폭격 목표로 설정하고 있는 8개의 메시지가 진주만 공습이 있기 전에 정보기관에 의해 감청되고 해독되었지만 말이다. 전후 맥락을 제거하고 결과만 놓고 본다면 이는 엄청난 실수로 보인다. 그러나 사후 평가는 제쳐두고 당시의 상황 안에서만 본다면 일본이 어디를 공격할 것인지가 분명하지 않았다. 실제로 1941년 5월부터 11월까지 군 정보당국은 기밀 유출과 일본이 자신들의 암호가 해독된 것을 알아차릴 가능성이 있다고 보고 무척 고심했다. 그래서 백악관에 보고를 하지 않은 것이다. 그러나 그보다 중요한 것은 하와이 주변의 선박 동태에 관한 8개의 메시지가 감청되고 있는 동안, 필리핀과 관련된 58개 이상의 선박 움직임에 관한 메시지를 낚아챌 수 있었다는 사실이다. 뿐만 아니라 파나마 관련 21개, 동남아시아 및 네덜란드령 동인도 제도 관련 7개, 심지어는 미국 서부 해안과 연결되어 있는 7개 선박들의 동태에 관한 메시지도 속속 간파되고 있었다.[38]

마찬가지로 주식 시장에서 유일하게 예측 가능한 것이 있다면 시장이 요동을 친 다음날 결과에 맞추어 하는 시황 설명일 것이다. 대단히 가변적인 불확실성 속에서 우리의 인지적 편향은 힘을 얻기 시작하며 가능한 모든 원인을 다 조합하도록 만든다. 내가 이 책을 쓰는 동안 구글의 주가는 늘상 그렇듯이 여러 번의 폭락과 폭등을 거듭했다. 4분기 수익이 양호하다고 보고되면 주가는 껑충 뛰어오르고, 그러면 뒷북치는 주식 투자 전문가들은 투자자들이 구글의 탁월한 영업 능력을 높이 사는 것이라고 선언하곤 했다. 그런데 다음 4분기 결산 보고에서 수익 규모가 전 분기에 비해 엄청나게 커졌음에도 불구하고 주가가 하루 만에 40달러 이상 빠졌다. 이렇게 되면 애널리스트들은 또 다음과 같이 부르짖는다.

"투자자들은 구글을 벌주고 있는 것이다. 왜냐하면 우리가 예측했던 만큼 구글이 4분기 이익을 실현하지 못했기 때문이다."

우리는 이 복잡하고 겉보기엔 뒤죽박죽인 세계에서 점들을 연결하고, 우리가 찾아냈다고 생각하는 이 연결을 기반으로 이야기를 구성해낸다. 그것이 실제적이냐 아니냐는 전적으로 별개의 문제다. 그러나 신고전주의 경제학의 가설은 우리의 작화(作話) 능력이 아무리 엉망이더라도 그것이 품고 있는 데이터는 결코 거짓이 아니라는 것이다. 트베르스키와 카너먼이 등장하기 전까지 경제학자들이 줄곧 무시해왔던 것은, 사람들은 맨 먼저 보게 되는 데이터에 붙들린다는 사실이다.

그리고 우리의 뇌는 현대 시장에 출현한 저 막대하면서도 혼란스러운 정보의 군집체와는 아주 조금밖에 닮지 않은 어떤 세계를 다루기 위해 진화 · 발달했다.

비합리적인 뇌구조의 진화 경로

우리 앞에는 붉은 공깃돌과 흰 공깃돌로 채워진 검은 자루가 2개 있다. 그 중 한 자루는 3분의 2가 붉은 공깃돌이고 3분의 1이 흰 공깃돌이다. 나머지 한 자루는 3분의 1이 붉은 공깃돌이고, 3분의 2가 흰 공깃돌로 채워져 있다. 우리가 해야 할 일은 어느 자루에 붉은 공깃돌이 많이 들어 있는지, 또 어느 자루에 흰 공깃돌이 많이 들어 있는지 가려 내는 것이다. 첫째 자루에서는 공깃돌 5개를 꺼낼 수 있고, 둘째 자루 에서는 30개를 꺼내서 볼 수 있다. 그것이 우리에게 허용된 기회의 전부다.

첫째 자루에서 집은 공깃돌은 붉은 것이 4개, 흰 것이 1개다. 둘째 자루에서는 흰 공깃돌 10개, 붉은 공깃돌 20개를 집었다. 어느 자루에 붉은 공깃돌이 더 많이 들어 있다고 생각되는가? 대부분의 사람들은 첫째 자루라고 답한다. 5개 중 4개라면 80퍼센트가 붉은 공깃돌이라는 추산이 가능하기 때문이다. 반면에 30개 중에서 20개라면 66퍼센트에 지나지 않기 때문이다. 그러나 통계학적으로 말하건대 둘째 자루를 지목하는 것이 보다 영리한 선택이다. 왜냐하면 표본의 크기가 더크고, 그런 고로 전체 붉은 공깃돌 숫자에 대한 대표성도 크기 때문이다.[39]

'작은 수의 법칙(law of small numbers)'으로 인해 우리는 작은 표본이 보다 큰 모집단을 대표한다고 믿고 있다. 투자자들은 매일같이 이런 유의 실수를 저지르고 있다. 주가의 단기적 하락이나 상승이 대단히 의미가 있다고 생각하고 서둘러 주식을 팔거나 사들이는 것이다. 현명하고도 반통념적인 접근법은 우선 장기적인 추세선을 보는 것이다. 그럼으로써 특정한 하루의 등락이 전체적으로 상승 추세에 있는 것인지 하강 추세에 있는 것인지를 확인해야 한다. 지구의 온도처럼 주가도 매일매일 올라갔다 내려갔다를 반복한다. 따라서 소량의 데이터에 의지해서 결정을 내리는 일은 어리석은 짓이다.

작은 수의 법칙에서 추론할 수 있는 것은, 수가 충분히 크다면 그로부터 추출한 무작위적이고 대표성을 가진 표본을 통해 우리가 '세계의 진실'을 보다 정확하게 파악할 수 있다는 점이다. 과학은 실험을 반복하고 또 반복해서 얻어낸 '관찰된 개연성(observed probability)'이라야 '실제적 개연성(real or actual probability)'에 가까워지기 때문이다. 이것이 '큰 수의 법칙(law of large number)'이 가지고 있는 의미 중하나다.

그런데 내가 몇 가지 기이한 현상을 설명하는 중에 찾아낸 다른 의미가 하나 더 있다. 수가 충분히 크다면 뭔가 상궤를 벗어난 일이 발생할 개연성도 커진다는 것이다. 말하자면 일어날 성 싶지 않은 일이 일어나는 것도 수가 충분히 크기 때문에 가능하다는 것이다. 100만분의 1의 확률로 일어날 일이 미국에서는 하루에도 300번이나 일어난다. 매일같이 뭔가를 하며 보내는 3억 명의 미국인들을 생각하노라면 야간뉴스 시간에 보도되는, 어디선가 누군가에게 발생하는 진짜 기이한 일들도 그럴 법하다고 느껴진다.

현대의 복잡 경제는 수십억 명의 사람들이 관여하는 상품의 제조, 유통, 판매가 포함되고, 그러다 보니 꽤나 정상적인 상황에서도 기이한 일들이 일어날 가능성이 있다. 예를 들어 어느 특정한 날에 '가장 많이 거래된 주식'을 같은 날 '가장 많이 오른 주식과'과 '가장 많이 떨어진 주식'에 대비시켜보자. 가장 많이 거래된 주식은 가장 크고 가장 유명한 회사를 나타내며 팔고 살 수 있는 주식의 양이 가장 많다. 반면에 가장 많이 오르거나 가장 많이 떨어진 주식은 거의 한 번도 들어본 적이 없는 회사의 것이다. 그런 회사들이란 시장 주변부나 말단에 위치하고 있기 때문이다. 수많은 회사의 주식들이 공개적으로 거래되고 있는지라 큰 수의 법칙에 따라 어느 특정한 날에 누군가는 큰돈을 벌고 누군가는 거액의 현금을 잃는다. 이런 맥락에서 인간(의 마음)은 어떻게 해야만 가망성 있는 선택을 잘할 수 있을까?

공교롭게도 '작은 수'의 맥락 안에서는 그 가망성이 거의 없다고 보아야 한다. 오래된 TV 게임 쇼 프로그램인 「렛츠 메이크 어 딜(Let's Make a Deal)」을 보면 게임 참가자들은 3개의 문 중에서 하나를 선택해야 한다. 어떤 문 하나의 뒤에는 새 자동차가 한 대 있어서 그 문을 선택한 사람이 그걸 갖게 된다. 나머지 2개의 문 뒤에는 염소들이 있다. (완전히 새 염소는 아니다). 만일 한 참가자가 첫 번째 문을 지목하면 문 3개 뒤에 뭐가 있는지 다 알고 있는 사회자 몬티 홀(Monty Hall)이 그녀에게 두 번째 문 뒤에 염소가 있음을 보여준다. 자, 그렇다면 이 참가자는 자신이 선택한 첫 번째 문을 계속 고수해야 할까, 아니면 세 번째 문으로 바꿔야 할까?

대부분의 사람들은 어차피 맞출 확률이 절반이기 때문에 그것이 그리 중요한 문제는 아니라고 생각한다. 그러나 이 상황이라면 이 사람들이 틀렸다. 실제로 이런 매우 특별한 실제 생활적인 사례(real-life example)—이 말은 마릴린 보스 새번트(Marylin vos Savant)가 『퍼레이드(Parade)』지 칼럼에서 처음 쓴 것이다—에서는 '대부분의 사람들', 즉 일반 대중 외에도 과학자, 수학자, 심지어는 통계학자들까지도 그녀가 어찌할 바를 모르는 것을 놓고 애매하게 혀만 찰 것이다.

사실 그들이 자랑하는 직관과 합리성, 전문성, 기타 모든 것들은 잘못된 것들이다. 이런 설명이 가능하다. 참가자는 어떤 문이든지 열리기 전에 3분의 1 확률의 가망성이 있었다. 그러나 몬티가 '꽝'인 문 하나를 열어줌으로 해서 그녀가 자신의 선택을 바꾼다면 기회는 3분의 2 확률로 높아지게 된다. 어째서? 이 문들에 관한 한 3가지의 시나리오가 존재할 수 있다.

1. 자동차, 염소, 염소.
2. 염소, 자동차, 염소.
3. 염소, 염소, 자동차.

만일 이 참가자가 1번 시나리오의 상황에 처해 있다면 그녀가 이미 고른 문 뒤에 차가 있다. 바꾼다면 차를 잃는다. 그러나 2번이나 3번 시나리오라면 그녀는 자신의 선택을 바꿔야 자동차를 얻을 것이다. 이는 개연성과 관련된 반직관적인 문제다. 다른 방식으로도 추론할 수 있다. 이렇게 상상해보는 것이다. 즉, 3개가 아닌 100개의 문이 있다고 상상한다. 참가자는 첫 번째 문을 선택한다. 그러자 몬티가 2번째 문에서 99번째 문까지 모두 열어 보인다. 다 염소다. 그렇다면 그녀는 선택을 바꿔야 할까? 물론 바꿔야 한다. 그렇게 하면 그녀가 자

동차를 차지할 확률은 100분의 1에서 100분의 99로 상승하게 되기 때문이다.[40]

우리의 진화 경로에서 '작은 수'는 우리의 생존에 매우 중요하게 작용했다. 우리가 '작은 수'의 친족이나 동료, 사냥감을 다루었기 때문이다. 수가 작아야만 최선의 관리가 가능했고 용이하게 다룰 수 있었다. 단순히 개연성이 있는 정도가 아닌 '사적인 의미가 부여된 이야기'를 꾸밀 수 있을 정도라야 했다. 야노마뫼족의 '300 SKU'는 그들에게 '가치의 우주(universe of valuable stuff)'를 표상하는 것들이었으며, 무리 구성원들에게 부착된 것들이자 어떤 이야기가 부착된 것들이었다. 현대 경제에서 벌어지는 일들, 이를테면 가게 선반 귀퉁이에 있는 과자 봉지를 하나 집는다든지, 카지노에서 카드 게임을 한다든지, 혹은 월가에서 주식을 거래하는 등의 행위를 이해하기 위해서는 우리 또한 사적인 의미가 담긴 이야기의 관점에서 생각하게 된다. 따라서 모든 것이 개연성이 있다거나 사람들이 경제적인 결정을 내릴 때 항상 합리적인 계산을 한다고 가정하는 것은 자연스럽지 않을 뿐더러 정확하지도 않다.

예를 들어 우리가 미국질병통제센터의 전염병 전문가라고 생각해 보자. 그런데 미국 정부가 600명을 사망에 이르게 할 것으로 예상되는, 아시아에서 발생된 흔치 않은 질병에 대처하려고 한다는 말을 들었다. 팀 내의 전문가들이 이 질병을 막기 위한 2가지 계획을 제시했다. 그런데 그 계획은 각각 다음과 같은 결과를 가져올 수 있다.

- 계획 A : 200명의 목숨은 구할 수 있다.
- 계획 B : 600명의 목숨을 구할 확률은 3분의 1이고 아무도 살아

남지 못할 확률은 3분의 2다.

이 시나리오들이 제시된 실험에 참가한 사람들의 72퍼센트는 계획 A를 선택했다. 자 이제 똑같은 시나리오를 가지고 준비한 다른 선택지들을 생각해보자.

- 계획 C : 400명이 죽을 것이다.
- 계획 D : 아무도 죽지 않을 확률은 3분의 1이고 600명이 다 죽을 확률은 3분의 2다.

두 번째 선택지의 결과값은 첫 번째의 그것과 정확히 같다. 그러나 실험 참가자들은 생각을 바꾸었다. 애초에 계획 A를 선택한 사람들은 72퍼센트였지만 이번에는 78퍼센트의 피실험자들이 계획 C가 아닌 계획 D를 지지했다. 우리는 '얼마나 많은 사람들이 죽을까' 대신에 '얼마나 많은 사람들이 살까'에 초점을 맞추어 생각하려고 한다. 즉, '긍정적 틀'을 '부정적 틀'보다 선호하는 것이다.[41]

이러한 틀짜기 효과는 투자나 대출, 차입에 관한 결정을 내릴 때 특히 두드러진다. 다음에 예시한 대단히 골치 아픈 재정적 난문을 보자.

1. A사가 신형 휴대전화를 100달러에 내놓았다. 다섯 블록 떨어진 곳에 있는 B사는 똑같은 기종을 반값인 50달러에 판다고 한다. 여러분이라면 50달러를 벌기 위해 B사까지 가는 수고를 아끼지 않겠는가?
2. C사가 신형 탄소섬유 몸체의 컴퓨터를 1,000달러에 내놓았다.

다섯 블록 떨어진 곳에 있는 D사는 똑같은 기종을 950달러까지 할인해준다고 한다. 여러분이라면 50달러를 벌기 위해 D사까지 가는 수고를 아끼지 않겠는가?

대부분의 사람들이 첫 번째 시나리오에서는 기꺼이 가겠다고 응답했다. 그러나 두 번째 시나리오에서는 아니었다. 절약되는 돈은 똑같이 50달러인데도 말이다. 왜 그랬을까? 이는 일종의 틀짜기에 관한 문제로 '정신적 회계(mental accounting)'라고 부른다.

우리는 돈을 서로 다른 여러 범주로 나누어 넣는다. 그런데 이 범주라는 것은 어떤 틀 혹은 맥락에 의해 구분된다. 어떤 범주에서는 지출을 하지 않고, 또 다른 범주에서는 상당한 지출이 허용된다. 관련 연구 결과를 보면 사람들은 대개 자신이 다루는 돈의 액수가 상대적으로 작을수록 돈을 아끼려는 노력을 덜 하게 된다고 한다.

이번에는 우리가 무척이나 기다려온 어떤 공연의 입장권을 100달러에 미리 구입했다고 가정해보자. 그런데 현장에 도착하고 나서 그 표를 잃어버린 사실을 알게 되었다. 다시 입장권을 사지 않으면 들어갈 수가 없는데 100달러를 다시 지불하겠는가? 이 실험에서는 피실험자들의 절반 이상(정확히는 54퍼센트)이 표를 재구입하지 않을 거라고 응답했다. 그렇다면 이런 상상은 어떤가? 오랫동안 고대해온 공연을 보기 위해 입장권을 미리 구해놓지는 않았지만 지갑에 100달러짜리 지폐 2장을 넣고 공연장에 도착했다. 입구에서 표를 사려고 지갑을 열었는데 지폐 한 장이 어디론가 사라지고 100달러짜리 한 장만 달랑 남아 있다. 이럴 경우 표를 사게 될까, 안 사게 될까? 흥미롭게도 피실험자들 대다수(88퍼센트)는 다시 살 거라고 응답했다.

합리적으로 보면 100달러짜리 표와 100달러짜리 지폐는 가치의 차이가 없다. 경제학계에서 쓰는 은어를 빌려 말하자면 그것들은 '대체가능한' 또는 상호 교환할 수 있는 것들이다. 이 표와 지폐는 둘 다 교환의 매개물로 사용되기 위해 동일한 가치를 기재한 종잇조각들이다. 그러나 정서적으로는 100달러짜리 표를 잃어버린 것과 100달러짜리 돈을 잃어버린 것 사이에는 큰 차이가 있다. 사람들은 자신의 돈을 다른 여러 범주 안에 넣는데, 이 범주는 그 근본(돈이 어디서 났느냐 하는 것)과 현행의 위상(금이냐, 현금이냐, 상품이냐, 서비스냐 하는 등), 그리고 그것이 어떻게 쓰이는가(지금이냐 나중이냐, 확실한 소비냐, 위험한 도박이냐 등)에 의해 구분된다.

신용카드는 현금을 다시 틀짜기해서 다른 정신적 회계 범주에 집어넣는다. 따라서 소비하기가 훨씬 쉬워진다. MIT의 마케팅학 교수인 드레이즌 프레렉(Drazen Prelec)과 던컨 시메스터(Duncan Simester)는 이 원칙을 보스턴 셀틱스의 농구경기 입장권 비공개 입찰 경매를 통해 알아보았다. 피실험자들 중 절반에게는 그들이 낙찰되면 현금으로 표를 사야 할 것이라고 말했고, 나머지 절반에게는 낙찰되면 신용카드로 입장권 요금을 지불해야 할 것이라고 말했다. 응찰자의 비율을 보면 현금을 내기로 되어 있는 사람들의 수가 신용카드를 쓸 수 있는 사람들 수의 절반도 되지 않았다.[42]

이런 상상을 해볼 수도 있다. 우리가 95달러를 딸 가능성은 10퍼센트이고 5달러를 잃을 확률은 90퍼센트인 도박에 초대를 받았다고 하자. 우리는 이 초대를 수락할 수 있을까? 대부분의 사람들은 그러지 않겠다고 한다. 그러나 이 도박을 다음과 같이 고쳐 표현하면 대답이 달라진다.

"당신은 100달러를 딸 가능성이 10퍼센트이고 아무것도 얻지 못할 확률이 90퍼센트인 제비뽑기에 참가하기 위해 5달러를 낼 용의가 있습니까?"

분명한 것은 앞서 도박 초대를 거절했던 사람들이 이 제안은 받아들인다는 것이다. 왜? 카너먼과 트베르스키는 정신적 회계의 차이를 들어 이 현상을 설명한다.

"5달러를 '지불'로 생각하는 것은 같은 금액을 '손실'로 생각하는 것보다 이 투기에 뛰어들기 쉽게 만든다."

어째서 우리의 뇌는 돈을 다루는 데 있어 이토록 어설픈가? 간단히 말하면 답은 통념 경제학에 있다. 우리의 뇌는 상품의 가치와 그것을 종이 위에 부호로 표시한 것을 즉각 등치시킬 수 있을 만큼 진화되지 못한 것이다. 양자를 설명하는 논리가 같지 않다고 여긴다. 이러니 그처럼 비논리가 우세할 수밖에.

다음은 '웨이슨 선택 테스트(Wason Selecton Test)'라는 이름—1966년에 이를 처음 도입한 고안자인 피터 웨이슨(Peter Wason)의 이름을 따서 만들었다—의 사고 실험이다. 상징적 추론을 테스트하기 위해 설계된 것이다.

우리 앞에 4장의 카드가 있다. 각각 한쪽 면에는 알파벳 글자가, 다른 쪽 면에는 숫자가 적혀 있는 카드인데, 그 중 2장의 카드는 숫자가 앞에, 남은 2장의 카드는 글자가 앞에 와 있다. 그 모양은 아래와 같다.

M   4   E   7

이 카드의 규칙은 다음과 같다. 한쪽 면의 알파벳이 모음이면 다른

쪽 면에는 짝수가 적혀 있다. 이 규칙이 맞는지 알아보려면 어떤 2장의 카드를 뒤집어봐야 하는가?

대다수의 사람들은 'E' 카드만 뒤집어 보아도 규칙이 맞는지 안 맞는지를 알 수 있기 때문에 'M' 카드는 확인할 필요가 없다고 생각한다. 물론 이렇게 해서 완전히 확인되는 것은 아니지만 그런대로 제대로 짚은 것이다. 그러나 한편으로는 많은 사람들이 '4' 카드를 뒤집어보는 그릇된 결정을 내린다. 왜 이것이 그릇된 것인가 하면 규칙에 따르면 한 면이 모음인 경우 그 다른 쪽 면에 짝수가 적혀 있다고 했지, 짝수인 면의 다른 쪽 면에 항상 모음이 있다는 말은 어디에도 없기 때문이다. 즉, '4' 카드의 뒷면에는 모음이 있을 수도 있고 자음이 있을 수도 있다.

한편 대부분은 사람들은 끝까지 '7' 카드를 확인해봐야 한다는 생각은 하지 못한다. 이 카드의 뒷면에 모음이 있으면 규칙 위배를 바로 확인할 수 있음에도 말이다. 웨이슨 선택 테스트를 채택한 이런 종류의 실험을 수백 번 실시한 결과, 피실험자의 20퍼센트만이 제대로 해냈다. 이 실험의 정답은 'E' 카드와 '7' 카드다.

웨이슨 선택 테스트의 변형판이 있는데, 이는 선택지를 의인화한 것으로 논리를 동원해야만 잘 풀 수 있다. 우리는 21세 이상의 사람들에게만 술을 팔 수 있는 나이트클럽의 바텐더다. 근무 시간에 맞춰 도착했을 때 바에는 4명의 고객이 있었다. 여기에서의 규칙은 다음과 같다. 21세 미만의 사람들에게는 술을 제공할 수 없다. 우리는 그들의 나이를 묻거나 그들이 현재 무엇을 마시는지 확인해볼 수 있다. 그러나 2가지를 다 할 수는 없다. 4장의 카드 대신에 행사할 수 있는 4가지 선택권이 있다.

고객 :	#1	#2	#3	#4
음료/나이 :	물	21세 이상	맥주	21세 미만

우리가 나이를 물어야 할 고객은 누구이고 무엇을 마시는지 확인해야 하는 고객은 누구인가? 이건 정말 머리 쓸 일이 없는 테스트다. 분명히 #1 고객에게는 나이를 물어볼 필요가 없다. 그 사람이 마시고 있는 것은 물이니까. #2 고객이 무엇을 마시는지 알려고 할 필요도 없다. 그는 21세 이상이니까 말이다. 마찬가지로 명백한 것은 맥주를 마시고 있는 #3 고객은 21세 미만일 수도 있으니 나이를 확인해봐야 한다는 것이다. #4 고객은 21세가 안 되었지만 맥주를 마시고 있을지도 모르니 무엇을 마시고 있는지 확인해봐야 한다. 테스트를 받은 거의 모든 사람들이 이 논리 문제를 정확하게 풀었다.

지금까지의 두 테스트가 채용하고 있는 논리는 동일하다. 첫 번째 테스트에서는 그토록 쩔쩔맸던 사람들이 두 번째 테스트에서는 어떻게 그리 잘 풀 수 있었을까? 진화심리학을 빌려 그 답을 말하자면 첫 번째는 기호를 채택했고 두 번째는 사람과 관련된 것이었기 때문이다. 우리는 기호적인 논리 문제를 적절히 해결할 만큼 진화되지 않은 것이다. 단지 사회를 이루고 사는 영장류 종족으로서, 사람들과 관련된 문제를 잘 해결할 수 있도록 뇌 회로가 발달되어온 것이다. 특히 거짓말이나 사기 같은 사회 문제에 능하도록 진화되었다.

사람들의 합리성에는 한계가 없다는 경제적 인간론의 근본 신념에 대해 행동경제학자들은 우리가 '제한된 합리성'을 가지고 있다고 반박한다. 어쩌면 이렇게 말할 수도 있으리라. 현대 세계에서 기호와 추상을 이해하는 우리의 합리성은 아직도 구석기 시대적인 환경에 의해 제한받고 있다고, 그리고 그 환경 안에서 우리의 뇌는 그저 옛 세계의 문제들을 해결하는 정도밖에 진화하지 못했다고 말할 수 있을 것이다.

1990년대 초반에 뉴저지와 펜실베이니아 주의 주민들은 자동차 보험을 들 때 2가지 옵션을 제안받았다. 하나는 보험료가 비싼 대신 그들에게 소송할 권리를 보장하는 것이었고, 다른 하나는 보험료가 싼 대신 소송할 권리가 제한되는 것이었다. 보험의 내용은 양쪽 주가 거의 동일했다.

뉴저지에서는 초기 옵션이 보험료가 비싼 것이었다. 이 말은 피보험자가 선택권을 행사하지 않을 경우 자동으로 비싼 보험에 드는 것을 말했다. 반면에 펜실베이니아에서는 초기 옵션이 싼 보험이었다. 뉴저지 주에서는 주민의 75퍼센트가 비싼 보험에 가입했고 펜실베이니아에서는 고작 20퍼센트만이 비싼 보험에 들었다.

이런 결과는 의사결정을 할 때 사람들은 우리에게 친숙한 것, 즉 현상태의 유지를 선택하는 경향이 있음을 뒷받침해준다.[43] 윌리엄 새뮤얼슨(William Samuelson)과 리처드 젝하우저(Richard Zeckhauser)가 수행한 연구에 의하면, 사람들에게 위험도가 각각 다른 4가지 재정 투자안 중에서 한 가지를 선택하라고 제안했을 때 그들은 위험 회피도에 근거해 선택했고 그 폭이 상당히 넓었다. 그런데 이 사람들에게 투자안이 이미 결정되었다고 말하고, 마음에 들지 않으면 다른 투자안으로 바꿀 수 있다고 했을 때에는 그들 중 다수가 결정된 초기 옵션을 계속 고수하겠다는 반응을 보였다.

이렇게 미리 결정된 투자안을 유지한 사람들이 47퍼센트였던 반면에, 선택의 자유가 있었던 사람들이 이 투자안을 선택한 확률은 32퍼센트에 머물렀다.[44] '현상 유지'라는 것은 우리가 선택한다면 가질 수도 있음직한 것이 아닌, 우리가 이미 가지고 있는 것 그리고 변화하려면 반드시 포기해야 하는 것을 의미한다.

경제학자인 리처드 테일러는 현상 유지 쪽으로 기우는 편향을 일컬어 '부여 효과(endowment effect)' 라고 불렀다. 그리고 자신의 한 연구에서 어떤 제품의 소유자는 이 제품의 잠재적 구매자보다 대략 2배 정도 가치를 더 높이 매긴다는 결과를 밝히고 있다. 한 실험에서 피실험자들은 6달러짜리 커피 머그잔을 받았다. 그리고는 그들에게 그걸 얼마에 팔겠느냐고 물었다. 그들은 어느 누구도 5달러 25센트 이하로는 팔지 않겠다고 했다. 다른 실험자들에게는 머그잔을 주는 대신 그걸 얼마에 살 의향이 있는지 물었다. 그들이 제시한 평균 희망 구매가격은 2달러 75센트였다.[45]

우리의 진화 경로를 돌아보면 이것은 충분히 이해가 된다. 인간은 다른 생물 종을 길들이기 전에 약탈하고 사냥해서 먹고 살았다. 극심한 결핍의 환경과 그 위협에서 살아남기 위해서는 그래야 했던 것이다. 살아남은 사람들은 저장과 축적에 강한 애착을 보였다. 자연은 우리로 하여금 '내 것'에 가치를 매기고 그 가치에 집착하고픈 욕망을 안겨주었다. 그러다 보니 당연히 우리가 이미 소유하고 있는 것에 대단히 큰 가치를 부여하게 되었다. 즉, '매몰 비용(sunk cost)'에 눈을 감게 되고 미래에 손실되는 가치를 보지 못하는 정도까지 과대평가하게 된 것이다. 이 손실이란 현재 가지고 있지 않은 어떤 것으로 바꾸지 않는다면 계속 떠받쳐야 할 그런 것을 말한다.

인지적 부조화는 사람들이 비합리적 판단을 합리화하도록 몰아가며 큰 희생을 초래한 실수를 정당화하도록 만든다. 말세론에 빠진 사이비 교도이건 정치 지도자이건 이 함정을 피할 수 없다. 이러한 '매몰 비용의 오류(sunk-cost fallacy)'가 얼마나 중대한 결과를 불러일으켰는지를 보여주는 대단히 뼈아픈 사례가 있다.

이라크 전쟁이 있은 지 수년이 지났다. 2003년 3월 침공 이래 매일 3,100명의 목숨과 2억 달러가 전쟁 비용으로 사라지고 있다. 이는 다른 나라가 치러야 하는 비용을 셈에 넣지 않는 한 미국의 입장에서 보면 실질적인 투자일지도 모른다. 그러나 미국의 전쟁 총비용은 1조 달러를 넘어서는 것으로 추산되고 있다. 얼마나 많은 인명이 희생될 것인지 개전 이전에 그 누가 알았으랴. 그래서인지 2006년 내내 대부분의 양당 의원들과 부시 대통령, 전 클린턴 대통령에 이르기까지 미국은 "현재의 경로를 유지해야지 꼬리를 자르고 도망쳐서는 안 된다"고 주장한 것도 전혀 놀랍지 않다. 부시가 노스캐롤라이나의 포트 브래그에서 행했던 독립기념일 연설에서 "나는 전쟁이 종결되기 전에 철수함으로써 이라크에서 전사한 병사들의 희생을 헛되게 만들지 않을 것입니다"라고 말한 것에 화답이라도 하는 양 클린턴은 이렇게 말하고 있다.

"이 전쟁의 지속이야말로 우리의 모든 이해관계가 걸려 있습니다."[46]

우리는 일상적으로 어떤 결정을 내리면서도 이와 비슷한 주장을 하곤 한다. 손해 본 주식, 이익을 못 낸 투자액, 파산한 사업, 실패한 인간관계에 연연하고 집착한다. 왜 과거의 비용이 우리를 지배하는가? 합리적으로 보면 앞으로의 성패 가능성만 타진하면 되고, 추가로 투자를 하면 이익이 발생하는지만 파악하면 되는 것이다. 그러나 우리는 '현상 유지'에 지나치게 매달리고 또 그것을 과대평가하게끔 되어 있다.

● 잘못된 확신과 신경계의 연관성

나는 어떤 정당 조직에도 가입하지 않고 있다. 나는 자유의지론자다. 재정적으로는 보수주의자이고 사회적으로는 자유주의자로서 나는 단 한 번도 내가 좋아할 만한 것을 줄 수 없다고 말하는 공화당원이나 민주당원을 만난 적이 없다. 나는 양 당에 모두 친한 친구들이 있는데, 그들을 통해 다음과 같은 것을 알게 되었다. 그들은 논의되는 이슈가 무엇이든지 간에 똑같이 그 논거가 자신들에게 유리하다고 확신한다.

이런 확신은 '확증 편향(confirmation bias)'이라 불린다. 현재 자신이 가지고 있는 믿음을 확인해줄 수 있는 증거를 찾거나 이를 반증하는 증거는 무시 또는 재해석하려는 경향을 일컫는다. 터프츠대학교 심리학 교수 레이몬드 닉커슨(Raymond Nickerson)에 의하면, 확증 편향은 "상당히 강력하고 침투성이 좋아서 사람들은 이 편향이 개인과 집단, 국가들에서 발생하는 온갖 마찰과 논쟁과 오해의 중요한 부분을 이룬다는 사실을 잘 모른다."[47]

관련된 실험 사례들은 많다. 1981년에 심리학자인 마크 스나이더(Mark Snyder)가 행한 연구에서 피실험자들은 그들이 만나게 될 어떤 사람의 인성을 평가하라는 주문을 받았다. 한 그룹에게는 내향적인 사람의 프로필(수줍음, 소심, 조용함)이 전해졌고 다른 그룹에게는 외향적인 사람의 프로필(사교성, 다변, 활달함)이 제시되었다. 인성 평가를 하기 위해 인터뷰를 했는데, 외향적인 프로필을 전달받았던 피실험자들은 인터뷰 대상자에게 외향적으로 결론이 날 수 있는 질문들을 해댔으며, 내향적인 프로필을 전달받았던 피실험자들은 반대의 결론이 날 수 있는 질문을 하는 경향을 보였다.[48]

또한 1983년에 있었던 한 연구에서 심리학자인 존 달리(John Darley)와 폴 그로스(Paul Gross)는 피실험자들에게 한 어린아이가 시험을 치르는 비디오를 보여주면서 한 그룹에게는 그 아이가 상위계층의 자녀라고 하고 다른 그룹에게는 하위계층의 자녀라고 했다. 그리고 나서 그 아이의 시험 결과를 제시하고 학업 능력을 평가하라고 시켰다. 자신들이 평가하는 아이가 상위계층 출신이라고 들은 피실험자들은 아이의 학업 능력을 높게 평가했고 하위계층 출신으로 알고 있는 피실험자들은 낮게 평가했다. 이 연구에서 주목할 것은 이 두 그룹의 피실험자들이 판단 근거로 삼은 시험 점수는 똑같았다는 점이다.[49]

1989년 심리학자인 보니 셔먼(Bonnie Sherman)과 지바 쿤다(Ziva Kunda)는 한 실험을 했는데, 피실험자들에게 그들이 굳게 믿고 있는 신념을 거스르는 증거와 그 신념을 뒷받침하는 증거를 제시했다. 결과를 보면 피실험자들은 확증적인 증거의 유효함에 대해서는 인정하는 태도를 취했으나 부정적인 증거의 가치에 대해서는 회의적인 반응을 보였다.[50]

역시 1989년에 심리학자인 디애너 쿤(Deanna Kuhn)이 수행한 연구에서는 어린아이들과 청년들에게 그들이 선호하는 이론과 불일치하는 증거를 접하도록 했다. 그랬더니 그들은 그런 증거를 인지하지 못하거나 인지했더라도 그것을 재해석해서 자신들의 원래 믿음과 합치되는 그 무엇으로 만들어내는 경향을 보였다.[51] 이와 관련된 또 다른 연구에서 쿤은 피실험자들에게 실제 살인사건 재판을 녹음한 것을 들려줬다. 그러자 그들은 먼저 그 증거를 검토하려고 하기보다는 곧바로 결론으로 들어갔다. 대부분의 피실험자들은 스스로가 그 사건에 대한 이야기를 꾸며냈고 그 안에서 본인들이 유무죄 판결을 내려버렸다. 그

런 다음 쿤이 제시한 증거를 훑으면서 자신들이 만든 이야기에 맞는 것만 골라냈다.[52]

에모리대학교 심리학 교수 드루 웨스턴(Drew Westen)의 지도 아래 기능적 자기공명 영상장치(fMRI)를 이용한 한 연구가 실시되었다. 이 연구는 확증 편향이 뇌의 어떤 부위에서 일어나고 어떻게 그것이 무의식적으로 이뤄지며, 또 감정에 의해 어떻게 휘둘리는지를 알아보기 위한 것이었다.[53] 뇌 스캔을 허락한 30명의 사람들은 2004년 대통령 선거운동 기간 동안 실험에 참가했으며, 절반은 열성적인 공화당원이었고 나머지 반은 열성적인 민주당원이었다. 이들은 조지 부시 후보와 존 케리 후보의 발언 중에서 자신들과 확실하게 충돌을 일으키는 것들을 찾아내고 평가하라는 주문을 받았다. 그들의 평가를 보면 놀랄 것도 없는 것이, 공화당원 피실험자들은 케리에게 비판적이었고 민주당원 피실험자들은 부시의 말에 부정적이었다. 그렇지만 그들 모두는 자신들이 지지하는 후보에 대해서는 평가할 생각조차 하지 않았다.

그런데 신경영상 결과를 보면 뇌 가운데 추론 기능과 밀접한 관계가 있는 부위, 즉 '배외측 전전두엽피질(dorsolateral prefrontal cortex)'이 비활성화 상태에 있었다. 가장 활성화된 부분은 '안와 전두엽피질(arbital frontal cortex)'이었는데, 이 부위는 감정의 처리와 관련이 있다. 그리고 갈등 해결 기능을 관장하는 '전방 대상피질(anterior cingulate)'과 도덕적 책무에 관한 판단과 밀접한 관계가 있는 '후방 대상피질(posterior cingulate)'이 활성화되어 있었다. 피실험자들은 일단 어떤 결론에 다다르면 정서적으로 편안한 상태가 되었는데, 그때는 보상과 관련이 있는 '복내측 줄무늬체(ventral striatum)' 부분이 활성화된 상태였다. 웨스턴은 설명한다.

"우리는 추론을 관장하는 뇌 부위가 활성화되는 것을 전혀 보지 못했습니다. 대신 감정을 관장하는 회로들의 연결망이 밝아지는 것을 보았습니다. 추정컨대 감정 통제와 관련이 있는 회로, 갈등을 해결하는 일과 관련된 회로 등이 여기에 포함됩니다."

흥미롭게도 보상이 따르는 선택 행위를 관장하는 신경 회로도 활성화되었다.

"이건 마치 당원들이 '인지적 만화경'을 자신들이 원하는 결론이 나올 때까지 빙빙 돌리는 것 같아요. 일단 그 결론을 얻으면 엄청난 힘으로 강화합니다. 부정적인 감정 상태는 제거하고 긍정적인 것은 활성화시키는 거죠."

이러한 확증 편향과 신경계와의 상관성은 정치경제에도 깊은 시사점을 던진다. 피고인에 대한 증거를 심리하는 판사나 배심원들, 회사에 관한 정보를 검토하는 CEO들은 이와 똑같은 인지적 과정을 겪는다. 이런 사실은 우리를 다시 출발점에 서게 한다. 패턴을 찾으려는 노력, 서로 무관한 점들을 뭔가 유의미하게 연결해보려는 사고방식 등은 확증 편향에 의해 더욱 힘을 얻으면서 그릇된 통념과 직감을 강화한다. 우리는 이런 것들을 어떻게 해야 할까?

과학에는 내장된 자기교정기구가 있다. 그래서 모든 실험에서는 엄격한 이중구속통제(double-blind controls)가 필수적이다. 이는 데이터 수집 단계에서 피실험자나 실험자 모두 실험 조건에 대해 알지 못하게 하는 것을 말하는데, 결과는 관련 전문가 회의나 동료들의 평가학회에서 심사한다. 연구 과정은 원래의 연구자와 관련이 없는 제3의 연구소에서도 그대로 반복 실행되어야 한다. 데이터에 대한 상충되는 해석과 반증의 증거도 논문에 반드시 포함되어야 한다. 동료들의 경우에는 회의적 태도를 유지하는 것이 연구에 도움을 주는 길이다. 웨스턴은 말한다.

"이런 안전장치를 다 구비하고 있는 상태에서도 과학자들은 확증 편향에 사로잡히기 쉽다. 특히 심사자와 연구자가 유사한 믿음을 공유하고 있을 때는 더욱 그렇다. 그리고 그들은 같은 연구 방법을 놓고도 그 결과가 자신들이 원래 가지고 있던 믿음에 부합하느냐 아니냐에 따라 만족스럽다 혹은 그렇지 않다는 판정을 내리게 된다."

그러나 우리 스스로가 우리의 이론이나 믿음과 상충되는 데이터를 찾아내지 않으려 한다 해도 다른 누군가가 (반드시) 할 것이다. 그리고 그 결말은 공개석상에서 큰 비웃음을 사면서 당하는 가장 극적인 수모다.

● 잃는 것에 대한 본능적 두려움

코넬대학교 인지심리학자인 토머스 길로비치와 금융저술가인 게리 벨스키(Gary Belsky)는 2000년에 발표한 그들의 탁월한 저작물인 《왜 똑똑한 사람들이 큰돈을 잃는 실수를 하는가(Why Smart People Make Big Money Mistakes)》에서 기업 재정에 관해 행동경제학이 제공할 수 있는, 두고두고 곱씹을 수 있는 교훈을 들려주고 있다.[54] 길로비치는 후리후리하고 잘생긴 용모에 지적인 귀족의 풍모와 과학적 권위가 몸에 배어 있는 사람이다. 그는 현재 심리학계에서 가장 창의적인 실험자 가운데 한 사람일 뿐만 아니라 다(多)학문적으로 사고하는 사람으로서 자신이 심리학에서 개발해낸 연구법을 인간의 행위와 노력에 대해 연구하는 다른 분야에까지 적용하려고 한다.

대학의 연구실에서 심리학과 학생들을 대상으로 행해지는 실험은 중요하다. 그러나 과연 사람들이 실생활에서도 그렇게 행동할까? 길로비치에 따르면 그렇다고 한다. 우리에게 매몰 비용을 과대평가하는 경향이 있음을 거론하면서 길로비치는 '손실 회피(loss aversion)' 효과를 언급한다. 사람들에게는 얻고자 하는 욕망보다 잃어버리는 것을 두려워하는 마음이 약 2배 정도 더 크다는 것이다.

예를 들어 도박사들은 손실에 매우 민감하다. 그러나 우리가 생각하는 그런 식으로는 아니다. 그들은 돈을 잃은 다음에 더 큰 돈을 거는 경향이 있고 웬만큼 땄다 싶으면 보수적으로 돌아서서 상대적으로 돈을 적게 건다. 이러한 전략의 근거가 되는 것은 '따라잡으려면 2배를 걸어라' 라는 논리다. 현재 손실이 얼마이든지 간에 각 판에 거는 돈을 2배로 올리면, 끝에 가서 이기게 되었을 때 건 돈을 모두 회수할 수 있다는 말이다. 그러나 대부분의 도박사들은 얼마나 오랫동안, 또 얼마나 많이 연속해서 잃을지에 대해서는 과소평가하는 경향이 있다. 최소 거는 돈이 10달러인 도박판이라 할 때, 우리가 최소액으로 시작해서 연속으로 여덟 판을 졌다고 가정한다면(생각처럼 그렇게 드문 일도 아니다) 이 전략을 고집했을 때 아홉 번째 판에서는 2,560달러를 걸어야 한다. 보다 중요한 것은 도박사들이 한편으로는 긴 연승 가능성과 그 횟수에 대해서도 크게 생각하지 않는 버릇이 있다는 것이다. 그래서 이기는 동안 판마다 돈을 더 크게 걸었던 대가로 결국은 다 털리고 마는 것이다. 그러나 카지노 측은 오히려 인간의 손실 회피 성향 때문에 예측했던 것보다 돈을 더 많이 벌게 된다.[55]

그렇지만 우리를 괴롭히는 인지적 편향과 오류들이 시장의 마음을 읽는 데 도움을 주기도 한다. 주식 시장에서 정식으로 개별 주식을 사고파는 일은 카지노에서 도박을 하는 것과는 약간 다르다. 승산이라는 것도 우리가 노력하고 치고 나가는 것만큼 좋을 수 있다. 최소한 주식 시장 전체가 좋은 쪽으로 움직인다면 말이다. 그런데 관련 연구에 따르면 투자 전문가들과 시장 분석가들의 성적도 장기적으로 봤을 때 인덱스 뮤추얼 펀드만큼은 되지 않는 것으로 나타났다.

제6장

호모 에코노미쿠스의 멸종

흰쥐를 가지고 자극 주기에 변화를 주면서 강화 실험을 할 때, 쥐가 자당(蔗糖, sucrose)을 8퍼센트 탄 물과 32퍼센트를 탄 물을 놓고 2개의 막대기 중에서 하나를 눌러 선택하는 것을 본 일이 있는가? 봤다면 운이 좋은 것이다. 나는 캘리포니아주립대학교 풀러턴 대학 심리학부에서 쥐를 가지고 실험하면서, 남들이 보면 헛되이 보낸 청춘이라고 할 정도로 2년을 보냈다. 〈강화의 강도와 성질의 함수로서의 쥐의 선택(Choice in Rat as a Function of Reinforcer Intensity and Quality)〉이라는 제목의 석사논문을 쓰기 위해서였다.[1] 소년들이여 야성의 세계로 가라!

나는 '일치의 법칙(matching law)'을 깊이 연구했다. 이것은 1961년에 하버드대학교 심리학 교수 리처드 헌스타인(Richard Herrnstein)이 발견했는데, 그는 후에 《벨 곡선(Bell Curve)》이라는 책을 통해 흑인과

백인의 지능지수가 다르다는 주장을 함으로써 논쟁을 촉발시키기도 했다. 여하튼 이 일치의 법칙이란 유기체들이 강화의 비율에 반응의 비율을 일치시킨다는 것이다. 평균 1분에 한 번꼴로 가변주기(variable-interval) 강화 스케줄이 시행되는 것과 평균 3분에 한 번꼴로 시행되는 것 중에서 양자택일할 수 있다고 할 때 유기체는 후자보다는 전자의 주기에 맞춰 3배나 많은 반응을 보일 것이다.[2]

여기서 말하는 '유기체'에는 어느 동물이든 다 포함될 수 있다. 물론 스키너(B. F. Skinner)가 1938년에 《유기체의 행태(The Behavior of Organism)》를 쓴 이래 유기체는 주로 쥐와 비둘기, 그리고 심리학에 입문하는 학생들을 의미하고 있지만 말이다. 행태주의는 모든 유기체가 무엇이든 다 한다는 믿음을 근거로 하고 있다. 그것이 가시적인 행동이나 움직임이든, 내적인 사고나 감정의 형태이든 유기체가 행하는 모든 것은 '행태'로 간주될 수 있으며, 여기에 유기체의 속내가 무엇인지에 대한 추정은 포함되지 않는다.

이런 맥락이라면 일치의 법칙은 이해가 되지 않을 것이다. 만일 첫 번째 강화 스케줄이 두 번째 것보다 3배 더 보상을 해준다면 무엇하러 힘들게 두 번째 스케줄에 반응하겠는가? 가장 많이 보상하는 막대기만 누르지 않을 이유가 무엇인가?

그러나 계속해서 같은 선택을 반복하다 보면 차츰 흥미가 덜해진다. 마치 우리 손가락에 끼워져 있는 반지처럼 감각이 동일한 자극에 익숙해지는 것이다. '습관화'라는 심리를 깨기 위해 우리는 선택의 패턴을 깨뜨린다. 선택을 바꿔보는 것은 뇌를 재설정해서 이전의 습관화된 자극을 다시 한번 새롭게 느끼도록 만든다. 이런 작용이 유기체로 하여금 반응의 빈도를 그것이 생산해내는 '쾌락'과 일치시키도록 하는 것이다.[3] 스테이크는 훌륭한 음식이다. 그러나 매일 저녁 끼니로 그 걸 먹지 않는다는 전제에서 그렇다. 파스타를 조금 먹고 입 안을 헹군 뒤에라야 스테이크를 향한 욕망이 다시 설정되는 것이다.

그러나 현실 세계에서의 선택은 실험실에서의 그것보다 복잡하다. 2년을 쥐와 함께하면서 내가 알고 싶었던 것은 일치의 법칙이 강화 보 상의 강도와 질에도 적용되느냐 하는 것이었다. 첫 실험에서 나는 쥐 들에게 표준적인 가변주기 스케줄을 시행하되, 강화 보상으로 주어지 는 자당액의 농도를 8퍼센트짜리와 32퍼센트짜리 사이에서 선택하도 록 했다. 두 번째 실험에서는 동일한 가변주기 스케줄에 따라 8퍼센트 자당액과 8퍼센트 자당과 4퍼센트의 소금을 친 물 사이에서 선택하도 록 함으로써 강화 보상의 질에 대한 시험을 했다. 과학적 객관성의 전 통을 지키기 위해 나는 쥐들에게 1부터 8까지의 번호를 부여했다. 그 렇지만 여기서 실토하지 않을 수 없는 것이, 번호 외에 나는 그것들에 게 그해의 LA다저스 선발 라인업의 이름도 붙였다는 사실이다. 무슨 이유에선지 더스티 베이커(Dusty Baker)라고 이름 붙인 녀석이 제일 다루기 어려웠다. 내가 연필 지우개 끄트머리를 녀석의 철망 안에 넣 으면 이놈은 즉각 물어뜯어버렸다.

두 실험에서 나는 제대로 일치하지 않는 결과를 발견했다. 내 쥐들 은 선택에 따른 강화 보상의 강도나 질이 더해짐에도 불구하고 보다 빈도 높은 강화 시행에, 즉 일치의 법칙에 따라 예상할 수 있는 것보다 반응을 덜 보였다. 말하자면 선택에 더 많은 변수가 추가되면 결정은 더 복잡해지고 행태는 예측 가능하기가 더 어려워진다는 것이었다. 그 것은 딱히 놀랄 만한 발견도 아닌 것이, 어떤 환경에 '복잡성의 겹들' 이 덧씌워질 때마다 우리의 선택은 다 뒤섞여 애매한 것이 되지 않는가? 그러나 나로서는 쥐들이 어떤 막대기를 누를지, 또 몇 번을 누를지 결정을 내릴 때마다 그 조그마한 뇌 속에서 무슨 일이 일어나고 있는지 무척 궁금했다. 그리고 우리 인간들이 쥐의 철망에 비교할 수 있는 현실 세계 안에서 어떤 결정을 내릴 때마다 그 큰 뇌 속에서 무슨 일이 일어나고 있는지도 궁금했다. 당시 1970년대 후반의 행태주의자들에게 이것은 전혀 문제삼을 엄두도 낼 수 없는 그런 것이었다. 뇌는 글자 그대로 블랙 박스였고 과학이라는 연장으로는 도저히 열 수 없는 것이었으며 마음은 처칠이 소련을 두고 한 말과 똑같았다. "어떤 불가해성 안에 있으면서 신비에 둘러싸인 수수께끼."

인지심리학자들과 신경과학자들 덕분에 이 블랙박스는 이제 개봉되었다. 비록 뇌에 관한 많은 부분이 아직 풀리지 않고 남아 있긴 하지만, 마음이라는 수수께끼는 훨씬 덜 신비로운 것이 되고 있다.

● 합리적 선택의 불합리성

이번에는 아이들의 사립학교 수업료 2만 달러를 납입해야 할 시기가 왔다고 생각해보자. 그리고 가지고 있는 주식의 일부를 팔아야만 그 돈을 마련할 수 있는 형편이라고 하자. 그런데 운 좋게도 아이팟 붐이 터지기 전에 애플 사 주식을 사두었던 것이다. 한 주당 50달러씩 모두 400주를 샀다. 총 2만 달러를 투자한 것이다. 이제 그 주식이 주당 100달러가 되었다. 자, 그럼 이 애플 주식 절반을 팔아 그 돈으로 수업료를 내야 할 것인가? 아니면 몇 년 전에 총 4만 달러에 구입했지만 이제는 뚝 떨어져서 2만 달러 가치밖에 되지 않는 포드의 주식을 처분해야 할 것인가?

우리가 앞장에서 살펴보기 시작한 것과 같이 대부분의 사람들(나를 포함해서)은 애플 주식을 팔고, 언젠가 회복되리라는 희망을 품고 포드 주식을 계속 끌어안고 갈 것이다. 그러나 재무적으로 보면 이는 나쁜 전략이다(주식에서 손실을 본 만큼 나중에 세금 환급을 받는 것을 계산에 넣고 행동하지 않는 한 그렇다). 우리는 왜 오르는 주식은 팔고 밑바닥에서 헤매는 주식에 집착하는 것일까?

여기서 약간 복잡한 사고 실험을 생각해볼 수 있다. 이 실험은 '호모 에코노미쿠스', 즉 '경제적 인간'이라는 표준형에 내재해 있는 또 다른 불합리성을 보여준다. 내가 여러분에게 100달러를 주고 여기에 A) 확실한 50달러의 추가 수익과, B) 동전 던지기를 해서 앞면이 나오면 여러분이 100달러를 더 갖고 뒷면이 나오면 아무것도 갖지 않는 것 중 택일할 선택권을 주었다 하자. 여러분은 A를 원할까, B를 원할까?

자, 이번에는 내가 여러분에게 200달러를 주고 여기에 A) 확실한 50달러의 손실과, B) 동전 던지기를 해서 앞면이 나오면 100달러를 잃고 뒷면이 나오면 아무것도 잃지 않는 것 중 택일할 선택권을 주었다고 하자. 여러분은 A를 원할까, B를 원할까?

양쪽 시나리오의 A와 B 최종 결과물은 모두 동일하다. 신고전주의 경제학 용어를 빌려 말하자면 그것들의 효용은 동등하다. 합리적으로 보면 어떤 선택을 하든 문제없다. 그래서 '사람들이 양쪽을 똑같이 선택하게 될 것'이라는 점은 자명해 보인다.

합리적 선택 이론(Rational Choice Theory)이라는 것이 있다. 이는 호모 에코노미쿠스 개념의 기초를 형성하고 있는 것으로 이 이론에 따르면, 우리는 의사결정을 할 때 자신의 효용을 극대화한다. 말하자면 선택 문제에 봉착했을 때, 결과물의 가치를 고려하고 그 목표에 도달하기 위해 택해야 할 가장 효율적인 경로에 대해 합리적인 의사결정을 하게 된다.

그러나 인간으로서 갖고 있는 손실 회피 성향이 우리의 선택을 모양 짓는다. 사람들은 대개 첫 번째 시나리오에서는 A를 선택한다(확실한 50달러의 수익). 그리고 두 번째 시나리오에서는 B를 선택한다(100달러를 잃거나 아무것도 잃지 않을 확률이 같은 상황). 우리는 손실 가능성에 직면해서는 대담해지고, 확실한 수익 보장의 기회가 주어졌을 때는 신중해지는 경향이 있다.[4] 정서로 보자면 2개의 선택 사이에는 차이가, 그것도 큰 차이가 있다. 비록 100달러와 거기에 추가되는 확실한 혹은 가망성 있는 50달러의 수익 시나리오와 200달러를 확보한 상태에서, 확실한 혹은 잠재적인 50달러의 손실 시나리오는 아무런 차이가 없어 보여도 정서적인 면에서는 그렇지 않은 것이다.

행동경제학 분야에서 행해진 수천 가지의 실험이 결론적으로 말해주는 것은 대부분의 사람들이 매우 '위험 회피' 적이라는 것이다. 그리고 관련된 연구 결과들은 우리가 얼마나 위험을 싫어하는지 정확히 보여준다.

제5장에서도 살펴보았다시피, 평균적으로 사람들은 50 대 50의 확률로 돈을 따거나 잃거나 하는 상황을 좋아하지 않는다. 딸 수 있는 돈이 최소한 잃을 수 있는 돈의 2배는 되어야 그 상황을 받아들인다. 말하자면 대부분은 50 대 50의 확률 상황에서 100달러를 얻을 가능성이 있다면 잃어버릴 가능성이 있는 금액이 50달러를 넘지 않아야만 그 게임을 수용한다는 얘기다.[5] 잠재적 수익이 잠재적 손실의 2배 이상 될 때 그 도박에 참가할 것이라는 말이다. 이제는 과학으로 그 부분을

설명할 수 있다.

행동경제학이라는 믿을 수 없을 정도로 풍부한 지적 분야에 푹 빠진 나는 캘리포니아공과대학에서 콜린 캐머러 교수가 가르치는 강의를 청강했다. 그는 실험경제학자로 일찍이 행태주의 사조를 받아들인 사람이었다. 담청색 눈과 튼튼한 체격을 한 그는 그 학교에서 성공할 수 있는 완벽한 조건을 갖춘 사람이었다. 어릴 적에 신동(神童) 소리를 들은 그는 18세에 존스홉킨스대학교에서 계량경제학을 전공했고 불과 스물두 살 나이에 시카고대학교에서 행태 결정 이론으로 박사학위를 받았다. 자신의 말을 강조할 때마다 눈썹을 멋지게 움직이는 캐머러 교수는 쉴 새 없이 눈을 깜박이고 대단히 말을 빨리 하는 사람이었다. 그는 때때로 앞 문장이 끝나기도 전에 다음 문장을 시작하곤 했다. 그는 유머와 팝 문화 현상들을 거론하며 학생들을 자신의 강의로 빨아들였다(첫 강의에서 브리트니 스피어스와 린제이 로한이 도마 위에 올랐다). 그리고 자신이 막 아빠가 되었기 때문에 (흥분한) 그로서는 그의 한 살배기 아기가 보이는 행동경제학적인 선택 행위에 대해 말을 안 하려야 안 할 수가 없었다. 이런 얘기들은 딱딱한 전문용어와 수학 방정식들이 오가는 속에서 폭소를 자아내게 만들었다.

"뇌는 경제적 결정을 내리는 기관입니다." 그의 말을 들어보자. "행동경제학에서 우리는 사실과 개념을 사용해서 계산과 의지와 자기 이익이라는 말이 가지고 있는 한계를 드러내 보이고자 하는 것입니다."

이는 곧 '호모 에코노미쿠스' 이론이 전제로 취하고 있는 것에 대한 직접적인 공격이다. 내가 그의 연구실을 방문했을 때 그는 이렇게 말해줬다.

"사실 내가 합리적 선택 이론을 맨 처음 들었을 때 웃음을 참을 수가 없었습니다. 어떤 법칙이든 수많은 예외가 있다는 것을 아실 겁니다. 또 그런 예외들 때문에 새로운 법칙을 찾아나서는 것이고요."

행동경제학의 많은 부분이 내시 평형과 파레토 최적 개념을 반박하는 일과 직·간접적으로 관련되어 있다. 이것을 떠올려보자. 내시 평형에서 둘 혹은 그 이상의 참가자들이 평형점에 도달하면 그 지점에서는 어느 누구라도 일방적으로 전략을 바꿈으로써 무엇인가를 얻어낼 수 없다. 보다 넓은 범주에 적용해서 설명하자면, 시장이 평형점에 다다르면 거기서는 전략을 바꾸는 것보다 전략을 고수하는 것이 보다 큰 이익을 취하는 길이다. 그리고 이는 시장 안정성으로 이어진다.[6]

파레토 최적은 양 당사자가 이익을 얻거나 한 당사자가 이익을 얻더라도 남은 당사자가 손해를 보지 않는 경우에 성취된다. 보다 넓은 범주에 적용하자면, 시장이 최적화된 지점에 다다르면 누군가의 손해를 동반하지 않고는 더 이상의 거래가 이뤄지지 않는 상태가 된다.[7] 평형 이론이 가지고 있는 문제점은 그것이 품고 있는 가정, 즉 완전한 경쟁, 완전한 정보, 완전한 합리성이라는 가정이 행동경제학자들이 보기에 맞지 않다는 것이다(대부분의 일반인들은 오래전부터 알고 있었던 사실이긴 하지만). 경쟁은 완전하지 않다. 사람들은 완벽한 정보를 확보하고 있지 않다. 그리고 우리는 합리적 선택(만)을 하지는 않는다. 캐머러 같은 행태주의 경제학자들이 알고 싶어한 것은 시장에서 인간의 불합리성이 어떻게 시장의 균형을 바꿔놓는가였다.

"일반적으로 말해, 합리적 선택 이론은 현실 세계가 어떻게 작동하는지에 대한 유용한 근사치를 제시해준다는 점에서 충분히 타당하다고 할 수 있습니다."

캐머러는 말한다.

"이를테면 장기적인 관점에서 보면 사람들은 어떤 자극에 실제로 반응하긴 합니다. 그러나 그것만이 전부가 아니죠."

캐머러는 '내부로부터의 경제학', 즉 머리 안쪽에서 일어나는 것을 연구하고 싶어 한다. 실제로 캐머러의 첫 직장은 노스웨스턴대학교 경영대학원이었다. 거기서 그는 기업 경영이 성공하거나 실패하는 원인을 주제로 강의를 했다. 연구를 통해 그는 성패의 원인이 자주 경영자들의 인성에 귀착된다는 것을 알게 되었다. 그들이 어떻게 의사결정을 하는지, 또 그들이 어떻게 자신의 직원들을 대우하는지, 그들이 어떻게 시장에 관여하는지, 그 심리에 크게 좌우된다는 것이었다. 그것을 이해하려면 우리는 인간 심리를 먼저 알아야 할 필요가 있다. 이는 캐머러가 대니얼 카너먼과 아모스 트베르스키의 저작물에 눈길을 돌리도록 한 이유였다.

누군가의 머릿속에서 무슨 일이 일어나고 있는지 심리학적으로 들여다보는 일은 중요하다. 그러나 캐머러는 한편으로 그것을 실험실에서 계량화하고자 했다. 실험실에서 나온 결과에 근거해서 수학적인 예측 모델을 구축하고, 이를 가지고 현실 세계의 원칙들을 검증하려 했다. 그 예로, 캐머러는 뉴욕시의 택시기사들을 연구했다. 그들은 12시간 택시를 세내는 조건으로 정액 요금을 지불했고 남은 돈은 전부 가져갔다. 캐머러가 알아낸 것은 택시기사들이 매일 택시 빌린 값을 치르기 위해 자신들이 벌어야 하는 돈의 평균 금액을 스스로 책정해놓고 있었다는 사실이다. 그들은 손실 회피 성향이 강한 터라 비오는 날에는 자신들이 세운 (평균) 목표액을 채우기 위해 초과 노동을 했고 날씨가 좋아 목표액이 빨리 채워진 날은 영업을 일찍 끝냈다.[8]

강의실에서 캐머러가 시장에서의 인간 선택 행위를 고찰하면서 특히 선호했던 것은 수학적인 정밀성이었다.

"사람들은 자신에게 어떤 효용적 기능이 있는 것처럼 행동한다. 그리고 그들은 그 효용성을 극대화하는 방향으로 의사결정을 한다."

그는 자신의 노트북 컴퓨터 옆에 있는 칠판에 방정식과 로그 곡선을 빠르게 휘갈겨 쓰면서 설명을 하곤 했다. 단순화할 필요가 있다. 마치 '수요 공급의 법칙'이 그런 것처럼. 이 법칙은 만일 상품 가격이 상당히 낮은 상태라서 소비자들의 주문이 생산자들의 공급보다 많다면, 주문이 감소하는 선까지 가격이 오르리라는 것을 예측할 수 있도록 한다. 역으로 상품 가격이 소비자들의 주문을 줄이는 지점까지 높아져 있다면, 생산자들은 가격을 떨어뜨릴 것이고 그 가격은 소비자의 주문이 늘어나는 지점까지 계속 내려갈 것이다. 시장의 평형은 공급량과 수요량이 엇비슷해지는 지점에서 이뤄진다. 그리고 이 균형은 소비자, 생산자, 그리고 가격 간의 상호작용을 통해 유지된다. 이는 자가촉진적 회로의 또 다른 본보기이며, 경제학자들이 일종의 자가추진적 시스템이라고 생각하는 것이다. 그리고 예측 가능하다는 점에서는 법칙이라고 불릴 만하다. 물리학(기후계)과 생물학(생태계)에서 나타나는 유사한 현상만큼이나 그렇다.

수요 공급의 법칙은 너무나 강력하고 파급력이 뛰어나 거기에는 어떤 오래된 진화적 뿌리가 있는 것처럼 보일 정도다. 일례로 예일대학교의 경제학자인 케이드 첸(Keith Chen) 교수와 연구진들이 2006년에 행한 한 연구를 보면, 꼬리말이 원숭이들과의 '거래'에도 법칙이 있음을 발견할 수 있다. 실험자들은 원숭이들에게 12개의 토큰을 주었다. 그리고 사과 조각과 포도를 가지고 원숭이들과 교환을 시도했다. 원숭이들은 그 둘을 다 좋아했다(오이 썬 것은 좋아하지 않았다). 첫 번째 실험에서 원숭이들은 토큰을 가지고 실험자들의 포도와 바꿀 수 있었다. 그 다음에는 사과를 두고 거래하는 실험이 행해졌다. 꼬리말이 원숭이들은 적극적으로 거래에 응했다. 왜냐하면 녀석들이 토큰의 대가로 받는 먹이들은 실험 기간 동안 매일 취해야 할 열량의 일부를 제공해주었기 때문이었다. 바꿔 말하자면 원숭이들은 배가 고팠던 것이다. 예를 들어 그 실험에서 원숭이 한 마리는 토큰 7개로 포도를 거래했고, 5개로는 사과 조각과 바꾸었다. 각각 원숭이들에게 이 정도가 기준이었고, 실험자들은 개별 원숭이가 무엇을 특히 좋아하는지 알게 되었다. 그들은 조건을 변경했다. 이번에는 먹이와 교환하려면 토큰을 더 내야했다. 먹이 하나하나의 가치가 2배가 되었음을 알게 하기 위해서였다. 수요 공급의 법칙에 의하면, 꼬리말이 원숭이들은 이제 상대적으로 저렴한 것을 구하거나 상대적으로 비싼 먹이를 조금만 구해야 했다. 원숭이들은 정확히 그대로 했다. 여기서 더 나아가 그 다음에는 실험 조건을 다시 조작해서 원숭이들로 하여금 덤을 챙길 수 있는 50퍼센트의 가능성과 손해를 볼 수 있는 50퍼센트의 가능성 중에서 선택하도록 했다. 손실 회피 원칙에 따라 원숭이들은 이익에 끌리는 것보다는 2배 정도로 강력하게 손해 보는 것을 기피했다.[9]

대단한 일이었다. 원숭이들이 공급 · 수요 · 가격의 변화에 반응하는 것은 인간들과 별 다를 바가 없었다. 게다가 인간의 행태 중에서 가장 강력한 요소인 손실 회피 성향을 확실히 보여주었다. 그러나 이런 공통적인 특성이 세계의 다른 장소에서, 다른 시기에 살았던 숱한 영장류 동물들 사이에서 독립적이고 병행적으로 진화했다고 보기는 매우 어렵다. 이것이 시사하는 것은 진화의 시발점에서부터 그런 편향이나 선호가 존재했고, 이 특성들이 원숭이 · 유인원 · 인간들의 공동조상 안에서 진화되었으며, 세대를 통해 전해졌다는 것이다. 이 실험만을 놓고 본다면, 공동조상이란 우리 인간의 계보와 꼬리말이 원숭이의 계보가 만나는 지점에 있는 조상을 말한다 하겠다. 그래서 만일 인간과 다른 영장류 동물들 사이에 존재하는, 행태적인 유사성 또는 좋아하는 것을 선택하도록 몰아가는 뇌 작용의 기원은 1,000만 년 전의 공동조상에게까지 거슬러 올라갈 수 있는 것이다. 1,000만 년 전에, 수요 공급 법칙의 기저를 이루는 모종의 심리가 최초의 영장류 '교역자'들 안에서 진화하고 있었던 것이다.

미래 할인 효과

여러분은 백열등과 형광등을 비교하는 광고를 보았을지 모르겠다. 형광등 광고에는 으레 환경 친화적이라는 선전 문구가 따라 붙곤 하는데, 이는 같은 밝기의 빛을 10배 정도 더 오래 낼 수 있기 때문이다.

에너지 효율성이란 전기를 덜 쓰는 것을 의미한다. 그것은 석탄을 덜 땐다는 말이며 대기 중으로 방출되는 탄소의 양이 적음을 뜻한다. 그러므로 지구 온난화 문제의 한 해법이 될 수 있다는 것이 그 선전의 논거다. 그러나 만일 사람들이 여러분이 지구 온난화에 대해 회의적인 입장이라면, 혹은 가계나 개인 재정 상황 같은 일상 생활적 기준에 맞추어 물건을 구입하는 편이라면, 광고는 아마도 장기적인 비용 절감에 초점을 맞추는 쪽으로 제작될 것이다. 말하자면 사람들의 환경의식에 호소하는 것이 아닌, 사적 이익 창출에 유리한 쪽을 선호하는 마음을 움직이려 한다는 얘기다. 60와트짜리 재래식 백열등 하나의 가격은

0.75달러이고 1,000시간을 켤 수 있다. 반면에 14와트짜리 형광등의 가격은 2달러이지만 1만 시간 동안 쓸 수 있다. 빛의 밝기는 똑같다. 1만 시간 동안 이 전구들을 사용하는 데 드는 총 비용은 전구 교체 비용까지 포함해서 백열등은 59달러이고 형광등은 12달러. 여러분이라면 어떤 것을 사겠는가? 그것은 여러분의 개인적인 시간 선호도에 달려 있다. 여러분은 즉각적인 보상을 원하는가(지금 당장 1.25달러를 아끼는가)? 아니면 미래 수익을 창출하려고 하는가(시간이 지난 뒤에 47달러를 벌려고 하는가)?

만족의 지연과 시간 선호도, 즉 우리가 시간의 흐름 속에서 가치를 어떤 식으로 할인해나가느냐는 행동경제학의 뜨거운 주제다. 전구의 사례는 '시간 간 선택(intertemporal choice)'이라는 말로 알려져 있는 것이다. 서로 다른 시간들에서 일어나는 비용 및 수익의 맞교환과 관련된 결정이다. 연구 결과에 따르면 사람들에게 장기적 옵션을 선택하도록 하려면 그들에게 유인책을 써야 하는 것으로 나타나고 있다.

1981년의 연구에서 경제학자 리처드 테일러는 피실험자들에게 지금 당장의 15달러와 미래의 좀 더 많은 금액 중에서 하나를 택일하라고 했다. 그리고 그 미래라는 것이 1개월 뒤라면, 더 나아가 1년 후라면, 그리고 10년 후라면 그에 적당하다고 생각되는 많은 금액은 얼마인지 말해달라고 했다. 1달 후에라도 그들이 받을 수 있겠다고 말한 금액은 평균 20달러였다. 1년 후는 50달러, 10년 후는 100달러였다.[10] 경제학계의 은어를 써서 말하자면 '원제안의 효용(utility of the original offer)'은 시간을 두고 체감하기 때문에 미래 가치는 현재 가치보다 큰 것이어야 한다는 것이다.

테일러의 연구 결과가 나온 이후 수백 건의 그와 비슷한 실험이 행해졌으며 미세한 차이가 있긴 했지만, 모든 실험들이 시간은 가격을 할인한다는 근본 원칙을 확인해주었다. 다른 사례를 하나 살펴보자. 오늘의 20달러와 1주일 후의 22달러 중에서 어느 쪽을 택할 것인가? 사람들 대부분은 당장의 20달러를 집어 들었다. 고작 2달러를 더 벌기 위해 1주일을 기다린다는 것은 그럴 만한 가치가 없다고 보았기 때문이었다. 그러나 시간의 차원을 달리해보자. 7주 후에 20달러를 받을 것인가, 아니면 8주 후에 22달러를 받을 것인가? 이번에는 사람들 대다수가 한 주를 더 기다리는 쪽을 택했다. 기묘하다고밖에 말할 수 없다. 2가지 경우 모두 2달러를 더 가지려면 1주일을 참아야 하는데 말이다. 이에 대한 설명은 0에서 1과 7에서 8의 차이에서 찾을 수 있다. '지금'과 비교하면 1주일은 긴 시간이다. 그러나 이미 7주를 기다린 다음에는 1주일 더 지연된다고 해봐야 길게 느껴지지 않는 것이다.

행동경제학자들은 정교한 (그리고 무시무시한) 수학 방정식을 고안·발전시켜 이러한 '시간 간 선택'을 이해하고 예측하는 데 쓰고자 했으며 만족을 지연시키고자 하는 우리의 의지에 영향을 주는 몇 가지 변수들을 밝혀냈다. 그 중 어떤 것들은 꽤나 분명하다. 이를테면 문제가 되는 물건이 육안으로 보이는 것이라면 당장 그것을 가지려고 할 가능성이 높고, 보이지 않는 것이라면 즉각적인 만족을 보류하기 쉬워진다. 이것이 바로 우리가 살을 빼려고 할 때에는 디저트 메뉴에 눈길조차 돌리지 않아야 하는 이유이기도 하다. 물론 우리가 레스토랑 종업원이어서 매상을 올려야 할 입장이라면 디저트를 쟁반째 들고 와서 손님에게 어느 것을 먹을 것인지 고르라고 권해야 하겠지만 말이다. 나의 아버지는 운영하시던 포드차 대리점 영업사원들에게 항상 당부하시길, 고객들에게 차를 '살 의향이 있는지' 절대 묻지 말라고 하셨다.

대신 고객들을 차 전시장에 데리고 가서 '어느' 차를 사고 싶은지 물어보라고 하셨다.

이제 보다 심대한 문제는 도대체 왜 시간 효과가 존재하는가다. 답을 찾기 위해서는 우리의 진화적 조상에게로 거슬러 올라가야 한다. 미래는 불확실하다. 그리고 그 불확실성은 계획을 진행시킬수록 더 커진다. 1주일 후 내 돈에 어떤 변화가 있을지 알 수 있는 사람은 아무도 없다. 그래서 지금 당장 가짐으로써 나중에 잃을지도 모르는 위험을 회피하는 것이 낫다고 생각하는 것이다.

여러 생물 종들의 만족 지연에 관한 연구들을 보면, 현재 취할 수 있는 보상을 미래로 유보시킬 수 있는 능력이 대뇌피질 크기의 증가에 맞추어 꾸준히 그리고 예상할 수 있는 방향으로 커져왔음을 알 수 있다. 쥐나 비둘기의 만족 지연 시간은 극단적으로 짧다. 개는 그보다 조금 길고, 영장류는 그보다 더 길다. 그러나 이런 종들의 지연 만족 기간이라는 것이 짧은 것은 몇 초, 길다고 해봐야 몇 분인 데 비해 인간의 그것은 몇 년씩 가기도 한다.[11] 만족을 지연시킬 수 있기 위해서는 감정적인 충동을 억누를 수 있는 합리적인 인지 능력이 필요하며, 그러기 위해서는 대뇌피질이 충분히 커야 한다. 뇌졸중이나 사고, 절제 수술 등으로 뇌에 손상을 입은 환자들을 연구한 결과를 보면, 전전두엽피질의 손상으로 인해 충동적으로 변하거나 미래 계획 수립 능력이 없어진 사례를 알 수 있다.[12]

기능적 자기공명 영상(fMRI) 시대가 오면서, 우리는 뇌의 어느 부분에서 충동과 만족 지연 현상이 일어나는지, 엄청나게 정밀한 정도까지 잡아낼 수 있게 되었다. 프린스턴대학교의 신경과학자인 새뮤얼 맥클루어(Samuel McClure) 교수와 연구팀은 사람들에게 5달러에서 40달러 사이의 다양한 금전적 보상을 하되 그 지급 시기를 2주 후, 1개월 후로 달리 하겠다고 제안하고 그들의 머리를 fMRI로 조사(照査)했다. 과학자들은 여기서 3가지 중요한 점을 알아냈다.

첫째, 즉각적인 보상을 얻는 경우, 중뇌(中腦) 도파민(dopamine)계과 연결되어 있는 '대뇌 변연계(limbic system)'의 활성화 정도가 현저하게 커졌다. 중뇌 도파민계는 잘 알려져 있다시피 약물 중독이나 충동적 행동과 관련이 깊다.

둘째, 돈의 지불이 지연된 경우에는 '외측 전전두엽피질(lateral prefrontal cortex)'과 '후두정엽피질(posterior parietal cortex)'의 활성화 정도가 크게 증가했다. 그러므로 이 부위는 고도의 숙고 과정과 인지적 통제를 관장하는 것으로 알려지게 되었다.

셋째, 피실험자들이 장기적인 지연을 선택했을 때는 오직 '전두두정엽(frontoparietal lobes)' 부분에만 불이 들어왔다. 이 부위는 지연된다 하더라도 더 큰 보상이 주어진다는 것을 평가하는 일과 관련이 있음을 보여주는 것이었다. 달리 말하면 뇌는 단기적 보상과 장기적 보상 모두에 대해 고려할 수 있다는 것이다.

그러나 '아래쪽(low-road)'에서 감정을 다루는 변연계가 힘을 받아 고조되면 '위쪽(high-road)'의 합리성을 주관하는 전전두엽피질을 압도하게 된다. 보다 높은 곳에서 초합리성을 관장하는 전두두정엽피질이 전체 시스템을 지배하는 상황이 아니라면 말이다. 연구자들은 이러한 결과들로부터 다음과 같은 결론을 도출했다.

"인간 행동은 낮은 단계의 무의식적이고 자동적인 과정에서는 경쟁(심)에 의해 지배받는다. 자동적인 과정은 인간이 특정한 환경에 맞게 진화ㆍ적응해왔다는 사실을 반영한다. 그리고 더 진화되면서 특정한 영역에 국한되지 않는 폭넓은 추론 능력과 추상화와 미래 계획 능력까지 가지게 되었다."[13]

대뇌피질의 크기가 보다 단순한 생물에서 보다 복잡한 포유류까지 '직선적'인 방향으로 커지는 양상도 있지만, 진화사를 보면 같은 포유류라 하더라도 고대 동물보다는 현대 동물이 더 크다. '아래쪽'의 뇌 구조는 모든 포유류와 영장류에게서 나타나는 것으로, 이는 충동적이고 즉각적인 만족을 위한 결정을 내리도록 한다. 그러나 '위쪽'의 신경망은 대뇌피질의 발달과 함께 진화되었다. 특히 고등 영장류 동물에게서 높은 발달을 보였으며 그럼으로써 변연계적인 충동을 억제할 수 있는 능력을 갖추게 되었다. 그리고 우리의 구석기 시대 조상들은 '미래를 할인'하거나 만족을 지연시키는 법을 배우게 되었다.

그러나 구석기 시대의 거래라는 것은 전적으로 식량, 피복, 공동체의 도움 같은 아주 기본적인 필수품에만 국한되었다. 갈등 해결이나 신뢰 강화를 위한 비공식적 수단이 완전히 정착되지 않은 상태에서 장기적인 신뢰를 창출해내거나 미래의 지불을 보증하고, 상호 이익을 약속해줄 수 있는 사회적 제도가 미비했다. 그러므로 미래 할인 효과라는 것은 결국 '구석기 시대의 미래'가 가지고 있었던 불확실성에서 기인한 것이었다.

● 경제적 선택을 좌우하는 신경계

경제적 선택 행위 기저에 있는 신경과학적 사실을 더 배우기 위해 나는 UCLA의 신경과학자인 러셀 폴드랙(Russel Poldrack) 교수와 행동경제학자인 크레이그 폭스(Craig Fox) 교수의 연구실을 찾아갔다. 그리고 폐쇄공포증을 불러일으킬 정도로 비좁은 MRI 기계의 자석 튜브 속으로 들어갔다. 제조 공장 전시실에 있는 전시용 MRI 기계는 무게만 12톤에 이르고 가격은 약 250만 달러 정도 했다. 그것도 설치, 조작 교습, 정비 요금을 뺀 가격이었다. 이것들까지 합치면 100만 달러가 더 추가되었다. 이는 가히 큰 예산을 필요로 하는, 고가의 큰 기계를 써야 하는 큰 과학이라 할 만했다.

MRI를 받쳐주고 있는 테크놀로지 그리고 MRI가 만들어낸 가공되지 않은 이미지를 다채색의 뇌 영상으로 전환시켜주는 컴퓨터 처리 통계 방법은, 그 비싼 가격만큼이나 진정 하나하나가 강렬한 인상을 주는 것이었다. 대략적으로 설명하면 뇌 속에서 신경의 활동은 혈류의 변화 및 혈액에 공급되는 산소와 매우 밀접한 관계를 맺고 있다. 뇌가 활성화되면 더 많은 산소를 소비하게 되고, 가까운 모세혈관에서 적혈구 속에 있는 헤모글로빈을 끌어다 쓰게 된다. 뇌는 이러한 산소 수요 증가에 대해 더 많은, (그 이유는 확실히 알려지지 않고 있지만) 실제로 필요한 것보다 더 많은 산소를 공급하게 함으로써 대응한다. 신경의 활동과 혈류 변화 사이에는 약 5초 정도의 틈이 있다. 이는 신경이 활동하는 여러 뇌 부위들에 산소가 투여된 헤모글로빈이 골고루 돌아가지 않게 만든다. 즉, 부위에 따라 헤모글로빈이 집중되는 양에 상대적인 차이가 나는 것이다. 헤모글로빈은 자성(磁性)에 민감하기 때문에 산소가 투여된 혈액과 투여되지 않은 혈액 사이에는 상당한 자성의 차이가 생긴다. 그리고 이 자성 차이를 바로 fMRI 장치가 측정하는 것이다. 어떻게 MRI는 이 차이를 측정하고, 어떻게 이 차이가 우리가 늘 보는 색채가 화려한 뇌 스캔 영상으로 전환되는 것일까?

나를 연구실로 안내하면서 폴드랙 교수는 내게 그 과정에 대해 설명했다. MRI 스캐너는 거대한 전자석 원통인데, 헬륨으로 냉각시키는 초전도 와이어로 이뤄져 있다는 것이었다. 전기와 자력의 뒤엉킨 관계(댐에서 물을 방출할 때 자기 터빈이 돌아가고 여기서 전기가 나오는 것과 같은)를 설명하는 맥스웰 방정식(Maxwell's equations)에 따라 이것은 튜브 안에 자기장을 발생시킨다. 자기장은 물리학자이자 발명가인 니콜라 테슬라(Nicola Tesla)의 이름을 따 테슬라(Tesla, 이하 T) 단위로 측정되는데, 1T는 지구 자기장의 2만 배에 해당하며, 대부분의 MRI 스캐너는 1.5T에서 4T를 방출한다(스테로이드가 첨가된 자석인가). MRI 자기장이 너무나 강력하기 때문에 피실험자들은 장치 안에 들어가기 전에 모든 쇠붙이 물건을 몸에서 떼어놓아야 한다. MRI 안에서 쇠붙이가 마구 날아다니면서 사람을 죽인 적도 있었다. 그리고 심장박동 조절장치나 금속제 임플란트 치아가 있는 사람도 들어가서는 안 된다. 장치 자체는 단단한 강철로 싸여 있으며, 고도의 방음 기술을 채택하고 있어서 자석이 마술 쇼를 할 때 내는 뼈를 흔들 것 같은 소음을 잘 막아준다. 아닌 게 아니라 정말 마술과 같다. 이 기술의 기반이 되는 이론 물리학 자체가 좋은 의미에서의 눈속임이라고 할 수 있기 때문이다.

사람이 이 자기장 안에 있으면 체내 세포 안에 있는 원자들 중 일부가 자기장에 맞춰 정렬하게 된다. 100만 개 중에 1개꼴로 그렇게 된다. 우리 몸 안에는 7×10,009개의 원자가 있으므로, 2×2×5밀리미터의 세포 공간 안에는 약 600만×10억 개의 원자가 있다. 스캐너가 읽기에는 충분한 개수다. 개별 원자의 핵에 있는 양성자는 회전하는데, 마치 팽이처럼 돌면서 세차 운동을 한다(회전축이 원뿔형으로 움직이면서 요동한다). 양성자의 세차 운동 진동수는 자기장의 세기에 달려 있으며, 이는 튜브의 길이에 따라 달라진다. 그리고 튜브 머리 끝부분의 기울기가 약간 크기 때문에 양성자들의 세차 운동 진동수는 조금씩 차이가 난다. 영상을 만들어내기 위해 특정한 무선 주파수대로 전자기 에너지가 송출된다. 이는 양성자를 자극해서 자기장이 일으키는 공명 주파수에 스스로를 맞추도록 한다. 이렇게 되면 원자와 자기장의 정렬이 한쪽으로 기울어진다. 그리고 시간을 두고(몇 천 분의 1초에 걸쳐) 이 양성자들은 주 자기장과 다시 맞춰진다. 이 과정에서 양성자들은 에너지를 내게 된다. 그리고 이 에너지를 피실험자의 머리가 들어가는 MRI 장치의 상부에 있는 코일('새장'이라는 애칭으로 불리는)이 측정하게 되는데, 바로 여기에서 영상이 만들어진다고 볼 수 있다. '새장' 안에 뇌의 여러 부분에서 오는 신호들이 기록되고 입력되는 것이다. 이 신호들은 제각기 주파수와 위상(位相, phase)이 다르다. 그것은 자기장의 방향이 전후좌우로 변화하기 때문이다. 이런 자기장의 변화가 MRI 장치의 귀청을 뚫는 듯한 소음의 원인이 된다.

일단 피실험자가 원통으로 들어가면 머리가 단단히 고정된다(머리를 움직이면 상이 뭉개진다). 그리고 나면 실험이 시작된다. MRI 스캐너는 2초당 1장 꼴로 뇌 사진을 찍는다. 실험자는 영상을 주시하면서 버튼을 조작하거나 각종 판단을 하고 의사결정을 내린다. 이 모든 것은 작은 스크린이 장착된 보호안경을 통해 보이는데, 이 스크린에는 컴퓨터 스크린의 실험 진행 상황이 그대로 옮겨진다. 2초마다 찍힌 영상들을 쭉 정렬해놓고 머리의 움직임에 따른 편차를 보정한다. 모든 피실험자로부터 나온 데이터는 다양한 뇌 크기와 모양에 따른 차이를 보정하기 위해 적절하게 조정된다. 그리고 나면 컴퓨터는 피실험자들마다 약간씩 차이가 나는 뇌 조직의 위치를 비슷하게 바로잡는다. 통계 모형 하나가 뜨는데, 이것은 뇌의 어느 부분에서 시간의 흐름에 따라 MRI 신호가 어떻게 변화하는지를 보여준다. 그리고 나면 통계 도표에 대한 후속적인 수정 과정이 뒤따르고, 끝으로 추가적인 통계 테스트가 행해지며, 이를 통해 피실험자의 데이터가 완전한 모형과 대조된다. 이렇게 되면 다시 통계 도표가 뜨고, 이것이 뇌에서 일어나는 것들을 생생하게 보여주는 영상으로 전환되는 것이다. 우리가 대중잡지에서 화살표로 무엇인가를 가리키며 "이것이 X 상태의 뇌다"라고 쓰인 표제가 달린 컬러 뇌 스캔 사진을 볼 때마다 이러한 사실들을 기억해야 한다. 그러나 그 사진은 누군가의 뇌를 실제로 보여주는 것이 아니고 전체 피실험자군의 뇌들을 컴퓨터로 통계화하고, 그 차이를 극명하게 나타내기 위해 색깔을 입힌 것이다.[14]

폴드랙과 폭스 그리고 그들의 UCLA 동료인 사브리나 톰(Sabrina Tom)과 크리스토퍼 트레펠(Christopher Trepel)은 피실험자들이 위험도가 높은 상황에서 보이는 손실 회피 성향에 대한 신경학적인 근거를 연구할 목적으로 이 테크놀로지를 채택했다. 피실험자들에게 돈을 딸 확률과 잃을 확률이 반반인 도박을 수용할 것이냐 거부할 것이냐 하는 상황이 주어졌다. 딸 가능성이 올라갈 때 '중변연(mesolimbic)'과 '중피질(mesocortical)' 도파민 시스템에서 오는 입력물을 받아들이게 되어 있는 일군의 뇌 부위가 활성화됨을 연구자들은 발견했다(도파민은 신경전달물질로서 동기화 및 보상과 연관이 있다). 잃을 가능성이 올라갈 때는 보상에 민감한 이 부위의 활성화가 약해졌다. 여기서 흥미로운 것은 손실과 이익 모두 다 동일한 뇌 조직, 즉 '복내측 전전두엽피질(ventomedial prefontal cortex)'에 표시된다는 것이다. 이 부위는 의사결정을 관장하며 상벌의 동기를 갖고 학습하는 일과 연관성이 있다. 그리고 '복내측 줄무늬체(ventral striatum)'에도 그런 식으로 나타난다. 이곳 역시 학습과 동기화, 보상과 관련이 있다. 손실 회피에서 개별적인 차이(누군가 의사결정을 하는 데 있어서 손실, 이익 가능성에 얼마나 영향을 받는가 하는 것)도 예측 가능해지는 것이, 손실일 때는 뇌의 얼마나 많은 부분이 비활성화되고 이익일 때는 얼마나 많은 부분이 활성화되는지를 봄으로써 알 수 있다. 이런 결과를 초래하는 것은 신경화학물질의 차이이고, 유전자의 차이다. 말하자면 우리 중 누군가는 위험을 감수하는 사람으로, 또 누군가는 되도록이면 위험을 피하는 사람으로 정해져 있다는 뜻이다. 그리고 그것이 현실 세계로 옮겨지면, 어떤 재정적 전망을 낙관하느냐 비관하느냐로 나타난다.[15]

사람들이 금전적 실수를 하는 이유에 대한 이런 조사는 무엇을 내포하고 있는가? 나는 이 질문을 포함한 여러 질문을 폴드랙과 폭스에게 던졌다.[16] 바쁜 과학자에게 어울리는 다소 무신경한 복장, 카키색 바지에 반팔 폴로셔츠는 바지 밖으로 내놓고 학자풍의 검은 테 안경을 쓴 폴드랙은 학문적으로는 대단히 영민했지만 말과 과장을 삼가는 편이었다. 그의 첫인상은 얄미울 정도로 똑똑한 뇌 과학자가 보일 수 있는 '민첩한' 정신의 소유자처럼 보였으나, 조금만 더 관찰해보면 오히려 대단히 진중한 사람이라는 것을 알 수 있었다. 심리학과 신경과학을 공부한 폴드랙은 "뇌가 어떻게 의사결정을 내리는가에 관한 이론들을 검증할 수 있는 실험법을 개발하는 일과 의사결정이 내려질 때 개인의 뇌 내부 혹은 신경망에서 어떤 작용이 일어나며, 이 작용이 어떻게 의사결정에 기여하는지"에 대해 매우 폭넓은 관심을 가지고 있었다. 그런데 뇌는 스위스 군용 칼과 같은 특화된 구성 단위들의 집합인가, 아니면 마이크로소프트의 '윈도우 비스타'나 매킨토시의 'OS

X' 처럼 인간의 모든 행태를 관장하는 보다 포괄적인 운영체계인가?

폴드랙은 fMRI 스캔 영상을 판독하는 일이 과학인 것만큼이나 예술에 가깝다고 털어놓았다.

"뇌 부위 가운데 어떤 지점을 보면서 '여기가 여러분 뇌에서 X가 일어나고 있는 위치입니다' 라고 말하고 싶은 유혹을 강하게 받죠. 사실은 그게 뇌의 다른 모든 활동과 다 연관되어 있는 부위라 하더라도 말이죠."

그의 말을 더 들어보자. "우리가 어떤 어려운 일을 할 때 오른쪽 전전두엽피질이 활성화된다 합시다. 뇌를 구성 단위가 아닌 연결망이라는 견지에서 생각하는 한 방법은 이런 겁니다. 우리가 돈에 대한 생각에 몰입하고 있을 때 서로 다른 뇌 영역들의 연결망이 특정한 방식으로 소통하게 됨을 볼 수 있습니다. 물론 전전두엽피질도 다른 여러 가지 기능 수행과 연결되어 있습니다. 그러나 여타의 뇌 연결망과 소통하면서 어떤 특정한 일과 관련될 때, 이를테면 돈에 대해 생각하고 있을 때 그것은 특히 활성화되는 것이죠."

이러한 뇌와 생각 간의 관계를 정확하게 연결 지으려면 여러 가지 상대적인 비교 작업이 요구된다. 선택 실험을 하기에는 fMRI를 쓰는 것이 특히 유리하다. 왜냐하면 다양한 의사결정은 구분되는 서로 다른 뇌 기능으로 나타나고, 이를 가지고 신경과학자는 쉽게 대조 작업을 할 수 있기 때문이다.

뇌를 단순한 몇 개의 구성 단위로 환치하고 싶은 유혹에 굴복하기는 쉽다. 이를테면 '여기는' 추론을 관장하는 구성 단위, '저기' 는 감정을 주제하는 구성 단위, 혹은 '이' 신경 경로는 감정이라는 아랫길을 나타내고 '저것' 은 이성이라는 윗길을 표시한다는 식으로 생각하기 쉽다. 그러나 인간의 뇌가 가지고 있는 신경망은 꽤나 복잡하고 상호 연계적이다.

"사고에 있어 이성적인 방식과 감정적인 방식은 분명히 있습니다."

폴드랙은 이렇게 설명해줬다.

"그러나 양자는 서로 아주 많이 소통하고 상호작용합니다."

크레이그 폭스가 맞장구를 치며 끼어든다. "그러나 한편으로는 과학의 진보를 위해 단순화하고 추상화할 필요도 있습니다. 특히 복잡계를 연구할 때는 말이죠."

폭스의 연구는 폴드랙의 그것과 대조적이다. 그의 복장은 자신이 강의를 해주는 『포춘』 선정 500대 기업 이사들의 그것과 비슷하다. 그는 그들에게 기업 합병의 심리와 그들이 왜 그렇게 자주 사업에 실패하는지 그 이유(대개는 우리가 앞장에서 살펴본 여러 인지적 편향 때문에 그렇게 된다)에 대해 강의한다. 폭스는 사람들이 불확실한 상황 속에서 어떻게 판단하고 의사결정하는지를 연구했다. 그는 무역업자에서 기업 이사진, 변호사, 스포츠 팬에 이르는 광범위한 사람들을 조사했으며, 서베이 조사에서부터 연구실, 필드 작업, 보관 자료 분석, (폴드랙과 협동으로) 뇌 영상 연구에 이르기까지 대단히 폭넓은 실험법을 구사했다. 이 분야의 창시자인 카너먼과 트베르스키에게서 공부한 폭스는 이 테크놀로지가 폴드랙이 한 것보다는 직접적으로 경제학과 연결되기를 희망하고 있다.

"나는 위험도가 높은 상황에서의 의사결정을 연구할 목적으로는 fMRI가 대단히 장래성 있는 새로운 도구라고 생각합니다. 이 도구는 독특한 장점과 약점을 다 가지고 있고 연구실에서 하는 실습이나 필드 데이터 분석 같은 기존의 연구 도구들을 훌륭하게 보완하리라 생각합니다."

그 예로 폭스는 행동경제학 실험에서 카너먼이 2가지 유형의 서로 다른 효용 개념을 구분한 것에 주목한다. 의사결정을 내리는 동안 경험하는 가치와 의사결정이 이뤄지고 난 후에 경험하는 가치가 그것들이다. 얼음을 섞은 섭씨 14도의 물에 60초 동안 피실험자의 손을 담그게 하는 실험 조건이 하나 있다. 또 다른 실험 조건은 섭씨 14도의 물에 60초 동안 미리 담근 손을 빼지 않고 30초에 걸쳐 서서히 온도를 15도까지 올리는 것이다. 결과는 깜짝 놀랄 만한 것이었다. 폭스는 이렇게 말하고 있다.

"참가자들 대부분이 90초일 때의 경험이 60초일 때의 그것보다 덜 불쾌했다는 반응을 보였다. 그리고 60초의 경험보다는 90초의 경험을 반복하고 싶다고 말했다."

다른 말로 하자면 이 실험의 참가자들은 고통이 적은 것보다 '큰' 쪽을 선호했던 것이다.

행동경제학에서는 '경험된 효용(exprienced utility, 순간순간 경험하는 효용)'이 '회고적 효용(retrospective utility, 경험이 유발한 쾌감 혹은 불쾌감의 총합을 떠올리는 것)'과 전혀 다를 수 있다는 것이다. 이는 '최고점-최종점 법칙(peak-end rule)'이라 불리는 것으로서 우리가 과거의 일을 판단할 때, 그 경험이 최고점에서는 어땠고 최종점에서는 어땠는지, 그 지점들에서 유쾌했는지 불쾌했는지만을 가지고 평가하는 경향이 있다는 것이다. 즉, 그 일이 일어난 동안 경험한 전체의 순 평균값은 무시한다는 말이다.[17] 폴드랙과 폭스는 fMRI 실험을 하면서 이 2가지 유형의 효용성을 고려했다. 그리고 그들은 뇌 신경망이 그런 (효용) 평가 방식과 관련이 있음을 알아냈다.

"우리 연구가 밝혀낸 것 중 놀라운 것은 도박에서 이익과 손해를 다루는 것은 하나의 단일한 신경망이라는 사실이다. 그리고 이 신경망은 이익보다는 손해 쪽으로 더 빠르게 작동한다. 마치 어떤 신경적인 가치 함수(value function) 같은 게 있는 듯하다."

경제학자들이 '가치 함수'라고 말할 때, 일반적으로는 어떤 기술적이고 특정한 무엇을 의미한다. 그리고 자주 수학적인 방정식으로 표현된다. 그러나 여기서는 가치 함수를 어떤 것을 구입할 때 기대되는 미래 보상이나 가치를 산정하는 것 정도로 알아두면 될 것 같다. 조금 더 풀어서 말하면 가치가 효용과 등치된다고 보는 것이다. 이는 19세기의 공리주의 원칙으로 회귀한 것이다. 제레미 벤담과 존 스튜어트 밀의 생각, 즉 사회적·정치적 정책의 목표는 한 사회 내에서 가능한 한 가장 많은 사람들의 효용을 최대화하는 것에 맞춰져야 한다는 관념, 혹은 "최대 다수의 최대 행복" 정언이 격세유전(隔世遺傳)적으로 되살아난 것과 같다. 경제학에서 효용(혹은 가치)이란 어떤 구매 행위에서 얻을 수 있는 만족이나 행복의 척도를 의미한다.

만일 효용과 가치가 행복과 만족을 불러온다면, 그리고 행복과 만족이 뇌의 활동과 관련이 있는 감정이라면, 뇌 내부의 어딘가에는 효용과 가치를 관장하는 영역이 반드시 있을 것이라고 추정한다 해도 이치에 어긋나지 않을 것이다. 그것은 확실히 있었다. 게다가 사람에게만 있는 것도 아니었다.

예를 들면 1999년 뉴욕대학교 신경과학자 마이클 플랫(Michael Platt)과 폴 글림처(Paul Glimcher)는 원숭이들에게 각각 서로 다른 주시 방향을 선택하도록 하고, 그 중 한 방향에서는 원숭이가 좋아하는 과일 주스가 뿜어져 나오는 보상이 시행되도록 했다. 그동안 과학자들은

'측면 두정엽내(lateral intraparietal, LIP, 귀 바로 위에 위치하고 있으며 후두부 쪽을 향해 있다)'라고 부르는 뇌의 한 영역에서 이뤄지는 단일 뉴런의 활동을 기록했다. LIP는 주의력, 의사결정, 예비 운동 동작 등과 관련이 있다. 플랫과 글림처는 뉴런의 신호 전달 속도와 보상물(주스)의 가치 사이에는 직접적인 관계가 있음을 발견했다. 그들의 표현대로라면 "우리의 데이터가 가리키는 바에 따르면 LIP에서 일어나는 어떤 변화들과 실제로 경제적 결정 과정에서 일어나는 가변성들은 상호 관련성을 맺고 있으며 이 가변성들이 우리의 동물 피실험자들이 하는 선택과 뉴런의 활동에 비슷한 방식으로 영향을 주고 있다."[18] 즉, 보상의 효용이 증가함에 따라서 그에 관련된 정보를 처리하는 뉴런의 신호 전달 속도도 빨라졌다는 것이다. 뇌가 실제로 효용성을 계산하고 있음이 드러났다.

단일 뉴런 측정을 통해 이뤄진 숱한 영장류 연구와 fMRI 스캔을 이용한 인간의 뇌 연구 결과, 신경망이 가치와 효용성을 계산하는 일을 관장하며, 이는 또 시장에서의 의사결정 행태와 직접적인 관련을 맺고 있음이 드러났다. 예를 들어 기대 이론에 따르면 평균적으로 사람들은 이익보다 손해에 약 2배 정도 더 민감하다. 사람의 뇌에서 일어나는 변이를 알면 그들 행동의 변이를 예측할 수 있을까? 대답은 놀랍게도 '그렇다'이다. 폭와 폴드랙은 자신들의 실험에 참가한 피실험자들의 행태와 그들의 뇌 속 뉴런의 활동과의 상관계수는 0.85라고 산출해냈다.

이런 결과는 막연히 관련이 있을 거라는 기술적인 수사보다 훨씬 깊이 있는 것이다. '상관계수(correlation coefficient)'는 사회과학자들이 가장 즐겨 사용하는 통계학인 표현 중의 하나다. 그것은 r로 표시되며 0.00부터 1.00까지, 즉 무관련성에서부터 완전한 관련성에 이르는 분포대를 갖는다.

예를 들면 키와 몸무게의 상관계수는 $r=0.70$이라 하자. 이 수치를 제곱하면 '결정계수(coefficient of determination)' 라고 부르는 수치, 즉 $r^2=0.49$가 된다. 이 말은 몸무게의 49퍼센트는 키에서 기인한다는 뜻이다. 역으로도 같다. 대개의 사회과학 연구에서 웬만한 상관계수들은 $r=0.50$ 이하로 떨어진다. 심지어 일란성 쌍둥이 연구에서도 그렇게 나온다. 떨어져서 양육된 일란성 쌍둥이의 종교적 취향에 대한 상관계수가 $r=0.49$이다. 이쯤 되면 누군가의 종교심에서 유전자가 큰 역할을 한다는 유의미한 수치라고 볼 수 있다. 그러나 이 결정계수는 $r^2=0.24$가 된다. 이는 사람들의 종교 성향에 유전자가 기여하는 것이 24퍼센트밖에 되지 않음을 의미한다. 나머지는 환경에 의해서 결정된다(유전자 결정론자들에겐 너무 큰 수치다).

한편 행동과 뇌의 상관계수는 $r=0.85$이다. 이것의 결정계수는 $r^2=0.72$이다. 이것이 뜻하는 것은 이 실험에서 피실험자가 보이는 의사결정 변화의 72퍼센트는 뇌의 활동 때문이라는 것이다. 이는 심리학자들을 깜짝 놀라게 한 결과였다. 기껏해야 높은 한자리 수나 낮은 두 자리 수의 결정계수들에 익숙해져 있던 그들에게는 대단히 높은 수치였기 때문이다.

● 구매 결정은 감정적인 반응이다

경제학에서 공짜 점심은 없다는 '사실' 을 능가하는 원칙은 거의 없다. 여러분이 뭔가를 원한다면 그 값을 치러야 한다. 여러분이 원하는 어떤 것이 양(陽)의 가치를 가지고 있다면, 여러분의 지불은 음(陰)의 가치를 가지고 있는 것이다. 가치를 추구하는 구매자들은 당연히 전자를 최대화하고 후자를 최소화하려고 한다. 사실 모든 경제 이론의 핵심에 자리하고 있는 것은 어떤 물건을 살 것인가 말 것인가를 두고 누군가 내리는 의사결정을 예측하고 설명할 수 있는 능력에 대한 것이다.

스탠퍼드대학교의 신경과학자 브라이언 넛슨(Brian Knutson) 교수와 그의 연구팀은 피실험자들의 특정 상품 구입 여부 결정에 관한 실험을 하면서 fMRI 스캔 기술을 사용했다. 넛슨은 뇌의 어느 영역이 상품 구매 결정을 관장하는지 알고 싶었다.

이른바 '돈을 쥐고 있을 것이냐 살 것이냐(Save Holdings or Purchase)'라는 실험 작업, 줄여서 SHOP이라는 이름의 실험을 하면서 넛슨 교수팀은 26명의 피실험자들이 한 상자의 고디바 초콜릿, 혹은 TV 인기 시리즈물인 「심슨 가족(The Simpsons)」 DVD를 살 것인지 말 것인지를 결정하는 동안 그들의 뇌를 스캔했다. 각각의 물건을 제시하고 4초 후에 그 물건들의 가격을 알려줬다. 그런 다음 다시 4초 후에 스크린을 통해 피실험자들에게 2개의 상자를 보여줬다. 하나에는 '예', 다른 하나에는 '아니오' 표시가 되어 있었다. 피실험자들은 그 물건들을 살 것인지 말 것인지에 대해 결정했다. 총 80차례의 시도가 이뤄졌는데, 사람들이 저마다 가진 왼쪽과 오른쪽에 대한 행동 선호도가 영향을 주는 것을 피하기 위해 '예' 상자와 '아니오' 상자의 위치를 무작위적으로 바꾸었다. 어떤 구매는 가상적이었던 반면에 실제적인 구매도 있었다. 실제로 구매 행위를 한 피실험자들은 20달러씩을 받아서 고디바 초콜릿이나 「심슨 가족」 DVD를 샀다.

그럼 넛슨 교수와 연구팀이 구매 행위 중에 이뤄지는 뇌의 활동(아니면 최소한 구매 행위 중 fMRI 스캔에 뜨는 것)을 두고 알아낸 것은 무엇이었을까? 물건이 등장하면 '측좌핵(nucleus accumbens, NAcc)'이 활성화된다. 이는 중뇌 근처에 있는 뉴런의 연결망으로 보상 중추 및 상품 평가 기능과 관련이 있다. 상품의 가격이 뜨면 '중앙 전전두엽피질(mesial prefrontal cortex)'이 빛을 낸다. 이 뇌 영역은 보다 고등한 수행 기능과 의사결정을 주관한다. 실험 조건을 달리하면서, 연구팀은 누군가 어떤 상품에 지불한 것과 그것의 실제 가격과의 차이에 따라 중간 전전두엽피질의 활성도가 달라지는 것을 발견했다. 끝에 가서는 '뇌섬엽(insula)'이 밝아졌다. 이것은 부정적인 자극에 반응하는 피질의 영역으로 알려져 있다. 이를 테면 썩은 냄새 같은 것이 그런 자극일 텐데, 어쨌든 피실험자들이 구매하지 않겠다고 결정을 내릴 때 더 활성화되었다. 말하자면 그들이 부정적인 감정을 경험하고 있는 것이 분명했다. 그 가격이 너무 높다고 생각함에 따라 구역질이 날 정도로 마음에 들지 않았던 것이다.

연구팀은 이렇게 결론 내리고 있다.

"연구 결과는 뇌가 잠재적 이익으로서의 선호와 잠재적 비용으로서의 가격에 대해 미리 틀을 정해놓는다는 가정과 합치했다. 그리고 소비자의 구매 행위는 '선호와 가격에 대한 고려가 기대치에 맞게 결합된 것'을 반영한다는 생각이 근거가 있는 것임을 증명해주었다."[19]

구매 선택은 합리적인 결정이 아닌 감정적인 반응이다. 넛슨은 이렇게 설명한다.

"우리가 보고 있는 것은 상품과 가격에 대한 뇌의 반응이라기보다는 그 상품과 가격에 대한 누군가의 주관적인 반응이지요. 이게 좋아할 만한 물건인가? 가격은 너무 높지 않은가?"

그는 또한 주장하기를, 이러한 신경경제학적 연구가 현금을 쓰는 것과 신용카드를 쓰는 것 사이에서 나타날 수 있는 뇌의 변화를 밝히는 데 도움을 줄 것이라고 한다. 그의 말을 들어보자.

"신용카드를 쓸 때는 어쩌면 구매자의 뇌섬엽이 개입하지 않을 수도 있다는 생각입니다. 제 실험은 누군가가 구매를 시도할 때마다 이뤄지는 뇌의 행동을 앎으로써 그의 구매 행위를 예측할 수 있음을 보여주는 최초의 연구입니다."[20]

그러나 만일 높은 가격이 구역질을 일으키는 뇌 신경망을 활성화시킨다면, 낮은 가격은 그 반대의 작용을 할 것인가? 즉, 성공적인 투자는 뇌의 쾌락 중추를 활성화시킬 것인가?

이 물음에 대한 답을 구하기 위해 넛슨은 또 하나의 fMRI 실험을 했다. 이번에는 24세에서 39세에 이르는 19명의 피실험자를 대상으로 했다. 각자에게 20달러씩 주었고 다음 3가지 중 하나에 투자하도록 주문했다. 첫째, 한 번에 1달러씩의 이익을 보장하는 채권이다. 둘째, 한 번에 10달러씩 벌게 해줄 확률은 50퍼센트이고 10달러씩 잃을 확률은 25퍼센트인 안전한 주식이다. 셋째, 10달러씩 잃을 확률이 50퍼센트이고 10달러를 벌게 할 확률은 25퍼센트인 위험한 주식이다. 피실험자들에게는 각 유가증권의 수익률에 대해 미리 알려주지 않았기 때문에 그들은 그것들에 대한 일반적인 평가 자료에만 근거해서 결정을 내리는 수밖에 없었다.

결과는 상당히 유의미했다. 피실험자들은 주어진 투자 횟수의 4분의 3에 해당하는 횟수에서 합리적인 선택을 했다. 그러나 나머지 4분의 1은 나쁜 투자를 했다. 보다 보수적으로 채권에 투자해야 할 상황에서 주식을 택했다. 피실험자들이 이전에 이익을 내지 못한 주식을 선택할 때마다 땅콩만한 측좌핵이 가장 밝아졌다. 앞서 알아본 대로 이 영역은 보상이나 쾌락과 관련이 있다. 실제로 측좌핵이 도파민에 의해 자극받는 이른바 뇌 쾌락중추와 연결되어 있다는 사실은 주목할 만하다. 또한 이 쾌락중추는 코카인이나 오르가슴과도 대단히 밀접한 관계를 맺고 있다. 1954년에 제임스 올즈(James Olds)와 피터 밀너(Peter Milner)는 우연한 기회에 쥐의 측좌핵에 전극을 심었다. 그들은 쥐들이 대단히 활기를 띠게 되었음을 알았다. 그들은 쥐들이 막대기를 누르면 전기가 나와서 측좌핵을 자극할 수 있는 장치도 만들었다. 쥐들은 스스로가 지쳐 쓰러질 때까지 막대기를 눌러댔다. 심지어는 먹이와 물도 마시지 않고 계속 그 행위를 했다.[21] 자, 이 정도는 되어야 효용성 최대화라는 말에 어울린다고 할 수 있다. 이런 효과는 그 후 실험 대상이 되었던 모든 동물에게서 다 나타났다. 심지어 사람도 마찬가지였다. 뇌수술을 받거나 자신들의 측좌핵에 자극이 가해졌던 사람들은 그 느낌이 오르가슴과 똑같다고 말했다.[22]

넛슨은 피실험자들이 안전한 투자를 할 때마다 그들의 전방 뇌섬엽(anterior insula)이 활성화되는 것을 발견했다. 우리는 앞서 뇌섬엽이 구역질나는 혐오나 부정적인 감정 처리와 연관성이 있음을 알아보았다. 따라서 전방 뇌섬엽이 위험한 투자에 제동을 거는 역할도 할 가능성이 있었다. 측좌핵의 보상중추가 도파민에 의해 자극된다면, 이 비보상중추는 세로토닌(serotonin)과 노르에피네프린(norepinephrine, 노르아드레날린이라고 부르기도 하며, 공포와 불안을 관장한다고 오래전부터 알려져 있다)에 의해 활기를 얻는다.

넛슨의 연구가 시사하는 것은 우리가 위험한 결정에 봉착할 때면, 이질적이면서 때로 경합하기까지 하는 뇌의 여러 영역들 간에 긴장이 발생한다는 것이다. 그는 전방 뇌섬엽이 대단히 활성화된 뇌의 소유자들은 위험한 주식에 투자할 확률이 20퍼센트나 낮다는 것을 알아냈다. 설사 그 주식이 나중에 이익을 낸다 하더라도 그들은 그런 행태를 유지했다. 넛슨은 이렇게 결론 맺는다.

"이 결과는 측좌핵이 이익 예측의, 그리고 전방 뇌섬엽이 손실 예측의 표지가 된다는 가정과 일치합니다."

돈을 따고 잃는 것을 관장하는 뇌의 구성 단위는 무엇인가? 누가 알랴? 아마도 카지노 소유주라면 알 수 있으려나.

"이런 사실은 카지노에서 왜 고객들에게 여러 가지 보상책을 제시하는지 그 이유를 알려줍니다."

넛슨은 말한다.

"싸구려 음식, 공짜 술, 할인된 숙박료, 깜짝 선물, 왜냐하면 이런 보상물에 대한 기대가 NAcc를 활성화시키기 때문이죠. 그렇게 되면 사람들은 위험을 회피하는 태도에서 위험을 추구하는 쪽으로 확 바뀔 가능성이 높아지거든요. 이와 유사한 것을 역으로 시장 전략화하는 측들이 바로 보험회사입니다."[23]

그러므로 섹스와 쇼핑의 거리는 그다지 멀지 않다. 특히 뇌 내부에서는 그렇다. 우리는 어떤 느낌들로부터 들려오는 속삭임에 귀를 기울이지 않으면 안 된다. 이 느낌들은 우리에게 우리의 행동이 초래할 수 있는 결과에 대해 말해주려고 하기 때문이다.

제7장

:

미덕의 가치

여러분이 철로를 따라 걷다가 분기철로와 전철기(轉轍機)가 있는 지점에 도달했다. 한 철로 위에는 5명의 일꾼이 있고 다른 철로 위에는 1명의 일꾼이 있다. 그런데 갑자기 작업용 궤도차가 무서운 속도로 덜컹대며 일꾼들 쪽으로 내려가는 것을 본다. 만일 여러분이 전철기 쪽으로 몸을 던져 (1명이 일하는 쪽으로) 철로를 바꾸지 않는다면, 궤도차는 5명의 일꾼을 덮칠 것이고 그들은 죽게 될 것이다. 1명을 죽게 하고 5명을 살린다. 여러분은 전철기를 들어 반대쪽으로 놓겠는가? 대부분의 사람들은 그렇게 하겠다고 한다.

두 번째 시나리오가 있다. 전철기 대신 이번에는 다리를 만났는데, 덩치가 큰 남자가 여러분 옆에 서 있다. 역시 궤도차가 미끄러져 내려오며 5명의 일꾼을 치어 죽일 참이다. 그걸 멈추려면 여러분이 그 덩치 큰 남자를 노선으로 밀어 넣어 그의 몸으로 궤도차를 막아야 한다.

물론 그렇게 되면 그 남자는 죽을 것이다. 역시 1명을 죽게 하고 5명을 살린다. 여러분은 그 남자를 밀겠는가? 대부분의 사람들은 그렇게 하지 않겠다는 응답을 한다.[1] 도덕적 산법(算法)이 동일한 이상 논리적으로는 어느 쪽이든 차이가 없다. 그러나 감정적으로는 차이가 있다. 왜?

전철기와 사람은 다른 범주에 있기 때문이다. 진화 이론이라면 그 이유를 설명할 수 있다. 진화의 설계에 의하면 우리는 인간을 인간이 아닌 것보다 우월한 위치에 놓도록 되어 있다. 뿐만 아니라 남보다는 동족을, 낯선 사람보다는 친구를, 외지인보다는 내부의 동료를, 간접 행동보다는 직접 행동을 더 우선시하고 더 귀하게 평가하도록 되어 있다. 왜냐하면 이러한 차이들이 생존과 번식에 중요한 변수가 되기 때문이었다. 직관적으로 느껴지는 이런 차이들, 그리고 도덕적 직관은 진화의 기나긴 시간 동안 행해진 '합리적 계산'을 반영한다. 오늘날 우리가 보기에는 불합리한 행동도 오래전 구석기 시대에는 합리적인 행동이었을 수 있다. 진화론적인 시각을 떠나서는 이기적이고 합리적이며 자유로운 존재로서의 '경제적 인간'이라는 가정이 존재할 수 없다. 이성은 '도덕적 감정'의 진화와 깊은 관련을 맺고 있다.

도덕 감정은 어떻게 진화하는가

2000년에 어머니는 넘어지면서 텔레비전 케이스 모서리에 머리를 찧으시고는 이후 회복 불가능한 혼수상태에 빠지셨다. 그때 이미 어머니는 뇌막종양으로 사경을 헤매고 계셨다. 10여 년에 걸쳐 개두(開頭) 수술, 감마 나이프 시술, 화학 요법 등 할 수 있는 치료는 다 해보았다. 몇 주 동안의 고민 끝에 아버지와 나는 어머니의 몸에서 급식 튜브를 제거하기로 결정했다. 그리고 임종의 시간을 지켜보아야만 했다. 열흘 후 어머니는 돌아가셨다.

어머니가 투병하는 내내 우리는 쭉 같이 있었다. 그래서 나는 어머니의 불편함을 보고 느낄 수 있었다. 어머니의 입 안이 너무 말라 있었기 때문에 나는 주기적으로 그녀의 마른 목을 축여주어야만 했다. 간호사는 스펀지 목욕을 시켜주었다. 어머니는 무척 개운해하셨으리라. 의사는 진통제를 놓아주었다. 그러나 그 내부 통증의 정체가 무엇인지는 정확히 알지 못했다. 혼수에 빠진 정신 속에 어떤 것이 파고드는지 누가 알 수 있겠는가? 추정컨대 그녀는 무의식 상태였다. 그렇지만 나는 어머니의 손을 잡고 여러 가지 질문을 하는 것으로써 그녀와 소통할 수 있었다. 어머니는 일종의 의식 변용 상태(state of altered consciousness)에 있었다. 그래서 나는 거듭 이렇게 말했다.

"사랑해요, 엄마. 당신은 위대한 어머니이고 영웅적인 사람이에요. 부엉이처럼 현명하고, 용기 있는 영혼의 소유자입니다. 정말 훌륭하게 사신 삶이었어요. 그래서 엄마와 이별해야 하는 마음도 그리 슬프진 않답니다."

누군가가 그 병실에서 어머니가 느꼈던 괴로움을 그대로 겪고 있다면, 비록 그 고통이 어머니와 같은 그런 상태 속에서는 그저 휙 지나가는 것에 불과하다 해도 자신의 죽음을 앞당겨주는 것이 보다 인도적인 처사라고 생각하지 않을까 하는 생각이 들었다. 그런데 만일 그렇다면 어떻게 해야 한단 말인가? 독극물 주사 아니면 잭 케버키안(Jack Kevorkian, 미국 병리학자로, 환자들이 안락사할 권리가 있음을 주장했다.

스스로 죽음을 원하는 환자 130여 명의 죽음을 도왔다. 2급 살인죄로 기소되어 복역 중 2007년에 가석방되었다—옮긴이)적인 방법을 사용할 수 있을까? 그것은 불법 행위가 될 것이다. 그렇다면 베개로 눌러 질식사시키는 방법은 어떤가? 신속할 뿐더러 유죄가 될 수 있는 증거를 덜 남기게 될 것이다. 예끼! 생각하는 것만으로도 몸서리쳐진다. 심지어 지금 이런 글을 쓰는 것조차도 너무 괴롭다. 누군가가 자연히 사망하게 버려두는 것과 죽음을 직접 유도하는 것, 혹은 수동적인 안락사와 적극적인 그것 사이에는 왜 그토록 저 깊숙한 곳에서부터 치고 올라오는, 참을 수 없는 차이가 존재하는 것일까?[2]

옳고 그르다는, 도덕적이거나 비도덕적이라는, 혹은 선하거나 악하다는 느낌들은 우리에게 우리의 행동과 관련해 중요한 어떤 것을 알려준다. 비록 이런 도덕적 산법이 표면적으로는 비합리적으로 보인다 하더라도 말이다. 내가 이전에 쓴 책인 《선악의 과학(The Science of Good and Evil)》에서 나는 우리가 '진화된 도덕관념'을 가지고 있다고 주장했다. 나는 그것을 근거로 해서 도덕적 느낌 혹은 도덕적 감정이라는 것을 설명하고자 한다.

예를 들어 고결함이나 자부심 같은 긍정적인 감정들은 사람들이 경험하는, '선'을 행한다는 심리적 느낌이다. 이런 도덕적인 감정들은 '선한 어떤 것'으로 집단이나 개인에게 장려되고 강화된 행위들로부터 진화·발달해온 것으로 보인다. 죄의식이나 수치심 같은 부정적 감정들은 사람들이 경험하는, '악'을 행한다는 심리적 느낌이다. 이런 도덕적 감정들은 '나쁜 어떤 것'으로 집단이나 개인에게 주입되고 강화된 행위들로부터 진화·발달해온 것으로 보인다. 도덕적 감정은 특정한 행위에 대한 특정한 느낌 이상의 심오한 그 무엇을 나타낸다. 어떤 행위가 좋으냐 나쁘냐에 대해서는 문화권에 따라 의견이 다를 수 있지만, 특정한 행위 X에 대해 좋은 혹은 나쁜 느낌을 갖게 하는 일반적인 도덕적 감정은 일종의 진화된 감정으로서 모두가 가지고 있는 보편적인 것이다.[3]

내가 여기서 말하고자 하는 것은 누군가가 어떤 특정한 사회적 규범을 어겼을 때, 즉 거짓말이나 도둑질을 했을 때 그가 왜 죄의식을 느끼는가에 대해서가 아니고 그가 왜 죄의식을 '느껴야 하는가'에 대해서다. 죄의식은 단순한 문화 규범 위반을 넘어서는 보다 깊은 의미와 연결되어 있다. 감정은 뇌의 힘을 필요로 한다. 그리고 뇌는 유지하는 비용이 많이 들어가는 기관이다. 그렇기 때문에 진화 과정이 강력한 감정을 생성해냈다면 거기에는 반드시 무엇인가 필연적인 이유가 있을 것이다. 우리가 가진 2가지의 원초적인 감정들이 그 사례가 되어줄 것이다. 바로 허기와 성적 분기(奮起)가 바로 그것이다.

우리는 에너지를 필요로 할 때 의식적으로 칼로리 투입·산출 비율을 계산하지 않는다. 단지 허기를 느낄 뿐이다. 그리고 그 감정은 먹는 행위를 촉발한다. 우리에게 번식이 필요할 때 우리는 잠재적 섹스 상대의 유전자에 근거한 건강 지표를 의식적으로 고려하지 않는다. 단지 누군가에게 끌릴 뿐이다. 그리고 그 감정은 성적 분기와 성 행위를 촉발한다. 예를 들어 우리는 몸과 얼굴이 좌우 대칭인 사람들에게 끌린다. 다시 말해 외관의 왼쪽과 오른쪽이 완벽에 가깝게 일치하는 사람들 말이다. 여성들은 역삼각형의 상체(날렵한 허리와 넓은 어깨)를 가진 남성들에게 끌린다. 그리고 남성들은 허리와 엉덩이 비율이 0.7 대 1인 여성들에게 매혹된다. 이런 특징들은 여성의 경우에는 통통한 입술, 굳센 광대뼈, 굵으면서도 부드러운 머릿결, 그리고 전체적으로 모래시계형의 체형, 남성의 경우에는 큰 키와 머리칼, 강한 턱, 그리고 남녀 공히 깔끔한 얼굴색은 좋은 유전적 건강의 지표가 된다.[4] 그러나 방에 들어와서 좌우대칭을 검사하고 허리 대 엉덩이의 비율을 계산하는 사람은 아무도 없다. 진화가 이미 우리를 위해 계산을 끝낸 상태다. 그리고 우리에게 그 계산 결과의 대용물인 감정을 선사했다. 바꿔 말하자면 우리는 배고파하고 성적으로 자극된다. 왜냐하면 결국 종의 생존은 식량과 섹스에 달려 있기 때문이다. 그리고 몸에 좋은 음식을 맛있게 먹고 즐거운 섹스를 하는 유기체는 보다 많은 자손들을 남길 수 있다.[5]

성적 감정의 경제학은 뿌리 깊은 진화적 근거에 기초하고 있다. 그런 사실은 '짝 고르기에 관한 국제적 연구(International Mate Selection Project)' 같은 다문화적 연구에서도 나타난다. 이 연구는 전 세계 37개 문화권을 대상으로 실시된 것이다. 이 다양한 문화권의 사람들은 이성의 특질을 18개로 구분해놓은 상태에서 어떤 유형이 자신들의 짝으로 바람직한지에 대해 평가를 내리도록 요구받았다. 남성들은 문화권을 막론하고 가임 전성기에 있는, 보다 어리고 위에서 말한 육체적 특징들을 갖춘 여성을 선호했다. 반면에 37개 표본 중에서 36개 표본에 속한 여성들은 남성의 '경제적 유망도'를 '좋은 외모'보다 높게 쳐주었다. 더 나아가 이 연구는 여성들은 많은 재산을 가지고 있는 나이 많은 남성과 결혼하는 경향이 있음을 보여주었으며, 보다 매력적인 여성들은 높은 직업적 지위를 가진 남성과 결혼할 가능성이 높다고 나타났다. 그리고 이런 패턴을 따라가는 것이 다른 짝짓기 전략을 구사하는 것보다 더 많은 아이를 둘 가능성이 있음을 보여주었다.[6]

도덕적 감정이 진화에 따른 것이라는 증거는 인간 보편성에 대한

다문화적 연구에서 더 많이 발견할 수 있다. 인간 보편성이라 함은 인간이 가지고 있는 사고, 행동, 언어, 사회적 관계 그리고 문화의 특질로서, 과거나 현재의 인간 사회에서 그 어떤 예외도 알려져 있지 않은 그야말로 공통적이고 일반적인 것을 일컫는다.[7] 이런 보편성의 가장 흔한 사례가 되는 것이 도구, 신화와 전설, 성 역할, 사회 집단, 공격성, 몸짓, 문법, 감정 같은 것들이다.

인류학자인 도널드 브라운(Donald Brown)은 373가지의 방대한 인간 보편성을 집대성해서 목록화했다. 나는 그 중에서 54퍼센트에 해당하는 202가지가 도덕 또는 종교와 연관되어 있음을 찾아냈다. 이 목록을 보면 우리가 행하는 것들 중 얼마나 많은 것들이 타인과 상호 교류하는 사회적 유기체와 관련이 있는지 분명히 알 수 있다.

보편적인 도덕 감정에 포함되는 것들의 일부를 들어보면 '표현되고 느껴지는 애정(이타주의와 협동에 필요함)', '애착(유대와 우정, 상호 부조에 필요함)', '수줍은 태도(예의, 도덕적 꾸밈)', '울음(비애의 표현, 도덕적 고통)', '감정이입(도덕관념에 필요함)', '선망(도덕적 특성)', '두려움(죄의식의 근거)', '관대함에 대한 존경(협력적이고 이타적인 행위에 대한 보상)', '근친상간에 대한 금기(유전자가 뒤엉키는 것을 막기 위한 도덕적 금지)', '타인에 대한 판단(도덕적 인정·불인정의 근거)', '애도(비애의 표현)', '자부심(도덕관념)', '자기통제(도덕적 행태)', '성적 질투심(짝에 대한 도덕적 방호의 근거)', '수치심(도덕관념)'이 있다.

보편적인 도덕적 행태에 포함되는 것들의 일부를 들어보면 '연령적 지위(사회적 위계, 우위, 나이 든 사람의 지혜에 대한 존경)', '협력(사회적·집단적 도덕성의 기초)', '집단 정체성(외부인 기피증의 근거, 집단 선택)', '갈등 중재(도덕적 행태의 많은 부분에 있어서 근거가 됨)', '관습적

인사(갈등 예방과 해결의 일부)', '지배 · 굴복(사회적 위계의 근거)', '에티켓(사회적 관계의 고양)', '가족 또는 가정(가장 기초적인 사회적 · 도덕적 단위)', '식량 공유(협동과 이타심의 형태)', '선물 주기(협력적이고 이타적인 행위에 대한 보상)', '정부(사회적 도덕성)', '집단생활(사회적 도덕성)', '가족에 기반을 두지 않는 집단들(보다 상위의 도덕적 추론과 간접적인 상호 교환에 필요한)', '상속의 규칙(가족과 공동체 내에서의 갈등을 감소시킴)', '제도(규칙 시행)', '동족 집단(동족 선택, 기초적인 사회 집단의 기반)', '법(권리와 의무, 사회적 화합의 기초)', '결혼(기초적 관계에 있어서의 도덕적 규칙)', '서로 주고받기(상호 이타성)', '잘못의 교정(갈등의 도덕적 해결)', '제재(사회적 · 도덕적 통제)', '집단을 향해 저질러지는 범죄에 대한 제재(사회적 · 도덕적 통제)', '사회 단위로부터의 축출을 포함하는 제재(사회적 · 도덕적 통제)'가 있다.

끝으로, 보편적인 경제 감정과 행태의 일부는 "네가 받고 싶은 만큼 다른 사람에게 행하라"라는 황금률(golden rule)로 표현되는 상호성의 원칙에 근거하고 있으며 다음과 같은 것들을 포함한다. '협력적 노동(동족, 상호적이고 간접적인 이타성의 일부)', '공정성(형평성)', '식량 공유(협동과 이타성의 형태)', '관대함에 대한 존경(협력적이고 이타적인 행위에 대한 보상)', '몸짓(타인에 대한 인정과 유화적인 행태의 표식)', '모욕 주기(도덕적 불인정의 전달)', '환대(사회적 관계의 고양)', '타인에 대한 판단(도덕적 인정 · 불인정의 근거)', '미래 계획 세우기(도덕적 판단의 기초)', '자부심(도덕관념)', '약속(도덕적 관계)', '부정적 상호성(상호주의적 이타성을 감소시킴)', '긍정적 상호성(상호주의적 이타성을 고양시킴)', '잘못의 교정(갈등의 도덕적 해결)', '수치심(도덕관념)', '교대로 하기(갈등 예방)'가 있다.

이런 보편적 요소들이 드러내는 것은 우리가 사회를 이루며 사는 도덕적이고 경제적인 영장류라는 사실이다. 이 특질들은 인간이라는 종에 속해 있는 것이며 종 개체 하나하나를 다 아우르는 것이다.

● 도덕적 선택은 왜 중요한가

허기, 성적 자극, 배우자의 선택 같은 기초 감정에서부터 보다 상위에 놓여 있는 일부일처의 관행이나 결혼이라는 경제적 제도까지 이르는 동안, 우리는 진화심리학에서 진화경제학으로 건너가게 된다. 우리는 짝을 짓고 사는 영장류다. 비록 인류학자들은 인간 사회의 거의 80퍼센트 정도를 일부다처제 사회로 규정하고 있지만, 성비는 대략 50 대 50의 비율이기 때문에 극히 소수만이 여러 아내를 거느리고 있고 나머지 압도적 다수는 일부일처 방식으로 살아가고 있다.[8]

그러나 이런 상황에서도 우리는 남성과 여성이 다른 생식 전략을 추구하고 있음을 볼 수 있다. 영화 「시티 슬리커(City Slickers)」에서 빌리 크리스털(Billy Crystal)이 맡은 인물은 이렇게 빈정거린다.

"여자들은 섹스할 이유가 있어야 하지. 남자들은 장소만 있으면 되고 말이야."

내 책 《왜 다윈이 중요한가(Why Darwin matters)》에서도 말했지만, 이런 유의 통찰은 심리학자인 러셀 클락(Russell Clark)과 일레인 햇필드(Elaine Hatfield)의 재미있는 연구에서도 눈에 뜨인다. 그들은 일단의 매력적인 남녀들이 생판 처음 보는 이성 동료 대학생들에게 접근하도록 한 후 다음과 같은 3가지 질문 중 하나를 던지도록 했다.

1. 오늘밤 나하고 데이트할래요?

2. 오늘밤 나하고 내 아파트로 갈래요?

3. 오늘밤 나하고 잘래요?

결과를 보면 별로 놀랄 만한 것은 없어도 그럴 법하다는 쓴웃음을 짓게 만든다. 첫 번째 제안에 대해서는 남녀 공히 절반 정도가 긍정적인 반응을 보였다. 그러나 두 번째 제안에 대해서는 한 성(性)의 69퍼센트와 다른 성의 6퍼센트만이 동의했다. 그리고 세 번째 제안에 대해서는 한 성의 75퍼센트가 동의한 반면 다른 성은 아무도 동의하지 않았다. 구태여 여기서 어떤 성이 어떤 반응을 보였는지 밝히지는 않겠다. 여러분이 짐작하는 대로다.

경제학적인 관점에서 다음의 진화론적 분석을 생각해보자. 삶은 경제와 마찬가지로 '사용에 제한이 있는, 한정된 자원의 효율적 할당'에 관한 것이다. 정자는 작고 많다. 실제로 거의 무한하다고 할 수 있다. 반면에 난자는 크고 귀하며, 대단히 한정되어 있다. 그렇기 때문에 여성은 남성보다 할당의 효율성에 대해 신경을 훨씬 더 많이 쓸 수밖에 없다. 그 결과 남성은 여성에게 접근하기 위해 자기들끼리 경쟁해야 하고 여성은 선별적 선택을 하게 된다. 다윈은 이것을 '성적 선택(도태)'이라고 불렀다. 이는 진화의 강력한 추동력이 되었다.

내가 말하고 싶은 요지는 이것이다. 허기와 성적 자극의 감정을 통해 알아본 것과 같이 우리는 결혼 상대자의 경제적 가치를 산정할 필요가 없다. 감정이 인도하는 대로 자신을 내버려두라. 사랑 같은 감정은 스스로 발달해서 우리에게 자신의 존재를 알려준다. 우리가 결혼하려고 하는 사람이 건강한지, 믿을 만한지, 성실한지, 미더운지, 차분한

지 이 모든 것에 대해 말해준다. 다시 말해 그 혹은 그녀가 우리 자식들의 좋은 아버지 혹은 어머니가 될 그릇인지 아닌지를 알려주는 것이다. 반대로 질투와 같은 부정적인 감정은 진화가 행한 어떤 계산을 보여주는 것인데, 희소성 있는 자원을 다른 상대자에 할당하는 사람, 즉 '서방질' 하는 누군가에게 투자한다는 것이 매우 비효율적인 것이라는 계산 결과를 감정적으로 구현하고 있는 것이다.

일부일처제, 간통, 질투가 진화론적 분석에서 어떤 역할을 하는지 보자. 만일 일부일처제가 누구에게도 이익이 되지 않는다면, 아무도 그것을 행하려 들지 않을 것이다. 그러나 우리는 그 관행을 유지한다. 거기에는 심오한 진화상의 이유가 있다. 예를 들면 다음과 같다.

- 여성은 최선의 생식 전략으로서 일부일처제를 행한다. 왜냐하면 난자는 한정되어 있고 수태와 출산을 하고, 아이가 생식력을 갖출 때까지 키우는 일은 대단히 큰 투자이기 때문이다. 그러므로 여성들은 짝을 고르는 데 있어서 매우 선별적이며 짝과의 유대관계를 지속적으로 만드는 일에 심혈을 기울인다.[9]
- 남성들은 대부분 성비가 반반에 가깝기 때문에 일부일처제를 따른다. 심지어 일부다처제 사회에서도 아주 소수의 남자들만이 여러 아내를 거느린다.
- 비록 일부다처제와 난교가 남성들에게 '다량' 의 번식 기회(다른 말로 하면 보다 많은 여성을)를 제공한다손 치더라도 어떤 진화생물학들은 남성들의 가장 유익한 짝짓기 전략이 한 상대자에게만 집중적으로 투자함으로써 자손들의 '질' 을 보장하는 데 있다고 말하기도 한다. 즉, 난교의 결과로 다른 남성의 자손을 키워야

하거나 돌볼 아이들이 많아지는 위험성을 무릅쓰기보다는 일부
일처제를 지키는 것이 유리하다고 여기는 것이다.[10]

● 일부일처제는 성교로 옮겨질 수 있는 병(sexually transmitted
diseases, STDs)을 막을 수 있다. 이런 병은 구석기 시대에도 있었
다고 본다.

● 계부나 계모 밑에서 크다 보면 (생물학적) 친자식보다 더 심한 육
체적 · 정신적 학대를 받을 확률이 대단히 높다. 특히 계부들이
더욱 학대하는 경향이 있다.[11]

● 의붓자식들은 친자식들보다 상당히 일찍 집을 떠난다.[12]

● 의붓자식들은 생물학적 자식들보다 행동, 감정, 심리에 있어 문
제를 일으킬 확률이 높게 나타난다.[13]

● 의붓딸들은 특히 계부에게서 성적 학대를 받을 가능성이 매우 높
다.[14] 근친상간의 금기는 너무나 강하기 때문에 친족 간에 성적
으로 끌리는 것을 확실하게 제압하지만, 계부에게는 억제력이
덜 작용한다. 그래서 근친상간 금기를 잘 알고 있으면서도 계부
는 의붓딸에게는 자제력을 덜 발휘할 수 있다.

● 젊은 미혼 남성들은 위험하고 경쟁적이며 심지어 폭력적인 행동
도 서슴지 않는 경향을 보인다. 그들은 이런 행동을 통해 지위와
여성을 차지하고 다른 남성과 경쟁하기 위한 수단으로 삼는다.
다문화적인 연구 자료에 의하면 일부일처제 사회보다 일부다처
제 사회에서 범죄율이 높게 나타나고 있다.[15] 그리고 남성이 다
른 남성에게 살해당할 확률은 여성이 다른 여성에게 살해당할 확
률보다 20배나 높다.[16] 심지어 현대 미국 사회에서도 1985년의
한 연구 결과를 보면 성인 남성 범죄자의 41퍼센트는 실업자였

고 73퍼센트는 미혼자였다. 그리고 일반적으로 절도범의 93퍼센트, 강도의 94퍼센트, 차량 절도의 91퍼센트가 남성이었다.[17]

진화심리학자인 스티븐 핑커(Steven Pinker)가 잘 쓰는 표현을 빌리자면, 범죄와 폭력에 관한 한 최상위의 포식자는 바로 '남성성(maleness)'이다.[18] 그리고 결혼을 하지 않은 남성(성)은 그런 점에서 더욱 나쁘다. 이런 사내들은 여성의 호감을 얻기 위해 사회적 지위와 재화를 놓고 경쟁을 벌인다. 그러나 일단 안정적인 결혼 상태에 이르면 그런 행동 표현은 순해진다.

같은 식으로 간통이 아무런 이익을 주지 않는다면 누구도 그것을 하지 않을 것이다. 그렇지만 우리는 저지른다. 그리고 여기에도 심오한 진화상의 이유가 있다.[19] 남성의 입장에서는 간통이 그가 가진 사실상 무한정한 유전자를 다른 상대자에게도 할당하는 기회를 제공해 주는 것이다. 여성의 입장에서 간통이란 보다 우수한 유전자, 보다 풍족한 재화, 보다 높은 사회적 지위와 (자신의 성을) 교환할 수 있는 기회를 의미한다.

연속적인 일부일처제. 대부분의 사람들은 대부분의 시간에, 대부분의 상황에서 일부일처제를 유지한다. 그런데 때때로 어떤 사람들은 어떤 시간에, 어떤 상황에서 간통을 한다. 양자의 무게를 달아본다면 일부일처제 쪽으로 많이 기운다. 그렇지만 언제나 절대적으로 그런 것은 아니다. 그 이유는 일부일처제와 간통에 따르는 상대적인 위험도와 관련이 있다.

일부일처제로 말하자면 '나쁜 선택'의 위험성이 있다. 배우자가 병약한 유전자를 가지고 있다거나 불임 체질이라거나 혹은 신뢰할 수 없거나 불성실하거나 미덥지 않거나 뭔가 불안정할 수도 있다. 그 결과 아이들의 부모가 될 수 없을 수도 있다. 간통의 위험성은 더욱 심각하다. 남성들에게는 간통 상대녀의 남편들로부터 받을 수 있는 보복이 치명적일 수 있다. 또 그의 아내가 간통을 알아냈을 때 그를 죽이지 않을 수 있지만 대단히 중대한 감정적·사회적 징벌을 가할 수 있다. 이를테면 아이들과 만나지 못하게 할 수도 있고, 재정적으로 알거지를 만들어버릴 수도 있으며, 사회적으로 매장시킬 수도 있다. 그런가 하면 아내 자신이 성적 복수를 행함으로써 남편으로 하여금 다른 남자의 아이를 키우는 데 그의 재산을 소비하게 할 수도 있다. 여성들은 어떤가. 간통 상대남의 아내가 알았을 때 그다지 큰 육체적 위해를 당하지 않을 수도 있지만 그녀 자신의 남편에게 발각되면, 대단히 심한 폭행을 당할 수도 있고 목숨까지 잃을 수도 있다. 관련 연구를 보면 배우자들 간에 벌어지는 살인은 성적인 질투에서 비롯된 경우가 대부분이라고 한다.[20]

끝으로 아이들이 계부·계모 밑에서 자란다는 것은 대단히 치명적이고 위험한 요인 중 하나가 될 수 있다. 지금껏 자녀 방치와 학대에 관해 이뤄진 거의 모든 연구에서 그런 사실들이 분명하게 나타나고 있다. 마틴 달리(Martin Daly)와 마고 윌슨(Margo Wilson)은 부모 중 한쪽이나 양쪽 모두 의붓 부모인 경우, 양쪽 모두 친부모인 경우보다 학대로 죽을 확률이 100배나 높은 것을 알아냈다.[21] 왜 이런 말도 있지 않은가.

"빨강머리 의붓자식처럼 두들겨 맞았다."

신생아가 태어나면 아이의 외모가 부모와 닮았다고 주변 친척들이 한마디씩 하는 것도 다 이런 이유에서라고 한 연구 결과는 밝히고 있다. 친척 중에서도 특히 아이 외가 쪽 친척들이 아이가 아버지와 닮았다고 더 강조하는 경향을 보인다고 한다.[22] 이런 논거들은 부계 유전자에 관한 보다 광범위한 연구를 통해서 더욱 강화된다. 조사에 따르면 분만실에서 아내의 출산을 지켜보고 있는 남편들의 5퍼센트에서 30퍼센트는 자신이 고대하는 아이의 친아버지가 아니라고 한다.[23]

여기서 다시 한번, 옳거나 그릇된 행동을 하면서 느끼는 자부심이나 죄의식이라는 진화된 감정의 역할에 대해 생각해볼 필요가 있다. 이 감정은 다른 종류의 진화된 감정인 사랑, 질투 등과 상호작용을 한다. 그리고 도덕성은 바로 이때 등장한다. 다시 말해 우리는 이 지점에서 감정에 따라 행동할 것인지, 아니면 그것을 억제할 것인지 선택해야 한다. 나는 다른 글에서 우리가 자유의지를 가지고 있고, 그러므로 진정한 도덕적 선택을 할 수 있다고 주장했다.[24] 그리고 이 선택이 경제적으로도 중대한 의미를 가지기 때문에 (결혼이라는 경제적 제도에서) 미덕경제학(virtue economics)이 유효함을 증명하는 근거가 된다고 보았다. 여기서의 미덕은 충실성을 지키는 것을 말한다.

● 진화를 위한 적응, 협력과 이타주의

아침에 나는 남부 캘리포니아 주 일대에서 일단의 사이클 선수들과 훈련 라이딩(riding)을 하곤 했다. 내 일과는 사무실에서 자전거로 훈련 출발지까지 가서 거기서 다시 수 마일을 더 라이딩하는 것이었다. 나는 자주 혼잡한 글렌데일을 지나 그리피스 공원 대로까지 갔다. 어느 날 아침 도로에서 내 옆에 정차 중이던 까만색 대형 리무진에 눈길이

갔다. 왜냐하면 운전사는 차 안에 앉아 있는데, 그가 모시는 주인으로 보이는 나이 지긋하고 허약해 보이는 늙은 부인이 보도에 철퍽 주저앉은 채 일어나려고 안간힘을 쓰고 있었기 때문이었다. 생각하고 자시고 할 것도 없이 나는 브레이크를 잡고 자전거에서 내린 다음 보도 위로 뛰어올라갔다. 그리고 내 팔을 그 부인의 겨드랑이 아래로 밀어 넣어 그녀를 일으켜 세웠다. 그녀는 일어서서 걸을 수 있게 되자 나에게 감사를 표하고는 가던 길을 계속 갔다. 나도 다시 자전거를 타고 그 자리를 떠났다.

상당수의 심리학적 문헌들은 사람들이 왜 폭력적 · 공격적이고 악의적이며 비열해지는가를 밝힐 목적으로 쓰였다. 반면에 사람들이 왜 비폭력적이고 온화하고 친절해지며 동정심을 갖게 되는지를 설명하는 문헌은 매우 적다. 폭력 사건의 경우 하나하나까지 저녁 뉴스에 빠짐없이 등장하는 반면에 수만 가지의 선행은 기록조차 되지 않고, 대충 뭉뚱그려져 미담 일반으로 처리되고 만다. 물고기가 제가 사는 물을 인식하지 않듯이 우리는 인간의 미덕이라는 보이지 않는 물에서 행복하게 수영을 즐기고 있다. '이기적 유전자'라는 관점에서 보면 경쟁심과 탐욕은 너무나 명명백백해서 따로 설명이 필요 없다. 즉, '내 유전자를 다음 세대로 넘겨주기 위해 난 무엇이든지 할 테다. 그것이 정상으로 가려는 내 발길에 거치적거리는 소소한 존재들을 짓밟는 일이 된다 할지라도'라는 생각으로 충분한 것이다. 그러나 타인을 헌신적으로 돕는 것이 내 유전자를 다음 세대로 계속 이어지게 하는 일을 방해한다면 우리는 왜 남을 돕는가? 여기에 대해 짧게 답변한다면, 이기심이 진화를 추동해왔다는 주장은 신화에 불과하다는 것이다. 실제로 진화를 이뤄낸 것은 '적응 가능성'이었다. 인간 사회와 같은 사회적 영장류들이 생존하고 번식하기 위해 유지해야 할 '가장 적응력 있는' 태도는 협력과 이타주의였던 것이다.

● 진화는 평등한 쪽으로 진행된다

수백만 년 동안 우리의 도덕 감정은 근본적으로 생물학적인 통제를 받으며 진화해왔다. 진화의 초기 단계에서 개인과 가족, 친족, 소부족 집단들은 기본적으로 '자연선택' 작용에 의해 형성되었으며 개인이 생존과 번식을 하기 위해서는 가족, 친족, 소부족 집단 체제 안으로 편입되어야만 했다.

그러나 약 3만 5,000년 전쯤 변화가 일어났다. 문화적 요인이 인간의 도덕성을 모양 짓는 데 점차 큰 역할을 하기 시작한 것이다. 그리고 시간이 좀 더 지나서는 공동체와 사회가 주로 이런 '문화적 선택' 작용을 하게 되었다. 기본적인 심리적·사회적 필요물들, 다시 말해 안전, 유대, 사회화, 결연, 수용, 애정 등은 협력과 이타성을 강화하고 지원하며 자손들을 통해 유전자의 확산을 촉진하는 방향으로 진화되었다. 이런 '동족 이타주의(kin altruism)'는 간접적인 방식으로 작동되었는데 자식, 서자, 손자, 증손자, 4촌, 8촌, 조카, 질녀 등 모든 존재는 한 개인이 가진 유전자의 일정 부분을 물려받았다.[25] 여기에는 유전적으로 연결된 사람이면 누구나 다 포용되었다. 그런데 좀 더 큰 공동체와 사회가 되면서 어떤 개인이든 대부분의 남들과 유전적으로 별 관련이 없어졌다. 여기서는 '상호적 이타주의(reciprocal altruism, 네가 내 등을 긁어주면 나도 네 등을 긁어주마)'와 '맹목적 이타주의(blind altruism,

네가 지금 내 등을 긁어주면 나중에 나도 네 등을 긁어주마'가 동족 이타주의를 보완했다. 우리는 보다 덜 포용하게 된 반면에 보다 더 넓은 외연을 가지게 되었다.[26] 도덕 감정이 우리 자신의 경계 너머로 확장될수록 유전적으로 덜 관련 있는 사람들을 도와주는 방향으로 발전해나갔으며 진화기제가 이에 미치는 영향력과 지지력의 크기는 줄어들었다.

이런 사회적 맥락 안에서 우리 조상들이 이루고 살았던 소집단의 사회적 화합을 유지하기 위해 결국 공정성이 '진화적 안정 전략(Evolutionary Stable Strategy, ESS)'으로 진화하게 되었다. 이 집단 안에서는 협력이 장려되었으며 규칙이 생겼으며 무임승차 행위는 벌을 받았고 예외적인 경우로 취급당했다. 예를 들어 실험경제학 연구에서는 교환 게임이라는 것을 활용하는데, 여기서는 협력과 배신이 2가지의 중요한 전략이 된다. 즉, 피실험자는 다른 피실험자가 행하는 것에 따라 이익을 얻거나 손해를 입는다. 그래서 가장 성공적이고 가장 많이 채택되는 전략은 이른바 '주고받기'이다. 상대방이 협력하는 한 협력해주기 시작하고 또 그것을 계속 유지하는 것이다. 그러나 배신행위에 대해서는 벌칙을 가한다. 이 이론은 어떤 ESS가 선택되는 이유가 그것이 생존 확률이 더 크기 때문이고, 또 그렇기 때문에 이 전략이 미래 세대에도 계속해서 선택된다는 주장의 근거가 된다.

수렵채집 집단 구성원들이 평등주의를 고수했던 이유는 그들이 타고난 이타주의였다거나 원래부터 경쟁심과 탐욕이 부족해서가 아니었다. 다른 부족원들이 개인의 과도한 탐욕과 이기심을 제어했기 때문이었다. 식량을 몰래 비축하고 연장이나 기타 물건들을 숨겨두고, 다른 사람의 짝을 뺏거나 하는 일은 금지되었고, 이를 어길 시 다른 구성원들로부터 벌을 받았다. 예외가 있다면 부족 내에서 높은 지위를 차지하고 있는 '장(長)'이었는데 그는 추종자들의 특별한 충성과 혜택을 누렸지만 그 대가로 아랫사람들을 잘 먹이고 그들의 안녕을 책임져야 했다. 여하튼 두드러진 이기심은 구성원들의 집단적 힘에 의해 응징받았다. 구석기 시대에 이 작은 수렵채집 집단에서 추방당한다는 것은 다른 집단이 받아들이지 않는 한 사형언도나 다름없었다. 누군가가 자기 이익만 취하고 사회적으로 믿을 만한 인간이 아니라는 평판을 얻게 되면 그는 자신의 평판을 모르는 사람들이 사는 곳으로 멀리 떠나야 했다.

평등에 대한 이런 사회적 강화의 증거는 현재 전 세계에 남아 있는 수렵채집사회에서 이뤄지고 있는 '고기 배분' 행위에 대한 연구를 통해 다수 발견할 수 있다. 이 작은 공동체들을 구석기 시대 조상들의 모델로 삼으려면 여러 가지를 고려하고 대단히 신중해야 할 필요가 있지만 이들의 평등주의는 어쨌든 아직도 강력하다. 이들은 성공적으로 사냥이 끝나면 휴대용 저울을 가지고 각 가족마다 돌아갈 고기를 정확하게 다는데, 연구자들에 따르면 사냥에 가장 기여를 많이 한 사람의 직계가족이라고 해서 집단 내 다른 가족보다 고기를 더 많이 가져가는 법이 없다. 이런 태도는 몇 주 간에 걸친 사냥길 내내 한결같았으며 사냥 결과가 신통치 않을 때에도 변함이 없었다.

수렵채집자들은 평등주의자들이다. 왜냐하면 이기적인 행동은 집단 내의 나머지 구성원들에 의해 효과적으로 제어되었기 때문이다. 인류학자인 크리스 보엠(Chris Boehm)은 다수의 수렵채집사회에서 '뒷말'이 집단 전체의 요구와 상충되는 이기적 동기와 경쟁 심리를 가지고 있는 구성원들을 조롱하고 따돌리고 심지어는 추방하는 용도로 쓰이고 있음을 알아냈다.[27] 달리 말해 우리는 경쟁적이고 이기적이다.

그러나 한편으로 우리는 또한 협력적이고 이타적이기도 한데 이런 경향은 각 개인이 속해 있는 집단에 의해 만들어지고 강화된다. 이런 식으로 인간 집단은 도덕적 집단이 된다. 그 속에서 옳고 그른 것은 집단의 안녕에 부합하느냐 혹은 사적 이익과 일치하느냐의 문제다.[28]

이런 협력적 행태의 일부는 상호적 이타주의 혹은 '포용 적합성(inclusive fitness)'이라는 명칭으로 불릴 수 있다. 그러나 옳고 그른 행동에 대한 감각이 수렵채집자 공동체 구성원들 속에서 진화해왔다는 보다 깊은 해석도 가능하다. 즉, 그런 규범의 학습과 모방을 통해 공동체 전체로 문화적인 확산이 되기도 하거니와 그런 기질이 유전자를 통해 전승될 수도 있는 것이다. 이런 과정이 어떻게 이뤄지는지에 대한 인류학적 연구 사례가 있다.

말레이시아의 열대우림 지역에 사는 체웡족(chewong)이라는 부족이 있다. 다른 수렵채집자 집단들과 마찬가지로 체웡족은 (제한적으로나마 농사를 짓기도 하지만) 평등주의 공동체를 꾸리고 있다. 이들의 생활방식은 '푸넨(punen)'이라는 미신적 시스템이 지배하고 있다. 체웡족을 연구한 인류학자인 사이니 하웰(Signe Howell)은 푸넨을 "긴급한 결핍이나 욕구를 채워주지 못하는 재앙이나 불운"으로 규정하고 있다.[29] 체웡족 사회에서 강력한 욕구란 식량 문제로 귀결된다. 그리고 식량 배분과 관련해서 강력한 규범은 '인루겐 싹(yinlugen bud)' 신화와 연결되어 있다. 이것은 혼자만 먹는 것이 부적절한 인간의 도리임을 일깨움으로써 체웡족을 미개한 상태로부터 구원하는 역할을 했다고 한다.

체웡족 문화에서는 신화, 신들, 종교, 그리고 도덕이 푸넨이라는 개념 안에 모두 통합되어 있다. 그리고 이것들은 개인과 집단이 생존하기 위한 가장 현실적인 문제인 식량을 나누고 먹는 문제에 연결되어 있다. 하웰의 말에 따르면 체윙족 사람들은 어떤 일이 있어도 푸넨을 불러일으키는 일만은 피하려고 한다. 누군가 마을에서 식량을 가져갔으면 그는 즉시 그것을 반납해야 하고, 이 행위는 집단 구성원들 앞에 공개되어야 한다. 그리고 모든 가구와 모든 가구 구성원들에게 똑같이 배분되어야 한다. 푸넨을 초래한 것에 대한 징벌을 보다 강하게 하기 위해 식량을 빼돌린 사람의 가족 중 누군가가 나와 그것에 손을 댄다. 그리고 나면 마을 사람 전체가 돌아가면서 손을 댄다. 그 행위를 하면서 이들은 푸넨이라는 말을 계속 되뇐다. 이 시스템 안에서는 미신과 종교가 물물교환의 전 과정을 관할하며, 개인들 내부에 옳고 그른 행위에 대한 전반적인 개념을 생성시킨다. 이 개념은 공동체의 성패와 직결되는 것이다.

이 사례를 두고 내가 하고 싶은 말은, 우리는 무엇이 옳고 그른지 사회적·도덕적 계산을 할 필요가 없다는 말이다. 진화 과정이 우리를 대신해서 이를 행했기 때문이다. 그리고 우리의 감정이 우리의 행위를 인도한다. 이것이 바로 가족, 확대가족 혹은 사회가 기피하는 것은 개인에게도 나쁘게 느껴지는 이유다. 이는 우리가 사회적 선택을 할 때 지침이 되는 감정이 얼마나 강한지를 보여준다. 그렇기 때문에 우리는 어떤 경제적 거래를 할 때 공정해지려고 하는 것이다.

가장 사회적인 것이 가장 도덕적이다

동족선택, 포용 적합성, 상호적 이타주의는 우리가 친족이나 외지인을 망라한 타인을 향해 마땅히 취해야 한다고 생각하는 대부분의 행위를 잘 설명해준다. 그런데 어떤 행동은 베푸는 사람에게도 별 이익이 없으면서 받는 사람도 되갚을 수 없는 것들이 있다. 예를 들면 걸인에게 적선을 하거나 비영리 자선재단에 기부하는 행위, 헌혈, 생면부지의 외국 아이를 '입양'하는 일 등이 그런 것들이다. 이와 같은 이타적 행위를 설명하기 위해 이스라엘의 진화생물학자들인 아모츠 자하비(Amotz Zahavi)와 아비색 자하비(Avishag Zahavi) 부부는 이른바 '고비용 신호 이론(Costly Signal Theory, CST)'이라는 것을 주창하고 있다.[30]

　CST 이론에 따르면 사람들은 자신과 유전적으로 연결된 사람들이나 조만간 어떤 보답을 해줄 수 있는 사람들에게만 도움을 주는 행동을 하는 것은 아니다. 그러나 그러면서 어떤 신호 혹은 메시지를 보낸다. 요컨대 "나의 이타적이고 자비로운 행동은 내가 정직하고 믿을 만한 사회 공동체의 일원이라는 것을 증명합니다. 그리고 나는 성공한 사람이기 때문에 다른 사람이나 공동체를 위해 그 정도의 희생쯤은 감내할 수 있습니다"라는 말을 하고 있는 것이다. 이는 이타주의가 정보의 한 종류로서 다른 사람에게 신뢰와 지위를 알려주는 신호를 담지하고 있다는 뜻이다.

　'신뢰'는 무엇인가? 이는 누군가 도움을 필요로 할 때 나는 의지가 될 만한 사람이고 나 역시 필요할 때 누군가에게 도움을 요청할 수 있다는 의미를 담고 있다. 그럼 '지위'는 무엇인가? 나는 나의 친절과 선행을 감당할 수 있을 만큼의 재산과 지성과 건강을 가지고 있다는 뜻이다. 전에 한 말을 반복하자면 도덕적인 사람인 양 꾸미는 것으로는 충분치 않다(왜냐하면 결국은 들통이 나니까). 그보다는 도덕적인 사람이 되거나 아니면 스스로 그런 사람이라고 믿어야 한다.

도덕 감정이 진화 과정의 산물이라는 또 다른 차원의 증거도 있다. 뇌 스캔을 해보면 우리가 협력과 친사회적인 행동을 강화하는 강력한 신경기제를 진화시켜왔음을 발견할 수 있다. 그리고 사회적 교환 행위가 친족이 아닌 사람들 간의 유대를 형성하고 이를 강화시켜왔다는 사실도 알 수 있다.[31] 그 예로 신경경제학자인 케빈 맥케이브(Kevin McCabe)는 '신뢰와 호혜(trust and reciprocity)' 게임에 참여한 피실험자들을 대상으로 뇌 스캔을 실시했는데, 그 결과 충동 억제 및 즉각적 만족의 지연을 관장하는 전전두엽피질 부분이 배신 행위자들보다는 협력자들의 뇌에서 더 활성화되었다. 이것이 시사하는 것은 무엇인가? 협력이란 "협력적인 결정을 하기 위해 즉각적인 보상 만족을 억제하면서 무엇이 서로에게 이익이 되는가를 면밀히 주시하기"를 요구한다는 것이다.[32]

인간과 유인원에 대한 연구를 통해 신경과학자인 카타리나 세멘데페리(Katarina Semendeferi)는 전두엽의 구역이 보다 고차원의 인지 기능, 이를테면 미래에 할 행동을 계획하거나 주도하는 등의 기능과 관련이 있다는 것을 밝히고 있다. 그리고 이 구역은 일반 원숭이들보다는 유인원류의 큰 원숭이들에게서 더 크게 나타나고 있으며, 인간의 것이 그 중 가장 크고 상위의 뇌 영역에 연결되어 있다. 그녀는 "인지 기능을 받쳐주는 신경기질이 확대되고 발달된 대뇌피질의 이 부분과 연결되어 있으며 원인(原人)의 진화 과정에서 특별히 발달되었다"고 결론 내린다.[33]

이 피질 영역이 커진 이유는 인간이 두드러지게 사회적이고 도덕적인 영장류로 진화해왔기 때문이라고 본다. 그 예로 또 다른 신경과학자인 국립건강센터의 조지 몰(Jorge Moll)과 연구팀은 도덕 감정이 뇌

안의 '아미그달라(amygdala, 감정)'와 안와 전전두엽 및 내측 전전두엽 피질(인지) 모두를 활성화시킨다는 것을 발견했다. 이는 도덕적 행동이 도덕적 감정만큼이나 도덕적 이성의 함수임을 보여준다.[34] 자선 기부에 관한 후속적인 연구에서 몰은 피실험자들이 널리 알려진 명분을 내건 자선단체에 기부를 할 때 중변연 보상계(mesolimbic reward system)가 활성화된다는 것을 발견했다. 이는 피실험자가 어떤 일을 하고 나서 금전적인 보상을 얻었을 때 보이는 반응과 같았다. 바꿔 말하자면 자선 행위가 주는 도덕적인 느낌은 어떤 행위를 하고 나서 이익을 취했을 때의 느낌과 같다는 얘기다.[35]

도덕성이란 사회 안에서 우리의 반응을 타인과 연루시키는 일이기 때문에 사회성과 도덕성을 분리시킬 수 없다. 누군가 도덕적인 행동을 한다는 것은 그가 자의식을 가지고 있을 뿐만 아니라 다른 사람도 자의식이 있음을 의식하고 있다는 말이다. 이 2개의 기능은 뇌의 각각 다른 두 영역에서 관장하고 있다. 자의식 기능의 경우 최소한 부분적으로나마 내측 전전두엽피질에 자리하고 있는 것으로 나타나고 있고 반면, 다른 사람의 행동이나 의도를 주관하는 영역은 측두엽피질(temporal cortex)에 집중되어 있는 것으로 보인다.[36] 심지어 사회적·도덕적 감정을 관장하는 특정한 뉴런이 뇌 속에 발달되어 있는 것으로 보이기도 한다.

● 우리 몸에는 사회적으로 진화한 세포가 있다

우리는 사회생활을 하는 영장류다. 때문에 사회생활을 하는 다른 영장류 또한 그들 사회에서 개체들끼리 소통하는 데 필요한 특별히 발달되고 진화된 세포를 가지고 있을 것으로 추정하는데, 이 특별한 등급의 세포 자리에 끼일 만한 세포 후보군 중의 하나가 이른바 '방추세포(spindle cell)' 혹은 '폰 에코노모 뉴런(von economo neurons)'이다.

이것은 1925년 루마니아계 오스트리아 뇌해부학자였던 콘스탄틴 폰 에코노모(Constantin von Economo)가 최초로 발견했다. 시가(Cigar) 모양의 양쪽 끝이 뾰족한 방추세포는 전두엽의 두 영역에만 자리하고 있다. 첫째, '전방 대상피질(anterior cingulate cortex, ACC)'이 그 하나인데, 모든 포유류에 나타나는 진화적으로 오래된 영역이며 대뇌피질의 정중간선 바로 아래에 자리 잡고 있다. 둘째, '전방 뇌섬엽피질(frontoinsular cortex, 이하 FIC)'이 그것이다. 이것은 눈 바로 뒤에 있다.

방추세포는 또한 큰 원숭이 종류에게서만 나타나는 특질이다. 다시 말해 인간, 침팬지, 보노보, 고릴라, 오랑우탄에게서만 보인다. 다른 꼬리달린 원숭이나 포유류에게서는 발견되지 않는다. 캘리포니아공과대학의 영장류 동물학자이자 뇌 전문가인 존 올먼(John Allman) 교수에 의하면, 방추세포는 영장류의 진화 도정에서 고유하게 나타나고 있다고 한다. 원숭이 계보에서 인간과 촌수가 멀면 멀수록 방추세포의 수는 줄어든다. 오랑우탄이 제일 적고 인간이 가장 많다. 침팬지나 보노보, 고릴라는 그 중간에 위치하고 있다.

사회적 감정에 있어 방추세포가 얼마나 중요한지는 그것의 위치를 통해 짐작할 수 있다. 뇌 스캔을 해보면 ACC가 주의력과 고통과 실수에 대한 감각을 관장하고 있고 신체의 자율통제 시스템과 이어져 있으며 사고와 감정 사이에서 중심축의 역할을 하고 있음을 알 수 있다. FIC는 사회 내부에서 다른 사람에 대한 반응을 보일 때 특히 활성화된다. 예를 들면 아기가 우는 소리를 듣고 있는 엄마나 사랑하는 사람이 고통을 겪고 있는 것을 볼 때, 심지어 우리가 속임을 당했을 때도 그에 해당된다.

"이 모든 반응에는 공통적인 어떤 것이 있다."

올먼 교수의 설명을 들어보자. "그것들은 모두 사회라는 맥락 안에서의 가치 판단을 나타내고 있는데, 나는 방추세포가 복잡한 사회적 감정이 깃들어 있는 집에 해당한다고 생각한다."

방추세포의 크기는 특히나 중요한데, 그것이 커다란 축색돌기를 가지고 있다는 점에서 그렇다. 신경 축색돌기는 다른 뉴런에게 신호를 전달하는 역할을 한다. 축색돌기가 클수록 신호전달 속도는 빨라진다. 그리고 이 속도는 사회적 상황에서 신속한 인지 행위를 하는 데 매우 중요하다.

달리 말하면 우리의 감정은 우리의 결정에 지침을 준다. 그야말로 찰나의 순간에 말이다. '이건 옳아' 혹은 '이건 옳지 않아' 라는 느낌은 극히 짧은 시간 안에 이뤄지는 것이다. 이는 내가 만든 도덕적 감정 이론 모형과도 딱 들어맞는다. 올먼은 말한다.

"방추세포가 하는 주된 일은 복잡한 사회 환경 속에서 신속한 실시간 상호작용을 할 수 있도록 우리의 행동을 조정하는 것이다. 그것은 매우 간단한 일로, 약 10만여 개의 뉴런이 이 일을 수행한다고 보면 크게 틀린 추정은 아니다."

그리고 방추세포는 신경전달물질인 세로토닌(serotonin)과 도파민 그리고 바소프레신(vassopressin) 등을 받아내는 역할을 하는데, 이 물질들은 모두 보상 평가, 유대, 사랑 등과 관련이 있다. 올먼은 방추세포가 지난 1,000만 년 동안의 어느 시점에서 진화했는데, 추정컨대 그

시기는 인간과 원숭이의 진화 경로가 갈라지기 전인 600~700만 년 전쯤 될 것이라고 말한다.[37]

도덕 감정의 진화적 근거를 찾는 마지막 작업은 도덕적으로 행동할 때 필요한 느낌, 행태를 만들어내는 저 아래의 신경적 구조물을 이해하는 일이다. 그 기반이 되는 것이 '거울 뉴런(mirror neurons)'의 형태로 존재하고 있다. 이는 특화된 뉴런으로 다른 사람의 행동을 '비춰주는' 뉴런이며 모방, 기대, 감정이입 등과 관련이 있다. 그리고 이것들이야말로 도덕적 감정의 진화에서 대단히 중요한 요소들이다.

1980년대 후반과 1990년대 초반에 이탈리아의 신경과학자인 파르마대학교 자코모 리졸라티(Giacomo Rizzolati) 교수와 그의 동료들은 우연히 거울 뉴런을 발견했다. 짧은 꼬리 원숭이의 '복측 전운동피질(ventral premotor cortex)'에 있는 단일 뉴런의 행동을 기록하면서였다. 머리카락 굵기의 전극을 개별 뉴런에 찔러 넣은 상태에서 신경과학자들은 단일 세포가 행동하는 패턴과 속도 등을 모니터링할 수 있었다. 원숭이가 제 앞의 실험 장치 위에 놓인 땅콩을 집으려고 손을 뻗을 때마다 F5 뉴런이 작동했다. 우연한 발견은 실험자 중 한 사람이 손을 뻗어 땅콩을 쥐었을 때 이뤄졌다. 원숭이 뇌 속의 같은 뉴런이 신경전달물질을 발사했다. 제가 하는 것과 같은 행동을 보기만 한 것으로도 원숭이의 뉴런은 똑같이 움직인 것이었다. 원숭이의 운동 뉴런은 다른 존재의 운동 활동을 '비춘' 것이었다. 그래서 그 후로 이 뉴런은 거울 뉴런이라고 불렸다. 리졸라티는 이렇게 회고했다.

"우리는 운이 좋았던 것이, 그런 뉴런이 존재한다는 것 자체도 알 길이 없던 때에 그것을 발견하기 딱 좋은 자리에 있었던 거지요."[38]

1990년대에 들어 신경과학자들은 거울 뉴런에 대해 더 많은 것을 알기 위해 덤벼들었다. 그러면서 원숭이 뇌의 다른 부분에서도 그 뉴런들을 발견했다. '하전두엽(inferior frontal)'이나 '하두정엽(inferior parietal)' 같은 영역, 그리고 그것은 원숭이의 뇌뿐만 아니라 인간의 뇌에서도 발견했다.[39] 연구윤리위원회 같은 데서는 인간 피실험자를 대상으로 뇌를 연구하는 것에 거부감이 있었기 때문에 사람의 뇌를 놓고 개별 거울 뉴런을 관찰할 수 없었다. 그러나 차세대 테크놀로지인 fMRI가 도입되면서 이야기는 달라졌다. UCLA의 신경과학자인 마르코 야코보니(Marco Iacoboni)와 그의 연구팀은 피실험자들이 다른 사람의 움직이는 손을 볼 때와, 같은 동작을 따라할 때의 뇌를 스캔했다. 그 결과 양쪽 모두 하전두엽과 하두정엽의 동일한 영역이 활성화되는 것을 발견했다.[40]

거울 뉴런의 용도, 그리고 그것이 진화하게 된 이유를 둘러싸고 논쟁이 벌어졌다. 리졸라티가 내세운 원래의 명제, 즉 거울 뉴런은 운동 뉴런이며 신체의 행위뿐만 아니라 보는 것에도 반응한다는 주장은 논란의 여지가 없었고 일리가 있었다. 누군가가 어떤 행위를 볼 때에는 시각피질에 기록이 된다. 그러나 그 행위가 무슨 의미인지를 보다 깊이 이해하기 위해서는 이 관찰이 반드시 뇌의 운동계와 연결되어야 한다. 그렇게 되면 외부 세계를 (뇌) 내부에서 점검할 수 있게 된다. 이런 기본적인 신경망이 정렬되면 보다 상위의 기능이 그 위에 부가된다. 예를 들면 모방 같은 것이다. 누군가의 행동을 따라하려면 그 행동이 어떻게 보이는지에 대한 시각적인 기억과 그 운동이 수행되면 어떻게 느껴지는지에 대한 기억이 필요하다. 이렇게 해서 상당한 양의 자료가 확보되면 거울 뉴런망을 모방 학습에 연결시킨다.

그러나 다른 사람을 따라할 수 있기 위해서는 그러한 행동의 단순한 반복 이상으로 보다 깊게 들어가야 한다.[41] 행동에는 의도가 있다. 그리고 거울 뉴런 역시 이른바 '마음의 이론(Theory of Mind, ToM)'이며 다른 사람이 믿음, 욕망, 의도를 가지고 있음을 이해하는 능력과 연관이 있다. 따라서 보다 상위에 있는 ToM은 다른 사람의 의도가 우리 자신의 것과 같은지 다른지를 깨닫게 한다. 이것은 종종 '마음 읽기'라는 말로 불리기도 한다. 이는 우리 자신을 다른 사람의 마음에 투사해 그들의 의도를 추찰해내고, 우리가 어떻게 느끼고 있는지를 심상으로 만들어내는 과정이다. 한층 더 상위에 있는 ToM은 다른 사람 역시 ToM을 가지고 있음을 우리가 이해하고 있으며, 더 나아가 그들이 ToM을 가지고 있음을 우리가 안다는 사실을 그들이 알고 있음을 우리가 알고 있다는 것을 뜻한다. 여기서 우리는 1950년대의 TV 시리즈물인 「밀월여행자들(The Honeymooners)」에서 나오는 것과 전혀 다르지 않은 의도적 맴돌이를 눈치 챌 수 있다. 거기에서 재키 글리슨(Jackie Gleason)은 아트 카니(Art Carney)에게 이렇게 말한다.

"내가 안다는 것을 당신이 안다는 것을. 내가 안다는 것을 당신이 안다는 것을."

그런데 어떻게 ToM의 마음 읽기는 뇌 속에서 실제로 작동할까?

뇌 스캔을 가지고 마음의 이론 위치를 찾는 것과 관련해서 많은 연구가 이뤄졌다. 이런 연구들을 검토한 후에 글래스고대학교 신경과학자 헬렌 갤러거(Helen Gallagher)와 크리스토퍼 프리스(Christopher Frith)는 ToM이 필요할 때마다 일관되게 3개의 영역이 활성화된다고 결론지었다. '전방측 대상피질(anterior paracingulate cortex)', '상측 두뇌구(superior temporal sulci)' 그리고 양쪽 '측두엽극(temporal poles)'이 그것들이다.

첫째와 둘째 뇌 영역은 겉으로 드러나는 행위 정보를 처리하는 것과 관련이 있다. 말하자면 다른 유기체의 의도적인 행위를 지각하게 한다. 예를 들어 "늑대가 나를 잡아먹으려고 한다"와 같다. 측두엽극은 사적인 경험을 다시 끌어내는 데 필수적인 것들이다. 예컨대 "지난번에 늑대를 봤을 때 그놈이 날 잡아먹으려고 했어"와 같다. 이 세 조직은 ToM에도 필요하다. 갤러거와 프리스는 전방측 대상피질(이마 바로 뒤에 있는)이 '마음의 이론' 기제가 자리 잡고 있는 곳이라는 주장까지 하기에 이른다.[42]

ToM은 상위의 자동 시스템으로서 다른 사람과 관련된 특정한 행동, 특히 사회적 상황 안에서의 행동을 관장한다. 이는 예전에 존재했던 다수의 신경망에서 발달·진화된 것으로 보인다. 이 신경망들은 관련되는 여러 가지 다른 행동들을 하기 위해 필요한 것이었다. 생물과 무생물을 구분하는 능력이랄지, 눈을 응시함으로써 다른 사람의 주목을 끌거나 자기 자신과 다른 사람의 행동을 구분하는 능력, 목적 지향적인 행동을 수행하는 능력 등이 이에 해당된다. 이 모든 능력은 어떤 사회적 포유류가 생존해가는 데 있어서 기본적으로 갖춰야 할 것들이었다. 그렇게 보면 ToM은 하나의 이중적응 사례로 볼 수도 있다. 다시 말해 본래 어떤 기관이 진화한 목적은 하나였지만, 진화 결과 또 다른 목적도 성취하게 된 것이다.

숱한 뇌 스캔 연구 결과는 이런 생각을 뒷받침해준다. 1998년에 행한 한 fMRI 실험에서 사람들에게 서로 다른 2개의 손동작을 보여줬다. 하나는 아무런 전후 맥락 없이 불쑥 동작만 보인 것이었고 다른 하나는 그 동작이 의도하는 것을 파악할 수 있는 상황이 주어졌다. 후자는 피실험자의 거울 뉴런망을 활성화시켰다. 그러면서 ToM이 뇌의 어디

에 자리하고 있는지 보여주었다.[43]

2005년에는 또한 대단히 기발한 실험이 행해졌다. 이 실험에서 원숭이들은 사람이 어떤 물건을 집어 컵에 넣거나 사과를 집어서 입으로 가져가는 행동, 즉 비슷하기는 하지만 의도는 전혀 다른 행동을 보았다. 이때 원숭이 뇌의 하두정엽에 41개의 개별 거울 뉴런들이 표시되었다. 원숭이들이 '집어서 입으로 가져가는' 동작을 볼 때 15개의 거울 뉴런이 신경전달물질을 발사했다. 반면에 '집어서 컵에 넣는' 동작을 볼 때에는 전혀 움직임이 없었다. 그리고 4개의 다른 거울 뉴런은 반대로 행동했다. 신경과학자들이 내린 결론을 보면 흥미롭다. 그들은 위와 같은 뇌 영역에 있는 거울 뉴런들이 "동일한 동작(집는 것)이라 할지라도 그 동작이 최종적으로 목적하는 바가 무엇이냐에 따라 다르게 코드화했다"고 말하고 있다.[44] 바꿔 말하면 서로 다른 의도들을 구분하는 일에 특화된 뉴런들이 있다는 것이다. 컵에 넣기 위해 집기 vs 먹기 위해 집기. 좀 더 일반화시켜 말한다면 이는 거울 뉴런들이 다른 사람의 행동을 예측하는 것과 그 의도를 추론해내는 일 모두와 연관되어 있다고 생각할 수도 있다.

한편 모방, 의도, 감정에 대해 fMRI 스캔을 통한 연구가 지속적으로 이뤄지면서 거울 뉴런망이 감정이입 작용과 관련이 있음이 드러났다. 이 중 크리스천 케이저(Christian Keyser)와 그의 신경과학자 동료인 브루노 위커(Bruno Wicker)가 연구한 것이 있는데, 이 과학자들은 14명의 피실험자들이 2개의 상이한 상황에 처해 있는 동안 그들의 뇌를 스캔했다. 구역질나게 하는 지독한 냄새(부티르산으로서 버터 썩는 냄새가 난다)를 맡는 상황과, 구역질나는 표정을 짓고 있는 사람들을 찍은 짧은 영상물을 보는 상황이 그것이었다.

위커와 케이저는 구역질나는 감정과 다른 사람의 구역질난다는 표정을 보는 일 둘 다 '전방 뇌섬엽'이라고 부르는 뇌 영역을 활성화시킨다는 것을 발견했다. 이 전방 뇌섬엽은 감정을 처리하는 일과 연관이 있다. 구역질을 겪는 것과 구역질을 보는 것은 뇌섬엽에서는 구분되지 않았다. 이와 관련된 또 다른 연구에서 그들은 '촉각적 감정이입'에 대해 조사했고, 그 결과 누군가의 다리가 살짝 만져질 때나 그가 다른 누군가의 다리가 만져지는 사진을 볼 때나 똑같이 '체성감각피질(somatosensory cortex)'이라고 하는 뇌 영역이 활성화된다는 것을 알아냈다.[45] 누군가가 나를 만지는 것을 경험할 때와 누군가가 만져지는 것을 내가 구경할 때 체성감각피질에서는 구분되지 않음이 드러난 것이다. 또한 관련 fMRI 실험을 통해 이런 결과들이 보다 폭넓은 감정 일반을 설명하는 데에도 유효하다는 것이 증명되었다. 얼굴 표정에 대한 관찰과 모방이 전방 뇌섬엽 안에서 서로 연결되었다. 다시 말해 다른 누군가의 표정을 보는 일은 그 스스로가 그런 표정을 짓는 것과 동일한 행위로 전방 뇌섬엽에 등록되는 것이다.[46]

동작의 모방과 감정이입 사이의 차이를 보다 분명히 하기 위해 마르코 야코보니와 연구팀은 23명의 피실험자들의 뇌를 스캔했다. 그들은 그동안 찻잔을 드는 손 하나를 보고 있어야 했는데, 첫 번째 영상에서는 잘 차려진 식탁 위에 놓인 잔으로 손이 다가가는 모습이 잡혔다. 이는 잔을 들어 음료를 한 모금 마시려는 의도를 암시하는 것이었다. 두 번째 영상에서는 쿠키 부스러기가 여기저기 흩어진 채 식탁이 어질러져 있었다. 여기서의 손동작은 식탁을 정리하려는 의도를 암시하고 있었다. 그런 다음 표준적인 세 번째 영상이 보였는데, 여기서는 손이 잔으로 다가가는 모습만 보일 뿐 아무런 상황이나 전후 맥락이 제시되지 않았다. 결과는 처음 두 영상을 볼 때와 세 번째 것을 볼 때 현격한 차이점을 보였다. 의도가 있는 장면을 볼 때는 '전운동피질(premotor cortex)'에 있는 거울 뉴런망이 강하게 활성화되었지만 의도가 없는 장면에서는 그렇지 않았다. 그리고 치우려는 장면보다 마시려는 장면에서 더 강한 활성화가 이뤄졌다. 야코보니는 이렇게 결론 내렸다.

"하전두엽피질이 '청소' 상황보다 '마시기' 상황에서 더 활성화되었다는 것은, 일어남직한 운동 행위 과정을 코드화하는 뉴런망이 따로 있어 이것이 '의도를 코드화' 하는 일도 주관할 것이라는 우리의 생각과 일치했다."[48]

다른 모든 인간의 기질도 그렇지만 감정이입 능력 역시 개인에 따라 천차만별이다. 그리고 거울 뉴런에 대한 연구 결과는 이런 '통념 수준의' 이론에 과학적인 근거를 제공해주었다. 감정이입 능력을 측정하는 자가 기록 설문에서 높은 점수를 받은 사람들은 동작과 감정을 관장하는 거울 뉴런이 누구보다도 강하게 활성화되었다. 마찬가지로 여성들은 남성들보다 거울 뉴런 활동과 연계된 부분에서 강한 뇌파를 나타냈다. 이는 여성이 남성보다 감정이입 능력이 뛰어나다는 통념에 과학적 근거를 마련해준 것이다.[48]

보다 직접적인 의미에서 감정이입을 파악하기 위해 고통을 관찰만 하는 것과 느끼는 것에 대한 연구가 이뤄지기도 했다. 그런데 특히 관찰자가 사랑하는 사람에게 고통이 가해질 때 위와 동일한 뇌 회로가 강하게 활성화되었다.[49] 감정이입은 그 자체만을 위한 독자적인 뉴런망을 확보하고 있다. 애덤 스미스라면 이 사실에 놀라지 않으리라.

그런데 한편으로 거울 뉴런에 기능 장애가 나타날 경우 이는 자폐증과 관련이 있을 수 있다는 일부 증거도 있다. 자폐증 아이들이 사람이나 사회와 관계 맺는 일에 어려움을 겪는다는 사실 때문이다. 뭔가를 쥐는 손동작 영상을 보여주고 그것을 따라하도록 시켰을 때 자폐아들은 비자폐아들과는 현격하게 다른 뇌파를 나타냈다. 만일 누군가가 다른 사람의 의도를 읽을 수 없다면 그의 행동은 종잡을 수 없고 무의미하게 나타날 것이며, 상대로부터 어떤 반응도 요구하지 않을 것이고 설사 한다 하더라도 자신의 것과 유사한 제멋대로의 부적합한 반응을 끌어내려고 할 것이다.[50] 이 얘기와 주식 시장에서 다른 사람의 의도를 읽으려고 하는 것이 비슷한 데가 있어 보이지 않는가?

거울 뉴런과 자폐아들을 대상으로 연구 활동을 벌인 사람은 언제나 다채롭고 명석하며 창의력 있는 캘리포니아주립대학교 신경과학자 라마찬드란(V. S. Ramachandran) 교수다. '라마(Rama)'라는 애칭으로 불리는 그는 거울 뉴런 연구에서 중요한 결과를 도출해낸 다음 그것을 가지고 보다 고차원의 진화 이론을 수립하려고 한다. 그는 거울 뉴런의 발견을 두고 "최근 10년 동안의 연구에서 보고되지 않은(최소한 크게 공개되지 않은) 가장 중요한 단일 사건"이라고 표현한다. 라마는 거울 뉴런이야말로 인간을 여타의 동물과 구별 지을 수 있는 중요한 것 중의 하나라고 주장한다.

우리는 모방 능력을 통해 자연선택(도태)의 힘을 거스를 수 있으며 결과적으로 환경이 우리를 변형시키는 것이 아니라 우리가 환경을 바꿀 수 있다. 예를 들어 빙하기에 접어들면서 자연선택력은 보다 효과적인 체온조절 능력을 가진 동물들, 즉 두꺼운 털가죽을 가진 종들에게 유리하게 작용했다. 그런데 이런 식으로 (자연)진화하려면 수백 혹은 수천 세대를 지나야 했을 것이다. 반면에 거울 뉴런이 들어 있는 큰 뇌를 가진 영장류 하나가 눈보라 속에서 따뜻해 보이는 털가죽을 두른 채 의연히 있는 포유류 동물들을 보고 뭔가를 생각해냈다. 그는 당장 그 동물을 잡아서 털가죽을 벗겨내 제가 두르면 똑같은 따뜻함을 느끼겠다는 생각을 한 것이다. 그렇게 되면 긴 진화의 과정 속에서 빙하기 환경에 가장 적합한 존재가 되는 그 시간까지 기다리지 않아도 될 것이었다. 다른 영장류들도 우리의 원인 조상이 하는 행동을 보고 그대로 따라했다. 그리고 언어라는 수단을 통해 이 털가죽 밈(meme, 인간이 만들어낸 것을 총칭하는 표현이다. 생각, 사상, 관념, 물건, 시스템 등 인간이 어떤 의도로 만들어낸 것은 모두 밈이라 할 수 있다. 그런데 밈도 유전자와 마찬가지로 진화한다—옮긴이)은 확산되어갔다. 더불어 석기의 밈, 불의 밈, 활과 화살의 밈 그리고 미술과 음악의 밈, 종교의 밈도 크로마뇽인들의 세계에 널리 퍼졌음은 물론이다. 이는 단순히 '옛날 옛적' 이야기가 아니다. 이것이 시사하는 바가 큰 이유는 이를 통해 우리의 뉴런 조직 속에 들어 있는 모방과 의도, 감정의 힘에 대해 알 수 있기 때문이다.[5]

감정이입에 관한 신경생리학적 연구를 통해 우리는 경제학의 또 다른 생물학적 토대를 이해하기 시작했다.

"누군가의 행동을 보면서 그 의도를 파악한다는 것은 (나의) 사회적 행태를 형성하는 가장 기초적인 단위를 확보한다는 것과 같다."

마르코 야코보니의 말이다.

"우리의 연구 결과물이 최초로 밝혀낸 것은 우리가 다른 누군가의 행동 이면에 있는 의도를 우리 뇌 속의 거울 뉴런 기제를 사용하는 운동계(motor system)를 통해 인식한다는 것이다. 어떤 행동에 대한 이해를 담당하고 있는 뇌의 영역은 한편으로 행동을 예측하는 일도 맡고 있다."

다른 말로 하면 여기에는 애덤 스미스가 《도덕감정론》에서 철학적으로 추론한 것에 대한 경험적인 증거가 있다.

"인간이 얼마나 이기적이라고 여겨지든 간에 천성에는 분명한 몇 가지의 도의가 있다. 그것들은 인간으로 하여금 타인의 행운에 관심을 갖게 만들며, 다른 사람의 행복이 자신에게 필요한 것임을 천명하게 만든다. 인간이 남의 행복을 통해 얻는 것은 그것을 바라보는 즐거움 외에 아무것도 없다. 그러나 이것으로부터 동정이나 자비심이 나오며, 우리가 다른 이의 비참함을 목도하거나 대단히 생생하게 떠올릴 때 느끼는 감정은 이에 다름 아닌 것이다."[52]

시장의 마음을 움직이는 것은 인간의 마음

어떤 문제들, 지구의 생태계를 보존한다거나 생물적 다양성을 지킨다거나 혹은 집단 내부 구성원들 간의 친목을 최대화한다거나, 집단 간의 반목을 최소화한다는 문제들을 다루려면 사회적·정치적 행동이 요구된다. 그런데 불행하게도 그런 고상한 목표들은 너무 멀리 떨어져 있고, 이를 성취하기 위해 필요한 시간은 대단히 장기적이다. 본래 프로그램화된 우리 사고(행위)의 범위와 지속 길이를 감안한다면 말이다. 구석기 시대에는 환경과 생물의 다양성에 대한 인간의 관심이라고 해봤자 겨우 몇 십 킬로미터 이내 몇 백 종의 생물에 국한된 것이었다. 그리고 그 지속 기간은 우리 자신의 수명인 몇 십 년을 넘지 못했다. 우리 원시인 조상들이 평생 동안 만났던 사람의 숫자는 기껏해야 100명 안쪽이었을 것이다. 그렇기 때문에 먼 땅에 사는 인종적으로 다른 집단 구성원들을 포용하는 것을 덕목으로 삼을 필요도 이유도 없었다.

지구 온난화나 기타 장기간에 걸친 환경적 위협을 염려하는 사회운동가들이 일반인에게 그런 문제 인식을 심어주기 어려운 이유가 여기에 있다. 해결책은 차치하고라도 말이다. 우리의 도덕관념이라는 것이 겨우 십 수 명의 사람들, 공간적으로는 몇 마일의 거리, 시간적으로는 몇 년 정도의 문제에만 관심을 갖는 정도에서 진화·발달이 멈추었다면, 지금부터 해결까지 1,000년이나 걸리는, 수천 마일 떨어진 곳에 사는 인간 집단들과 관련된 문제에 누가 신경을 쓸 수 있으랴?

한 가지 해법은 문제를 좀 더 친숙하고 단기적인 맥락 안에서 재설정하는 것이다. 이렇게 생각해보자. 제3세계의 기아 아동들을 염려하는 비영리 단체들은 '아이 입양' 전략을 쓴다. 그렇게 함으로써 부유한 서방국가 자선가들의 자연적인 동정심에 물꼬를 트는 것이다. 이 전략의 효과는 2002년에 만들어진 영화 「어바웃 슈미트(About Schumidt)」에 '사랑스럽게' 묘사되어 있다. 거기에서 잭 니콜슨(Jack Nicholson)이 맡은 배역의 인물은 은두구(Ndugu)라는 탄자니아 소년을 입양해서 이 아이에게 일방적인 편지를 쓰게 되는데, 이것이 만년에 인생의 의미를 찾고자 하는 슈미트 씨 이야기의 서사적 얼개가 되고 있다. 아주 시시콜콜한 것들을 놓고 숱하게 자기중심적인 편지를 써서 보냈지만, 끝에 가서 슈미트는 자신이 후원하는 아이가 쓸 줄도 읽을 줄도 모른다는 사실을 알게 된다. 그러나 아이를 돌봐주는 수녀가 보낸 편지가 그를 구원하게 된다. 그리고 영화는 은두구가 슈미트를 위해서 그리는 그림, 노란 태양이 눈부신 짙푸른 하늘 아래에 한 어른과 아이가 손을 잡고 있는 그림에 샷이 고정되면서 막을 내린다. 이 장면은 그 정서적 간결함이라는 면에서 대단히 감동적이어서 감정이입의 눈물을 자아낸다.[53] 머나먼 곳에 사는 한 어린아이의 세계를 어루만짐으로써, 그리고 겨우 그 이름과 얼굴만 알고 있을 뿐이지만, 귀한 친절에 감사를 표할 줄 아는 이 아이를 통해서 슈미트의 삶은 의미 있는 것이 된다. 그것을 '은두구 효과'라고 부른다.

우리는 이름도 얼굴도 모르는 수만 명의 아이들보다는 얼굴과 이름을 아는 1명의 아이에게 더 신경을 쓴다. 현대 세계라는 관점에서 보자면 이는 비합리적인 도덕적 계산이라고 할 수 있다. 진정 합리적인 인간이라면 아이 하나보다는 다수에 관심을 기울여야 하기 때문이다. 그러나 이런 명백히 비합리적인 계산도 우리의 진화한 뇌 속에 아직도 잔존해 있는 '고대 세계'에서는 합리적인 도덕적 선택이 되는 것이다. 그 세계는 여러 사람보다는 한 사람을 더 염려하는 곳이다. 특히 그 한 사람이 우리가 보살펴야 할 사람이면 더욱 그렇다. 즉 우리의 직계가족, 방계가족, 친구, 공동체, 집단 내 동료 구성원인 경우에는 더 많은 관심이 가도록 진화된 것이다. 여하튼 이 은두구 효과는 깊고도 감동적이었다.

실제로 나는 「어바웃 슈미트」의 마지막 장면을 한번 더 본 다음 '월드 비전(World Vision)' 웹사이트에 들어가서 알바니아의 티라나에 사는 수아다 이사쿠(Suada Isaku)라고 하는 11세 소녀를 후원하기로 했다. 이 아이는 엘바잔이라는 티라나 근교의 농촌 마을에서 부모, 여동생과 같이 사는데, 빵과 야채, 콩, 유제품을 얻기 위해 힘든 삶을 살고 있다. 월드 비전이 내게 알려준 바에 따르면, 그리 많지 않은 내 월정 기부액이 "수아다와 이 아이가 살고 있는 마을에 깨끗한 식수와 개선된 위생 시설을 제공하는 데 도움을 줄 것"이고, 또한 내 도움이 "부모와 교사들 사이의 교육적 협력관계를 만드는 데 일조함으로써 아이가 받는 교육의 질을 높일 것이고 경제적 협의체가 생겨나도록 함으로써 마을 공동체가 성장 발전 계획을 수립하는 데 요긴하게 쓰일 것"이라는 것이다.[54] 그러면서 내가 후원하는 아이의 사진과 여러 자세한 사항들을 보내왔다. 아이는 책 읽기와 구기 경기를 좋아하고 집안일을 잘 도우며 건강했다. 아이에 대한 애착심이 한층 강해진 것이다. 구글어스(Google Earth)를 통해 검색했더니 사이버 공간에 수아다가 사는 동네가 나타났다. 내 뇌 속의 도파민이라는 현이 울렸다. 나 자신의 시야가 머무는 '중간 대지' 안으로 그들이 들어왔다. 그들과 나의 거리는 자연스럽게 좁혀졌다. 그리고 나는 그 순간 전적으로 낯선 이방인에서 그들의 명예 가족이 되었다. 시장과 마음과 도덕에 힘입어.

제8장

행복의 진화적 해석

1979년, 자전거 경주의 세계를 다룬 영화 「브레이킹 어웨이(Breaking Away)」에서 인디애나 주의 작은 마을 블루밍턴에 사는 갓 고등학교를 졸업한 데이브 스톨러(Dave Stoller)는 다리털을 면도하고, 맞바람을 피하려고 바퀴가 18개나 달린 대형 트럭 뒤에 바짝 붙어 자신의 콜나고(Colnago, 이탈리아산 자전거 상표−옮긴이) 페달을 열심히 밟는다. 언젠가는 이탈리아 프로선수와 레이싱 대결을 펼치리라는 꿈을 꾸면서 말이다. 그리고 친자노(Cinzano)팀이 마을에 왔을 때 마침내 소원을 이룬다. 그러나 그는 엘리트 선수가 부정한 방법으로 승리를 거두는 것을 본다. 팀의 한 선수가 펌프로 그의 자전거 앞 포크를 강타한 후 그를 차도로 밀어냈던 것이다.

아버지의 중고차 야적장에서 일하며 근면과 정직이 미덕으로 군림하던 시절에 그는 청춘의 이상을 고수하려고 애쓴다. 그는 불만을 제기하는 고객에게 깔끔하게 환불해주는데, 이런 행동은 보다 마키아벨리스트에 가까운 그의 아버지에게 스트레스를 안겨 심장 발작을 일으키게 만든다. 회복 중인 아버지에게 살아 있다는 게 행운이라 느껴지는지를 묻자, 스톨러(Stoller) 씨가 냉소적으로 대답한다.

"아니, 살아 있는 게 행운이라고 생각 안 해. 죽지 않은 게 행운이지. 그건 다른 거야."

합리적으로 말한다면 살아 있는 것과 죽지 않은 것은 차이가 없다. 그러나 감정적으로는 차이가 있다. 자, 이제 과학을 통해 우리는 그 차이가 무엇인지 알아낼 수 있다. 그런 주관적인 평가, 특히 선택이 어떤 틀에 갇히느냐(살아서 행운 vs 죽지 않아서 행운)는 우리가 세계를 보는 방식, 특히 우리의 행복을 어떻게 보느냐에 영향을 준다.

> 행복은 주관적인 안녕 상태이며 상대적인 기준에 의해 좌우되고,
> 단순한 사교적 즐거움과 생의 목표 안에서 의미를 발견하고자 하는
> 진화된 심리에 기초하고 있다.

이 간단한 서술로부터 우리는 시대가 안고 있는 어떤 크나큰 역설에 대한 통찰을 집어 올릴 수 있다. 전통경제학, 합리적 선택 이론에 기초하고 있는 이 학문은 우리에게 사람들이 이기적으로 효용을 극대화하려 하기 때문에 더 부유해지고 더 행복해진다고 가르친다. 이제 우리는 그러한 가설을 검증할 수 있는 데이터를 확보했고, 덕분에 분명한 결과를 얻게 되었다. 그 가설은 틀렸다. 요즘 사람들은 1950년대 사람들보다 더 행복하지 않다. 비록 우리가 상상할 수 있는 모든 물질적인 척도에서 보자면 삶은 그때보다 나아졌다고 할 수 있더라도 말이다.

실로 경제학 역사를 들추면서 발견하게 되는 것 중 가장 놀라운 것은 경제적 번영과 행복 사이에는 아무런 연관성이 없다는 사실이다. 제레미 벤담(Jeremy Bentham)의 시대, 19세기에 공리주의 철학이 발흥한 이래 경제학자와 정치가들 그리고 정책 결정자들 사이에서 굳게 견지되어온 믿음은 효용의 증가는 국가적 행복의 총체적 증가를 가져온다는 것이었다. 말하자면 '최대 다수의 최대 행복'이라는 것이다. 심지어 벤담은 '쾌락계산법(hedonic calculus)'이라는 것을 고안해서 행복을 측정하고자 했다. '7가지 척도'가 제시되었고 이것들에 따라 '쾌락이나 고통의 가치가 고려되었다.' 순수성(purity, 쾌감 뒤에 고통이 뒤따르느냐 아니냐), 강도(intensity, 쾌락의 세기와 힘), 근사성(propinquity, 쾌락이 얼마나 가까운 장소나 시간에 있느냐), 확실성(certainty, 쾌락의 확실함), 풍요성(fecundity, 같은 종류의 쾌감이 뒤따르느냐 아니냐), 범위(extent, 쾌락이 포괄하는 사람들의 수), 그리고 지속 기간(duration, 쾌락이 지속되는 시간의 길이)이 그것이다.

이것이 사회에 적용된다고 할 때, 벤담은 우리에게 다음과 같이 할 것을 가르친다.

"이해관계가 걸려 있는 사람들의 '수'를 고려하고 각각의 개인에게 위의 척도를 적용하라. 척도 당 어떤 한 행위가 개인에게 '좋은' 점, 전체적으로 좋은 점을 수로 나타내어 이를 '합'하라. 이번에는 나쁜 점을 수로 나타내어 합하라. 양 수치를 비교하라. '쾌락' 쪽이 우세하면 이는 그 행위가 전반적으로 '선'하다는 것이다. 개인들이 관여하고 있는 공동체 전체나 만인에게도 그렇다는 얘기다. '고통' 쪽이 우세하면 전반적으로 '악'하다는 의미다."[1]

좋다. 그럼 한번 보자. 3억의 미국인이 있다. 그런데 우리가 경제·

정치·사회 정책을 세울 때마다 매번 전국적인 여론 조사를 하고, 쾌락계산법을 써서 적합한 안을 도출해내야 할까? 일단 이런 일이 물리적으로 불가능하다는 점은 차치하고라도, 지금까지의 행복에 대한 연구 결과를 보면, 행동경제학에서도 그렇지만 삶에 대한 우리의 느낌, 긍정적이냐 부정적이냐 하는 것은 마음의 주관적인 상태, 다른 사람과의 비교에 크게 영향을 받는 것으로 나타나고 있다. 그러므로 어떤 경제적 효용의 척도에 근거해서 행복에 대한 객관적인 기준을 세운다는 것은 있을 수 없다.

경제학과 행복은 아무런 관련이 없음을 이 장의 첫머리에서 짧게 언급했다. 우리가 이 장에서 알아볼 것은 돈이 우리에게 행복을 사주지는 못하지만 왜 가족이나 친구, 그리고 목표의식은 사줄 수 있는지, 보다 뿌리 깊은 진화론적 원인을 규명하는 것이다.

경제는 번영했는데 행복한 인구는 늘지 않았다

지난 50년 동안 생활수준은 극적으로 향상되었다. 1996년 달러 가치로 환산해보면, 1950년의 1인당 실제 국내총생산(GDP)은 1만 1,087달러였다. 그리고 2000년에는 3만 4,365달러가 되었다.[2] 겨우 반세기 만에 300퍼센트가 증가한 것이다. 일반적인 사람들이 예전보다 절대적으로 부유해졌음은 물론이고 경제적 위계상으로도 더 높이 상승했다. 저 높은 곳으로.

2000년을 기준으로 4명의 미국인 중 1명꼴로 연간 최소한 7만 5,000달러를 벌었다. 이는 한 세기 전과 비교해 그만큼의 사람들이 중상류층으로 편입되었다는 의미다. 1890년에는 전 인구의 1퍼센트만이 그 정도의 소득을 올렸다. 중상류층이 25배나 증가했다는 말이고 계층 간의 경계선을 다시 그려야 하며 '평균적'이라는 말의 정의를 다시 내려야 할 정도가 되었다. 여하튼 부유해졌다. 1980년 이래로 현재 달러 가치로 환산해서 1년에 최소 10만 달러 이상을 버는 사람들의 퍼센티지는 2배가 되었다.

그리고 그 돈을 가지고 우리가 구매할 수 있는 것들도 엄청나게 늘었다. 1950년대에 맥도널드 치즈버거 1개의 값을 치르기 위해서는 30분을 일해야 했지만 오늘날에는 3분이면 그 돈을 번다. 단위가 달라지는 차이다. 2002년에 미국인 1인당 누리는 건강보호 혜택의 범위는 1982년에 비해 50퍼센트나 더 커졌다.

그뿐인가. SUV, DVD, PC, TV, 고급 의상, 명품 시계와 보석, 스테레오 전축과 가정용품, 갖가지 전자 제품의 구매라는 측면에서 보면 그 증가폭은 훨씬 커진다. 이 모든 물건들을 다 담아두고 있는 집은 크기 면에서 1950년대의 1,100제곱피트에서 현재의 2,200제곱피트 이상으로 지난 반세기 동안 2배 이상 커졌다. 이런 집들의 95퍼센트 이상이 중앙난방 시스템을 가동하고 있는데, 한 세기 전에는 그런 집들이 고작 15퍼센트에 불과했다.

그리고 78퍼센트의 가정에 에어컨이 있다. 우리 할아버지 세대에는 0퍼센트였다. 미국 통계국에 따르면 2000년 평균 집값은 11만 9,600달러였다. 1990년 평균 집값보다 18퍼센트 더 비싸진 것이다. 그리고 (2000년 달러 가치로 환산한) 1950년의 평균 집값 4만 4,600달러보다 2배 이상 올랐다.

이게 다가 아니다. 범죄는 줄고 여가 활동은 늘었다. 1990년대의 경제 활황기 동안 각종 범죄율은 거의 모든 지역에서 감소했다. 예를 들어 살인 사건의 경우 뉴욕, LA, 보스턴, 볼티모어, 샌디에이고 등 주요 대도시에서의 발생률이 50퍼센트에서 75퍼센트까지 줄었다. 여성에 가해진 가정폭력은 21퍼센트나 떨어졌으며 10대 청소년 범죄도 66퍼센트 줄었다.

이제 우리의 주당 노동 시간은 부모나 조부모 세대의 그것보다 짧다. 지난 150년 일생 중에서 일하면서 보내는 시간이 그동안 꾸준히 줄어든 것이다. 예를 들어 19세기 중반에 성인들은 평균적으로 깨어 있는 시간의 50퍼센트가량을 일해야 했다. 그에 비해 오늘날에는 20퍼센트만을 노동에 할애한다. 줄어드는 노동 시간은 여가 시간으로 대체되었다. 1880년 평균적인 미국인은 주당 11시간의 여가 활동을 즐겼다. 오늘날에는 무려 40시간이나 즐긴다. 노동 환경도 보다 깨끗해지고 안전해지고 쾌적해졌다.

좋은 소식은 끝이 없을 것처럼 보인다. 오염도 줄었고 현재도 줄고 있는 중이다. 내가 사는 LA만 보더라도 그렇다. 1979년에 내가 자전거 경주 스포츠계에 입문할 당시에는 공기가 너무 안 좋아 여름 훈련 라이딩은 정오 이전에 끝내야 했다. 미세 분자 물질들, 즉 먼지, 꽃가루, 재, 매연, 에어로졸, 이산화탄소, 이산화황, 산화질소 등으로 인한 고통이 심했기 때문이다. 이런 것들은 폐 속에 깊이 틀어박혔다. 그러나 오늘날에는 1년 중 아무 날 아무 때고 자전거를 탈 수 있다. 전혀 문제 없다. 이런 내 느낌을 뒷받침하는 데이터가 있다. 1980년대 LA는 연중 150일이 '건강상 주의가 필요한' 날이었고 50일 정도 '1단계' 오존주의보가 내려졌다(나는 전날 저녁 뉴스에서 이 사실을 확인하고 다음날 훈련을 할지 말아야 할지를 결정했다). 청정 대기법과 개선된 자동차 엔진, 정유 기술 덕분으로 2000년에는 건강상 주의가 필요한 날이 20일 정도로 줄었고, 1단계 오존주의보가 내려진 날은 거의 없게 되었다.

이런 사례들은 미국 전역에서 지난 25년 동안 진전되어온 것들이다. 비록 차량의 숫자는 거의 2배가 되고 운행 거리도 거의 150퍼센트 증가했지만 스모그는 3분의 1이 줄었으며 산성비는 3분의 2가 감소했고 대기 중 납 함유량은 무려 97퍼센트나 줄어들었다. 그리고 염화불화탄소(CFC)는 거의 다 사라졌다. 이 모든 개선과 공공 보건 정책의 결과로 평균 기대 수명은 1900년의 41세에서 오늘날에는 70대 후반 내지 80대 초반으로 거의 2배가량 늘어났다.[3]

이런 사실들, 그리고 더 많은 양적 발전도를 감안해본다면 누군가 우리에게 타임머신을 타고 과거로 돌아가 거기서 한번 살아보라고 할 때 이를 거절하는 것이 당연지사가 될 정도다. 토머스 홉스(Thomas Hobbes)에게는 대단히 미안한 일이지만, 오늘날과 비교해보면 그 옛날이야말로 더럽고 야만적이며 오래 살지 못할 환경이니까 말이다. 그러나 타임머신을 거꾸로 작동시켜 누군가를 중세기나 근대 초기, 혹은 산업혁명 태동기에서 오늘날로 데려온다고 하자. 그는 인간이 불을 피워 빛을 밝히던 그 시절로부터 얼마나 많이 진보했는지 전혀 측량하지 못할 것이다. 그 시절에는 아주 소수의 사람들만이 상대적으로 말끔하고 편안한 삶을 살았다. 그 외 다수 대중은 아주 불결한 환경에서 가난에 시달리며 가혹한 노동에 종사했으며 자식들의 반수는 성년에 이르기 전에 사망했다. 그리고 그들 자신도 대개 40대 초반이 되기 전에 이세상을 하직했다. 사람들 대부분은 자신이 사는 동네 밖으로는 전혀 나가보지 못했다. 설사 나갈 수 있다 하더라도 걸어서 가거나 말을 타고 가야 했다. 나폴레옹 군대의 진격 속도는 카이사르나 알렉산드로스 군대의 그것보다 빠르지 않았다. 그 어느 누구도, 심지어는 가장 부유하고 특권을 가진 귀족들, 왕들, 성직자들조차도 오늘날 우리가 당연한 것으로 여기는 가장 흔한 기술이나 공공 보건 혜택을 향유할 수 없었다.

그 시절의 보통 사람들인 아들레이드나 안셀름을 오늘날의 보통 사람인 애쉴리나 앨런으로 만든 것은 무엇인가. 오늘날의 애쉴리와 앨런은 시속 400마일의 속도로 날아가는 금속 통을 타고 단 몇 시간 만에 대륙을 횡단할 수 있다. 그것도 가만히 앉아서 웨이퍼 과자만큼 얇은 주머니 크기의 상자로 모차르트 협주곡이나 셰익스피어 연극을 감상하며 갈 수 있다. 귓구멍만한 스피커는 거의 공연장 수준의 음질을 들려준다. 그리고 그들은 충전 배터리로 작동되는 휴대용 노트북 컴퓨터를 펼쳐놓고 글을 쓰고, 또 다른 웨이퍼 과자만큼 얇고 주머니 크기만한 상자를 가지고 지상 3만 5,000피트 높이에서 수천 마일 떨어진 사람들과 대화를 나눈다. 과거 시점에서 본다면 이게 미래의 충격이 아니고 무엇인가.

● 행복의 유전적 영향

그런데 이 모든 부와 풍요에도 불구하고 주관적 안녕(Subjective Well-Being, SWB)을 재는 모든 척도에 따르면, 현재를 살아가는 사람들은 반세기 전의 사람들보다 행복하지 않다. 이것이 '미국의 역설', '진보의 역설', 그리고 '선택의 역설'이라 불리는 것이다.[4] 나는 이것을 '행복 무관(Happiness Disconnect)'이라고 부른다. 명칭이야 어떻든 간에 이런 현상은 분명히 있는 것이니만큼 행복 자체에 대한 보다 면밀한 고찰이 요구된다 하겠다.

행복을 측정하는 가장 일반적인 기술은 사람들에게 물어보는 것이다. 그 좋은 예로 에드 디너(Ed Diener)가 개발한 '인생 만족 척도(Satisfaction with Life Scale)' 라는 게 있는데, 이는 사람들에게 5가지 진술을 제시한 후 그 응답으로 아래의 숫자를 하나 선택하도록 한 것이다.[5] 여러분도 한번 해보기 바란다.

1=매우 동의하지 않는다.
2=동의하지 않는다.
3=약간 동의하지 않는다.
4=동의하지도, 안 하지도 않는다.
5=약간 동의한다.
6=동의한다.
7=매우 동의한다.

_____ 거의 모든 점에서 내 삶은 이상적인 것에 가깝다.
_____ 내 삶의 조건은 훌륭하다.
_____ 나는 내 삶에 만족한다.
_____ 지금까지 나는 내 삶에서 원하는 중요한 것을 가졌다.
_____ 다시 한번 살 수 있다 해도 나는 지금 이대로 살 것이다.

점수에 해당하는 만족도는 이렇다. 35~31=극히 만족스럽다. 26~30=만족스럽다. 21~25=약간 만족스럽다. 20=만족도 불만도 없다. 15~19=약간 불만족스럽다. 10~14=불만족스럽다. 5~9=극히 불만족스럽다.

여러분의 점수는 어떠한가? 만일 이 척도가 마음에 들지 않으면 다른 것도 있다. '전반적으로 당신은 매우 행복한가, 꽤 행복한가, 아니면 그다지 행복하지 않은가?' 1999년에 미국인들에게 이 질문을 던졌을 때 응답자의 38퍼센트는 '매우 행복하다'고 말했으며, 53퍼센트는 '꽤 행복하다', 그리고 불과 9퍼센트만이 '그다지 행복하지 않다'고 응답했다. 영국에서 조사한 결과도 이와 거의 비슷했다. 서면으로 질문을 했건 직접 대면해서 했건, 결과 수치는 대체로 비슷했으며 이 응답자들에게 대한 주변 동료나 친구의 관찰 평가도 크게 다르지 않았다.[6] 그리고 이 척도들을 통해 나온 결과는 다른 여러 방식의 행복 측정 평가값과도 비슷했다.[7]

국가 간 비교를 보아도 꽤나 일관된 결과를 보였다. 그 예로 1975년부터 1992년까지 12개 유럽 국가 국민들과 미국인 25만 명을 대상으로 매년 실시된 광범위한 조사에서 다음과 같은 질문이 주어졌다.

"전반적으로 당신의 현재 생활은 어떻습니까? 매우 만족스럽습니까, 꽤 만족스럽습니까, 그다지 만족스럽지 않습니까, 아니면 전혀 만족스럽지 않습니까?"

앞서의 조사와 거의 비슷하게 '매우 만족한다'는 사람이 27퍼센트였고, 54퍼센트가 '꽤 만족스럽다', 14퍼센트가 '그다지 만족스럽지 않다', 5퍼센트가 '전혀 만족스럽지 않다'고 응답했다(네 번째 항목이 추가되면서 각 항목의 퍼센티지가 다소 줄었다). '꽤 만족스럽다'와 '그다지 만족스럽지 않다'고 대답한 사람들 간의 소득 차이는 그다지 크지 않았다. 그러나 첫째와 넷째 항목 응답자들 간에는 차이가 있었다. 최상위 소득군에 속한 사람들의 33퍼센트가 '매우 만족스럽다'고 응답한 사람들이었으며(겨우 3퍼센트만이 '전혀 만족스럽지 않다'고 응답했다), 이에 비해 최하위 소득군에 속한 사람들의 23퍼센트가 '매우 만족스럽다'고 말했다('전혀 만족스럽지 않다'고 응답한 사람은 8퍼센트였다). 우디 앨런의 빈정거림 그대로다. "돈은 가난보다 낫다. 오직 재정적인 이유에서만."

그러나 내가 여기서 말하고 싶은 것은 이 퍼센티지들이 조사 기간 동안 크게 달라지지 않았다는 것이다. 그 기간에 유럽은 놀랄 만한 경제 성장을 이루었음에도 말이다. 이런 무관함은 미국에서도 나타난다. 수백 개의 관련 연구 결과 중에서 하나만 인용해보자.

1994년에 프린스턴리서치협회(Princeton Research Association)가 실시한 조사에 의하면, 미국인들의 절반 이하는 자신들이 만족스러운 생활을 영위할 만큼의 돈을 가졌다고 말하고 있다. 그리고 압도적 다수의 사람들은 돈이 더 있었으면 좋겠다는 응답을 했다.[8] 하기사 누가 돈을 마다하랴? 그렇지만 반세기 전과 비교하면 어쨌든 우리는 극히 만족스러운 삶을 영위하고 있으며 절대적인 기준에서도 보다 많은 부를 누리고 있다.

재미있는 것은 유럽의 조사를 통해 나온 것인데, 삶에서 가장 큰 상실 2가지, 즉 실업과 이혼이 행복을 크게 감소시키는 것으로 나타나고 있다는 사실이다. 직장을 잃은 사람 중 겨우 16퍼센트만이 '매우 만족한다'고 말했으며 39퍼센트의 사람들은 '그다지 만족스럽지 않다'거나 '전혀 만족스럽지 않다'는 응답을 했다. 이와 비슷하게 기혼자 중의 29퍼센트가 '매우 만족스럽다'는 반응을 보인 데 비해 이혼자들은 그 중 19퍼센트만이 그렇다고 했다. 반면에 기혼자 중 17퍼센트는 '그다지 만족스럽지 않거나 전혀 만족스럽지 않다'고 말했고 이혼자 중에서 그렇게 응답한 비율은 29퍼센트였다.[9]

행복에 관해 이뤄진 조사 중 가장 통찰력 있고 가장 국제적인 것이라고 주장할 만한 것은 세계가치조사(World Values Survey)가 행한 것인데, 250개의 질문을 통해 400에서 800개의 측정변수를 다루었다. 이 조사가 보여준 것은 지난 30년 동안 이 세계의 어떤 사람들이 행복의 증가와 감소를 경험했고, 또 본질적으로 변하지 않을 행복의 평균 수준은 어느 정도인가 하는 것이었다.[10] 현재의 달러 가치로 연 2만 달러 이상의 평균 소득이 있고, 집이 있고, 자기 자신과 가족이 하루 세 끼 좋은 식사를 할 수 있다면, 돈이 더 많다고 해서 행복이 그만큼 커지지는 않았다.[11]

돈과 행복이 무관한 이유는 2가지다. 유전자와 상대가치가 그것이다. 우리의 유전자는 우리가 행복하다거나 불행하다고 느끼는 성격 형성의 절반을 담당한다. 그것은 말하자면 우리의 기질은 우리가 물려받은 유전자와 환경적 조건(우리의 양육 환경과 우리 자신이 선택하는 환경이 다 포함된다)의 상호작용에 의해 빚어진다는 것이다. 쌍둥이들을 대상으로 한 대규모 조사에서 과학자들은 윌슨-패터슨 보수주의 척도(Wilson-Patterson Conservatism Sale) 중에서 50개 문항짜리 척도를 사용해서 3,810쌍의 오스트레일리아 쌍둥이들의 서로 다른 기질을 측정했고, 40문항짜리 퍼블릭 오피니언 인벤토리(Public Opinion Inventory)라는 조사 방식을 통해 825쌍의 영국 쌍둥이들의 기질을 측정했다. 양쪽 경우 모두 피실험자군에 일란성·이란성 쌍둥이가 포함되어 있었다. 심리적 특질 측정 결과, 양쪽 조사 공히 기질의 40퍼센트가량이 유전에 의해 좌우되는 것으로 나타났다. 30퍼센트는 공유하고 있는 가

정환경에 따른 것이었으며, 나머지 30퍼센트는 공유하고 있지 않은 환경에 그 원인이 있거나 측정상의 단순 오류가 차지했다.[12]

이와 유사하게 닐스 월러(Niels Waller)와 토머스 부처드(Thomas Bouchard), 그리고 그들의 동료 연구진은 미네소타 주에 사는 쌍둥이를 대상으로 한 연구에서 오랫동안 환경의 지배를 받는 것으로 알려졌던 많은 변수들을 측정했다. 그 안에는 기질, 인성, 정치적 태도, 종교 성향 등이 포함되어 있었다. 따로 따로 양육된 53쌍의 일란성 쌍둥이와 역시 떨어져서 자란 31쌍의 이란성 쌍둥이를 조사한 결과, 연구자들은 대부분의 심리적 특질에서 일란성 쌍둥이들 간의 상관관계는 이란성 쌍둥이들의 그것보다 2배 정도 높다는 사실을 알아냈다. 이것이 시사하는 바는 이들의 측정치에 나타나는 변인의 절반 정도는 유전적 요인이라는 것이다.[13]

인격적인 특질이 유전적인 영향을 대단히 많이 받는다면 행복은 어떨까? 일란성 · 이란성 쌍둥이들을 대상으로 그들의 주관적인 행복감을 측정하기 위해 월러와 부처드는 텔레겐 다차원 인성 설문(Tellegen Multi Dimensional Personality Questionnaire) 방식을 사용했다. 그 결과 일란성 쌍둥이는 행복과의 상관성이 0.44로 나타났고 이란성 쌍둥이는 0.08로 나타났다. 그리고 같이 자랐건, 떨어져서 자랐건 일란성 쌍둥이 형제들의 행복(감)에는 큰 차이가 없었다. 사람들이 비슷한 환경에서 산다고 해서 비슷하게 행복해지거나 불행해지지는 않았다. 유전자가 비슷할 때 행복의 정도도 비슷해졌다.[14]

이런 결과들은 사람들의 일반적인 생각과 일치한다. 우리는 어떤 사람들을 잘 알고 있다. 이들은 어지간한 사람이라면 지쳐 쓰러졌을 고난에도 아랑곳하지 않고 별 근심 없이 그러나 대단히 열정적으로 삶을 추구한다. 한편 우리는 '좋은 인생'에 필요할 것으로 보이는 모든 것을 다 누리면서도 구제불능일 만큼 불만으로 가득 차 있는 사람들도 알고 있다. 우리는 전자의 용기에 경탄하고 후자의 성격에 의문을 품는다. 우리는 이제 유전자의 힘을 알게 되었다. 그러나 한편으로 우리는 이런 성향의 일부를 환경 탓으로 돌리고 또 그런 견지에서 스스로의 기질을 이해하려고 하기도 한다. 환경의 힘이 결정적인 것이 아님을 잘 알고 있으면서도 말이다.

그런데 우리를 행복하게 혹은 불행하게 만드는 것은 다른 사람들이 소유하고 있는 그 무엇과 관련이 있다. 그리고 그 무엇이란 어떤 절대적인 크기가 정해져 있는 것은 아니다. 구석기 시대에 인간들은 단순한 경제 구조와 상대적으로 평등한 소공동체 안에서 진화했다. 거기서는 행복이 부의 축적을 통해 성취되는 것이 아니었다. 그 이유는 부라는 것 자체가 축적될 만큼의 크기가 되지 못했으며, 작은 부라도 어떤 한 개인이나 가족에게 주어질 경우 이를 재분배할 것을 강요하는 사회적 압력이 높았다.

통념적 경제학의 관점에서 말하자면 중간 세계에서 우리의 감각과 이해는 단기적 평가, 직접 비교, 그리고 사회적 지위에 초점이 맞춰진다. 앞세대의 사람들이 어떻게 살았는지 궁금한 사람들은 별로 없다. 그런 점에서는 구석기 시대 사람들도 마찬가지인 것이, 그들 또한 앞세대 사람들의 삶에 대해서는 거의 아는 바가 없었으리라. 그보다 중요한 것은 '여기'이고 '지금'이다. 그리고 우리가 사는 사회 집단의 다른 사람들을 두고 우리가 자신과 비교하는 그 무엇이다.

유전자 얘기는 잠시 제쳐두고 '행복 상대성 이론'에 대해 더 깊이 알아보자.

● 행복 상대성 이론

다른 사람이 1년에 2만 5,000달러를 벌고 내가 5만 달러 벌기를 원하는가, 아니면 다른 사람이 1년에 25만 달러를 버는 동안 10만 달러를 벌기 원하는가? 상품과 서비스의 가격은 같다고 치자. 바꿔 말하면 다른 모든 조건이 같다고 할 때 우리는 다른 사람들보다 2배를 벌기 원할까, 아니면 다른 사람의 절반을 번다 할지라도 우리의 소득 자체가 2배가 되는 것을 원할까?

놀랍게도 사실은 까무러칠 정도로 압도적인 수의 사람들이 첫 번째 안을 선호했다. 사람들은 다른 사람들보다 2배 더 벌기를 원했다. 비록 그 액수가 자신들이 벌 수 있는 액수의 절반밖에 되지 않는다 해도 말이다. 이것이야말로 완벽하게 비합리적인 결정 아닌가? 그러나 멘켄(H. L. Mencken)도 빈정거렸다시피 "부유한 남자는 자신의 동서보다 1년에 100달러를 더 버는 사람"인 것이다.

위의 결과는 경제학자인 새라 솔닉(Sara Solnick)과 데이빗 헤멘웨이(David Hemenway)가 공동으로 수행한 한 연구에서 나온 것이다. 여기서 그들은 하버드 공공보건대학원에 있는 257명의 학생들과 교수진, 연구진들을 조사했다. 한편 이들은 이것 외에도 행복의 주관적이고 상대적인 특성을 밝혀줄 수 있는 추가적인 조사도 했다. 그 예로 조사 대상자들에게 그들이 아무도 매력적인 사람이 없는 집단에서 가장 잘생긴 사람이 되기를 원하느냐, 아니면 미남 미녀들이 득시글거리는 곳에서 역시 (절대적으로 잘생긴) 그 중의 하나가 되기를 원하느냐를 물었을 때, 그들은 절대적으로는 덜 잘생겼더라도 상대적인 매력에서 우위에 있는 사람이 되는 쪽을 택했다. 이와 마찬가지로 사람들에게 절대적 기준에서 많은 교육을 받는 것과 절대적으로는 다소 부족하더라도 다른 사람들보다 많이 교육을 받는 것 중 양자택일을 주문했을 때, 그리고 그들의 아이들이 똑똑한 아이들 가운데서 절대적으로 똑똑한 아이가 되는 것과 평범한 아이들 가운데서 상대적으로 명석한 아이가 되는 것 중 어떤 것을 선호하는지를 물었을 때에도 그들은 상대적으로 가치 있는 경우를 선택했다.[15]

괴테보리대학교 연구팀은 표본수를 늘려 스웨덴에 사는 18세부터 66세까지의 사람들 중 무작위적으로 700명을 뽑아 조사했다. 그들은 사람들이 수입과 차에 대해 두는 가치가 대단히 상대적이며 그 사회 내의 다른 사람들이 무엇을 가지고 있느냐에 좌우되고 있음을 알아냈다. 반면에 여가 시간이나 차량 안전은 덜 상대적이고 더 절대적인 경향을 나타냈다.[16]

부는 상대적인 것이다. 다른 한 연구에서는 사람들에게 다음과 같은 질문이 주어졌다.

"당신이 생각하기에 당신 가족의 세후 소득은 어떻다고 보는가? '아주 형편없다', '형편없다', '불충분하다', '충분하다', '좋다', '아주 좋다' 중 하나를 고르면."

소득의 크기와 필요하다고 생각되는 소득 사이에는 강한 긍정적 상관관계가 있다. '부자'들은 '가난한 사람'들보다 자신이 더 많은 소득이 필요하다고 생각한다. 1달러당 '거금' 40센트 꼴로 더 갖기를 원한다. 무슨 말인가 하면, 실질소득 1달러가 늘어날 때마다 40센트씩 '더 원하는 소득'이 발생한다는 것이다. 올해 봉급이 올라 일시적으로 기분이 좋았다 하더라도 내년이 되면 새로운 기준이 생겨나는데, 올해 소득에 대해 우리가 느꼈던 만족감과 같은 정도의 만족감을 느끼려면 올해보다 40퍼센트 높은 수준에 도달해야 한다는 것이다.[17] 아! 맥 빠진다. 경제학자들은 그래서 이런 효과를 '쾌락의 쳇바퀴(Hedonic Treadmill)'라고 부른다. 결코 도달하지 못할 목표의 결코 끝나지 않을 추구.

이러저러한 연구들이 말해주는 것은 돈에 관한 한 효용이나 논리가 힘을 못 쓴다는 것이다. 사람들이 상대적으로 많이 벌 수만 있다면 절대적으로는 적게 버는 것을 기꺼이 감수한다는 사실을 다르게 표현하면, 상대적 지위와 신분을 위해 마땅히 대가를 지불한다고 말할 수 있다. 그리고 여기에는 색다른 형태의 통화가 쓰이는데, 이것을 사회적 자본이라고 한다. 경제학자인 리처드 세일러(Richard Thaler)는 이와 관련된 어떤 비합리성을 일컬어 '미련 기피(regret aversion)'라고 불렀다. 그리고 그는 사람들에게 다음과 같은 시나리오에서 A씨나 B씨가 되는 선택을 하게 함으로써, 그 비합리성을 테스트하려 했다.

- A씨는 영화관에서 줄을 서서 기다리고 있다. 그가 매표 창구에 이르렀을 때, 그는 자신이 그 영화관의 10만 번째 관객이라서 100달러를 받게 되었다는 말을 들었다.
- B씨는 다른 영화관에서 줄을 서서 기다리고 있다. 그런데 그 바로 앞에 있던 사람이 영화관의 100만 번째 관객이 되어 1,000달러를 받았다. 자신은 150달러를 받았다.

놀랍게도 대부분의 사람들은 A씨가 되는 쪽을 택했다. 그들은 1,000달러를 받지 못한 데 따르는 아쉬운 감정을 달래기 위해서는 50달러쯤 없어도 된다고 생각했다.[18] 말하자면 그들은 '미련'에 대한 치료비로 50달러를 지불하기로 한 것이다.

'행복 무관'에 대한 해답은 행복에 이르는 수단으로서의 돈을 더 이상 추구하지 않는 것이다. 다른 해답은 행복의 문제를 전혀 다르게 재규정하는 것이다. 후자는 에모리대학교 정신신경학자인 그레고리 번스(Gregory Berns)가 우리에게 권유하는 방법이다.

행복은 너무나 쉽게 쾌락과 등치된다. 그리고 이 쾌락에 대한 추구는 우리를 쾌락의 쳇바퀴 위에 올려놓는다. 행복에 대한 우리의 생각은 다른 사람들이 가지고 있는 것과 비교되어 나타나는 상대적인 서열에 기초하고 있기 때문에 우리가 절대적인 가치라고 믿는 어떤 것을 추구하는 일은 우리를 행복으로 인도할 것이다. 그런데 이 행복은 우리가 이미 성취했던 것이나, 골대가 계속 움직이기 때문에 역설적으로 불행이 되어버린 것이다. 쾌락의 쳇바퀴를 벗어나기 위해 번스는 이 문제를 재규정하되 거기에 행복이 아닌 '만족'을 끌어들일 필요가 있다고 주장한다.

"만족은 자신의 행위에 의미를 부여하고자 하는 인간 고유의 요구를 포착하는 감정이다."

번스는 말한다.

"쾌락은 우연히 발견되는 것이다. 복권에 당첨이 되었다든지, 밝은 기질의 유전자를 물려받았다든지 아니면 결코 가난해지지 않을 운을 타고났다든지. 이런 쾌락과 달리 만족이란 뭔가를 해야겠다는 '의식적인 결단'에 의해서만 솟아나는 것이다. 그리고 이런 점이 정말로 중요하다. 왜냐하면 우리가 신뢰하고 책임을 져야 하는 것은 바로 우리 자신의 행위 외에는 없기 때문이다."[19]

하버드대학교 심리학자 대니얼 길버트(Daniel Gilbert) 교수는 행복 발견에 이르는 다른 해법을 제시하고 있다. 사전에 의도하고 행복을 추구하기보다는 그것과 마주쳐라. 길버트는 우리 인간이 먼 미래에 대해 생각할 줄 아는 유일한 동물이라고 했다. 그리고 행복의 많은 부분은 (실제로 우리를 행복하게 해주는 것이 아닌) 우리를 행복하게 '해줄 것'을 상상하는 일에서 이뤄진다고 한다.

그런데 불운하게도 우리는 여기서 또 다른 형태의 비합리성을 발견할 수 있다. 일련의 재기 넘치는 실험을 통해 길버트는 우리가 자신을 행복하게 혹은 불행하게 해줄 무엇을 예측하는 일에 능숙하지 않음을 보여주었다. 그는 이것을 '정서적 예측(affective forecast)'이라고 불렀다. 그 예를 보면 6개의 서로 다른 실험을 수행한 광범위한 연구에서 길버트와 동료들은 피실험자들에게 부정적 감정을 유발할 수 있을 것 같은 여러 개의 시나리오를 주고 그 상황에서 어떻게 느끼는지를 상상해보라고 했다. 이를테면 로맨틱한 관계의 결렬이나 종신 교수직 획득 실패, 선거에서의 패배, 자신의 인격에 대한 부정적인 반응, 아이의 죽음, 취직할 수 있을 것 같았던 회사에서 날아온 채용 거부 통보 등의 것들이다.

"어느 날 아침 전화벨이 울리고 수화기를 들었는데 스웨덴의 왕이 건 전화였다고 상상해보세요. 그가 당신에게 놀라울 만큼 멋진 영어로 당신이 올해의 노벨상 수상자로 선정되었다는 소식을 전하는 것을요."

길버트 교수의 말이다.

"당신은 어떨 것 같아요? 그리고 얼마나 오랫동안 그 느낌을 간직하게 될까요?"

"장난하십니까. 난 고무될 것이고 아마도 상당히 오랫동안 그러겠지요. 잠깐만요."

길버트가 다시 말한다. "이제는 당신 대학 총장에게서 전화를 받았다고 상상해봐요. (역시 놀라울 만큼 멋진 영어로) 대학평의회가 당신의 학과를 폐과하고 당신의 임용을 취소하기로 결정했다는 소식을 전하게 돼서 유감이라고 말하는 거요. 그리고 당신 책을 종이 상자에 넣어 복도에 내놓았다는 말도 잊지 않고 했다면 당신은 어떤 느낌이 들까요? 그리고 이 느낌이 얼마나 지속되리라 생각합니까?"

"에이, 나는 무지하게 비참해지겠죠. 그것도 아주 오랫동안."

길버트가 계속한다. "어떤 경우에도 사람은 아주 '오랫동안' 고무되거나 비참해지지는 않을 겁니다. 내가 그럴 것이라고 '생각하는' 것을 '영속성 편향(durability bias)'이라고 부릅니다. 그리고 그런 것이 생겨나면 우리는 모두 그것 때문에 고통을 받게 됩니다. 옳지 않지요."

그의 설명을 들어보자.

"연구 결과를 보면 우리가 어떤 전화를 받든지 간에 행복의 일반적 수준은 비교적 빠른 시간 안에 기준치로 돌아갑니다. 일상적인 사건이 사람들의 주관적인 행복에 영향을 주는 시간은 대체로 몇 달 남짓이죠. 심지어 전혀 뜻밖의 사건들, 예를 들면 차 사고로 자녀가 죽었다거나 암 진단을 받는다거나 불구가 되었다거나 혹은 집단수용소로 끌려간 경우에도 일반인이 피상적으로 생각하는 것처럼 그렇게 오랫동안 누군가의 행복감에 타격을 가하지는 않습니다."

그런 상황에서 우리는 '면역 무시(immune neglect)'를 하게 된다. 즉 우리는 모욕이나 패배, 후회와 상실의 고통으로부터 막아주는 심리적 면역 체계의 힘을 제대로 파악하지 못하는 것이다. 길버트 교수와 연구진이 밝혀낸 바에 의하면 "학생들, 교수들, 유권자들, 신문 독자들,

시험 응시자들, 그리고 구직자들은 사랑의 실패나 직업상의 어려움, 정치적 패배, 괴로운 뉴스, 냉정한 평가, 누군가로부터의 거절 등으로 인한 정서적 반응에 대해 과대평가"한다. 왜냐고? 바로 영속성 편향 때문이고 자신들이 가진 심리적 면역 체계의 힘을 인식하지 못하기 때문이다.[20]

이에 비해 우리가 행복 척도의 보다 밝은 쪽에 존재한다고 생각하는 것은 어떤 다양함이며, 이것이 우리 삶에 자극적인 맛을 제공한다고 믿는다. 그런데 피실험자들이 다양하게 구비된 스낵을 좋아할 것인지 단조로운 스낵을 좋아할 것인지에 대한 한 실험이 있었다. 누구나 피실험자들이 다채로운 스낵을 더 선호할 것으로 예상했지만, 막상 몇 주씩 끊임없이 그 스낵을 먹자 비교적 단조롭게 차려진 스낵을 먹는 피실험자들이 다양한 스낵을 먹는 피실험자들보다 만족도가 높은 것으로 나타났다.

"훌륭한 것은 맨 처음 그것이 출현한 순간에 특히 훌륭합니다."

길버트 교수의 설명이다.

"그러나 이 훌륭함은 반복될수록 감소합니다."

비꼬는 유머 속에서 심리학을 경제학과 삶에 연결시키는 길버트 교수의 말을 들어보자.

"심리학자들은 이것을 습관들이기라고 하고, 경제학자들은 한계 효용 체감이라 부르며, 그 외 나머지 사람들은 결혼이라고 합니다."[21]

그러나 세 번째 것과 관련해서 누군가가 결혼 생활에 맛을 더하기 위해 여러 명의 섹스 파트너를 두고 있다면 이는 분명히 실수하는 것일 테다. 《성의 사회구조(Social Organization of Sexuality)》라는 책에 소개되어 있는 대단히 철저한 한 연구 결과에 따르면, 기혼자들은 미혼자들보다 더 많은 섹스를 하며 더 많은 오르가슴을 경험한다. 일부일처제하의 부부들 중 40퍼센트가 주당 2회의 섹스를 한다. 이는 미혼자의 25퍼센트에 비교된다. 한편 기혼자들은 섹스를 할 때 오르가슴을 더 잘 느낄 가능성이 높다. 그리고 거의 대부분의 경우에서 섹스 파트너가 1명인 남성은 여러 명인 남성보다 섹스 횟수가 많다.[22]

과학사가인 제니퍼 마이클 헤치트(Jennifer Michael Hecht)는 《행복의 신화(Hapiness Myth)》라는 책에서 이 점을 강조하고 있다. 현재와 과거를 두루 면밀하게 아우르는 이 책에서 그녀는 이러한 행복의 연구가 어떻게 시간과 문화에 의존하고 있는지를 잘 보여주고 있다. 그녀는 이렇게 쓰고 있다.

"어떻게 행복해질 수 있을까라는 질문에 대한 현대 사회의 기본 전제 자체가 말이 안 되는 것이다."

섹스를 예로 들어보자. 만일 누군가가 삶의 어느 시점에서 (자신이) 성적으로 비정상이라고 느낀다면 이걸 한번 생각해볼 필요가 있다. 한세기 전에 동성애 부부가 있었다 하자. 그들이 아무리 세계주의자이고 세속적인 가치관을 가지고 있으며 1주일에 만족스러운 섹스를 세 번 한다고 해도, 그들은 여전히 자신들의 성에 대해 수치심과 불안감을 느껴야 한다.

이와는 대조적으로 한 세기 전에 3년 동안 섹스를 한 번도 안 한 사람이 있었다면 그는 자신이 건강하고 강한 자제심을 가지고 있음에 자부심을 느꼈을 법하다. 그리고 10년 동안 금욕한 여성이 있었다면 그녀 역시 스스로의 건강과 행복을 찬양했을 것이다.[23]

현대 사회가 우리에게 씌우고 있는 기준 역시 무엇이 우리를 만족스럽게 하는가에 대한 우리의 지각을 왜곡시킨다. 왜냐하면 우리는 현재 우리가 살고 있는 것과는 전적으로 다른 환경에서 진화해왔기 때문이다.[24] 장소를 예로 들어보자. 사람들은 우리가 어디에 살고 있는지가 우리가 얼마나 행복하냐에 있어서 큰 비중을 차지한다고 생각한다. 예를 들어 캘리포니아에 산다는 것은 오하이오에 산다는 것보다 평균적으로 사람을 확실히 더 행복하게 만드는 구석이 있다. 실제 어떤 연구를 보면 캘리포니아 주민이나 오하이오 주민 공히 캘리포니아에 사는 것이 사람을 더 행복하게 만든다고 믿고 있다. 그러나 사실로 들어가서 두 주민의 주관적 안녕의 척도를 가지고 데이터를 비교해보면 아무런 차이가 없음을 발견할 수 있다. 캘리포니아 사람이나 오하이오 사람 모두 행복한 것이다.[25]

이와 관련된 한 연구에서 대학 신입생들에게 그들이 배정받을 기숙사 방에 대해 어떻게 생각하는지 물었다. 연구팀이 알아낸 것은 학생들이 자신의 행복에 방 배정이라는 '사건'이 꽤나 큰 영향을 줄 것으로 과대평가하고 있었다는 사실이다.[26] 사람들의 주관적 행복에 미치는 영향이라는 측면에서 보면 '장소, 장소, 장소'란 일종의 신화인 셈이다.

이런 결과를 초래하는 요인은 어디에 있는가? 가까이에서 쉽게 찾아볼 수 있는 것은 우리가 상대적인 기준에 지나치게 민감하기 때문에 이로 인해 우리에게 진정으로 만족이나 행복을 가져다주는 것들을 놓친다는 사실에 있다. 멀리 있는 것으로는 우리의 진화 환경에서 우정, 사랑, 자식들, 가족과 공동체를 위한 노력, 그리고 동료 집단과의 교유가 심리적 만족으로 이르는 가장 근본적인 길이라는 사실에 있다. 이제 행복의 가까운 원인(신경과학)과 먼 원인(진화)을 살피는 것으로 이 장을 마무리할 것이다.

● 행복 감정은 어떻게 진화하는가

행복이나 불행과 같은 감정 체계는 어떻게 진화했는가? 그리고 뇌의 어느 영역에서 그런 감정이 발생하는가? 웃기는 비디오 영상을 보고 긍정적인 감정이나 평가를 보인 피실험자의 뇌파(Electroencephalo-graphy, EEG)를 잰 결과, 좌측 전두엽피질이 활성화되는 것으로 나타났다. 반면에 부정적인 감정과 불유쾌한 비디오 영상은 우측 전두엽피질을 활성화시켰다.[27] 귀여운 아기 사진을 본 피실험자들의 뇌를 양전자 방출 단층 촬영(PET)과 fMRI 스캔한 결과 역시 같은 좌측 전두엽피질이 활성화되었다. 반면에 흉하게 일그러진 기형아의 사진을 본 피실험자들의 경우 우측 전두엽피질이 활성화되었다.[28] 그런데 우리는 이 과정을 역으로 진행시킬 수도 있다. 좌측 전두엽피질에 강력한 자기장을 쐬면 긍정적인 기분을 끌어낼 수 있고, 우측 전두엽에 쐬면 부정적인 기분을 만들어낼 수 있다.[29]

이탈리아의 저명한 신경과학자인 조르지오 발로르티가라(Giorgio Vallortigara)와 그의 수의과 연구팀이 2007년에 바리대학교에서 수행한 개의 꼬리 흔들기에 대한 연구를 보면 이에 관한 진화적인 연관성이 나타나고 있다. 그들은 개들이 기분이 좋을 때 흔드는 꼬리는 보다 우측으로 가 있고 기분이 안 좋을 때 흔드는 꼬리는 왼쪽으로 쏠린다는 것을 알아냈다. 30마리의 잡종견을 가지고 실험했는데, 개들을 카메라가 설치된 철장 안에 한 마리씩 집어넣은 다음 4가지의 자극을 주고 꼬리를 흔들 때 나타나는 비대칭 현상(왼쪽 혹은 오른쪽)을 측정했다. 4가지 자극이란 개 주인, 낯선 사람, 고양이, 낯설고 위압적인 개였다. 주인을 보자 개 꼬리는 심하게 오른쪽으로 쏠렸다. 낯선 사람과 고양이 앞에서 개들은 약간 오른쪽으로 꼬리를 흔들었다. 그러나 낯설고 커다란 개(대형 벨기에산 말리노이즈종 셰퍼드)가 나타나자 꼬리가 아주 많이 왼쪽으로 휘었다. 꼬리의 오른쪽에 있는 근육이 뇌 속의 긍정적인 감정에 호응하는 반면에 왼쪽 근육은 부정적인 감정에 반응했다.

왜? 그것은 우리가 사람의 경우에서도 보다시피 좌뇌는 사랑이나 애착, 유대, 안정 같은 긍정적인 감정과 연관이 있기 때문이다. 다른 동물들, 예를 들자면 새나 물고기 심지어 개구리를 대상으로 한 유사한 연구에서도 접근·기피 행위에서 나타나는 좌뇌와 우뇌 사이의 차이를 보여준다. 여기서도 좌뇌는 긍정적이고 다가가는 느낌에, 우뇌는 부정적이고 기피하는 느낌에 연결되어 있다. 좌뇌가 몸의 오른쪽을 관장하고 우뇌가 몸의 왼쪽을 제어하기 때문에 신경 신호는 몸의 중간선을 가로질러 가야 한다. 개의 실험 사례에서 보듯이 개의 좌뇌가 긍정적인 감정을 경험하면 꼬리가 오른쪽으로 쏠리게 되는 것도 다 이런 연유에서다.

최종적인 진화적 연관성은 침팬지의 뇌에서 발견할 수 있다. 침팬지의 뇌는 인간의 그것과 똑같이 비대칭적이다. 이것들은 부정적인 감정을 갖게 되면 몸의 왼쪽을 긁는 경향이 있다. 그리고 우뇌가 우세한 왼손잡이 침팬지는 오른손잡이 침팬지보다 낯선 자극을 더 두려워하는 모습을 보인다.[30]

사람들 사이에 나타나는 기질 변이의 약 절반은 유전자가 결정한다는 행태유전학적인 사실에 따르면, 천성적으로 행복하게 타고난 사람은 똑같이 기분 좋은 영상을 보아도 천성적으로 덜 행복하게 타고난 사람보다 더 많은 행복감을 느낄 수 있다. 그리고 활발한 좌측 전두엽피질을 타고난 사람은 우측 전두엽피질이 활발한 사람보다 긍정적인

장면에 더 우호적으로 반응할 수 있다.[31]

심리학자이며 쌍둥이 연구가인 데이빗 리켄(David Lykken)은 심지어 우리는 유전자가 미리 정해놓은 '행복의 기준점'을 가지고 있다고 주장하기도 한다. 그런데 이 기준점은 환경에 의해 (일시적으로) 휘어지고 변형될 수 있다.[32] 이는 복권 당첨자나 갓 투옥된 죄수가 그들의 삶에 변화를 준 사건이 생긴 지 1년 안에 다시 원래의 행복 기준점으로 되돌아가는 이유를 설명해준다.

만일 감정과 특별한 관계를 맺고 있는 신경망이나 뇌의 구성 단위가 존재한다면, 그것들은 반드시 거기에 있어야 하기 때문에 있는 것이다. 즉, 그것들은 어떤 적응 기능을 꼭 가지고 있어야 한다. 감정의 목적은 무엇인가? 우리의 인지적인 사고 과정과 상호작용하는 감정은 생존과 생식이라는 목적을 달성하기 위해 우리의 행동을 유도한다. 낮은 수준의 자극에서 감정은 일종의 자문 역할을 하는 것으로 보인다. 다시 말해 뇌의 보다 상위에 있는 피질 영역에서 투하되는 정보와 함께 추가적인 다른 정보를 의사결정 과정에 전달한다. 중간 수준의 자극에서는 상부의 이성 중추와 하부의 감정 중추 간에 갈등이 일어난다. 높은 수준의 자극은 '아랫길'을 달리는 감정이 '윗길'에서 일어나는 인지 과정을 제압한다. 그렇게 되면 사람은 더 이상 의사결정에 이르는 자신만의 추론을 해내지 못하고, 뭔가 '마음대로 안 되는' 느낌을 받거나 '자기 자신의 이익에 반하는 행동'을 하게 된다.[33]

공포는 분명한 적응 목적을 가진 또 하나의 감정이다. 노르웨이의 인류학자인 뵈른 그린데(Björn Grinde)는 어떤 위험한 상황에서 위험을 기꺼이 감수하는 스릴 넘치는 긍정적인 감정이 죽음의 공포라는 부정적 감정으로 얼마나 빨리 바뀌는지를 주목한다. 그 자신이 등반가이기도 한 그런데는 암벽 등반 도중 손이 미끄러진 등반가에게 어떤 일이 일어날지 생각한다.

"두려움이란 자신이 그 상황을 통제할 수 있는 힘을 가지고 있는 한 대개는 기분 좋은 어떤 것으로 받아들여집니다. 반면에 상황이 자신의 통제력을 넘어서면 그다지 유쾌한 것이 되지 않지요. 왜냐하면 공포를 경험하는 이 2가지 양식은 각각 다른 생물학적 목적에 복무하기 때문입니다. 뇌는 우리를 꾀어 어떤 시도를 하게 하도록 설계되어 있습니다. 그렇지 않다면 우리 인간은 결코 커다란 먹이를 저장하거나 미지의 땅으로 모험을 떠나지 못했을 것입니다. 그러나 한편으로 이것은 우리로 하여금 스스로에게 위해를 가할 수 있는 행동을 하지 못하도록 설계되어 있다는 말이기도 합니다. 말하자면 위험을 회피하게 하는 거지요. 산을 오르거나 롤러코스터를 탈 때 아드레날린이 솟구치면 기분이 좋아집니다. 추정컨대 자유의지를 가지고 맞서는 위험한 상황은 긍정적인 기분과 자존감을 자아내니까요. 이는 생존의 가능성이 높아지기 때문이 아닌가 합니다. 그런데 등반 도중 손이 미끄러지는 순간에는 위험 회피를 하게 하는 불유쾌한 감각이 작동하는 거지요."[34]

이와 유사하게 가벼운 허기는 기분 좋은 것으로 받아들여지기도 한다. 그 정도의 허기는 우리로 하여금 식량을 찾도록 동기부여를 하기에 딱 좋다. 즉, 필요가 희구로 바뀌는 것이다. 물론 허기가 너무 커지고 충족이 안 될 경우에는 불쾌한 감정으로 변한다. 여기서 우리가 알 수 있는 것은 감정이 일종의 피드백 기제로 작동한다는 것, 그리고 몸이 균형을 잃을 때, 다른 말로 하면 항상성(恒常性, 생체가 항상 균형을 유지하려는 경향—옮긴이)을 벗어날 때, 뇌에게 경계 신호를 보내는 일을 한다는 것이다. 이는 일종의 감정적 온도조절 과정이라고 생각할 수 있다.

우리 몸 안의 에너지 수준이 낮을 때 우리는 허기를 느낀다. 그리고 다수의 내적·외적 피드백 신호, 이를테면 위의 수축이나 팽창, 혈액 내 포도당의 증가나 감소, 음식의 목격이나 냄새 등이 감정을 촉발한다. 이와 비슷하게 만일 우리 몸의 중심 온도가 기준치인 섭씨 37도를 넘어서거나 밑돌면, 항상성 유지 시스템이 이 불균형을 바로잡기 위해 작동을 시작한다. 땀을 내서 체온을 식히거나, 몸을 떨게 해서 덥히려고 한다. 항상성 시스템의 기준점을 벗어나면 기분이 나빠진다. 그리고 이런 부정적인 감정은 동물들로 하여금 불균형을 바로잡는 행동을 취하게 만든다.

불균형 상태에서 벗어나 항상성 상태로 돌아가면 기분이 좋아진다. 그리고 기분 좋게 느껴지는 행동은 자꾸만 반복적으로 하게 된다. 그래서 우리의 감정이 우리 자신으로 하여금 고통을 피하고 쾌락을 따르게 하거나 불행을 싫어하고 행복을 추구하도록 이끄는 일은 바로 이 항상성을 유지할 필요성 때문에 생겨나는 것이다.

심지어 우울증 같은 보다 깊은 감정들도 진화론적 맥락에서는 새로운 의미를 띤다. 우울증의 증상들, 즉 불안, 동요, 식욕 상실, 수면 장애, 집중력 손상, 그리고 동기의 상실 등은 병의 징후들이 아니다. 그보다는 차라리 어떤 적응 반응으로 봐야 한다. 우리를 자극해서 스스로의 삶에서 다른 어떤 것을 하도록 만들려는 것이다.

진화심리학자인 페기 라 세라(Peggy La Cerra)와 로저 빙엄(Roger Bingham)은 자신들의 책 《마음의 기원(The Origin of Minds)》에서 이 점을 밝히고 있다.

"행동한다는 것은 에너지적 관점에서 보면 대단히 비싸게 먹히는 것이기 때문에 이런 상황에서 누군가 할 수 있는 최선은 그가 해온 것을 멈추고 자신의 삶을 재배열한 다음 보다 실행 가능한 노선을 선택해서 미래로 나아가는 것이다."

그런 행동적인 반응을 이끌어낼 수 있는 진화적 압력은 무엇이었겠는가?

"우리가 다른 개인이나 집단에 의해 착취당하는 원시인 조상이라고 가정해보자. 그런 상황에서 돌연히 모든 행동을 멈추고 스스로를 폐쇄한다면, 이는 불공평한 사회적 관계를 재설정하는 계기가 될 것이다."

현대 세계에서도 마찬가지다. 우울증은 "일종의 잠 깨우기용 전화 같은 것이다. 사람들을 부추겨 도무지 진로가 보이지 않는 직업과 인간관계를 포기"하게 한다.[35] 확실히 무엇이 행복감을 유발하는지 규명하는 연구는 한편으로 무엇이 불행을 야기하는지도 밝혀준다. 이혼, 실직, 가난, 지위 상실, 그리고 우울.

행복과 불행은 감정이다. 그리고 우리는 감정이 사람들의 지각과 행동에 강력한 영향을 끼친다는 것을 알고 있다. 여기서 다시 균형이 문제가 된다. 너무나 큰 불행 앞에서 작은 도움이 되는 것은 아무 의미를 갖지 못한다. 예를 들어 관련 연구에 따르면 과도하게 슬픔에 빠진 사람은 슬픈 기억만을 떠올리고, 이는 다시 그의 슬픔을 증가시키고, 그 결과로 보다 큰 슬픔을 회상하게 되고, 이는 다시 슬픔을 부풀리는 부정적 순환에 빠진다고 한다. 슬픈 사람은 타인이나 상황이 자신을 크게 위협한다고 느끼는 경향이 있다. 반면에 분노의 감정은 사람들이 위험을 보다 잘 감수하도록 만든다.[36]

시장의 마음 안에서도 감정의 항상성이라는 개념은, 왜 그토록 많은 경제적 가치들이 상대적이고 주관적이며 다른 가치와의 비교에 영향을 받는지 설명하는 데 아주 유용하다. 항상성 시스템은 절대치를 고수하기보다는 자극의 상대적 변화에 따라 스스로를 조절한다. 행동 경제학자인 콜린 캐머러는 이 점을 분명히 한다. 그는 "쾌락을 인간 행동의 목표로 보기보다는 '항상성의 단서', 즉 어떤 정보를 제공하는 신호로 보는 것이 차라리 현실적"이라고 말한다. 예를 들어 설명하길, "변화에 대한 신경의 감수성은 중요하다. 이는 우리가 위험한 도박에 참여할지 말지를 결정할 때, 그 결과가 이익이냐 손실이냐를 말해줄 수 있는 평가 기준에 의지한다는 사실을 설명해준다. 그리고 행복하다는 고백이나 자살 같은 행동이 왜 '수준'이 아닌 그 변화에 좌우되는지, 또한 어떤 기대에 대한 배신이 왜 그토록 강한 감정적 반응을 불러일으키는지를 말해준다"고 했다.[37]

이러한 사실은 왜 때때로 생각만 너무 많이 하고 느낌이 부족할 경우 나쁜 선택을 하게 되는지도 설명해준다. 그 예가 될 만한 실험들이 있는데, 여기서 피실험자들은 자신이 바라는 것들을 놓고 그 중에서 선택해야만 했다. 그런데 그 후에 자신이 한 선택에 대해 이유를 설명하라고 요구받은 피실험자들은 그냥 기분 내키는 대로 선택하라고 주문받았던 피실험자들보다 그 선택에 덜 흡족해했다.[38]

그런데 여기에는 단순히 '기분대로 행하는 것' 이상의 그 무엇이 있다. 벤담의 말대로, 최대 다수의 최대 행복을 추구하는 공리주의 철학은 '내키면 하라'는 말에 들어 있는 것과 같은 순전한 쾌락적 희열만을 좇지 않는다. 그가 말한 7가지 척도를 고려한다면, 우리는 보다 영속적이고 장기적인 도덕과 마음의 기쁨을 위해 육체적이고 즉각적인 쾌락을 자주 무시할 수 있어야 한다.

균형 잡힌 쾌락에 관한 한 벤담의 공리주의 체계와 상관관계를 가지고 있는 신경 시스템은 어떻게 되어 있을까? 신경과학자인 켄 베리지(Ken Berridge)는 쾌락과 고통을 관장하는 뇌 시스템이인 '애호 시스템(liking system)'과 동기부여를 관장하는 '원망 시스템(wanting system)'을 적절하게 구분한다.[39] 우리는 오염되지 않은 수준 높은 기쁨을 약속하는 어떤 것을 '좋아하기'보다 소량의 순전한 쾌락을 제공해주는 어떤 것을 더 '원하기'도 한다. 어떤 쥐에게 어떤 음식물이 제공할 수 있는 쾌락의 양을 조절하지 않고도 단지 그 환경 조건만을 바꿈으로써 음식물을 탐하는 열의에 변화를 일으킬 수 있다는 것이다.

이는 강박신경장애(Obsessive-Compulsive Disorder, 이하 OCD)의 경우에도 마찬가지다. 강박 행위는 강박적 사고에서 발단한 불안을 누그러뜨린다. 즉, OCD는 애호 시스템이라기보다는 원망 시스템에 가깝다. 러셀 폴드랙은 내가 앞장에서 말한 쥐 실험들과 관련해서 비슷한 주장을 하기도 했다. 이 실험에서 쥐들은 막대기를 누르면 그것들의 복내측 줄무늬체에 있는 측좌핵에 전기 신호가 전달된다. 이것이야말로 '기분 좋게' 만들어주는 영역이라고 과학자들은 오랫동안 추정해 왔다. 왜냐하면 쥐들은 지쳐 나가떨어질 때까지 막대기를 눌러댔기 때문이다. 측핵을 자극하는 일은 도파민의 증가를 가져오기 때문에 도파민이 '기분 좋게' 만드는 뇌 마약이 되는 것이 아닌가라고 나는 생각했다. 이에 대해 폴드랙은 다음과 같이 대답했다.

"좋아하는 것과 원하는 것은 분명히 구별됩니다. 그리고 복내측 줄무늬체에 대한 자가자극은 후자와 더 큰 관련이 있습니다. 확실히 도파민은 '좋아함'보다는 '원함' 쪽이 강합니다."[40]

이런 의미에서 감정은 애호와 원망(보상 추구와 징벌 회피)이라는 이원적인 시스템을 발달시켜왔다. 그리고 이는 우리가 균형과 항상성 유지라는 가까운 목표와 생존과 번식이라는 먼 목표를 가지고 선택하는데 도움을 주었다.

● 무엇이 우리를 행복하게 하는가

행복은 주관적인 안녕 상태이며 이는 상대적인 기준에 의해 좌우되는 것이고, 단순한 사교적 즐거움과 생의 목표 안에서 의미를 발견하고자 하는 진화된 심리에 기초하고 있다. 주관적 안녕 상태에 대한 20년에 걸친 방대한 연구 결과 무엇이 최대 다수의 사람들에게 최대의 행복을 가져다주는지 드러났다. '사회적 유대(결혼, 우정, 모임)', '사람들 사이에서의 신뢰(친구, 가족, 그리고 외부인)', '사회에서의 신뢰(경제, 사법, 정부)', '종교와 영성(기도, 명상, 긍정적 심리)', 그리고 '친사회적 행동(타인 돕기, 필요한 조력 제공, 자원봉사)' 이 그것들이다. 우리가 돈이 아닌 가족, 친구, 그리고 목적의식을 가지고 행복을 사는 이유는 바로 이런 것들이 우리가 진화하고 적응해온 환경과 연결되어 있기 때문이다. 구석기 시대의 '중간 세계'에서 사회적 유대와 신뢰를 유지하고 집단 내의 다른 사람을 돕는 것은 이 소규모 무리들이 다른 영장류 무리나 포식자, 무자비한 자연에 맞서 싸우고 생존해나가는 데 결정적으로 중요했다.

앞장에서 나는 진화 과정이 사람들로 하여금 남보다는 친족을, 낯선 사람보다는 친구를, 집단 외부인보다는 내부인을 더 귀하게 생각하도록 만들었다는 주장을 했다. 우리가 이런 다양한 범주의 사람들에 대해 갖는 감정상의 차이들은 긴긴 진화의 시간 동안 행해진 어떤 합리적인 계산의 결과다. 감정이란 인간들이 번식의 성공률을 높일 수 있는 쪽으로 안내하는 일종의 대행인 같은 것이었다. 우리가 음식의 칼로리 계산이나 짝의 유전적 가치 또는 다른 누군가의 도덕성을 일일이 계산할 필요가 없는 것처럼, 애착이나 사랑 같은 긍정적인 감정은 우리를 일부일처제적 관계에 헌신하도록 함으로써 미래 세대에게 우리 자신의 유전자를 보다 확실하게 넘겨주도록 만든다. 또한 질투와 같은 부정적인 감정은 우리에게 (쓸데없이) 내 것이 아닌 타인의 유전자를 보호하게 될 수도 있다고 경고하는 일을 한다. 우리는 이 모든 것을 의식하고 계산할 필요가 없다. 왜냐하면 진화가 우리를 위해 이 모든 것을 다 해놓았기 때문이다. 우리는 그저 감정에 몸을 맡긴 채 따르기만 하면 된다.

이와 대조적으로 부정적인 감정은 우리의 구석기 조상들이 맞닥뜨려야 했던 위험에 스스로를 적응시키는 수단이자 용도로 진화해왔다. '분노'는 우리로 하여금 치고 맞서 싸우고 자신을 위험으로부터 방어하게 한다. '공포'는 우리를 자제하게 하고 뒤로 물러서게 하며 위험으로부터 몸을 피하게 해준다. '혐오'는 마음에 안 드는 것을 쫓아버리도록 한다. 어떤 상황에서 위험의 정도를 계산하는 일은 시간이 너무 많이 걸린다. 우리는 즉각적으로 반응해야 한다.

그러나 긍정적인 감정은 보다 장시간용으로 진화되었다. 바바라 프레드릭슨(Babara Fredrickson)은 미시건대학교의 '긍정적 감정과 심리생리학연구소(Positive Emotions and Psychophysiology Laboratory)'의 책임을 맡고 있는 심리학자다. 그녀는 긍정적인 감정들이 '내구적인 사적 자원'을 형성하는 데 도움을 준다고 주장한다. 이 사적 자원에는 '지적 자원(문제 해결 기술, 신정보의 습득 능력)', '신체적 자원(몸의 균형, 힘, 건강)', '심리적 자원(발랄함, 낙천성, 자아정체감)', 그리고 특별히 '사회적 자원(오래된 유대를 강화하고 새로운 유대를 만들어내는 힘)'들이 포함된다. 프레드릭슨은 말한다.

"긍정적인 감정은 사람을 보다 나은 쪽으로 변화시키고 보다 낙천적으로, 발랄하게 만들며 사회성을 강화한다. 실로 이런 통찰이야말로 긍정적인 감정이라는 진화의 미스터리를 풀게 할 것이다. 단순히 긍정적인 감정을 경험하는 것으로도 우리 조상들은 더 많은 사적 자원을 불릴 수 있었다. 그리고 삶이나 신체에 위협이 가해지는 상황에서 이 대단한 자원은 생존의 가능성과 자손을 퍼뜨릴 만큼 오래 살 가능성을 한층 높여주었다."[41]

놀이는 적응이라는 목적을 가진 긍정적인 감정의 훌륭한 사례다. 심리학자이자 진화생물학자인 고든 버거트(Gordon Burghart)는 자신의 책 《동물 놀이의 발생(The Genesis of Animal Play)》에서 놀이가 어떻게 기쁨의 감각을 불러냈는지를 설명하며, 기쁨의 감각은 생존에 필요한 다수의 적응적 특질, 이를 테면 개선된 신체의 조화와 향상된 심장 혈관 기능과 지구력, 감각과 신경계의 통합, 타인과 적절히 조응할 수 있는 감수성, 그리고 사회적 지위와 성 역할의 결정 능력 같은 것으로 이어졌다고 말한다. 놀이는 또한 사냥감의 포획과 부모 노릇의 연습이 되며, 자신이 아닌 다른 객체들이나 동물들의 행동을 학습케 하고, 환경에 대해 창조적으로 반응하는 자질을 키워주는 역할을 했다고 말한다. 아울러 문제해결 능력을 연마시켰고 심리적인 탄력성을 강화했으며, 가장 중요한 놀이 상대와의 사회적 유대를 발달시켜주었다. 버거트의 말을 들어보면 "놀이는 인간을 포함한 많은 동물들의 행태적 · 사회적 · 감정적 · 인지적 · 심리적 · 발달적 영역에서 매우 중요한 역

할을 한다"는 것이다.[42]

내가 여기서 주장하고 싶은 것은 행복이란 하나의 감정이되, 이는 원칙적으로 다른 감정들과 다르지 않으며 우리는 타인에게 어떻게 행동해야 하는지를 지도하는 대행자의 역할을 띠고 진화해온 것이라는 점이다. 진화는 우리가 기초적인 욕구를 충족시키는 것에 가장 많이 신경을 쓰고 또 그것에서 가장 행복한 감정을 느끼도록 설계했다. 생식과 섹스, 배우자와 자식들과의 유대와 그들에 대한 애착, 확대가족 구성원들과의 친목과 애정, 그리고 내가 속한 집단이나 공동체 내부 동료 구성원들에 대한 감정이입적인 관심 같은 것들이 그런 것이라 할 수 있다. 자, 나의 처음 정의를 확대시켜보자. '행복은 진화된 감정으로, 단순한 사교적 즐거움에서 의미를 찾도록 한다. 이 즐거움이란 우리가 직계, 방계 가족, 친구, 사교 집단과의 상호작용을 통해 나온다. 또한 행복은 삶의 유의미한 목표 속에서 기쁨을 발견하도록 우리를 가르친다. 이 목표는 우리가 자신과 가족, 친구, 공동체를 돕는 행위를 이끌어낸다.'

무엇이 사람들을 행복하게 만드는가를 두고 셀 수 없이 많은 연구들이 이뤄졌다. 이 연구들은 위와 같은 진화론적인 설명을 뒷받침해준다. 예를 들면 결혼은 가장 강력한 행복의 예지자다. 시카고대학교 국립여론연구센터가 수집한 자료들을 보면, 기혼자는 미혼자나 이혼자보다 행복하다고 되어 있다. 결혼은 두 사람이 만들어낼 수 있는 가장 깊은 사회적 유대의 하나이기 때문에 감정의 진화라는 맥락, 즉 사회 참여와 사회 지지가 인간의 생존과 안녕에 대단히 필수적인 환경에서는 그것이 충분히 가능하다. 이는 한편으로 이혼, 배우자나 절친한 친구와의 사별이 왜 그토록 우리를 파괴하는지에 대한 설명이 될 것이다.

사교 집단의 범위를 넓혀본다면, 텍사스 노동자 1,000명을 대상으로 행해진 한 포괄적인 여론조사 결과를 참고할 수 있을 것이다. 조사에서는 대상자들에게 전날을 15개의 에피소드로 나눠보라고 주문했다. 그리고 각각의 에피소드마다 그들이 무엇을 했는지, 누구와 같이 했는지, 그리고 그 행위에 대한 느낌은 어땠는지 말해보라고 했다. 이들의 응답은 '만족'이라는 큰 범주를 형성하는 12개의 서로 다른 척도에 의해 측정·평가되었다.[43] 사람들이 주로 한 것은 섹스, 사교, 휴식, 식사, 운동 같은 것들이었다. 그리고 이 활동을 같이 한 사람들은 친구, 친척, 배우자, 자녀, 그리고 동료 노동자들이었다. 사람들이 다른 사람들과 그런 일을 같이 하는 것을 좋아한다는 것이 분명해졌다. 특히 그 다른 사람들이 아주 가깝게 밀착되어 있거나(친구와 배우자) 가까운 관계를 형성하고 있는 사람들(가족)이면 더욱 그렇다는 것을 알 수 있었다.

역시 심리학자인 데이빗 마이어(David Myer)와 에드 디너가 행복과 매우 상관관계가 높은 4개의 인격적 특질에 대해 연구한 것을 살펴보자.

1. 높은 *자기 존중심*. 행복한 사람들은 자기 자신을 좋아한다. 그리고 자신이 보다 건강하고 지적이고 도덕적이며 편견에 사로잡혀 있지 않고 다른 사람들과 더 잘 화합할 수 있다고 믿는다.
2. *자기 통제력*. 행복한 사람들은 자신의 삶과 선택과 결정, 그리고 삶의 결과물을 통제하는 자유를 가지고 있다. 이런 자유가 결핍된 사람들은 대부분 행복감이나 의욕, 심지어 건강까지도 낮은 수준에 머물러 있다. 죄수나 장기치료를 받고 있는 환자들, 극빈

국가나 전체주의 정권 하의 국민들 등이 대표적인 예다.

3. *낙관주의.* 행복한 사람들은 세상을 보다 긍정적인 방식으로 바라보며 다른 사람들과의 사건들 속에서 좋은 점을 찾는 경향이 있다.

4. *외향성.* 행복한 사람들은 사적으로는 외향적이며 사회 안에서는 사교적이다. 그들은 다른 사람들과 같이 있는 것을 좋아하며, 이는 다시 그들에게 보다 많은 사회적 접촉과 따뜻하고 관심 넘치는 인간관계를 맺는 기회를 제공한다.[44]

물론 무엇이 먼저인지는 아무도 모른다. 행복해지면 외향적이고 낙천적이며 자신감과 자제력이 넘칠 것인가? 아니면 이런 특질을 가진 사람들이 더 행복해질 수 있는가? 알려진 바로는 어떤 순환고리 안에서 개인적인 기질과 정서적 상태가 결합하고 상호작용하는 것으로 나타나고 있다. 외향적인 사람들은 보다 사교적이고 보다 많은 사람들을 만나며 이는 사회적 행복감을 증진시켜준다. 그리고 고양된 긍정적 감정은 자존감과 낙천성을 높여주고 자신이 스스로를 잘 통제하고 있다는 느낌을 갖게 한다. 그리고 이런 상태는 다시 그들 자신의 행복감을 증가시키고 그들을 보다 사교적으로 만들어준다. 그리고 '다시 돌고', 이런 식으로 또 다른 순환고리가 발생하는 것이다.

이런 기질과 정서적 상태가 어떻게 결합하는가에 상관없이 내 논점은 사교적인 사람이 되는 것이 우리의 주관적인 행복을 위해서는 말할 것도 없거니와 삶의 모든 면에서 필수적이라는 것이다. 높은 수준의 행복감을 토로하고 있는, 활동적인 종교적 삶을 사는 사람들 역시 이런 사교적 기질과 연관성이 있다. 갤럽 조사에 따르면, 자신이 매우 종교적이라고 말한 사람들은 종교 활동이 저조하다고 스스로를 평가한 사람들보다 대단히 행복하다고 응답한 비율이 2배가량 높았다. 16개 국 16만 6,000명의 사람들을 대상으로 한 국제적인 연구에서도 행복 과 삶의 만족도와 종교 활동 및 교회 참석 열의 간에는 강한 상관관계 가 있음이 드러났다. 마이어스와 디너는 "종교 활동은 크나큰 사회적 지지와 낙관적인 전망이 따른다"고 말한다.[45] 왜 이런 것인가? 종교의 어떤 점이 사람들을 행복하게 하는가?

그것은 우리의 진화된 사회적 · 도덕적 천성 때문이다. 종교만큼 치 밀하게 짜여진 사회 제도도 흔치 않다. 그것이 바로 내 책 《우리는 어 떻게 믿는가(How We Believe)》에서 제시하고 있는, 종교 이론이 강력 한 사회적 요소를 품고 있는 이유다. 종교는 하나의 사회 제도로서 인 간의 문화에 필수적인 기제로 진화해왔으며 이타주의, 상호적 이타주 의, 그리고 간접 이타주의를 장려한다. 그리고 공동체 구성원들 간에 이뤄지는 호혜 협력적 관여의 수준을 보여준다. 말하자면 종교는 하나 의 사회 제도로 진화되었으며, 국가 같은 제도와 법, 권리 같은 개념이 존재하기 이전에 사회적 행동의 지침을 규정하는 역할을 했다는 것이 다. 헌법적 권리와 인간의 기본 자유를 보장하는 근대적 국민국가의 역사가 불과 몇 세기 정도로 일천한 반면, 사회적 영장류로서 인간이 진화해온 역사는 수백만 년이라는 것을 우리는 잘 알고 있다. 그리고 인간 문화의 역사는 최소한 10만 년 전까지로 거슬러 올라갈 수 있다. 협력과 선의를 촉진하기 위한 용도의 사회 조직이라면 종교의 형태를 띠고 있는 것이 당연하다. 종교는 규칙과 도덕을 가진 조직화된 제도 이며, 사회적 영장류에게는 필수적이라 할 수 있는 위계 구조를 가지 고 있다. 그리고 '믿음'이라는 보다 높은 권력을 내세워 규칙을 시행하고 위반자에게 징벌을 가한다.[46] 이는 종교의 무소부재(ubiquity)를 말해준다. 옥스퍼드 세계 크리스천 백과사전에 따르면 2001년 현재 지구상에는 61억 명의 사람이 살고 있는데, 그 중 84퍼센트에 해당하는 51억 명이 이런 저런 형태의 종교를 가지고 있다. 그리고 1만여 개의 독자적인 종교가 있으며 이 종교들은 다시 세분화된다. 예를 들어 기독교만 보더라도 각기 다른 종파의 숫자가 3만 3,820개를 넘는다.[47] 종교가 인간의 삶에서 그토록 중요한 게 아니라면 어떻게 달리 이 많은 숫자를 설명할 수 있을까? 사람들은 단지 천지 창조론에 대한 설교를 듣거나 교리의 의미를 학습하려고 종교 의식에 참여하는 것이 아니다. 종교 의식에 참여하는 이유는 다양하다. 그리고 그 중에서도 사교적 이유는 결코 사소한 것이 아니다. 사람들을 행복하게 만드는 것은 바로 사교다.

● 행복을 위한 진화는 어떻게 작동되어야 하는가

행복의 대미를 장식하는 요소는 삶의 의미와 목적 찾기다. 그 예로 헝가리 출신의 미국 심리학자 미하이 칙센트미하이(Mihaly Csikszentmihalyi, 발음상의 문제로 그와 가까운 사람들은 그냥 '마이크'라고 부른다)는 '플로우(flow)'의 개념을 발견했다. 이는 다른 말로 하면 나 자신을 끌어들이는 유의미한 일에 전적으로 몰입되는 경험을 일컫는다. 그를 인터뷰했을 때 그는 내게 이렇게 설명해주었다.

"플로우는 완전한 개입과 의지가 이뤄진 상태입니다. 그 상태에서는 분명한 목표와 즉각적인 피드백이 존재합니다. 또한 시간 감각이

사라집니다. 또한 사회적 자아 감각이 없어집니다. 그 결과 자의식을 못 느끼며 난처한 지경에 빠지는 것을 두려워하지 않게 되지요. 그것(플로우)은 도전받되 성장에 충분할 정도의 도전과 너무나 강해서 나를 무력화시키는 도전 사이에서 올바른 균형점을 찾아냅니다. 그리고 그것은 하나의 감각으로서 그 행위 안에 이미 보상이 담겨 있기 때문에 외부로부터의 보상이 불필요한 것입니다."[48]

나는 이것을 '복권 테스트(lottery test)'라고 부른다. 만일 여러분이 복권에 당첨된다면 여러분의 삶은 어떻게 변할까? 대부분의 사람들은 직장을 그만두고 자신의 삶을 극적으로 바꿀 것이라고 말한다. 이는 그들의 현재 삶이 자신이 원하는 것이 아님을 뜻한다. 그들은 스스로를 채워주는 일을 하고 있지 않은 것이다. 그들은 플로우 속에 있지 않다. 얼마나 많은 사람들이 플로우 속에 혹은 밖에 있는가? 마이크에 의하면 플로우 경험 수치는 정규 분포 상태를 보인다.

"10~12퍼센트의 사람들은 전혀 플로우 경험이 없습니다. 10~12퍼센트의 사람들은 매일 플로우를 경험합니다. 나머지 사람들은 그 중간에 있습니다."

둥근 얼굴을 하고 중키에 단단한 체격을 가진 이 사람은 자신의 동유럽적인 유산인 둔탁한 억양과 숱이 많은 눈썹을 통해 그의 조국에서 온 또 다른 천재인 에드워드 텔러(Edward Teller)를 생각나게 한다.

마이크는 제2차 대전 중에는 나치 치하, 전후에는 공산당 통치하의 헝가리에서 성장했다. 이러한 사실은 행복이나 플로우 같은 개념이 왜 그에게 그렇게 중요한 것이 되었는지 말해준다.

"나는 다 큰 성인들이 현재 세상에서 일어나고 있는 일에 대해 아무 생각을 하지 않는다는 것에 크게 낙담했습니다. 그리고 그들은 자신들이 만들어낸 혼란으로부터 스스로를 구해낼 길이 없어 보였습니다."

그의 설명을 들어보자.

"나는 누군가가 어떻게 하면 더 나은 삶을 살 수 있을지, 그것을 알아내기로 결심했습니다. 칼 융(Carl G. Jung)의 책들을 읽으면서 심리학에 대해 알게 되었습니다. 그리고는 어쩌면 이것이야말로 행동과 역사를 이해할 수 있는 최선의 방식일지도 모른다고 생각했습니다."

60년이 지났지만 그는 아직도 찾고 있다. 우리 모두 역시 찾고 있다. 내가 할 수 있는 답변은 당연히 사적이고 주관적이다(비록 과학에 기초하고 있다고 해도). 그러나 행복이란 그런 것 아니겠는가?

어떻게 그리고 왜 진화는 우리 내부에 목적의식을 만들어놓았으며 그것을 추구하는 중에 행복을 발견할 수 있도록 해놓았는가? 도덕 감정과 행복은 적응의 기능을 띠고 있는 진화된 감정이라고 나는 주장하지만, 목적 역시 진화된 감정이라고 본다. 이는 어떤 목표를 이루고자 하는 심리적인 열망이며, 행동으로부터 발달되어 나오는 것이며 개인과 집단에게 유익하기 때문에 선택되는 것이다. 비록 어떤 행동이 목적적인가에 대해서는 문화권에 따라 다를 수도 있지만, 목적적으로 행동하려는 열망은 (보편적으로) 진화된 특질이다. 목적(의식)은 우리의 본성 안에 자리하고 있다. 진화는 우리에게 '목적 추동적인 삶'을 선사했다. 우리가 이 목적 추동적인 삶을 어떻게 정의하느냐는 사적인 것일지 모르나 목적을 원하는 심오한 의식은 진화된 특질이다. 어떻게 그런가?

삶은 가장 기본적인 목적을 띠고 시작된다. 생존과 번식이 그것이다. 유기체들은 선캄브리아기에서 현재에 이르기까지 35억 년 동안 선형적으로 생존하며 번식해왔다. 박테리아에서 큰 뇌에 이르는 연속성은 숱한 내·외계로부터의 공격을 견디면서 끊어지지 않았다. 최소한 여섯 번의 대량 멸종이 있었다. 이는 기나긴 시간의 흐름 중 어느 시점에선가 지구상의 생명체가 간단히 박멸되고 다시는 살아날 수 없음을 의미한다. 그러므로 우리 삶의 궁극적인 목적은 생존하고 번식해서 생명의 사슬을 계속 이어나가게 하는 데 있다. 찰스 다윈은 1859년 명작 《종의 기원》 끝에서 두 번째 단락에 이렇게 쓰고 있다.

"이 세상 모든 존재들이 특별한 창조물이 아닌 아주 오래전, 실루리아계(silurian system)의 첫 번째 지층이 쌓이기도 전에 살았던 소수 생명체의 후손이라고 생각할 때 이것들은 내게 고귀한 그 무엇들로 보인다."

고귀하다는 느낌은 기분 좋은 감정이며, 심오한 목적의식에서 솟아나는 것이다. 비록 이 깊숙이 들어앉은 욕구를 만족시키기 위해 사람들이 하는 활동들은 셀 수 없이 많다 해도, 관련 연구 결과들을 보면 최소한 4개의 수단이 있어 이걸 방편삼아 우리는 목적적인 행동을 하고 행복을 찾을 채비를 하는 것으로 나와 있다. 그것들은 다음과 같다.

1. *깊은 사랑과 가족에의 헌신*. 다른 사람들과의 유대와 애착은 그들을 배려하는 목적의식과 감정의 영역을 적어도 자기 자신에 대한 애정만큼 크게 만들어준다.
2. *유의미한 일과 직업*. 일에 대한 자신의 열정을 발견하는 것으로부터 목적의식은 생겨나며, 이는 사람들을 자신의 사적인 욕구 너머 멀리 있는 목표를 성취하도록 몰아간다. 이로써 우리는 보다 높은 수준에 도달하게 되는데, 일 자체가 직접적으로 목적의식을 발생시킬 수도 있고 영감이나 역할 모델을 통해 간접적으로

302

생겨날 수도 있다.

3. *사회적 · 정치적 관여.* 사회적 종으로서 우리는 공동체와 사회에 대한 의무감을 지고 있으며, 이런 이유로 어떻게 해야 다 같이 사는 최선의 방법이 되는지를 결정하는 과정에 참여하게 된다.

4. *초월과 영성.* 이 능력은 우리 종에만 있는 것으로 미적 감식, 영적 반성, 초월적 관조 등이 포함된다. 그리고 이는 미술, 음악, 무용, 운동, 명상, 기도, 묵상과 종교 제의 같은 다양한 표현으로 나타나며 우리 외부에 있는 그 무엇과 가장 심오한 경지에서 만나도록 해준다.

나는 여기서 행복과 자유와 목적에 관한 연구 결과들을 한데 묶을 수 있는 3가지 원칙을 말하고자 한다.

1. *행복의 원칙.* 이것은 보다 상위의 도덕적 원칙으로 항상 다른 누군가의 행복을 염두에 두면서 자신의 행복을 추구하게 한다. 그리고 다른 누군가에게 불행이 되는 행복은 결코 추구하지 않게 한다.

2. *자유의 원칙.* 이것은 보다 상위의 도덕적 원칙으로 항상 다른 누군가의 자유를 염두에 두면서 자신의 자유를 추구하게 한다. 그리고 다른 누군가에게 부자유가 되는 자유를 추구하지 않게 한다.

3. *목적의 원칙.* 이것은 보다 상위의 도덕적 원칙으로 항상 다른 누군가가 목적하는 것을 염두에 두면서 자신의 목적을 추구하게 한다. 그리고 다른 누군가의 목적을 손상하는 목적은 추구하지 않게 한다.

진화는 우리 내부에 목적이라는 근본적인 동력원을 심어놓았다. 그러나 보다 상위의 도덕적 목적은 학습되는 것이다. 가장 높은 단계의 도덕적 목적, 즉 사회, 인류, 생태계, 특히 자신과 관련 없는 사람들, 자신이 속한 사회집단 구성원이 아닌 사람들, 혹은 자신과 만날 일이 전혀 없는 다른 대륙의 다른 집단에 속한 사람들과 관련된 도덕적 목적은 자유의지적 행동과 사회적 양심을 요구한다.

이 장, 실제로 이 책 전체는 세계가 어떻게 작동하는가에 대한 단순한 기록이 아니다. 그보다는 세계가 어떻게 '작동해야' 하는가에 대한 처방이다. 말하자면 이 책은 보다 높은 경제적 · 정치적 · 도덕적 단계로 우리의 의식을 고양시키기 위한 연습과도 같은 것이다. 20세기 가장 위대한 의식의 고양자 중 한 사람이었던 헬렌 켈러(Helen Keller)는 1933년 『홈매거진(Home Magazine)』에 기고한 '행복해지기 위한 가장 간단한 방법'이라는 글에서 이렇게 쓰고 있다.

자연을 공부하는 것 말고, 행복에 더 가까이 다가갈 수 있는 방법은 어떤 것인지 나는 알지 못한다. 내가 말하는 자연 공부 속에는 자연의 사물들과 그것들의 힘에 대한 것이 당연히 포함되어 있다. 그러나 그것 외에도 사람과 사람이 살아가는 방식, 그리고 애정의 형성과 행복의 추구, 더 나아가 행복을 창조하고픈 진실한 열망과 그 안에 배인 의지를 공부하는 것도 들어 있다. 한 문장으로 이 모든 말을 요약하면 이렇다. 행복해지기 위한 가장 간단한 방법은 선을 행하는 것이다.[49]

제9장

제9장

경제는 신뢰의 진화적 산물

    존 포드(John Ford) 감독이 1962년에 만든 고전영화 「리버티 밸런스를 쏜 사나이(The Man Who Shot Liberty Valance)」는 서부 개척 시대 애리조나 주의 변경 마을인 신본(Shinbone)에서 벌어지는 도덕성 간의 충돌을 그리고 있다.

  먼지 풀풀 날리는 거리와 허름한 건물들 안에서 2개의 자기 완결적이고 내적 논리를 갖춘 코드가 갈등을 빚는다. 하나는 '카우보이 윤리'이다. 여기에서의 신뢰란 용기, 충실성, 친구와 가족에 대한 신의를 통해서 이뤄진다. 그리고 신의가 있을 때 분쟁이 해결된다. 정의는 '손 안에' 법을 쥔 자들 사이에서만 힘을 발휘한다. 다른 하나의 코드는 '법 윤리'이다. 여기에서의 신뢰란 법규에 대해 쌍방이 투명하게 동의할 때 성립되는 것이다. 그리고 법규를 통해 분쟁이 해결된다. 정의는 거기 살고 있다는 이유로 법에 암묵적으로 동의하고 복종하는 사회 구성원 사이에서 힘을 발휘한다. 이 2개의 코드 중에서 오직 하나만이 지배할 수 있다.

이 영화에서 우리는 이 장과 다음 장에서 살펴볼 문제와 유사한 것을 발견할 수 있다. 첫째, 심리적 수준에서 낯선 자들 사이에 신뢰가 어떻게 성립되는가의 문제로서, 이들은 서로 원했던 만남과 상호 이익이 되는 거래를 통해 친구 비슷한 관계가 된다. 둘째, 사회적 수준에서 낯선 자들 사이에 신뢰가 어떻게 성립되는가의 문제로서, 이는 협력을 장려하는 제도와 친사회적인 행동을 통해 이뤄지며 그들의 만남과 거래의 정당성과 공정성을 보장해주는 법규가 집행된다.

현대 사회에서 살기 위해서는 심리적 신뢰와 그 신뢰를 보강해주는 사회적 테크놀로지가 필요하다. 그리고 이는 어떻게 마음이 작동하고, 어떻게 사회 제도가 기능하는지를 학습함으로써 이해할 수 있다. 지난 수천 년의 세월 동안 수렵채집자들은 소비교역자들로 변화했다. 그러면서 필연적으로 이 2개의 시스템 사이에서 갈등이 발생했다. 카우보이의 윤리가 법의 윤리에게 어쩔 수 없이 길을 내어줄 때처럼 말이다.

「리버티 밸런스를 쏜 사나이」에서는 두 사람이 카우보이 윤리를 체현(體現)한다. 하나는 선인이고 하나는 악당이다. 존 웨인(John Wayne)이 연기하고 있는 톰 도니폰(Tom Doniphon)이라는 인물은 엄청나게 성실하고 철저하게 정직하고 의무감에 사로잡혀 있는 총잡이로 자신의 논리대로 정의를 실현하고 엉덩이에 달려 있는 총으로 자신의 힘을 드러낸다. 반면에 리 마빈(Lee Marvin)이 맡고 있는 리버티 밸런스(Liberty Valance)는 지저분하고 야비한 노상강도로, 제멋대로 벌이는 행동은 그를 두려워하고 혐오하는 마을 주민과의 싸움을 불러일으킨다. 법 윤리는 지미 스튜어트(Jimmy Stuart)가 분한 랜섬 스토다드

(Ransom Stoddard)라는 이상한 이름을 가진 인물이 대표한다. 그는 변호사로서 자신이 사랑하는 신본 마을을 카우보이 식의 정의가 아닌 법치의 공간으로 바꾸려고 물불 안 가리는 노력을 한다. 존 포드 감독은 이야기 말미에 자신의 주장을 펼쳐 보인다. 톰 도니폰의 장례식에 참석한 늙은 스토다드는 기자들에게 둘러싸인다. 그들은 이제 저명한 미 상원의원이 된 그가 왜 몰락한 총잡이의 장례식을 보려고 고향 마을에 돌아오는 수고를 아끼지 않았는지 궁금하다.

스토다드와 도니폰이 성년으로 자라난 그 마을은 법의 관할을 다소 벗어난 지역이었다. 그들은 정의가 어떻게 수행되어야 하는가에 대해 근본적으로 다른 생각을 가지고 있었다. 둘은 상대방의 전략이 시대에 뒤떨어져 있거나(도니폰의 총) 순진하다(스토다드의 법)는 생각을 하고 있었다. 이런 차이에도 불구하고 혹은 아마도 그 때문에 두 사람은 서로를 신뢰하는 친구가 된다. 그들은 결국에는 정의가 승리하리라는 믿음을 가지고 있다. 밸런스가 마을에 들어왔을 때 그가 존경하는 유일한 인물은 도니폰이라는 게 분명했다. 왜냐하면 그들은 카우보이 윤리를 공유하고 있기 때문이었다. 자신이 휘말린 분쟁은 스스로 해결하는 것이 그 윤리의 핵심이었다. 도니폰은 이렇게 떠벌린다.

"리버티 밸런스는 피켓와이어 남쪽에서 제일 거친 놈이지. 나만 빼놓고 말이야."

그렇지만 소심한 스토다드와 그가 가지고 있는 법의 효용성에 대한 밸런스의 경멸은 끝이 없다. 예를 들면 스토다드가 식사를 하고 있는 식당에 들어서면서 밸런스는 그를 욕하고 조롱하고 옆에 서 있던 웨이터의 발을 걸어 넘어뜨려 그 바람에 스토다드가 먹고 있던 음식이 바닥에 쏟아진다. 스토다드가 유순하게 그 자리를 피하려고 할 때,

도니폰이 들어와서 밸런스를 노려본다. 그러자 밸런스가 한마디 쏘아붙인다.

"무슨 문젯거리라도 찾고 있나, 도니폰?"

그러자 존 웨인 특유의 느린 말투로 도니폰이 응수한다.

"그걸 찾도록 자네가 날 도와주겠다는 말인가?"

밸런스는 꼬리를 내리고 식당 밖으로 황급히 사라진다.

"아니, 왜 저 녀석이 저렇게 가버리는지 아나?"

도니폰은 짐짓 의아해하는 체한다. 식당 손님 중의 하나가 스토다드의 무력함을 두고 비꼬며 응답하는 한마디는 어떤 윤리가 이 공간을 지배하는지 잘 말해준다.

"왜냐고? 으깬 감자요리와 국물에서 유령이라도 튀어나왔나 보지."

밸런스의 가혹한 조롱에도 불구하고 스토다드는 밸런스가 뭔가 불법적인 일을 저지르고 잡혀야만 정의의 심판이 내려질 수 있다는 신념을 굳게 고수한다. 도니폰이 스토다드에게 이렇게 말한다.

"자네도 총을 가지고 다니는 게 좋을 거야."

스토다드가 대꾸한다.

"난 그를 죽이고 싶지 않네. 내가 원하는 것은 그를 감옥에 집어넣는 거야."

그러나 결국 스토다드는 조롱을 더 이상 참을 수 없게 되었다. 그래서 도니폰의 충고를 받아들이기로 마음 먹는다.

"여기서는 남자라면 자기 문제는 자기가 알아서 처리한다네."

그러고는 도니폰에게 총싸움 기술을 가르쳐달라고 부탁한다. 곧 밸런스가 스토다드에게 결투를 신청하고, 갑자기 간이 커진 이 풋내기 총잡이는 이를 수락한다. 그리고 한밤의 대결이 이어진다. 어두운 거리에서 두 남자는 결투 자세로 서 있다. 스토다드는 두려움에 몸을 떤다. 밸런스는 일부러 총을 빗맞히며 그를 비웃고 조롱한다. 드디어 밸런스가 그를 죽이기 위해 정조준을 하자 스토다드는 떨리는 손으로 총을 빼서 그를 향해 쏜다. 밸런스는 잡동사니 무더기 속으로 쓰러진다. 서부에서 가장 무서운 총 가운데 하나라는 그의 총은 땅에 떨어진다. 스토다드는 마을의 영웅이 된다. 그는 이 이미지를 정치적 자산으로 삼아 마을 차원을 넘어 저명한 연방 상원의원으로서의 길을 개척해나간다.

일단 문자 그대로 총의 섬광이라는 비유를 통해서도 법 윤리가 이긴 것으로 보인다. 도덕성의 갈등은 해결된 것이다. 그러나 영화가 진행되면서 우리는 그 총싸움이 끝난 후 어느 시점에서 스토다드가 자신이 쏜 총알이 치명상을 입히지 않았음을 알게 되는 것을 본다. 리버티 밸런스를 쏜 사람은 톰 도니폰이었다. 스토다드가 밸런스의 적수가 될 수 없다는 것을 알았기에 도니폰은 어둠 속에서 방아쇠에 손가락을 건 채 숨어 있었다. 그리고 두 사람이 각자의 총을 뽑아드는 절체절명의 순간에 그는 밸런스를 죽인다. 충실성과 우정이라는 카우보이 윤리를 지키면서 도니폰은 무덤으로 갈 때까지 그 비밀을 지킨다. 마침내 스토다드가 신문기자에게 진짜로 밸런스를 쏜 사람이 누구인지를 밝혔지만 신문 측에서는 그 기사를 싣지 않기로 결정한다. 그 이유는 영화사에서 가장 유명한 대사 중의 하나가 된 다음의 말 속에 담겨 있다.

"전설이 사실이 될 때라야 전설을 신문에 낼 수 있다."

철학자인 패트릭 그림(Patrick Grim)은 이 영화를 도덕 간 충돌의 이야기라고 함으로써 내 주의를 끌었는데, 그는 스토다드와 도니폰이 그들 자신의 원칙을 어겼다는 점에 주목하고 있다. 그러나 그들은 그렇게 했다. 왜냐하면 그것이야말로 어떤 도덕적 코드가 다른 코드를 대체할 수 있는 유일한 방법이었기 때문이다.[1] 밸런스와의 결투에 동의함으로써 스토다드는 전에 불법적이고 비도덕적이라고 생각했던 갈등 해결 방식을 받아들였다. 그리고 누가 실제로 밸런스를 쏘았는지를 알게 된 후에는 묵살이라는 거짓을 택했다. 그리고 자신이 결코 벌어들이지 않은 평판이라는 자본을 영웅주의를 위해 투자했다.

도니폰 역시 자신의 도덕 코드를 위반했다. 그는 밸런스와 1 대 1로 맞서지 않고 몰래 숨어 있었다. 그리고 진실이 무엇인지 밝히지 않았다. 마을에 법 윤리를 가져오는 데 도움을 주기 위해 스토다드가 엉터리로 카우보이 윤리를 차용하는 것을 눈감아주었다. 실로 둘 다 자신들이 내세운 도덕성의 코드를 어겼다. 그리고 대단히 아이러니컬하게도 자신의 진실을 끝까지 지킨 사람은 저 상스러운 리버티 밸런스였다. 그러나 결과적으로 마을이 발달하면서 한 도덕 코드에서 다른 도덕 코드로의 이행이 일어나게 된다. 그리고 이 도덕적 설교극에서 그런 이행을 촉진시키는 것은 우정과 충실성이다. 개인 간에 신뢰하는 마음이야말로 집단 안에 신뢰를 구축하는 힘이 되는 것이다.

신본이라는 가상적 공간은 비공식적 도덕 코드에서 공식적 도덕 코드와 사법 체계로 옮아가는 이행기에 있는 한 공동체를 구현하고 있다. 공동체의 인구가 적고 구성원들 모두가 서로를 잘 알고 있으며 규칙적으로 만날 수 있는 한 카우보이 코드는 평화를 지키고 신뢰와 사회 안정을 보장해줄 수 있는 비교적 유효한 수단이 된다. 그러나 공동체가 확장되고 인구가 늘면 그런 비공식적인 코드를 제지받지 않고 위반할 수 있는 여지도 기하급수적으로 커진다. 그렇게 되면 법규나 재판정, 헌법 같은 사회적 테크놀로지들이 필요해진다. 전근대 사회에서 볼 수 있는 서부 시대적이고 비공식적인 정의의 원칙에서, 현대 민주국가에 보편화된 공식적인 법치로의 이행은 숱한 사회적 테크놀로지와 경제 제도가 만들어짐으로써 가능했다.

개인들 사이에서 그리고 사회에서 신뢰의 발달은 인간의 진화된 도덕 감각의 산물이며 타인들과 사적인 만남의 결과다. 이 만남에는 특히 다양한 형태의 교환과 거래 등이 포함되어 있다. 신뢰와 교역을 통해 진화와 경제가 연결된다는 주장의 3가지 증거는 다음과 같다. 영장류의 정치, 인간의 협력, 문화 간 교류가 그것이다.

유전자는 이기적이지 않다

프랜스 드 왈(Frans de Waal)은 영장류 정치에 관한 한 인간과 동물을 막론하고 낯선 이름이 아니다. 에모리대학교 심리학 교수이자 '원숭이와 인간 진화의 진보적 연구를 위한 살아있는 고리 센터(Living Links Center for the Advanced Study of Ape and Human Evolution)' 의 회장을 맡고 있는 드 왈은 영장류 정치의 심리에 대해 가르치기만 하는 것이 아니다. 그는 벽만큼이나 큰 자신의 연구실 창 너머로 커다란 침팬지 우리를 내려다보면서 그것들이 벌이는 정치를 주시하고 있다. 그는 또한 과학계에서 일하는 자신의 '영장류' 동료들의 행태도 관찰하고 있다. 내가 그의 연구실을 방문했을 때, 드 왈은 영장류들이 어떻게 갈등을 해결하고, 규칙 위반자를 처벌하고, 서로 협력해야 한다는 사실을 배우는지에 대해 조사하고 있었다.

또한 드 왈은 과학계의 모든 분야 중에서 가장 날카로운 논쟁거리가운데 하나를 연구한다. 우리의 행동 중 어디까지가 유전자에 의해 결정되고 어디까지가 환경에 의해 결정되나. 행동을 표출하는 데 있어서 유전자는 어느 정도의 역할을 하나. 유전자의 고유 적응 기능 때문에 선택되는 정도와 나중에 생겨난 새로운 목적을 위해 (고유의 기능에 관계없이) 다시 선택되는 정도는 어떻게 되나(적응 대신에 이중적응).

드 왈은 저명한 진화생물학자인 조지 윌리엄스(George C. Williams)가 다음과 같이 한 말을 현명한 조언으로 알고 따른다고 말한다.

"적응이란 그것이 진실로 필요할 때에만 사용해야 하는 특별하고 부담스러운 개념이다."

드 왈은 그의 책에서 '타고남(nature)'과 '길러짐(nurture)' 사이의 건강한 균형을 가까스로 맞추고 있다. 사방이 유리로 둘러쳐진 그의 관찰실로 들어서면서, 나는 그에게 그의 진화관이 왜 그토록 다른 진화생물학자들의 그것과 다른지 물었다.[2]

"때때로 나는 영장류들 사이에서 일어나는 공격에 대해 흥미를 갖게 된 이유가 여섯 형제 중 넷째로 태어났다는 사실에 있다고 생각합니다. 대부분의 문헌에서 공격은 해결되어야 할 문제로 취급됩니다. 그러나 내 경험에 비추어보면 웬만한 공격 행위는 인간 상호작용의 정상적인 부분일 뿐이죠."

드 왈이 네덜란드 사람이고 또 그 나라가 미국과 비교해볼 때 꽤나 인구밀도가 높은 나라이기 때문에 나는 그에게 저 유명한 '행태적 개수대(behavioral sink)' 실험에 대해 물었다.

이 실험은 과밀화와 공격성 사이에 연관성이 있음을 제시한 실험으로 1950년대 후반에 동물행동학자인 존 캘하운(John B. Calhoun)이 시행했다.

"나는 캘하운의 실험에 관한 글을 읽었을 때 그의 실험을 전혀 믿지 않았습니다. 왜냐하면 네덜란드는 매우 과밀한 나라이지만 캘하운이 자신의 연구보고서 속에서 언급한 행동을 볼 수 없기 때문이죠. 그리고 그 문헌이 많은 나라의 인구밀도와 살인 발생률에 관해 포괄적으로 다루고 있지만, 그것들 사이에는 아무런 상관관계도 없다는 것을 알게 되었습니다. 그래서 우리는 나라들을 몇 개의 범주로 묶은 다음 조사해보았습니다. 그랬더니 1개의 상관관계가 나타나더군요. 동구권 국가들이었는데요. 인구밀도는 가장 낮은 축에 들어가는데 살인 발생률은 가장 높더라는 얘기입니다. 러시아가 그 좋은 예지요."

그러나 과밀화와 공격성 사이의 연관성은 언뜻 생각하면 일리가 있어 보인다. 여기에 대해서도 드 왈은 답변거리를 가지고 있다.

"나는 그 직관적인 상관관계가 반대로 나타난다고 말하고 싶습니다. 만일 여러 세대가 가깝게 모여 산다면 말이죠. 우리는 과도한 공격이나 폭력을 금하는 행동 규칙을 만들어야만 합니다. 예를 들어 일본, 네덜란드, 방글라데시, 그리고 영국의 일부 지역 등은 인구밀도가 매우 높습니다. 그렇지만 이 나라들의 살인 발생률은 미국처럼 인구밀도가 낮은 나라에 비해 상당히 낮습니다. 우리가 주장할 수 있는 것은 인구밀도가 낮은 나라라면 사람들은 어디든지 마음대로 갈 수 있습니다. 그리고 정부가 간섭하는 것을 원치 않고, 규칙이나 자신들의 행동에 제한이 많은 것도 좋아하지 않죠. 그래서 그들은 총을 소유하고 보다 자유롭게 그것을 사용하죠. 그러므로 인구밀도가 낮은 나라나 핵가족 사회에서 사는 사람은 갈등 해결법을 배울 필요가 없습니다. 이것이 나의 책 《침팬지의 정치(Chimpanzee Politics)》에서 말하고 있는 주제입니다."

드 왈이 말을 계속 이어나간다.

"만일 갈등이 생기면 언제든지 다른 곳으로 떠날 수 있는 그런 공동체에 우리가 살고 있다면 말이죠. 우리는 갈등 해결을 회피하는 법을 배우게 될 것입니다. 그렇지만 인구가 밀집한 지역은 사정이 다릅니다. 우리가 다른 곳으로 옮긴다 하더라도 우리를 원치 않는 또 다른 집단과 마주치게 될 뿐입니다. 고로 과밀한 장소에서 우리는 사이좋게 지내는 법을 배울 필요가 있습니다."

드 왈의 이론은 러시아 작가인 표트르 크로포트킨이 그의 책 《상호부조(Mutual Aid)》에서 펼치고 있는 주장과 상당히 비슷한 데가 있었다. 크로포트킨의 주장에 대해서는 제2장에서 사람들이 왜 진화와 공격적 행동, 극심한 경쟁을 같은 것으로 보았는지를 설명하면서 말했다. 반복하자면 다윈과 헉슬리는 모두 초경쟁지향적인 영국 출신으로 경쟁을 강조했다. 반면에 크로포트킨은 보다 평등주의적인 러시아 사람이었으므로 자연이 가지고 있는 협력적 측면을 중시했다. 드 왈은 자신이 크로포트킨과 그런 식으로 연결될 수 있다는 데 동의했다.

"네덜란드 사람들은 합의를 중시하는 사람들입니다. 그들은 해수면보다 낮은 땅에서 삽니다. 그러므로 그들은 그런 환경에 맞서 싸워야 해요. 만일 내가 어떤 마을에서 제일 높은 곳에 산다 칩시다. 그렇다손 치더라도 댐이 무너지면 가만히 있을 수가 없어요. 저지대로 내려와서 댐을 고치는 일을 도와야 하겠죠. 그것이 바로 보다 평등한 사회를 위해 필요한 자세이지요."

우리가 가진 진화된 도덕 감정은 환경에 의해 비틀릴 수 있을까?

"우리는 네덜란드의 정치 체계와 영국의 그것을 비교함으로써 그렇다는 것을 알 수 있죠."

드 왈은 말한다. "영국의 군주제는 사람들로부터 대단히 고립되어 있습니다. 그래서 영국인들은 위계라는 관점에서 매우 다른 태도를 지니고 있습니다. 그런 것은 네덜란드에서는 상상할 수 없습니다. 예를 들어 거기서는 여왕도 때때로 자전거를 타고 다니거든요. 그걸 통해 그녀도 일반 사람들 중의 하나라는 것을 보여줄 필요가 있는 거지요."

진화에 관해 보편화된 또 하나의 신화는 그것이 '이기적 유전자'에 기반을 두고 있다는 주장이다. 이기적 유전자란 리처드 도킨스가 같은 이름의 책에서 채용한 은유다. 많은 사람들은 이를 들어 진화라는 것이 실제로 '피로 물든 이빨과 발톱'을 드러내는 것이라고 알고 있다. 다시 한번 드 왈은 진화론적인 신화에 타격을 가한다.

"당연히 유전자는 '이기적'이 될 수 없습니다. 그것은 단지 은유일 뿐이죠. 인간 게놈(genome)은 매우 복잡한 심리를 만들어냈습니다. 거기에는 충성심, 연대감, 협동심, 순수한 이타성 등이 포함되어 있고요. 이 모든 것은 인간이나 침팬지, 그리고 여타의 사회를 이루고 사는 동물들에게서 다 나타나고 있습니다."

그러나 유전자는 소유자의 생존과 번식에 가장 잘 기여할 수 있도록 유전암호를 지정한다. 그리고 그 결과로 진화는 이기적인 심리를 만들어내는 것처럼 보인다. 드 왈은 이 점에 대해서는 인정했다. 그러면서 이렇게 덧붙였다.

"한편으로는 이기적이지 않은 심리도 분명히 있지요. 결국 이것이 우리 인간들이나 다른 사회적 영장류 사회에 공헌을 하게 되지요. 왜냐하면 이런 영장류들은 집단으로 모여 살고, 서로 돕고 힘을 모아야만 생존하게 되어 있으니까요."[3]

드 왈의 연구는 도덕성의 기원을 설명하기 위한 진화론적 모형을 뒷받침해준다. 그렇다면 우리는 도덕적인 동물인가? 침팬지는?

"나는 침팬지가 도덕적인 동물이라고 할 마음이 없습니다. 그러나 그것들이 많은 도덕적 행동 요소들을 가지고 있다고는 생각해요. 내가 말하고 싶은 것은 우리의 도덕 체계는 태고의 심리를 이용해서 만들어진 것이라는 점입니다. 어떤 도덕철학자들은 우리 인간들이 도덕성을 만들어냈다고 생각하지요. 그러나 그건 아닙니다. 인간의 도덕성은 다른 영장류들에게서도 보이는 어떤 공통된 심리 위에 세워진 거예요."

인간의 경제 역시 다른 영장류들에게서도 볼 수 있는 어떤 심리 위에 기초하고 있다. 예를 들어 1982년에 쓴 책인 《침팬지의 정치(Chimpanzee Politics)》에서 드 왈은 침팬지가 "제공받은 서비스에 대해 분명한 지불 행위"를 하고 있음을 기술하고 있다. 드 왈은 침팬지 무리에 대한 관찰의 결과로 다음과 같이 쓰고 있다.

"침팬지 무리의 삶은 마치 시장과 같다. 권력과 섹스와 애정과 지지, 편협함, 적의가 넘친다. 그러나 2가지 기본 규칙이 있으니 '선한 행동은 선한 행동으로 되돌려 받는다' 라는 것이 하나이고, '눈에는 눈, 이에는 이' 가 나머지 하나다."[4]

그가 나중에 쓴 책인 《영장류 집단의 화평(Peacemaking Among Primates)》에서 드 왈은 침팬지나 다른 영장류 동물들이 동정과 감정이입을 경험하며 그것들이 싸우고 난 뒤에는 서로를 위로한다는 실질적 증거를 제시했다. 가장 눈에 띄는 것은 인간들처럼 끌어안거나 상대의 어깨에 팔을 두르는 자세를 보였다는 것이었다.[5]

원숭이들의 일화는 드 왈의 책에도 잘 나와 있다. 그 중 가장 두드러진 사건은 1996년 8월 16일 시카고의 브룩필드 동물원에서 일어났던 일이다. 세 살배기 사내아이가 20피트 깊이의 고릴라 우리로 떨어졌다. 그 충격으로 아이는 혼절했다. 빈티 주야(Binti Jua)라고 이름 붙인 8년생 암컷 고릴라 한 마리가 곧바로 아이를 안아서 무릎 위에 올려놓았다. 그리고는 안심하라는 투로 아이의 등을 두드리며 아이가 괜찮은지를 살폈다.

"이 행동은 고릴라들의 무리 내에서 하는 행동이 그대로 이어진 것입니다."

드 왈은 그런 위안의 행동이 자신의 연구용 우리 안에서도 심심치 않게 목격된다면서 다음과 같은 말로 끝맺었다.

"침팬지들이 위로하는 행동을 보려면 그것들이 자연스럽게 싸울 때까지 기다리면 됩니다. 싸움이 끝나면 곁에서 구경하고 있던 녀석들이 진 녀석에게 다가갑니다. 이 방관자들은 져서 기분이 안 좋은 녀석을 안아주기도 하고 여기저기 매만져주기도 하지요. 나무를 오르던 새끼가 떨어져서 비명을 지를 때에도 예외는 아닙니다. 즉각 우르르 몰려들어 그 녀석을 안고 달랩니다."[6]

갈등 해결은 사회적 관계에서 가장 중요한 것 중 하나다. 드 왈은 보노보의 경우도 싸우고 난 뒤에는 인간들이 그러는 것처럼 '수습용' 섹스를 한다고 분명히 말하고 있다. 그런 화해의 행동은 사회를 이루고 사는 대부분의 포유류에게서는 흔히 볼 수 있는 일이다. 실제로 돌고래와 코끼리도 동정심과 감정이입 능력을 가지고 있다.

"코끼리는 코와 상아를 이용해서 아프거나 넘어진 동료를 일으켜준다고 알려져 있습니다. 또 힘들어하는 어린 것들을 안심시키려고 소리를 내기도 합니다. 돌고래들도 동료를 살리기 위해 작살의 밧줄을 이빨로 끊거나 참치잡이 그물에 걸린 다른 돌고래를 구해낸 사례가 보고되기도 했지요. 그리고 아파서 헤엄을 잘 치지 못하는 동료가 있으면

수면 밖으로 밀어올려 익사하지 않도록 한다고 합니다."

그런데 이런 포유류에도 예외가 하나가 있는데, 개를 사랑하는 사람이면 틀림없이 반가운 이름일 것이다. 바로 고양이다.

"집고양이들은 단독 사냥꾼들이죠. 그래서 이 녀석들은 잠재적인 경쟁자인 다른 고양이들과 좋은 관계를 유지할 필요가 없어요. 녀석들은 영장류들이나 사자 같은 동물처럼 상부상조하며 살지 않습니다."[7]

관계 맺는 일은 무리를 이루어 사는 종들에게는 참으로 중대한 의미를 지닌다. 포유류 중 특히 인간이나 다른 영장류 동물들은 공격자를 제압하고 갈등을 해결하며 평화를 유지하고 우의를 지키기 위해 이것을 배워야 한다. 이는 교환 경제 활동을 하기 위한 신뢰와 교역의 기초를 이룬다.

침팬지와 꼬리말이 원숭이를 대상으로 한 연구들에서 드 왈과 그의 연구팀은 중요한 사실을 발견했다. 침팬지 두 마리에게 함께 어떤 한 가지 일을 시키고 나서 한 마리에게만 상으로 좋아하는 먹이를 주었는데, 이 원숭이가 아무것도 못 받은 원숭이와 그것을 나누려 하지 않자 후자는 두 번 다시 함께 일하려 하지 않았다. 게다가 이런 불공평한 처사에 대한 불만을 분명하게 표현했다.[8] 또 다른 실험에서는 두 마리의 꼬리말이 원숭이를 훈련시켜 화강암 조각 하나를 가져오면 오이 조각 하나를 주었다. 그런데 한 원숭이에게 오이 대신 그보다 더 좋아하는 포도를 한 알 주었다. 그러자 다른 녀석은 이 교환 행위가 이뤄진 총 시간의 60퍼센트만 교환에 참여했다. 그리고 나머지 시간에는 아예 오이를 받지도 않았다. 세 번째 상황, 여기서는 한 원숭이는 돌을 가져오지 않았음에도 포도를 받았다. 그러자 나머지 원숭이가 총 시간의 20퍼센트만 교환에 응했다. 그리고 몇 차례에 걸쳐 자신이 받은 부당

한 처사에 격노하며 오이 조각을 실험자에게 던지기까지 했다.[9]

취리히대학교에서 긴 꼬리 마카크 원숭이를 가지고 한 유사한 실험에서 영장류학자인 마리나 코즈(Marina Cords)와 실비 서니어(Sylvie Thurnheer)는 두 마리의 원숭이가 서로 협력해야만 먹을 것을 상으로 받을 수 있게 했을 때, 이 녀석들이 그 사실을 알고 있다는 것을 발견했다. 이 원숭이들은 서로 싸우고 난 뒤에도 공동 노력 경험이 없고 협력하는 법을 모르는 다른 원숭이들보다 더 쉽게 화해했다.[10]

여기서 우리는 영장류 친척들에게서 경제적 교환의 기초가 됨직한 것을 본다. 이처럼 우리 자신을 비춰주고 우리의 진화적 과거를 들추어내는 연구를 함으로써 우리는 다양한 사회적 상황, 특히 경제적 교환의 장에서 우리 자신의 행동 방식에 대해 잘 알 수 있다. 영장류 동물의 행동은 또 다른 의미의 '화석'이다. 행동 하나하나를 꿰어 맞추면 진화기에 우리의 삶이 어떠했는지 엿볼 수 있다. 그리고 과거 인간의 삶이 환경에 보였던 반응은 (세대를 타고 내려와) 오늘을 사는 우리의 행동에서도 나타난다. 우리는 교환의 결과에, 특히 그것이 공평한가에 신경을 많이 쓰는 쪽으로 진화했다.

드 왈의 에모리대학교 동료 교수인 새라 브로스넌(Sarah Brosnan)은 영장류 동물 사회에서 나타나는 불공평함에 대해 연구하고 있다. 그녀는 불공평한 사회적 결과에 대해 보이는 부정적 반응이 어떻게 진화해 왔는지를 알아내는 일에 관심을 쏟고 있다.

"불공평함을 싫어하는 성향은 유익한 협력적 관계를 발전시키는 데 기여했다."

브로스넌은 설명한다.

"왜냐하면 상대보다 계속 이익이 적다고 생각하는 개인은 보다 성공적인 협력 관계를 만들어줄 수 있는 다른 상대를 물색할 것이기 때문이었다."[11]

이는 집단 내에서 친사회적이고 협력적인 행동을 '자연선택' 하도록 만들었는데, 이것이 시장 교환의 기초가 되었다. 또한 집단들 간에는 외부인 기피증과 부족주의를 만들어냈다. 이는 극단적으로 불공평한 배분을 정하고 있는 최후통첩 게임이 왜 대부분 거부당하는지를 잘 설명해준다. 우리는 상대가 부당하게 많은 보상을 누리는 것을 막기 위해서라면 우리 자신의 이익을 희생할 수도 있는 것이다. 말하자면 우리는 공정한 거래 규칙을 위반한 사람을 벌주기 위해 비용을 지불하고 있는 것이다.

실제로 '경제' 라는 개념과 그것이 거래에서 의미하는 바를 확대해본다면, 모든 영장류들은 자신들의 집단 수준에 맞는 경제 안에서 거래를 하고 있는 셈이다. 먹을 것이나 보살핌, 화해, 주고받기, 우의, 협조 등을 거래 수단 삼아서 말이다. 드 왈은 그의 연구에서 침팬지들은 자신들이 돌보는 다른 침팬지들과 먹을 것을 더 잘 공유하는 경향이 있고 꼬리말이 원숭이들은 자신들이 이전에 먹을 것이나 보살핌, 화해 등을 나누었던 원숭이들과 더 잘 나누는 모습을 보였다고 밝히고 있다.[12]

이와 유사한 것으로, 동물행동학자인 니콜라 코야마(Ncola Koyama)와 그녀의 동료들은 침팬지 사회에서 보살핌의 교환과 이후의 사회적 협조 사이에는 관련성이 있음을 알아냈다. 침팬지 A가 침팬지 B를 보살펴주자 침팬지 B는 다음날 침팬지 A가 다른 침팬지하고 싸울 때 그를 거들어주었다. 특히 침팬지 A가 먼저 싸움을 걸었는데도 그런 태도를 보였다. 과학자들은 이를 두고 침팬지들은 나중에 필요할 때를 대비해서 거래라는 것을 통해 일종의 정치적인 비위 맞추기를 한다고 해석했다.[13] 실로 영장류 정치가 아닐 수 없다.

그래서 우리는 '실제로' 도덕적 동물이 될 수 있는 능력을 발달시키게 된 것이다. 이는 결코 도덕적 동물로 '보이게 하는' 능력이 아니다. 선한 사람인 것처럼 꾸미는 것만으로는 충분치 않다. 진짜로 선한 사람이 되어야 한다. 진화는 우리 인간이 어떻게 그 길에 들어서게 되었는지를 설명한다. 그리고 우리의 가장 가까운, 살아있는 영장류 친척들을 연구하는 일은 우리가 그것을 이해하는 데 도움이 되는 한 가지 도구다. 비록 드 왈은 "인간과 동물의 이타성이란 의심할 나위 없이 가족 구성원이나 자신이 (나중에) 도움을 받고 싶은 상대를 돕는 상황에서 나온 산물"이라는 점을 인정했지만, 한편으로 그는 이렇게 쓰고 있다.

"침팬지나 다른 동물이 나중에 도움을 받을 목적으로 동료를 돕는다고 믿기 위해서는 그것들이 계획 능력을 가지고 있다는 전제가 필요하지만, 그 증거는 없다. 우리는 대부분의 동물들이 마음속에 보답을 바라고 이타성을 실현한다고 생각하지는 않는다. 이런 의미에서 보면 동물들의 이타성이란 인간의 그것보다는 '순수한' 것이다. 우리 인간들에게는 나중에 이익을 돌려받는 것에 대한 이해가 있다. 그래서 자기 이익을 고려해 넣은, 여러 가지가 섞여 있는 동기를 가지고 있다."

다시 한번 내가 이 책을 통해 주장하고 싶은 것은 이런 도덕 감정은 도덕적 계산 결과를 나타내고 있다는 것이고 이 도덕적 계산은 항상 개인이나 집단에 가장 최선이 되는 것을 선택하려는 기질의 발달·진화를 뒤따르며 이뤄진다는 것이다. 우리가 인간이 가진 이타적 행태에 기인한다고 믿고 있는 도덕적 동기와 의도는 알고 보면 부차적인 것이고 어떤 (과학적) 사실이 그 앞에 온다는 것이다. 철학자 대니얼 디넷 (Daniel Dennett)의 개념을 빌리면 우리는 '의도적 자세(intentional stance)'를 취한다.[14] 그리고 그 자세에서 다른 사람들도 의도를 가지고 있고 그 의도는 선할 수도 있고 악할 수도 있다고 생각한다. 즉 진화·발달된 도덕 감정이란 것 역시 무엇인가를 대리하고 있는 것일 뿐이라는 것. 여기서 우리는 집단 내의 다른 사람이 도덕적이거나 비도덕적이라고 가정할 뿐 아니라 우리 또한 도덕적이거나 비도덕적이라고 가정한다. 달리 말하면 도덕(혹은 비도덕)적 행동의 진화가 먼저 이뤄졌고, 도덕적 가치라는 속성은 나중에 왔다. 그런 점에서 우리는 진정한 도덕적 영장류다.[15]

● 신뢰는 경제적 번영의 촉진제

"오래된 영국 속담에 이런 말이 있지요. '모든 사람을 믿는 것이나 아무도 안 믿는 것이나 똑같은 실수를 저지르고 있다' 고 말이죠."

클레어몬트대학원대학교의 경제학 교수인 폴 작(Paul Zak)은 이렇게 서두를 뗀다. 그는 '신뢰' 문제를 신경화학적 측면에서 접근하고 있으며 분자 단계에서 그것을 밝히는 데 주력하고 있다. 그는 신뢰가 옥시토신(oxytocin, 뇌하수체 후엽에서 분비되는 호르몬의 일종—옮긴이)에서 비롯된다고 믿고 있다. 그는 캘리포니아 클레어몬트의 베드타운에 자리잡고 있는 자신의 신경경제학연구센터에서 이렇게 이야기했다.[16]

"우리는 신뢰가 어떤 국가가 번영할지를 알려주는 매우 강력한 예측 기능을 가지고 있다고 봅니다. 내가 알고 싶은 것은 어떤 두 사람이 서로를 신뢰한다면 무엇 때문에 그렇게 되느냐 하는 것입니다."

그는 옥시토신을 뿌리는 사람(신뢰의 느낌을 주는 사람이라는 뜻—옮긴이)이다. 키가 크고 잘생겼으며 반듯한 어깨를 가지고 있어 규칙적으로 운동을 하는 사람으로 여겨질 수 있을 정도다. 그는 악수를 나눌 때 손을 꽉 쥐었고 온화한 미소를 지었다. 흠, 신뢰할 만한 걸. 전통경제학을 공부하고 나서 1990년대 중반부터 신뢰와 경제 성장을 연계시키는 연구를 시작했다. 예를 들어 1996년 신뢰에 관한 연구에서 그는 42개국 사람들에게 그들의 모국어로 다음과 같은 질문을 던졌다.

"당신은 대부분의 사람들이 대체로 믿을 만하다고 생각합니까, 아니면 사람들을 상대할 때에는 아무리 주의해도 지나치지 않다고 생각합니까?"

결과는 놀라울 정도로 다양하게 나타났다. 신뢰 척도로 따져 가장 낮은 쪽은 브라질의 3퍼센트였다. 그리고 페루 응답자의 5퍼센트만이 자신의 이웃이 믿을 만하다고 생각하고 있었다. 반면에 노르웨이인의 65퍼센트와 스웨덴인의 60퍼센트는 서로를 신뢰하고 있었다. 이 척도의 중간쯤에는 미국의 36퍼센트, 영국의 44퍼센트가 자리하고 있었다. 이 순위는 각 나라의 소득 수준 순위와 맞추어 보아도 변동이 없다. 신뢰는 스칸디나비아 국가들과 동아시아 국가들이 높았고 남미와 아프리카, 그리고 특히 전 공산권 국가들이 낮았다.

"국가의 투자율(GDP 대비)과 신뢰 사이에는 상당히 긍정적인 상관관계가 나타났습니다. 신뢰가 낮을 때 투자는 지체됩니다. GDP 성장과 신뢰 사이에도 동일한 상관관계가 있었습니다."

경제적 역학이 신뢰와 번영을 연결 짓는 힘으로 작용한다. 그는 이렇게 설명한다.

신뢰는 '계약을 해야 할' 때 고려되는 우발적 변수의 수를 줄여줌으로써 거래를 촉진시킨다. 당사자들 간의 악수로 완결되는 계약은 신뢰도가 높은 상황에서만 가능하다.

"자세한 사항은 변호사를 시켜 검토하도록 하겠습니다. 우린 이제 계약한 겁니다."

이와 반대로 신뢰도가 낮은 경우, 협상은 질질 늘어지고 그 결과 비용은 더 늘어난다. 거래 비용이 높을수록 거래 횟수는 줄고 투자와 경제 성장률도 낮아진다. 신뢰는 지금까지 경제학자들이 알아낸 것 중 가장 강력한 투자와 경제 성장 촉진제 가운데 하나다. 왜 어떤 나라는 부유하고 어떤 나라는 가난한지를 알아내고자 한다면, 개인 간 신뢰의 기초가 어떤지를 아는 것이 가장 중요하다.

어쩌면 이는 일반적으로 신뢰도가 높은 나라들이 주식 시장에서 수익률이 높은 이유이기도 할 것이다.[17] 이런저런 연구 끝에 작은 결론 짓기를, 한 국가가 번영하기 위해서는 신뢰가 증가할 수 있도록 구성원들 사이에 긍정적인 사회적 상호작용을 최대화하는 일이 필수적이라고 했다.

작의 연구가 밝혀낸 긍정적인 사회적 상호작용의 목록을 보면, 상대적으로 자유로운 시장을 가진 자유민주주의 체제 안에서 사는 사람이면 전혀 놀랄 만한 것이 없다. 시민권 보호, 언론 출판의 자유, 결사의 자유, 여행의 자유(좋은 도로와 믿을 만한 교통 인프라), 통신의 자유(잘 기능하는 전화 시스템), 집단 교육, 믿을 만한 은행 시스템, 건전한 통화, 그리고 특별히 거래의 자유.[18] 그는 심지어 깨끗한 환경과 신뢰 사이에도 연관성이 있음을 발견했다. 환경이 오염된 나라에 사는 사람들은 에스트로겐 길항체의 수준이 높게 나타나고 옥시토신 수준은 낮다. 그런고로 그들의 신뢰감도 낮다. 더 나아가서 작은 신뢰가 초래할 수 있는 생활 수준의 차이까지 계산해낸다. "한 나라 안에서 다른 사람들이 믿을 만하다고 생각하는 사람들의 비율이 15퍼센트 늘어나면, 이후 1인당 소득이 매년 연간 1퍼센트씩 증가한다"는 것이다. 예를 들어 미국의 신뢰도가 현행 36퍼센트에서 51퍼센트로 늘어나면 미국 내 모든 남녀의 평균 소득은 연 400달러가 늘어나며, 이를 평생 동안으로 계산해보면 3만 달러가 증가하는 셈이 된다.[19] 신뢰는 재정적 혜택을 준다.

사회적 상호작용과 신뢰 간의 연계성은 피실험자들이 이른바 '죄수의 딜레마(Prisoner's Dilemma)'를 이용한 실험에 참여한 연구실 안에서도 발견된다. 이 시나리오는 2명의 피실험자들이 각각 죄를 짓고 체포된 죄수의 역을 맡는다. 이들에게는 따로 따로 동일한 제안이 주어진다. 이 둘은 상대방이 같은 제안을 받았을 것으로 추정한다. 자, 여러분이 피실험자라고 가정하고 다음과 같은 옵션을 보자.

첫째, 여러분과 상대방이 서로 협력한다면 (공히 아무 말도 안 한다면) 각각 1년의 형기만 치르면 된다.

둘째, 여러분이 자신과 상대방이 죄를 지었음을 실토한다면 석방될 것이고, 상대방은 3년을 감옥에서 보내게 될 것이다.

셋째, 상대방은 죄를 실토했으나 여러분은 하지 않았다면 그는 석방되고 여러분이 3년형을 받게 된다.

넷째, 여러분과 상대방 둘 다 실토하면 각각 2년형을 받게 된다.

자, 만일 여러분이 상대방을 배신하고 실토하면, 그가 어떻게 하느냐에 따라 여러분은 석방될 수도 있고 2년 동안 감옥에 있을 수도 있다. 만일 여러분이 협력하기로 하고 침묵을 지킨다면, 상대방이 어떻게 하느냐에 따라 1년형과 3년형으로 갈릴 수 있다.

여기서 논리적인 선택을 한다면 여러분은 상대를 배신해야 한다. 물론 상대도 여러분과 같은 계산을 할 가능성이 높다. 그렇다면 그 역시 여러분을 배신할 것이고 이는 여러분에게 확실한 2년형을 선사할 수 있다. 그러나 여러분은 상대방도 같은 전략을 놓고 머리를 쓸 것이라고 생각할 것이다. 그리고 희망하길, 그 계산의 결과로 여러분이 서로 협력해야 한다는 사실을 깨달았으면 할 것이다. 그런데 만일 그가 이런 추론을 하고 있다면 어떻게 될까. 그는 자신이 협력한다는 가정하에 여러분이 협력하리라고 생각하고 여러분을 배신할 것이다. 그러면 그는 풀려나고 여러분은 3년을 감옥에서 보내야 한다.

이것이 딜레마로 불리는 이유가 여기에 있다. 이 게임이 한 번 실행되었을 때에는 대개 양쪽 다 배신을 했다. 그런데 심지어 일정한 횟수를 정해두고 게임이 치러졌을 때에도 계속 배신이 일어났다. 왜냐하면 둘 다 각각, 상대방이 마지막 판에는 배신을 할 것이라고 생각했다. 그러다 보니 두 사람은 그 바로 앞의 판에서 미리 배신을 해버려야겠다는 생각을 하게 되었다. 이런 생각은 다시 그 앞의 판의 앞의 판에서 선수를 쳐서 배신을 해야겠다는 생각을 하게 만들었다. 이런 식으로 가다 보니 양쪽 다 첫 번째 판부터 배신을 하게 되었다.

그러나 이 게임이 현실 세계와 유사한 상황에서 행해질 때, 즉 마치 몇 단계 조치가 준비되어 있는지 모르는 협상 과정처럼 몇 판을 할 것인지 양 쪽 다 모르는 상태에서 게임이 치러지는 경우에는 매 판마다 상대방이 어떻게 행동하는지를 면밀히 관찰하고 계산했다. 그러면서 협력하는 판이 더 많아지기 시작했다. 회를 거듭할수록 가장 좋은 전략은 먼저 배신하는 것이 아닌 '주고받기'임이 분명해졌다. 말하자면 결국 자신에게 가장 이익이 되도록 하려면 처음부터 신뢰와 협력을 하는 것이고 상대방이 어떻게 하든지 간에 그걸 그대로 실행하는 것이었다. 이런 죄수의 딜레마 테스트에서 이기는 전략은 이른바 '견고하되 공정하라' 전략이다. 협력하는 사람과는 협력하고, 서로가 배신한 다음에는 협력할 것이며, 계속 배신하는 사람과는 게임을 하지 말고, 항상 협력하는 사람을 (원래 잘 속는 얼간이가 아니라면) 배신하지 말라는 것이다.[20]

보다 현실적인 모의 게임으로는 '다수자 딜레마(Many Person Dilemma)'가 있다. 여기서는 한 사람이 여러 사람들을 상대한다. 그리고 피실험자는 여러 상대를 겪으면서 경험을 축적할 수 있고, 이는 피실험자들에게 신뢰를 쌓을 수 있는 기회를 제공한다. 결과적으로 보면 죄수 딜레마 게임에서 끌어낸 행위의 안(案)은 경영 협상이나 결혼 분쟁, 그리고 냉전 전략 같은 현실 세계 상황에 적용되었다. 이로서 컴퓨터 시뮬레이션이나 현실 세계 양쪽 모두에서 협력이야말로 그 무엇보다 강력하고 우세한 전략이라는 점이 분명해졌다.[21]

협력에 관한 어떤 한 실험을 보자. 9명의 피실험자들이 각각 5달러씩을 받았는데, 만일 이 9명 중에서 5명 이상이 자신들의 5달러를 공동 모금함에 기부하면, 9명 모두 10달러씩을 받을 수 있다. (기부)협력자가 되면 이익이 돌아오지만(5달러 대신 10달러가 생기니까), 기부를 거부하면 최소한 다른 사람 5명이 협력하는 한 더 큰 이익을 얻을 수 있다(5달러 대신 15달러가 생기니까).

결과는 어느 한 가지로만 나타나지 않았다. 여러 9명의 피실험자 그룹들이 5명의 협력자라는 '임계' 숫자에 도달하는 데 실패했다. 협력이 일어나지 않았던 것이다. 실험자들은 한 가지 단계를 추가했다. 몇몇 피실험자 그룹에게 게임을 하기 전 자신들이 취할 전략 선택을 놓고 토론할 시간을 주었다. 게임을 하기 전에 구성원들 사이에 소통을 한 그룹들은 평균 8명의 협력자를 배출했다. 그리고 이 그룹들은 100퍼센트 추가적인 돈을 받았다. 이와는 극명한 대조를 이루며 게임을 하기 전 구성원들 간에 의견 나눔이 없었던 그룹들은 60퍼센트 정도밖에는 보너스를 받지 못하는 결과를 보였다.[22] 사회적 딜레마를 다룬 심리학자 로빈 도스(Robyn Dawes)의 실험에서도 서로 얼굴을 맞대고 토론할 기회를 가진 피실험자 그룹들은 그렇지 않은 그룹들보다 보다 잘 협력하는 모습을 보였다. 도스는 이렇게 결론 내렸다.

"협력 우세를 보이는 것은 '성공적인 그룹' 자체가 아니라 그런 그룹을 형성하는 성향을 가지고 있는 개인들이다."[23]

뇌의 어느 영역이 이런 딜레마를 해결하는 일을 담당하고 있을까? 죄수의 딜레마 게임 양식을 채택해 실험하면서, 에모리대학교 제임스 라일링(James Rilling) 교수와 동료들은 36명이나 되는 피실험자들의 뇌를 fMRI 스캔했다. 그 결과 알아낸 것은 협력자들의 뇌에서는 디저트나, 돈, 코카인, 아름다운 얼굴과 같은 자극에 의해 활성화되는 영역과 똑같은 영역이 밝아졌다는 사실이다. 특히 가장 큰 반응을 보인 뉴런들은 뇌의 가운데에 있는 일명 쾌락 중추라고도 불리는 '복내측 줄무늬체'에 자리 잡은 도파민에 많이 있는 뉴런들이었다. 협력적인 피실험자들은 자신들과 마음이 일치하는 상대에게 신뢰와 동지애가 커졌음을 말했다.[24]

실제로 행위의 규칙이 아직 성문화되지 않은 소규모 수렵채집부족 상황을 상상해보면 이런 결과물이 충분히 나올 수 있다고 생각된다.

왜냐하면 '게임의 모든 참가자'들을 안다는 것은 곧 협력의 진화·발달로 이어지기 때문이다.[25] 관계를 맺고 협력을 생성해내는 심리적 충동이야말로 신뢰라는 도덕적 감정의 기저에 놓인 보다 깊은 동기가 되며, 거래는 사람들로 하여금 다른 믿을 만한 사람들과 신뢰 관계를 쌓고 그들에게 애착을 갖는 데 필요한 매개체가 된다. 그리고 이런 나의 논지를 다시 한번 강조하자면, 협력자처럼 '꾸미는 것'으로는 충분치 않다. 시간이 지나고 몇 번의 일을 겪고 나면 처음에는 속았던 사람도 낯빛이 달라질 것이기 때문이다. 우리는 진정으로 우리 자신이 협력자라고 믿을 수 있어야 한다. 그리고 그런 믿음을 갖게 해주는 방식으로는 진짜 협력자가 되는 것보다 확실한 것은 없다. 믿고, 그렇게 되라. 요기 베라의 충고를 한마디 인용한다.

"항상 다른 사람의 장례식에 가라. 그렇지 않으면 사람들이 당신 장례식에 오지 않을 것이다."

행동에서 뇌, 그리고 혈액에 이르기까지 신뢰의 '분자적 기반'은 인간관계의 가장 기초적인 수준에서부터 시작된다. 인류학자인 헬렌 피셔(Helen Fisher)는 자신의 책 《우리는 왜 사랑하는가(Why We Love)》에서 욕정과 사랑을 구분하고 있다. 그녀에 의하면 욕정을 증가시키는 것은 도파민이다. 이것은 시상하부에서 생산되는 신경호르몬으로 우리가 이미 알아본 바와 같이 보상 및 쾌락과 직접적인 연관이 있다. 피셔는 욕정이 성적 충동을 자극하는 호르몬인 테스토스테론의 분비를 촉발시킨다는 점을 거론한다. 그리고 도파민이 또 다른 종류의 대단히 중요한 인간관계 요소에 연루되어 있다고 말한다. 그 요소라는 것은 다른 사람을 향한 갈망하는 마음이다.[26]

이와 대조적으로 사랑은 옥시토신에 의해 강화되는 애착의 감정이다. 옥시토신은 시상하부에서 합성되는 호르몬이며 뇌하수체가 혈액 속으로 분비한다. 여성에게 옥시토신은 출산 시 자궁수축과 수유, 엄마와 아기의 유대를 자극하고 촉진한다. 남녀 모두에게 있어 이것은 섹스할 때 증가되고 오르가슴을 느낄 때 급격히 늘어나며 배우자 간의 유대와 유아를 장기간 보살피게 되어 있는 진화 적응 본능에 기여한다. 일부일처제 동물들이 일부다처제 동물들보다 섹스 도중에 옥시토신을 더 많이 분비한다.[27]

여기서 신뢰와 거래와 옥시토신 사이의 연계성, 이 셋이 직접적으로 연결되어 있다는 폴 작의 이론을 다시 한번 생각해보자.

"옥시토신과 테스토스테론은 신뢰-불신 체계의 2가지라고 볼 수 있습니다. 그리고 우리는 신뢰와 불신 사이에서 끊임없이 균형을 잡으며 삶을 영위해나갑니다."

작은 자신과 연구팀 동료들이 했던 일부 실험들을 상세히 설명해주었다. 예를 들어 한 실험에서 사람들은 누군가가 자신을 신뢰한다고 느낄 때 옥시토신이 증가한다는 것을 알아냈다. 실제로 전체 인구 중에서 병적으로 반(反)사회적인 2퍼센트를 제외하고 나머지 사람들은 누군가가 자기를 신뢰하면 옥시토신 분비가 촉발된다. 이는 남녀 모두에게서 일어나는 현상이긴 하지만, 한편으로 작은 자신이 발견한 것에 대해 이렇게 말한다.

"여성에게서 옥시토신 분비가 늘어나면, 남성들보다 주고받는 일을 더 잘하게 됩니다. 남성들은 사회 규범 위반에 보다 민감하죠. 만일 사회 규범을 저촉하면, 테스토스테론의 수치가 불균형적으로 올라갑니다. 여성들도 불신당하는 것을 좋아하지 않죠. 그러나 여성들에게는 남성이 가지고 있는 이 뜨겁고도 격한, 테스토스테론 반응이 나타나지 않습니다."

옥시토신은 애착의 과정에 깊이 연루되어 있다. 반면에 테스토스테론은 사회 규범의 시행과 강한 연관성을 가지고 있다(이는 왜 여성보다 훨씬 더 많은 남성들이 군대나 법과 관련된 직업에 종사하는지 그 이유를 설명해준다). 교환 행위가 주가 되는 게임에서 피실험자들은 신뢰하는 행동을 더 많이 할수록 그들이 교환하는 돈도 더 많아지고 뇌에서 나오는 옥시토신의 수치도 더 높아졌다.[28] 작이 피실험자들에게 '왜' 그렇게 많은 돈을 내놓느냐고 묻자 그들은 "그러는 게 옳은 것 같아서"라고 응답했다. 도덕적 감정은 행위를 추동한다. 비록 그러한 감정 아래에 놓인 도덕적 계산은 보이지 않을지라도 말이다.

회의주의자들이라면 당연히 옥시토신이 신뢰의 원인인지 결과인지 물어볼 법하다. 작은 이렇게 말한다.

"그걸 알아보기 위해 우리는 한 가지 실험 조건을 만들어보았습니다. 그 실험에서 피실험자들은 누군가를 자유롭게 신뢰하는 일을 하는 대신에 그들에게 상자에서 무작위로 탁구공을 꺼내도록 시켰습니다. 어떤 공을 집었느냐에 따라 얼마나 많은 돈을 받을지 아니면 주어야 하는지 결정되는 것이었습니다. 이 경우 옥시토신 수치에는 큰 변화가 없었습니다."

협력과 신뢰가 옥시토신의 분비를 이끌어내는지, 아니면 옥시토신 수치의 증가가 보다 큰 협력과 신뢰를 만들어내는지를 알아내기 위해 작은 분사기로 피실험자들의 코 속에 옥시토신을 뿜어 넣었다. 옥시토신은 곧 몸 안으로 퍼졌다. 그 후 그들이 보다 협력적으로 행동하고 있음을 발견했다.

작은 자신의 논지를 뒷받침할 수 있는 여러 가지 증거들을 제시했다. '신뢰와 행복.' 신뢰하고 신뢰받는 사람은 그렇지 않은 사람보다 행복한 것으로 나타났다. '신뢰와 접촉.' 누군가가 나를 만지면 얼마나 기분이 좋은지 우리는 다 알고 있다. 그래서 작은 실험 하나를 했다. 일종의 교환 게임에서 전문 마사지 치료사를 불러 피실험자들을 마사지하도록 했다. 마사지를 받은 피실험자들은 받지 않은 사람들보다 250퍼센트나 더 많은 신뢰 신호를 보냈다. '신뢰와 냄새.' 옥시토신은 한편 냄새에 의해 전달되기도 한다. 작은 후각구에 옥시토신을 받아들이는 조직이 있다고 한다. 그리고 엄마가 갓 태어난 자기 아이의 냄새를 맡으면 옥시토신의 분비가 촉진되고 강한 애착의 감정이 솟아난다는 어떤 실험 결과를 인용했다. '신뢰와 방치.' 태어난 직후에 학대받거나 방치된 동물들은 옥시토신을 받아들이는 조직이 있는 뇌 영역에 손상이 나타났으며, 이런 동물들은 심리적인 철회(撤回)의 경향을 보였고 집단 내에서 부적응 상태에 빠졌으며 의기소침해졌다.[29]

작의 연구가 시사하는 것은 의미심장하다.

"옥시토신은 한 사회의 접착제이다. 그것은 우리를 하나의 문명체로서 한데 묶어준다. 만일 우리 머릿속에 누구를 믿고 누구를 믿지 말아야 할지 가르쳐주는 어떤 것을 가지고 있지 않다면 문명은 작동하지 않을 것이다. 우리는 사회적 동물이며 머릿속에 신뢰 탐지기를 가지고 있어야 한다."

옥시토신에 관한 작의 새로운 발견들은 도덕성의 진화적 기원에서 매우 깊은 곳에 자리하고 있는 어떤 사실들을 설명하고 있다. 이를테면 사회 내에서 악한 사람의 역할 같은 것들 말이다. 이전에 내가 쓴 책 《선악의 과학(The Science of Good and Evil)》에서 나는 악을 인간의 이중적인 성격적 특질 탓으로 돌렸다. 우리가 신뢰하고 협력하고 이타적이 되는 것 외에도 불신하고 경쟁하고 이기적이 된다는 사실과 진화의 힘이 우리로 하여금 동료 집단 내에서는 친사회적으로 만들었지만 외부 집단 구성원들에 대해서는 기피적이고 부족주의적 자세를 취하게 만들었다는 사실이 악에서 기인한다고 주장했다.

작은 이러한 진화론 모형을 계속 밀고 나간다. 그는 우리 모두 안에 잠재해 있는 악을 주목할 뿐만 아니라 인구의 2퍼센트를 차지하고 있는 악의 변종, 다시 말해 병적인 반사회자들에게도 눈을 돌린다. 연구 결과에 따르면 이런 반사회자들은 남성 인구의 3~4퍼센트 정도 되는 것으로 알려져 있다. 여성 인구 중에서는 1퍼센트가 이런 사람들인 것으로 나와 있다. 미국 내 교도소에 있는 사람들의 20퍼센트가량, 그리고 상습적 범법자의 33~80퍼센트가 이 부류에 들어가는 것으로 보고되고 있다. 모두 합하면 이 사람들이 미국 내에서 벌어지는 모든 범죄 행위의 절반 정도를 저지르고 있다.[30]

작은 사회적 게임 실험을 통해 자신의 피실험자들 중 2퍼센트(그는 그들을 '개자식들'이라고 부른다)에 해당하는 사람들이 옥시토신이나 기타 일반적으로 통용되는, 신뢰와 협력을 장려하는 사회적 신호에 반응하지 않는다는 것을 발견했다.

"이 사람들은 옥시토신 분비 기능이 작동하지 않습니다. 그리고 다른 사람에게 애착을 느끼는 일을 누구라도 알아볼 수 있을 정도로 어려워합니다."

그는 이것을 단지 뇌의 회로상에서 일어난 생물학적 사건으로 치부하기보다는 뭔가 진화 적응상의 이유가 있을 것이라고 생각한다.

"진화적인 관점에서 보면 이런 개자식들은 필요합니다. 왜냐하면 이들은 (우리로 하여금) 적절한 수준의 신뢰와 불신 사이에서 생리적인 균형을 유지하도록 하기 때문입니다. 이런 과도하게 이기적인 사람들이 없었다면, 인간은 아마도 '무조건적으로 믿는' 종족으로 진화했을 것입니다. 그렇게 되었다면 우리는 인간의 이런 완벽하게 신뢰하는 천성을 이용해 먹으려는 이들의 약탈에 속수무책으로 당할 수밖에 없겠지요."

내가 갈라파고스 섬에 흥미가 많고 또 여러 차례 여행했던 것을 아는 터라 작은 내게 그 섬의 이구아나와 다른 동물들이 인간을 위시한 포식자들이 없는 환경에서 진화했고, 그러다 보니 인간을 두려워하지 않게 되었다는 점을 상기시켜주었다. 예를 들면 우리는 그것들에게 바짝 다가갈 수 있고 겨우 몇 인치 떨어진 거리에서 사진도 찍을 수 있다. 환경 윤리가 발달되기 이전인 앞의 세기들 동안 선원들은 내킬 때마다 이 발 달린 식량들을 무상으로 자유롭게 잡아먹었다.

"다른 사람들을 닥치는 대로 '잡아먹을' 것으로 보이는 이 2퍼센트의 인간들은 나머지 인간들이 개인적으로나 집단적으로나 경계하도록 만드는 기능을 하고 있는 것입니다."

자신의 주장에 대한 증거로 작은 어떤 여성을 들었다. 그녀는 희귀한 유전자 장애로 말미암아 아미그달라가 석회화되어 종국에는 그 기능이 정지할 것이었다. 그는 이렇게 말한다.

"아미그달라는 옥시토신이 향하는 최초의 목표이고 신뢰와 불신 사이에서 균형을 잡도록 도와주는 곳이죠. 그래서 그녀는 누군가의 얼굴을 보고 신뢰할 만한 사람인지 아닌지를 파악해낼 수가 없었습니다. 그리고 대단히 충동적인 의사결정을 내리고요. 특히 돈에 관한 한 정말 대책이 없었습니다. 지능지수는 정상이었습니다만, 그녀가 아무나 잘 믿는 사람이라는 낌새를 챈 무자비한 탐욕꾼들의 희생양이 되곤 했습니다. 그녀에게서 돈을 사기 쳐 빼냈던 거지요."

캘리포니아공과대학의 랄프 아돌프스(Ralph Adolphs) 교수는 역시 결함을 가지고 있는 어떤 여성을 조사했는데, 그녀는 다른 사람의 얼굴에서 공포를 읽어낼 수가 없었다. 누군가의 얼굴을 볼 때, 우리의 눈길은 빠르게 그 얼굴에 꽂혀 표정을 샅샅이 훑어 내리게 되어 있다. 그리고 상대의 감정 상태에 대한 자료를 수집한다. 심리학자인 폴 에크먼(Paul Ekman)에 따르면, 사람의 표정은 누구나 보면 알 수 있는 보편적인 형태로 진화·발달해왔다고 한다. 그런데 아미그달라가 훼손된 여성은 사람을 똑바로 응시할 수는 있지만 그 표정의 세부까지 훑어보지는 못하며 그렇기 때문에 상대가 어떤 감정을 가지고 있는지를 가늠할 수 없다.[31] 사회적으로 활동하는 동안 대부분의 사람들은 신뢰(옥시토신이 매개하는)와 공포(에피네프린이나 노레피네프린 또는 기타 스트레스 호르몬이 매개하는) 사이에서 균형을 취한다. 그리고 우리는 재빨리, 무의식적으로 우리를 둘러싼 환경과 그 안의 사람들에게 스스로를 적응시킨다. 이 균형이 깨어지면 우리의 신뢰 감지 장치도 고장이 난다.[32]

작은 이 사례에 협력이라는 사회적 규범을 위반했을 때 우리가 보이는 감정적 반응에 대한 폭넓은 연구 결과 하나를 덧붙인다. "우리는 부당한 대우를 받을 때 법을 시행하는 역할을 자청합니다." 이렇게 말하면서 사람들은 교통이 복잡할 때 차선을 치고 들어오는 차량이 있으면 이를 끝까지 따라붙어 그 운전자에게 '적절한' 손가락 신호를 보내는 것으로 불쾌감을 표현한다는 것을 상기시켰다.

"왜 우리는 시간을 낭비하면서까지 이렇게 하는 것일까요? 왜냐하면 그런 망할 자식에게 사람을 이런 식으로 대하지 말라고 가르치고 싶어서입니다."

작은 크게 웃었다. 그는 내가 이런 경우를 잘 안다는 것을 알고 있었다(나라면 그 정도로 끝나지 않지).

"내 연구 결과들을 보면 말이죠. 생리적으로 남성들은 여성들보다 사회 규범 위반에 대해 예민하게 반응하게 되어 있습니다. 실제로 우리가 한 몇 가지 실험들에서, 그게 아마 신뢰 실험이었을 텐데요, 남성 피실험자가 불신을 더 많이 하면 할수록 디하이드로테스토스테론(dihydrotestosterone)이라고 불리는 일종의 변형된 고인화성 테스토스테론의 수치가 올라간다는 사실을 발견했지요."

물론 여성들도 남성들만큼이나 사회 규범 위반을 싫어한다. 그러나 여성들은 남성들, 특히 고농도의 테스토스테론을 가진 젊은 남성이 범칙 행위에 대해 보이는 것만큼의 격렬한 반응을 보이지는 않는다. 실제로 남성들은 규범 위반자에게 징벌을 가할 때 쾌감이 분출되는 것처럼 보인다. 최소한 신이 나는 것은 사실이다. 뇌 스캔을 해보면 도파민이 동력을 제공하는 측좌핵(NAcc) 보상 중추(제6장에서 살펴보았다)가 매우 활성화되는 것을 알 수 있다.

작의 모형은 내 주장과 잘 들어맞는다. 우리는 옳고 그름에 대한 감각을 타고나도록 진화되었으며, 이는 도덕적 감정을 통해 표현되며 자유 거래는 신뢰를 가로막는 부족주의적 장벽을 타파하는 가장 중요한 요소라는 것이 내 생각이다. 그렇게 보면 경제적인 거래는 위로부터의 간섭이 최소화될 때 일어날 수 있는 것이다. '강제의 그림자(shadow of enforcement)', 규범을 어길 경우에 실시되리라는 잠재적 처벌의 암시는 대부분의 상황에서 대부분의 사람들이 교역을 원활하게 할 수 있도록 하기 위해 필요한 것이다. 예를 들면 고속도로 가에 세워놓은 속도 단속용 경찰 인형은 '강제의 그림자'가 되는 셈이다. 오토바이 운전자가 이것을 보고 진짜 경찰이라고 착각해서 속도를 줄이는 것이 아니라 '법'을 상기하고 속도를 줄인다는 점에서 그렇다.

거래는 사람들이 더 많이 신뢰하고 신뢰를 받도록 만든다. 이렇게 되면 그들은 더 많은 거래를 하게 되고, 이는 또 그들의 신뢰를 증가시키고, 이런 과정은 자기 강제적인 신뢰와 거래, 자유, 그리고 번영의 순환 주기를 만들어낸다. 매년 헤리티지 재단은 전 세계 국가들의 경제 자유도에 관한 보고서를 발간한다. 한 국가 내에서의 국민 신뢰도에 대한 폴 작의 평가와 헤리티지 평가 간의 상관관계를 들여다보는 일은 상당히 유익하다.

1. 경제적 자유와 신뢰 사이의 상관관계=0.31
2. 경제적 자유와 1인당 GDP 사이의 상관관계=0.74
3. 신뢰와 1인당 GDP 사이의 상관관계=0.46

이러한 수치들은 경제적 자유와 신뢰 간의 관련성이 매우 밀접함을 가리킨다. 그러나 1인당 GDP를 통제해버리면 이러한 관련성은 사라진다. 그러므로 높은 신뢰를 낳는 (동일한) 환경이 역시 높은 경제적인 자유도 만들어내는 것이라고 볼 수 있다. 역시 기억해야 할 것은 1인당 GDP의 증가는 신뢰(도)를 높이고, 신뢰의 증가는 1인당 GDP를 올린다는 점이다. 따라서 우리는 여기서 다시 하나의 시스템을 움직이는 긍정적인 순환 회로를 발견할 수 있는 것이다.

신뢰와 거래 사이의 진화론적인 연관성을 하나 더 찾아보자. 캘리포니아주립대학교 롱비치대학의 댄 치아프(Dan Chiappe) 교수와 동료들은 협력과 기만에 관해 2부로 구성된 실험을 했다. 피실험자들은 먼저 어떤 사람들을 '협력자', '기만자', '어느 쪽도 아닌 자'로 분류했다. 이는 '교환 행위'와 관련해서, 예컨대 돈을 빌리거나 갚을 때 본인들이 취하는 스스로의 행동 양식에 대해 기술한 것을 자료로 삼아 분류한 것이다. 기술된 내용을 읽은 후 각 피실험자들은 이들이 얼마나 기억할 만한 사람들인지 7점 척도를 사용해서 평가하라는 주문을 받았다.

두 번째 실험에서는 피실험자들이 종전대로 7점 척도에 따라 사람들을 분류할 때 개인들의 사진을 볼 수 있는 기회가 허용되었다. 이후 피실험자들은 얼굴 인식 테스트를 받았다. 첫 번째 실험에서는 '얼마나 기억할 만큼 중요한 사람들인가'라는 척도에서 기만자들이 협력자들보다 높은 점수를 받았다. 특히 관련된 재화의 양이 많을수록 더 그랬다. 그리고 협력자들은 중간 지대에 속한 사람들보다 더 높은 평가를 받았다. 두 번째 실험에서는 기만자들이 더 오랫동안 시선을 끌었다. 그리고 피실험자들은 그들의 얼굴을 더 잘 기억했다.[33]

왜 이런 일이 일어났을까? 진화경제학적인 관점에서 보면 기만자들은 상습적으로 법을 어기는 2퍼센트의 사람들처럼 협력자들에게 도덕적 경각심을 심어주기 때문이다. 그러므로 이는 협력자와 기만자를 구분하는 데 있어서 필수적인 것이 된다. 치아프 교수는 이렇게 설명한다.

"모든 것이 다 똑같은 조건이라면 말이죠. 누군가가 협력했다는 것을 알았다 해도 그게 그리 두드러지지 않습니다. 반면에 누군가가 속였다면 그건 보다 유의미하게 다가옵니다. 이것은 기만자들도 항상 신뢰받을 만한 외관을 해야 하기 때문이고 꽤나 많은 시간 동안 실제로 협력해야 하기 때문이죠."

338

실제로 대부분의 시간 동안 대부분의 사람들은 협력적이다. 그래서 그들에 관해 세부적인 것(이를테면 얼굴)을 기억하고 그것들에 대해 주의를 기울이려면 대단히 많은 정신적 데이터 저장 공간이 필요하다. 반면에 소수의 기만자들에 대해서는 그렇지 않다. 이 자들의 사회 규범 위반은 예외적으로 눈에 띄고, 그래서 나중까지 더 잘 기억될 수 있다. 기억에 관한 연구들에서 일관되게 나타나는 것은 우리가 흔한 사건보다는 유별난 일들을 더 잘 기억한다는 것이다. 위의 결과를 보아도 우리는 이것도 저것도 아닌 중간 지대의 사람들보다는 그나마 협력자를 잘 기억했다.

사회적 계약의 의미를 진화론적 관점에서 조망해본다면 이 결과는 잘 들어맞는다. 기만자, 협력자, 중간자들에 대해 각각 기억의 차이가 있다는 것은 인간이 행하는 모든 형태의 교환 행위에서 우리가 취하는 사회관계의 관리에 어떤 적응 요령이 있음을 보여준다. 특히 경제적 거래에서는 더욱 그렇다.

만일 이 설명이 맞는다면, 교환을 행할 때에는 협력 행위와 관련을 맺고 있는 신경망이 있어야 한다. 조지메이슨대학교의 신경경제학자인 케빈 맥케이브 교수와 연구팀은 이것이 분명히 존재한다고 확언한다. 그들은 피실험자들에게 다른 사람이나 컴퓨터와 '신뢰와 상호 교환' 게임을 벌이게 하면서 이들의 뇌를 fMRI 스캔했다. 그 결과 보다 큰 신뢰와 협력적 태도를 보인 피실험자들의 뇌에서는 브로드맨 영역이라는 부분이 활성화되었다. 이 영역은 다른 사람의 의도를 읽는 일과 관련이 있으며, 감정 처리를 관장하는 대뇌 변연계와 연결되어 있다. 재미있는 것은 이런 활성화가 컴퓨터와 게임을 하고 있는 피실험자나 비협력적으로 게임을 하고 있는 피실험자들의 뇌에서는 나타나지 않았다는 점이다. 이는 도덕 감정을 진화·발달시킴으로써 친사회적인 행동이 가능한 주체는 오로지 사회적 영장류 동물이라는 사실과 부합한다.[34]

● 진화경제적 인간

진화경제학에서는 인간의 문화를 국가별로 각각의 경제 제도에 따라 나누거나 개별화된 사적 가치관을 다르게 보기보다는 그것을 하나의 진화된 인간의 본성으로 볼 것을 주장한다. 즉, 여러 문화들은 지엽적으로 다를 수 있지만 그것을 관통하는 핵심 제도와 가치관이 분명 있다는 것이다. 이런 맥락에서 '경제적 인간(Homo economicus)'은 '진화경제적 인간(Homo evonomicus)'이라는 일종의 변형된 모습으로 살아가게 된다.

이런 해석을 검증하기 위해 지난 4반세기 동안 행동경제학에 대한 수백 차례의 실험이 세계 수십 개 나라 사람들을 대상으로 행해졌다. 그 중에는 15개의 소규모 토착 부족을 대상으로 한 것도 있다. 최후통첩 게임을 들어보자. 이것은 한 참가자가 일정량의 돈을 어떻게 나눌 것인가를 결정해서 제안하면 다른 참가자가 이 제안을 수락하거나 거부하는 게임이다. 비교적 동질적인 사람들로 구성된 미국인 참가자들은 대체로 70 대 30으로 나누는 것을 제안했고 이를 수락하는 경향을 보였다.

그러나 근본적으로 다른 시스템을 가지고 살아가는 소규모 부족민들은 부족에 따라 제안의 편차가 대단히 컸다. 배분 비율을 보면 페루의 마치구엔족(Machiguenga)의 74 대 26에서부터 인도네시아 라멜라라족(Lamelara)의 58 대 42에 이르기까지 다양했다. 그런데 이 다양성은 그들의 주된 생업이 무엇인가와 관련이 있었다. 부족의 경제 규모가 크고 시장이 발달되어 있으면 배분 비율도 높았고 물물 교환에 의지하거나 시장의 발달이 미미하면 배분 비율이 낮았다.[35]

세계 각지의 사람들과 다양한 문화권에서 이뤄지는 경제 행동에 대한 실제적 자료들이 충분히 축적된 현재 상태에서 행동경제학자인 콜린 캐머러와 그의 공동 연구자들은 결론 내리기를, 사람들이 어디에 살던 간에 사회적 선호도를 보면 어떤 일관성이 나타난다는 것이다.

"피실험자들은 공평함과 주고받는 일에 관심을 보였으며 물질적 결과물들은 자신이 비용부담을 하고서라도 다른 사람들과 기꺼이 나누고자 했다. 그리고 친사회적인 행동을 취하는 사람에게는 보상을 하고자 했고 그렇지 않은 사람에게는 징벌을 가했다. 그러는 것이 자신에게 손해가 될 때도 이런 경향은 변함이 없었다."[36]

더 나아가서 인간 사회의 문화라는 것이 아주 다양하고 사회 조직과 제도가 매우 다른 형태로 구성되어 있다 하더라도 인간에게는 핵심이 되는 경제적 본성이 있고 이것이 진화의 기초를 이루고 있는 것임은 분명해 보인다. 캐머러와 동료들이 다(多)문화적인 데이터를 요약해서 정리한 5가지 결론이 무엇인지 알아보자.

1. (인간이) 근본적으로 이기적이라는 공리는 지금까지 행해진 어떤 사회 연구에서도 증명된 바 없다.
2. 집단들 사이의 행태적 차이와 다양성은 지금까지 밝혀진 것들보다 상당히 크다.

3. 경제적 조직화나 시장 통합 정도에서 집단 차원의 차이는 각 사회 사이에 나타나는 차이에 상당 부분 기여하고 있다. 시장 통합 정도가 높고 협력적 행위에 대한 보상이 크면 클수록 실험상 친사회성 수준이 높아졌다.

4. 개별 수준의 경제적 인구학적 변수들은 집단 내 혹은 집단들의 행태를 설명해주지 못한다.

5. 실험에서 관찰된 행동은 사회 안에서 일상적으로 나타나는 경제 패턴과 대체로 일치한다.[37]

그런데 캐머러와 공동 연구자들은 경제적 인간 즉, 호모 에코노미쿠스라는 개념을 배격하면서, 그 대안으로 제시되고 있는 '이타적 인간(Homo altruisticus)'이나 '호혜적 인간(Homo reciprocan)'이라는 개념도 수용하지 않는다. 이것들 역시 지나치게 단순화되었다는 것이다.

"우리가 관찰한 바로는 (인간의) 행동 양식은 대단히 다양하다. 이것이 사실이라면 이런 (단순한) 접근법에 대해 의심하지 않을 수 없다."

하지만 내가 주창하고 있는 '진화경제적 인간'은 우리가 이기적인 동시에 이타적임을 인정하면서 인간의 이원적인 본성을 통합하고 있는 개념이다. 이와 더불어 이런 진화·발달된 본성이 문화나 제도에 의해 왜곡될 가능성이 있음도 시인한다.[38]

어떤 경제학 이론이든지 간에 충실한 인간 본성 이론으로부터 시작되어야 할 것이다. 진화경제학은 인간 본성의 경계를 다시 설정한다. 그러면서 지나간 다른 시간, 다른 장소에서 살았던 우리 조상들을 위해 설계된 고대의 프로그램이 어떻게 오늘날을 사는 우리의 행동을 모양 짓고 있는지 보여준다. 그러나 우리는 한편으로 '적응(능력) 자체를 적응 가능하도록' 진화시켜왔다. 우리가 시장과 같은 사회 제도 안에서 행동하는 모습처럼 사람들이 왜, 그리고 어떻게 그처럼 행동하는지 알 수 있는 것도 이런 점에서다. 우리는 섹스하는 것과 같은 이유로 협력한다. 기분이 좋기 때문이다. 보다 심오한 진화론적 차원에서 말한다면, 협력함으로써 기분이 좋은 이유는 그것이 우리에게 좋기 때문이다. 개인으로서도 그렇고 종 전체로 보아서도 그렇다. 신뢰와 협력은 생명력 넘치는 자유 교환 시장을 낳으며 자유 시장은 더 큰 신뢰와 협력을 낳는다. 이것이야말로 발달하면서 학습하는 복잡적응계 모델 그 자체라고 할 수 있다.

영장류가 진화해온 지난 600만 년 동안, 우리의 뇌는 크기 면에서 커졌다. 특히 대뇌 전두엽피질이 커졌다. 이로써 우리는 충동적 감정을 통제하는 능력을 얻게 되었으며 만족을 지연시킬 줄 알게 되었고 더 나아가 복잡한 사회적 협력 체계를 만들어낼 수 있게 되었다. 한정된 자원을 놓고 벌이는 집단 간 경쟁은 경쟁심과 이기심만 살아남는 결과를 낳을 수도 있다. 그러나 동시에 집단 내에서 협력과 이타심을 배태하기도 한다. 이는 집단 내 개인 구성원들과 집단 자체의 합리성 수준을 높인다. 이런 진화론적인 해석은 우리 인간 종이 매우 낙관할 만한 미래를 가지고 있음을 보여준다. 비록 최근의 역사는 실망스러운 데가 있을지언정 지난 500여 년 동안의 장기적 추세를 보면 보다 많은 곳에서 보다 많은 사람들이 보다 큰 포용성과 자유를 향해 달려왔음을 알 수 있다.

제10장

∙
●
∙

좋은 진화를 유도하는 좋은 규칙

1982년 나는 다른 두 사람과 함께 3,000마일 논스톱 대륙 횡단 자전거 경주인 레이스 어크로스 아메리카(Race Across America, RAAM)를 개최했다. 이는 LA에서 뉴욕까지 가는 경기로 버드와이저 (Budweiser) 사가 후원했고 ABC방송국의 「와이드 월드 오브 스포츠」 프로그램에서 방송했다. 경기 규칙은 간단했다. 모든 참가 선수는 같은 노선을 달린다. 지원용 차량 한 대를 동반할 수 있고, 동료가 거기에 탑승해서 뒤따르며 음식과 음료, 필요한 비품을 공급한다. 드래프 팅이나 차 뒤를 잡고 가는 행위는 금지된다. 이 경주는 캘리포니아 산타모니카 부두에서 출발한다. 뉴욕 엠파이어스테이트 빌딩에 맨 먼저 도착하는 선수가 우승한다. 이게 규칙의 전부였다. 어디에 적어놓을 필요도 없었다.

끝까지 완주한 사람들은 우리 넷이었다.[1] 그때 나는 이 경주가 일회로 끝날 것이라 생각했다. 그런데 ABC가 이것을 취재해서 만든 프로그램으로 에미상을 받게 되었다. 이 일은 자전거 선수들과 다른 익스트림(extreme) 스포츠 선수들의 관심을 끌었다. 울트라 마라톤이 대중적으로 인기를 얻고 있던 터라 수십 명의 자전거 선수들이 이듬해에 참가하기를 원했다. 그래서 우리는 다음번 경주 날짜를 잡지 않을 수 없었고 자격심사대회를 열었으며 일부 규칙을 보강했다.

예를 들어 1회 대회에서는 경주 노선을 이탈한 라이더를 어떻게 해야 할지 명확하게 정해져 있지 않았었다. 자신의 지원용 차량을 타고 그가 벗어난 그 지점으로 복귀할 수 있는지(이건 허용해 무방할 듯), 그가 노선을 벗어나서 달린 거리만큼 그를 다시 차로 실어 나를 수 있는지(이건 허용하면 안 됨)가 불분명했다. 또 차량을 이용한 드래프팅을 금했다고는 하지만 허허벌판에서는 자주 그런 식으로 바람을 피하곤 했다. 옆바람이 왼쪽에서 불어올 때 지원 차량이 선수와 나란히 가면서 물병과 음식물을 건네주면 드래프팅 효과를 볼 수 있었다.

열흘이라는 시간이 홀로 라이딩하기에 긴 시간이라는 점은 말할 것도 없었다. 그래서 지원 차량의 동료가 따라가면서 말을 붙여주는 것이 심리적으로 크게 도움이 되었다. 그래서 우리는 드래프팅에 관련된 규칙을 아주 폭넓게 설정했다. 예를 들어 물품을 건네는 시간을 얼마나 끌 수 있느냐(1분), 1시간 동안에 얼마나 자주 건넬 수 있느냐(4회) 등. 그리고 예외 조항도 만들었다. 이를테면 기온이 섭씨 38도를 넘어가면 음료나 음식물을 무제한적으로 건네줄 수 있도록 했다.

사람들이 할 수 있는 것과 없는 것을 적어 내려가기 시작하면서 그 목록은 기하급수적으로 늘어났다. 해가 가고 선수들의 수가 늘어갈수록 규칙 책자도 두꺼워졌다. 1984년부터 여성 참가가 이뤄짐에 따라 우리는 성별에 따른 규칙을 추가해야 했다. 그리고 50~60대 이상의 선수들이 참가를 원함에 따라 나이별로 규칙을 세분화해야 했다. 1989년에는 4인조 릴레이 경주가 시작되었다. 우리로서는 거기에 맞는 규칙을 신설할 수밖에 없었다. 그리고 이어 2인조 릴레이팀, 남녀 릴레이팀, 나이대별 릴레이팀, 심지어는 회사 릴레이팀까지 아우르는 규칙을 만들어냈다. 매년 무슨 일인가가 일어났고 그때마다 새로운 규칙이 탄생했다. 1989년 경주에서 한 라이더가 애리조나 주 세노나에서 플래그스태프로 이어지는 긴 오르막을 천천히 오르고 있을 때였다. 뒤에서 물품을 싣고 가던 밴 차량 2대와 캠핑카가 다른 차량이 안전하게 추월하는 것을 방해했다. 이런 상황이 수마일에 걸쳐 지속되었고, 급기야는 경찰이 출동하기에 이르렀다.

그런데 막상 경찰이 도착해서 만난 사람은 이 선수의 뒤를 따르던 라이더였다. 경찰은 그를 길가로 끌어내 세웠다. 결국 그는 자신의 페이스를 잃어버렸고 시간 손해를 입었다. 그래서 우리는 그의 완주 기록에서 그만큼의 시간을 빼줘야만 했다.

이듬해, 이번에도 역시 애리조나였다. 전년도와 비슷한 문제였는데, 차로 붐비던 89번 고속도로상에서 일어났다. 누군가 애리조나 교통국에 불만을 제기했고, 이에 교통국은 향후 RAAM 경주 선수들이 애리조나를 통과할 때는 뒤따르는 차량이 없어야 하고 단 하루 만에 통과해야 한다는 결정을 내렸다. 이 결정이 논스톱이라는 이 경주의 본질을 훼손하지 않도록 하기 위해 나는 애리조나 교통국과 협상을 해야만 했다. 내가 기댈 수 있는 것은 다음과 같은 결정문 안에 들어 있는 단서 조항뿐이었다.

"지원 차량은 1분 이상 교통 흐름을 방해해서는 안 된다. 5대 이상

의 차량들이 추월하려고 기다릴 때는 시간에 관계없이 지원 차량을 갓
길에 세우고 교통 흐름을 유지하게 해야 한다. 그때는 라이더 단독으
로 가야 한다. 지원 차량은 교통이 정리되면 라이더를 따라잡을 수 있
다. 야간에는 라이더 역시 갓길에 정차해야 한다."

유달리 무더웠던 어느 해, 라이더 한 사람이 작은 서부 마을을 지나
가던 중에 우연히 호텔 수영장을 보게 되었다. 그는 자전거에서 내려
수영장으로 뛰어들었다. 경주용 복장, 신발, 장갑, 헬멧까지 다 착용한
채였다. 누군가가 경찰을 불렀다. 그리고 경찰이 도착했을 때, 지난번
과 마찬가지로 이 불법 수영객은 이미 떠난 뒤였다. 그러자 이번에도
경찰은 멋모르고 뒤따라오던 다음 경주자를 잡아 세웠다. 이 일로 인
해 규칙이 또 하나 늘었다. 경기자는 소유주의 허락 없이 공공 수영장
에서 수영을 해서는 안 된다는.

선수들 대부분은 음악 듣는 것을 좋아했다. 작은 이어폰으로 듣기
도 하고, 뒤따르는 차 지붕에 올려놓은 스피커를 통해 듣기도 했다. 여
기서도 2가지 문제가 발생했다. 우선 큰 음악 소리를 이어폰에 우겨넣
다 보니 교통 상황이라든지, 긴급한 앰뷸런스 소리 같은 것을 듣기 어
려웠다. 두 번째, 밤중에 작은 마을을 지나가면서 스피커를 통해 록큰
롤 음악을 쾅쾅 울려대다 보니 그 마을 주민들의 잠을 다 깨워놓기도
했다. 그래서 규칙이 또 추가되었다. 경기자는 한쪽 귀에만 이어폰을
꽂고 음악을 들어야 하고, 야간에는 차량 스피커의 볼륨을 대폭 낮추
어야 한다.

이 모든 새로운 규칙에는 물론 위반에 따른 적절한 징벌이 부과되
었다. 우리는 그 경중을 따져 (위반자의) 시간 기록을 그만큼 늘렸다.
그러다 보니 너무 지친 나머지 심판원이 경주 도중에 강제로 자전거에

서 내리게 해서 쉬게 된 일부 선수들에게 이러한 벌칙이 유리하게 작용했다. 그래서 우리는 언제, 어디서 벌칙 시간이 실제로 적용되는지에 관한 세부적인 규칙을 또 제정해야 했다. 규칙과 벌칙이 많아진다는 것은 그것을 판정하는 심판원이 더 필요함을 의미했고, 이는 심판원이 주관적인 오심을 할 가능성이 높아짐을 뜻했다(심판원들 역시 잠을 제대로 못 자고 지치기는 마찬가지였다). 그래서 우리는 심판원의 판정에 대해 경기자들이 이의를 제기할 수 있도록 관련 규칙을 또 신설해야 했다.

이의가 들어오면 경주가 완료되기 전에 경주 총괄 운영자가 최종 심판을 내릴 수 있도록 일련의 지침을 마련했다. 그래도 선수들이 뭔가 잘못되었다고 여기면 사후 위원회를 열어서 한 차례의 이의 신청을 더 받아들이는 것으로 했다. 결국 우리는 울트라 마라톤 사이클링 협회(Ultra Marathon Cycling Association, UMCA)라는 비영리 단체를 만들어서 이 경기 전체를 주관하도록 했다. 특히 규칙의 제정과 판정 문제에 중점을 두었다.[2]

이 운동 경기와 그것을 관장하는 규칙의 생성 발전과 구조는 그다지 특별할 것 없는 사례이긴 하지만 전체 사회에 대한 어떤 시각을 제공해준다. 스포츠는 오히려 단순하기 때문에 진화 과정이나 보다 복잡하고 미묘한 사회 제도를 조망하는 데 도움을 줄 수 있다. 이는 마치 좋은 규칙이 좋은 경기자들을 만들고 좋은 벽이 좋은 이웃을 만들며 좋은 법이 좋은 시민을 만드는 것과 같다. 사람들은 자연히 자신에게 가장 좋은 것을 원하게 된다.

그러나 대부분의 사람들은 한편으로 공정한 것을 원하기도 한다. 이런 욕구에 부응하는 견고하고 공정한 규칙을 만들고 시행하는 장치가 마련되어 있지 않다면 사람들은 다른 사람의 입장을 생각하기보다 자기중심적으로 생각할 것이다. 그리고 이런 식으로 계속 가게 될 때 이른바 '만인에 대한 만인의 투쟁'의 길로 들어서게 됨은 분명하다.[3]

● 비공식과 공식의 균형을 찾는다

경기 주관 단체가 운동 경기의 규칙을 만든다면 사회의 규칙은 누가 제정하는가? 바로 제도다. 제도는 비공식적인 사회 규범과 공식적인 법령을 발생시켜 개인의 행동을 규준하고 사회적 환경 안에서의 개인 간 상호작용을 조직화한다.[4] 워싱턴대학교 경제학자 더글러스 노스(Douglas North) 교수는 제도와 경제학 간의 관계에 관한 선구자적인 연구로 노벨상을 수상했다. 이 분야에는 이제 '제도경제학(institutional economics)'이라는 명칭이 붙었다. 여기서는 제도의 2가지 일반 유형을 제시한다.

'비공식적 제도'는 전통, 관습, 가치 기준 같은 구조를 말한다. 이것들은 아래에서 위로 올라가는 자가 조직적인 제도이며 느리게 진화하고, 문화의 큰 흐름이나 전통에 변이가 일어날 때 바뀐다. 공식적 제도는 규칙과 법률을 일컬으며 이는 목적적으로 고안되어 위에서부터 아래로 내려오는 것이고 헌법이나 법규가 이에 해당된다. 그리고 이것들이 바뀌는 계기는 새로운 대체 입법에 의해, 혹은 전쟁이나 혁명 등에 의해 법적 수단이 효력을 발휘하지 못하는 경우다.[5]

"제도는 인간들 간의 상호작용을 조직화하는, 인간적으로 고안된 강제다"라고 노스는 그의 노벨상 수상 기념 강연에서 설파하고 있다.

"이것은 공식적 강제(규칙, 법률, 헌법)와 비공식적 강제(행동 규범, 관례, 그리고 자기 규율적 행동 양식) 그리고 그 시행에 따른 특성으로 이뤄져 있다. 이 요소들은 다 함께 사회의 동기유발 구조, 특히 경제를 규정한다."

노스 교수는 스포츠에 비유하면서 이렇게 말한다. "만일 제도가 게임의 규칙이라면 조직이나 그 운영자는 선수에 해당한다."

여기서의 조직이란 이를테면 공통의 목표 아래 결합된 것으로 "정치 조직(정당, 상원, 시위원회, 규제 기관), 경제 조직(회사, 노조, 가족농장, 협동조합), 사회 조직(교회, 클럽, 운동단체), 교육 조직(학교, 대학, 직업훈련센터) 등이 포함"된다.[6]

밴더빌트대학교 법학 교수 에린 앤 오하라(Erin Ann O' Hara)의 말에 의하면, 비공식적·공식적 제도는 서로 제휴하며 작동한다. 그 예로써, 그녀는 거래를 가능하게 하는 2가지 제도를 들고 있다. 비공식적인 '믿을 만한' 중개인은 각자가 이 중개인을 잘 알고 신뢰하는 당사자들 사이에서 거래를 주선한다. 이들 당사자들이 서로 모른다 해도 관계없다. 우리가 사는 동네의 소매점 주인은 생산자들과 소비자 사이에서 중개인의 역할을 한다. 생산자들이 지구 반대쪽에 있어도 무방하다. 이베이는 사이버 공간의 중개인이다. 파는 사람과 사는 사람이 앉아서 서로 누가 신뢰할 만하고 그렇지 않은지, 보면서 평가할 수 있는 시스템을 갖추었다. 중개인의 평판은 그래서 양쪽 당사자에게 매우 중요한 의미를 갖는다. 이와 함께 공식적인 '계약법'은 당사자들이 동의한 바에 구속력을 부여한다. 그렇지 않으면 분쟁이 발생했을 때 판정을 내릴 수가 없기 때문이다. 오하라는 계약법이 3가지 방식으로 신뢰감을 준다고 말한다.

첫째, 양측 당사자들이 자신들의 계약이 법원의 권위에 의해 구속력을 갖는다는 사실을 알게 되면 잘 모르는 사람과 거래를 할 때에도 중개인 없이 서로 신뢰할 수 있게 된다.

둘째, 계약은 유연해질 수 있으므로 계약 당사자들은 자신들이 특별히 원하는 바에 맞추어 동의 내용을 조정할 수 있다.

셋째, 계약 해석과 당사자 행위에 대한 규칙은 장차 이뤄질 계약에 대한 선례가 될 수 있다.

마찬가지로 법정은 계약의 위반이 발생할 때 그에 대한 해석을 해주어야 한다. "계약의 원칙은 당사자들이 서로에 대해 기회주의적으로 행동하지 않도록 하는 것이다"라고 오하라는 설명한다.

"동시에 계약 당사자들에게 상당한 융통성을 부여해서 자신들의 거래와 관계를 조직화하도록 하는데, 이를 통해 그들의 개인적인 신뢰를 표명하고 다룬다."[7]

덧붙여 말할 것은 경제사를 보면 교환의 형태가 개인적 형태에서 비개인적인 형태로 변화해감에 따라 제도 또한 비공식적인 것에서 공식적인 것으로 변모했음을 보여주는 사례가 무수히 많이 있다는 점이다. 즉, 작은 공동체 내에서 가족 간이나 친구들 사이에서 이뤄지던 거래가 보다 대규모 사회 안에서 외부인, 이방인들과의 그것으로 옮겨갔던 것이다.[8] 서부 개척 시대에 미국의 변방은 워싱턴 DC에서 너무 멀리 떨어져 있어 법의 관할이 미치지 못했다. 그래서 재산권은 지주 클럽이나 광산주, 목장주 연합 같은 비공식적 제도들에 의해 수립되고 시행되었다. 소유가 곧 법이라고 생각했던 정착민들은 지주 클럽을 결성해서 자신들의 정착과 새로 취득한 토지의 소유권을 정당화했다. 정부가 홈스테드법(Homestead Act, 1862년에 제정된 미연방법으로, 5년 동안 일정 토지에 거주하면서 개척을 한 사람에게 160에이커의 토지를 무상으로 급여한다는 내용─옮긴이)을 공표해서 토지 취득과 소유를 합법화할 때까지 그랬다. 광산주들도 이와 비슷한 결사체를 만들어 운영하면서 비공식적인 규칙을 제정해서 시행했는데, 이것이 나중에 광산법으로 발전하게 된다. 목장주들은 자신들의 송아지 엉덩이에 글자 그대로 소유주를 알리는 낙인을 찍었으며, 이는 비공식적인 목장주 연합에 의해 인정받고 구속력을 갖춘 규칙이 되었다. 그런가 하면 이 결사체는 총잡이의 고용을 재가함으로써 훗날 공식적인 물리력의 사용을 허용한 관련 법률의 모태를 만들었다.[9]

이런 비공식 제도에서 공식적인 것으로의 이행에 관한 보다 최근의 사례는 캘리포니아 주 섀스터카운티의 가축 목장을 관장했던 '공개 방목장' 규칙이 1945년 이 지역의 산하 자치단체 조례로 만들어진 '폐쇄 방목장' 령으로 바뀐 것을 들 수 있다. 공개 방목장 시스템에서는 목장주들이 자신의 소떼가 울타리 없는 땅을 돌아다니다가 다른 목장주의 재산에 손해를 입혀도 그것에 대해 아무런 법적 책임을 지지 않았다. 그러나 1945년에 만들어진 새로운 주법은 폐쇄 방목장 조례를 인준했다. 이로서 목장주들은 자신의 가축이 타인의 재산에 입힌 피해에 대해 책임을 지게 되었다. 그러나 경제학자인 로버트 엘릭슨(Robert Ellikson)에 따르면, 이 법이 공표되기 이전에도 이 지역 목장주들은 자신의 가축으로 피해가 발생할 경우 자진해서 신고를 하고 보상을 해주었다고 한다. 이는 경제적 · 법적 이론과는 별 상관이 없는 행위였다. 목장주들이 주축이 되어 만든 공개 방목장 시스템하에서 비공식적인 제도가 세워졌고, 이것에 기초해서 '이 지역 사람들은 강한 상호 협력의 성향을 보였다.

그러나 그들이 법에 근거한 중재를 통해 협력적인 결과물을 얻어낸 것은 아니다. 그보다는 이웃끼리 현실 적응성 높은 규범을 만들어내고 시행함으로써 공식적이고 합법적인 조정이 불필요하도록 했던 것이다.' 그리고 대개의 아래로부터의 자가 조직적인 시스템이 그렇듯이, 비공식적인 방목 규칙은 외부인에 의해 제정된 공식적인 합법적 법률을 무력화시켰으며 "주 정부의 감독 없이도 상호 이익이 되는 지점을 찾아내는" 결과를 가져왔다.[10]

이런 경우에 비공식적 제도는 공식적인 것보다 더 나은 기능을 한다고 볼 수 있다. 왜냐하면 목장주들은 서로의 가축이나 땅, 사업 내역에 대해 훤히 다 알고 있었기 때문이었다. 반면에 판사나 변호사, 보험회사 손해사정인들은 그렇지 못했다. 비공식적인 시스템 아래에서 '이웃사촌' 규범이 발달했고 이에 따라 목장주들은 가축을 잃어버리면 서로 서로 알려주곤 했다. 만일 어떤 손해가 발생하면 그들은 그에 상응하는 물건을 제공하거나 돈을 지불함으로써 해결했다. 이런 비공식적 시스템을 어기는 사람들은 평판을 잃었으며 따돌림을 당했다.

경제학자 로널드 코스(Ronald Coase)가 이와 유사한 연구를 했는데, 그는 무임승차(사람들이 자신이 받은 서비스 혜택에 대해 그 비용을 지불하지 않을 뿐더러 다른 사람이 그의 비용까지 더 지불하게 되는 것) 문제를 해결하기 위해 '공익'에 대한 공식적이고 법적인 통제 장치를 둘 필요가 없다고 말한다. 사설 등대의 경우를 생각해보면 공익 문제라는 것이 말도 안 되는 것임을 알 수 있다는 것이다. 코스는 등대 소유주가 항만 당국과 계약을 맺고 부두에 도착하는 배들로부터 짐을 적재하거나 하역하기 전에 요금을 걷으면 무임승차 문제가 해결된다고 말한다. 그것도 위로부터의 공식적인 법률에 의한 것이 아닌 아래로부터의 비공식

적인 규칙에 의해서 말이다.[11]

정작 어려운 점은 비공식적인 제도와 공식적인 제도 사이에서 균형점을 찾는 일이다. 전자는 유동적이고 유연하며 쉽사리 변하는 특징을 가지고 있다. 그러나 후자는 그렇지 않다. 일단 공식적으로 제도화되면 철폐하기가 어려워진다. 그것들은 끈질기다. 그것들은 관성적 추진력을 갖게 되고 자기 영속적으로 된다. 공식적인 제도를 수립하는 비용으로 여윳돈을 가져다 썼겠지만, 제도로 굳어지면 그 돈은 빼도 박도 못하는 '예산 항목'이 되어버린다. 사람들의 일자리에 위태로운 기운이 돌고 생계는 빠듯해진다. 한때는 남아돌았던 것이 반드시 필요한 것이 된다.

우리에게 어떤 공식적인 제도가 필요하다는 것은 분명하다. 그러나 한편으로 우리는 언제, 어디서, 얼마나 자주 비공식적인 규칙을 공식화 · 법제화할 것인가를 판단하는 데 신중해져야 한다.

⁝ 우리를 정상적으로 만들어주는 신뢰의 망

어느 날 나는 딸을 학교에서 집으로 태우고 돌아오면서 파사데나에 있는 태국 음식점에서 포장 음식을 주문했다. 그 음식점에 도착해서 지폐 몇 장과 음식을 바꾼 다음 그걸 가지고 집으로 와서 별 생각 없이 먹어치웠다. 그런 세속적인 행위 뒤에 무엇이 있는지 한번 더 생각해보았더라면, 우리가 당연하게 받아들이는 저 정교한 신뢰의 연결망에 대해 보다 더 많은 것을 알 수 있었을 것이다.

그날 오후 늦게 나는 내 딸을 데리러 학교로 갔다. 그러면서 지방

경찰이 우리 집을 강도나 무단 침입자, 불법 점유자로부터 지켜줄 것이라고 믿었다. 그리고 소방당국이 화재로 소실되는 것을 막아줄 것이라고 굳은 신뢰를 보냈다. 또한 저당 융자회사에서 적절한 절차를 무시하고 막무가내로 내 집을 빼앗지 않으리라는 믿음도 있었다. 그뿐인가. 군대는 외국의 침입으로부터 우리를 보호해주리라는 믿음 또한 견고했다. 차를 몰고 진입로를 나오면서 나는 내 자동차의 제조사가 품질 관리를 빠짐없이 했을 것이고 안전 기준을 지켰을 것이라고 믿어 의심치 않았다. 바퀴가 빠져 달아나거나 액셀러레이터가 푹 들어가서 안 나오는 일은 없을 것이며 브레이크는 매끄럽게 속도를 떨어뜨려줄 것이고 그것을 밟고 있는 한 차는 완전히 정지할 것이라는 믿음도 변함이 없었다. 안전벨트 역시 충격이 가해지는 순간에 나를 단단히 비끄러매줄 것이 확실했다. 물론 에어백도 딱 맞춰 작동될 것이고.

내가 그날 운전하는 길은 어떤가. 거기는 또 다른 유형의 품질 관리와 안전 기준이 적용되고 있었다. 확신컨대 닫혀 있지 않은 맨홀 구멍이 내 앞에 갑자기 나타나지는 않을 것이었다. 교통 신호등은 정확하게 작동해서 교차로에서의 사고를 막아줄 것이고 차선폭은 어떤 차량도 다닐 수 있을 정도로 충분히 넓으리라. 아무리 춥거나 더워도 도로의 모양이 변하는 일은 없다고 굳게 믿었으며 비가 온다 해도 배수에 아무 문제가 없을 것이며, 도로 관리 요원들이 정기적으로 노면 홈을 메워줄 것이고 차선도 새로 칠해줄 것이며 아무리 혹독한 기후 조건이라 해도 도로 상태를 훌륭하게 유지해줄 것이라는 그들에 대한 나의 신뢰는 철저했다.

딸아이가 다니는 학교에 도착했다. 나는 아이들의 안녕과 안전을 위해 만들어놓은 모든 방비들을 아예 눈여겨보지도 않았다. 담장과 자물쇠 달린 문, 교통안전 유도원, 출입문 감시 장치, 아이를 데려가는 절차를 자세히 명기해놓음으로써 전 과정이 안전하고 효과적으로 진행될 수 있도록 한 규칙들. 그리고 물론 내가 보지도 생각하지도 않았지만 학교에서 아이들을 가르친다는 일에 따르는 복잡한 조건들이 있었다. 학교 인가는 유지되고 있을 것, 교과목은 검증되어야 하며 주 교과목위원회의 승인을 획득했어야 한다는 것, 교사들은 전문 교육을 받아야 하고 자격증이 있어야 한다는 것, 교실은 깨끗하고 비품이 제대로 준비되어 있을 것, 체육관 샤워 시설은 정기적으로 청소해주어야 하고 위생처리가 되어야 할 것, 구내식당의 음식은 안전하게 먹을 수 있어야 하고 잔디는 잘 깎여 있어야 하며 땅은 잘 골라져 있을 것, 건물은 보수가 잘 되어 있을 것. 사실 우리 같은 학부형들이 이런 문제에 대해 생각하는 것은 이런 것들 중에 어떤 문제가 발생했을 때다. 그리고 그런 일은 너무 드물다 보니 일어나기만 하면 큰 화젯거리가 될 정도로 우리는 학교에 대한 믿음을 가지고 있었다.

음식점으로 가는 길에 우리는 전화로 주문을 하기로 결정했다. 이것은 또 다른 사회적·기술적 조건들의 연결망을 떠올리게 했다. 내 휴대전화 신호를 정보 운영 시스템에 접속시켜 이를 다시 음식점으로 이어준다. 여종업원이 내 주문을 받고 내 이름과 전화번호를 묻는다. 그럼으로써 내가 실제로 음식점에 나타나서 돈을 지불하고 음식을 사갈 것이라는 신뢰의 수준이 높아진다.

음식점에 도착해서 나는 그들이 내가 음식 값으로 내는 지폐를 받을 것이라고 믿는다. 왜냐하면 이것은 내가 수도 없이 해본 일이고 내가 사는 사회의 통화가 건전하고 그 가치가 안정되어 있다고 믿기 때문이다. 그리고 돈 문제에 이르면 개인, 사업체, 은행, 대출업자 그리고 기타 숱한 금융기관, 특히 정부도 거기에 포함되지만 이런 주체들의 신뢰 네트워크는 너무도 복잡하게 얽혀 있어 이 모든 것들이 어떻게 서로 연계되어 있는지 대다수의 일반인들은 겨우 짐작이나 할 정도다. 그러나 그것이야말로 신뢰망이 가지고 있는 아름다움이며 우리는 그것이 어떻게 작동하는지 알 필요가 없다. 그것은 그저 그렇게 움직이고 우리는 그것에 뭔가 문제가 발생할 때나 겨우 눈치 챌 뿐이다.

　주문한 음식을 기다리는 동안 나는 그 음식점의 새 주인이 낮게 드리워졌던 천장을 뜯고 더 높은 수직 공간을 만들어냈다는 것을 알게 되었다. 그런가 하면 들보와 환기 튜브, 배선 파이프를 검은색 일색으로 칠해놓았다. 내가 간파하지 못한 것은 건물 전체의 상태였는데, 그럼에도 불구하는 나는 이 음식점 건물이 방수 처리가 잘 되어 있을 것이고 구조도 튼튼하며, 그리고 음, 여기는 남부 캘리포니아 지역이니까 방진 설계도 제대로 되어 있을 것이라고 믿어 의심치 않았다. 우리가 기다리는 동안 여종업원이 얼음물을 내왔다. 우리는 그 물이 마실 수 있는 물인지, 어떤 물인지 아무 의심도 없이 들이켰다. 그저 파사데나시의 급수 당국이 마실 만하게 식수 청정도를 유지해주고 있으리라고 추정하는 것으로 충분했다. 또한 음식을 집어 들며, 나는 단 한순간도 거기에 독이나 식중독을 일으키는 보툴리누스균이 들어 있는지 테스트 해봐야겠다는 생각을 하지 않았다. 시의 위생 검사 요원이 주인에게 뇌물을 받고 이 음식점에 'A' 등급을 매겼을 것이라고는 상상조차 안 했으며, 전문가가 만들고 시 위생 당국이 검토하고 승인한 위생 기준을 잘 따랐을 것이라고 믿었다. 그리고 과거 경험으로 미루어 짐작컨대 이곳이 LA에서 가장 좋은 태국 음식점이라는 자겟(Zagat, 세계 최고의 호텔 레스토랑 평가 가이드북, 1972년 자겟 부부가 취미삼아 시도한 것이 오늘에 이르렀다─옮긴이)평가가 믿을 만하다고 생각했다.

신뢰의 네트워크와 그것을 가동·시행하는 사회 제도는 우리 문화와 심리에 깊숙이 들어 있어 실제로는 보이지 않는다. 새가 자신이 날고 있는 창공의 공기를 의식하지 못하고 물고기가 자신이 헤엄치고 있는 물을 지각하지 못하는 것처럼 신뢰의 망은 완벽하게 우리를 감싸고 있고 우리가 행하는 모든 것에 너무나 깊이 박혀서 우리로서는 무슨 문제가 발생하기 전까지는 전혀 알 길이 없다. 심지어 그 네트워크가 훼손되었다손 치더라도 또 다른 신뢰의 층이 그 자리에 덧대어지게 된다. 만일 경찰이나 소방당국이 내 집을 제대로 지키지 못했다 해도 나는 내가 계약한 보험회사가 내가 입은 손해를 보상해줄 것이라 믿는다. 여러 겹의 재정적 보안 시스템은 내가 은행에서 돈을 인출해도 은행이 망하지 않을 것이고 통화 가치가 상대적인 안정을 유지하도록 보장할 것이다.

뿐만 아니라 천정부지의 인플레이션이 일어나지 않도록 잘 통제될 것이고, 나의 장기 투자를 확실하게 보호해줄 것이다. 만일 자동차 회사가 하자가 있는 물건을 팔았거나, 도로 보수 유지가 안 돼서, 음식점에서 못 먹을 음식을 주는 바람에, 혹은 오염된 식수를 먹게 돼서 내가 피해를 입었다면 나는 관계자들로부터 보상을 받을 것이다. 심지어 정부가 안전 기준을 제대로 시행하지 않았거나 애초에 부적합한 기준을 세웠다는 것이 입증되면 정부 상대로도 보상을 얻어낼 수 있다.

신뢰의 망은 이렇게 우리가 행하는 모든 일에 드리워져 있다. 그리고 그것이 없다면 우리는 이상한 나라의 이상한 사람이 될 것이다.

⦙ 사유 재산 시스템의 진화적 근거

인간의 본성은 사회 규칙을 선도한다. 진화가 설계한 바에 따르면, 대부분의 시간에 대부분의 상황에서 대부분의 사람들은 정직하고 공정하고 협력적이며 자신들의 공동체와 사회에 도움이 되는 일을 하고 싶어 한다.

그러나 또 한편으로는 대부분 경쟁 지향적이고 공격적이며 자기 이익에 몰두하고 자기 자신이나 가족에게만 유리한 일을 하고 싶어 한다. 이렇게 진화·발달된 기질은 2가지 잠재적 갈등의 장을 열어놓는다. 우리 자신의 내부에서 자신만의 향상을 꾀하려는 이기적인 욕망과 사회의 발전을 바라는 이타적 욕망이 충돌하며, 우리가 자신의 삶에서 보다 나은 몫을 차지하려는 경쟁적인 욕망과 타인이 그들의 삶에서 추구하는 경쟁적인 욕망이 갈등을 일으킨다.

이런 잠재적 갈등의 근원이 의미하는 것은 법치와 공식적인 제도에 기반을 둔 사회가 필요하다는 사실이다. 가장 우선적인 사회 제도 중 하나는 사유 재산 시스템이다. 물론 이 제도에는 진화적인 근거가 있다. 동물들은 자신의 영역을 표시하려는 자연적인 성향을 가지고 있고 위협적인 몸짓이나 실제적인 공격을 가해 그 영역을 지키려고 한다는 점에서 그렇다.

그런 동물의 영역이란 한때 여럿이 같이 소유했던 것에 대한 사적 소유를 천명한 것에 다름 아니다. 하지만 동물이라고 해서 모두 이런 행동을 하지는 않는다. 그리고 그렇게 하는 동물들도 영역을 표시하는 일이 자신의 것임을 공표하는 일과 같다는 것을 알지 못한다. 그러나 우리는 이런 사례들에서 획득과 소유욕이라는 도덕 이전의 절대 명령이 진화 · 발달되어왔다는 증거를 찾아낼 수 있다. 이는 침팬지나, 꼬리말이 원숭이, 여타의 영장류 동물에게서 보이는 감정이입, 복수심, 죄의식 같은 도덕적 감정과 다르지 않다.

실제로 어떤 동물이 자기 영역이라고 선포하고 나서면, 이를 침범하는 동물은 상당히 곤욕을 치러야 하고 빼앗으려고 들 때에는 심각한 신체적 부상을 입을 각오도 해야 한다. '부여 효과(endowment effect)'라는 것이 있는데, 이는 남의 것을 취하려 할 때보다 이미 소유하고 있는 것을 지키고자 할 때 더 큰 노력을 투자한다는 것이다. 예를 들면 개들은 다른 개가 물고 있는 뼈다귀를 훔쳐 달아날 때보다 제가 먹고 있는 뼈다귀를 지킬 때 더 많은 에너지를 쏟는다. 재산 소유권과 관련된 부여 효과는 손실 회피 성향과 분명하고도 직접적인 연계가 있다.

또 우리는 쾌락을 얻으려고 할 때보다 손실의 고통을 피하려 할 때 2배 정도로 강하게 동기부여가 된다고 한다. 진화는 우리를 어쩌면 소유하게 '될지도 모르는' 어떤 것보다는 현재 확실하게 가지고 있는 것에 더 많은 신경을 쓰도록 발달시켰다. 이렇게 진화된 도덕적 감정은 사유재산 개념을 받쳐주고 있다.

인간의 긴 역사에서 수렵채집자들이 소비교역자로 변화하고 공동체의 인구가 몇 백 명 규모에서 수천 명, 수백만 명으로 늘어나면서 우의라는 사적인 연대는 필연적으로 보다 공적인 신뢰의 망으로 대체되었으며 그를 위해 사회 제도가 규칙을 만들어내고 시행하게 되었다.

이런 점을 생각할 때 분명해지는 문제가 하나 있다. 공동체의 인구가 늘면서 그 구성원들은 조화와 화의의 규칙을 지키며 살게 되었지만, 인구가 증가하는 것처럼 규칙이 그렇게 발전하지는 않았다는 사실이다. 서로 교통하는 두 사람의 관계를 양자 관계라고 한다면 세 사람이 상호작용하는 상황은 삼자 관계라고 부를 수 있다. 그런데 양자 관계에서 삼자 관계로 확장되었다는 것은 단지 규칙이 하나 더 추가되기만 하면 된다는 것을 의미하지는 않는다. 수많은 새로운 규칙이 필요해진다. 사회적 방정식의 차원이 하나씩 높아질 때마다 사회적 조화유지와 갈등 해결에 요구되는 규칙의 숫자는 기하급수적으로 늘어난다. 잠재적 갈등의 이런 기하급수적인 증가는 보다 많은 사람들이 다른 사람의 욕구나 필요와 갈등을 빚을 수도 있는 일을 행한다는 사실을 반영한다.

그 좋은 예로 UCLA의 진화생물학자인 제러드 다이아몬드(Jared Diamond) 교수가 연구한 파푸아뉴기니 수렵채집 부족의 사례를 들 수 있다. 거기에는 작은 수렵채집 집단의 인구가 늘어날 때 어떤 일이 벌어지는지 잘 나와 있다. 20명 규모의 무리에서는 190개의 양자 관계가 나타날 수 있다(20×19÷2)는데 이 무리가 2,000명의 구성원을 가진 부족으로 통합되면, 가능한 양자 관계의 숫자는 무려 199만 9,000개가 된다(2,000×1,999÷2). 2,000명과 20명은 100배의 차이가 나지만 두 집단 내 양자 관계 숫자의 차이는 무려 1만 521배나 된다.

만일 삼자 관계를 놓고 계산을 했다면 그 결과가 어떻게 나올지 상상해보라. 수백 수천 명 규모의 무리나 부족에서 수십 수백만 명의 부족연합체나 국가로 이행된다는 것은 질적으로 차원이 다른 도약을 의미하며, 이는 통신, 교환, 의사결정, 갈등 해결 등에 있어서 전적으로 새로운 사회적 테크놀로지를 요구하게 된다는 말과 같다. 다이아몬드의 설명을 들어보자.

"모두가 모두를 알고 있는 '몇 백 명' 선을 넘어서면 거기서부터 발생하는 양자관계란 전혀 안면 없는 타인들의 관계인 것이다. 그래서 갈등 해결을 그 구성원들에게 내맡기는 대규모의 사회는 반드시 폭발하게 되어 있다. 이런 요인 하나만 가지고도 수천 명 규모의 사회가 존재하려면 왜 중앙집중적 권위로 힘을 독점하고 갈등을 해결하는 장치를 갖추고 있어야 하는지가 설명된다."[1]

중앙집중적 권력의 독점적 사용은 실제로 역사상 대부분의 사회가 아주 큰 인구를 거느리기 전까지 문제를 해결해온 방식이었다. 구석기 시대의 중간 대지에서의 호혜적이고 간접적인 이타주의의 진화는 식량이나 기타 필수품들을 구성원들이 사이좋게 나눠 가지는 재분배적, 상호성을 띤 규범의 발생으로 이어졌다. 이런 재분배 프로그램은 사람들에게 한번은 운 좋게 사냥이나 채집에 성공했지만, 다음번에 빈손으로 돌아오더라도 굶주리지 않을 수 있다는 생각을 갖게 해주었다.

다이아몬드는 양자관계 계산법을 재분배 경제에 적용한다. 그 결과 나타난 것은 "대규모 사회에서는 양자 해결적인 갈등 해결 방식이 효율적이지 못한 것처럼 양자 간의 경제적 교환도 효율적이지 못하다. 대규모 사회가 경제적으로 제대로 기능하는 경우는 상호 호혜적인 경제에 재분배 경제가 더해질 때뿐이다. 한 개인에게 필요한 것 이상의 남는 물자는 반드시 중앙집중적 권위체에 넘겨졌고, 권위체는 이 잉여물을 그것이 부족한 사람에게 재분배했다"는 사실이다.[13]

이런 결론은 통념 경제학적 관점에서는 일리가 있다. 그런 식으로 본다는 것은 수렵채집자 사회 구조를 소비교역자의 그것으로 단지 크기만 확장시켜보는 것을 의미하기 때문이다. 실제로 대부분의 시간 동안 여러 사회들은 이런 식으로 일처리를 해왔다. 부족연합체사회나 왕국, 신정국가, 독재국가 등의 사회에서 위에서부터 아래로의 해결책을 사용해온 것이 사실이다. 그러나 최근 500년 동안 나타난 다양한 경제적·정치적 제도의 발달은 아래서부터 위로의 해결책을 우위에 서게 만들었다. 그리고 단순히 수렵채집자 사회의 제도와 규칙의 숫자와 크기만 늘려보는 관점을 가지고는 이 과정을 이해할 수 없게 되었다. 우리는 전적으로 새로운 범주의 사회 제도 모형을 도입해야 했으며 이를 통해 전적으로 새로운 범주의 규칙의 필요성이 무엇인지 가늠할 수 있게 되었다.

특히 민주주의적 자본주의는 사적 재산권의 보장과 민주적 선거, 그리고 국민 간, 국가 간의 공정하고 자유로운 거래를 바탕으로 하는 아래로부터의 해결책을 제시하고 있다. 하나의 공식 제도로서 이 자본주의는 수억의 인구를 가진 제국이나 국가들 내에서 비교적 평화롭게 (전 사회에 비해) 갈등을 해결하는 형식을 개발해냈다. 사적 재산권이라는 상대적으로 새로운 개념이 추가로 나타났는데, 이는 누군가에게 어떤 물건의 사용과 그에 대한 권리를 부여한 것이다. 단, 그것을 행사할 때 사회적으로 인정되고 집단 구성원들이라면 누구나 의무적으로 지켜야 하는 규칙에 의거해야 한다는 단서가 붙어 있다.

이는 재산권 소유자의 물리적·정신적 능력과는 아무 상관이 없다. 그렇다고 보면 이는 인간의 진화적 본능에 반하는 것이고 그런 점에서 항상 어떤 경계를 요하기도 한다. 대의제 정부는 계약의 규칙과 그 규칙을 관리하고 시행할 수 있는 사회 제도 구축에 참여할 권리를 누구나에게 인정한다.

그러나 이는 자연적으로 나타난 것이 아니다. 암흑의 시간에 저항한 사회 개혁가들의 공동 노력의 결과다. 에이브러햄 링컨이 1861년 3월, 미국 역사상 가장 결정적이고 분열적인 전쟁 발발 전야에 행한 취임 연설은 그런 점에서 옳았다.

"이 광활한 땅의 모든 전장과 애국자들의 무덤과 모든 살아 있는 심장과 가정을 울리는 기억의 신비로운 화음은 커져서 마침내 연방의 합창이 될 것입니다. 우리의 본성 안에 들어 있는 천사가 마음의 현을 울릴 때 반드시 그렇게 될 것입니다."[14]

제11장

사악함이 부르는 진화의 돌연변이

2004년 4월 29일 목요일, 미국인들은 2001년 9월 11일 이래 가장 큰 충격 중 하나를 겪어야만 했다. 바그다드 외곽에 있는 아부 그라이브(Abu Graib) 감옥에서 벌어진 인권유린 사태를 보여주는 사진들은 이라크 전쟁에 참가하고 있는 미국의 취약점을 적나라하게 드러냈다. 군복과 러닝셔츠만 걸친 짧은 머리의 미 여군이 이라크 수감자를 끈으로 묶어 질질 끌고 있는 모습이었다.

그런가 하면 벌거벗은 남자들이 쌓은 피라미드도 있었다. 그들은 수치심에 머리를 숙이고 있었고 2명의 미군 병사들은 독선에 취한 승리의 미소를 짓고 있었다. 엄지손가락을 세운 채. 그런가 하면 또 일단의 남자들이 나체로 방안을 빙빙 돌고 있었다. 그들은 머리에 자루를 쓴 채 자신의 성기를 손으로 가리고 있었다. 그리고 2명의 이라크 남자들이 구강성교를 흉내 내는 사진도 있었다. 재갈을 물리지 않은 벨기에산 셰퍼드 두 마리가 겁에 질린 죄수 둘을 위협하는 장면도 있었다. 2명의 억세 보이는 병사들은 개줄을 거의 다 풀어놓고 있었다.

'전기 십자가' 상을 찍은 것 같은 사진도 있었는데, 상자 위에 두건을 뒤집어쓴 한 남자가 팔을 쫙 벌린 채 서 있었고 그의 목에는 손에서부터 이어진 전선줄이 감겨 있었으며 그 끝은 공중 어디론가 올라가고 있었다.

우리는 '이교도'들이야말로 가학적이고 잔인하며 사악하다고 알고 있었고, 우리가 바로 그 악행을 저지르는 자들과 싸우고 있다고 믿었다. 그런데 정작 나쁜 놈들은 단정하고 깔끔한 모습의, 풋볼을 즐기고 교회에 나가고 부모를 사랑하는 건장한 미국 젊은이들이 아닌가? 어떻게 이런 일이 가능한가? 누가 책임져야 하나? 미국은 법치와 시민 자유의 보호, 그리고 만민평등 사상을 기초로 세워진 선진 민주 문명 국가가 아닌가? 우리의 병사들은 중세 시대의 종교재판관들도 아니요, 위장 전투복을 걸친 이교도 박해자들도 아니다. 어떻게 이런 일이 일어날 수 있었을까?

충격을 받지 않은 미국인이 한 사람 있다. 실제로 그는 과거 35년간 이런 것을 항상 보아왔다. 스탠퍼드대학교 심리학부 건물 지하실에 꾸며놓은 실험실에서 그는 환경이 어떻게 선한 사람을 일시적으로 사악하게 만들어놓는지에 대해 실험했었다. 사회심리학자인 필립 짐바도(Philip Zimbardo) 박사는 그날 저녁 뉴스를 죽 훑어보던 중 아부 그라이브 사진들을 보게 되었다. 특히 머리에 자루를 쓴 벌거벗은 남자들이 유사 성교 행위를 하는 사진에 눈길이 꽂혔다. 그의 의식은 1971년 8월 둘째 주로 거슬러 올라갔다.

당시 그는 한 가지 실험을 막 시작한 터였는데, 대학생 자원자들 중에서 무작위로 골라 모의 감옥 환경에 집어넣고 '간수'와 '죄수'의 역할을 부여했다. 실험은 2주 동안 진행될 예정이었으나 짐바도는 6일 만에 끝내고 말았다. 그처럼 지적이고 잘 교육받고, 건전하고 도덕적인 청년들이 잔인하고 가학적인 간수들로, 혹은 감정이 완전히 파괴된 죄수들로 변해가는 모습을 보는 일이 너무 끔찍했기 때문이었다. 악의 사회 심리에 대한 연구 역사가 30년이나 되었지만 정작 아무것도 알아낸 것이 없다고 짐바도는 생각했는지도 모르겠다. 그러나 군 지휘관들, 정치가들, 사회평론가들이 줄줄이 나와 경악하면서 이 일이 마치 소수의 질 나쁜 인간들의 소행이라 소리 높이는 것을 보면서, 짐바도는 자신이 무엇을 해야 하는지 알게 되었다. 자신의 과거 연구와 현재 사건을 연결지어봄으로써 도달하게 된 결과는 짐바도 자신이 '루시퍼 효과(The Lucifer Effect, 그의 책 제목이기도 하다)'라고 부르는 것, 혹은 그런대로 좋은 사람을 아주 나쁜 사람으로 변모시키는 인격의 변형이었다.[1]

짐바도는 악을 몇몇 나쁜 인간들의 소행으로 귀속시키기보다는 그들의 환경에 주목해야 한다고 주장한다. 진화는 우리 모두에게 악마가 될 수 있는 능력을 주었다. 단지 매우 제한된 조건에서 아주 드물게 표출될 뿐이다. 경제적 삶에 관해서 엔론(Enronne) 사나 고든 게코(Gordon Gekko, 영화 「월 스트리트」의 주인공—옮긴이)의 "탐욕이 선이다"라는 식의 윤리가 예외가 아닌 법칙으로 인정받았다면, 시장 자본주의는 오래전에 내파했을 것이다. 그보다는 구글의 "사악해지지 말라"는 기업 윤리가 법칙인 것이다.

시장이 도덕적이려면 2가지 조건이 필히 갖춰져야 한다. 첫째, 사적인 관계에 의해 강화되는 내부의 신뢰가 있어야 한다. 둘째, 사회 제도에 의해 강화되는 외부의 법(칙)이 있어야 한다. 앞장에서 우리는 직접적이고 사적인 소통을 통해 어떻게 신뢰가 수립되고 강화되며, 사회 제도가 신뢰에 어떻게 힘을 실어주고 시행되는지 살펴보았다. 이 장에서 우리는 이런 제도적 제동 장치가 제대로 작동하지 않을 경우 어떤 일이 생기는지 알아보겠다.

'악의 기질 이론(dispositional theory of evil)'에서는 악이 사람들의 나쁜 기질의 표출이고 주장하는 반면에 '악의 상황 이론(situational theory of evil)'에서는 악이 유해한 환경의 산물이라고 규정한다. 기질 이론을 내거는 곳은 대표적으로 종교(원죄), 의학(내적 질환), 신경의학(마음의 병), 그리고 법률(사적 책임) 분야다. 그에 반해 상황 이론은 사회심리학자들이나 사회학자들, 그리고 인류학자들이 흔히 채택하는 입장으로, 이들은 인간 행동을 규정하는 환경의 힘에 매우 높은 관심을 갖고 있다는 공통점이 있다. 그런데 이 두 이론은 동시적인 진실이며 서로 영향을 주고받는다.

기질적으로 우리는 선악의 능력을 모두 가지고 있으며, 이를 행동으로 표출하는 일은 어떤 상황에서 우리가 어떤 선택을 하느냐에 달려 있다. 알렉산드르 솔제니친(Aleksandre Solzhenitsyn)의 신랄한 관찰을 생각해보자. 그는 각자의 내부에 있는 악의 능력에 관해 몇 가지를 알고 있었다. 아래는 솔제니친의 유명한 소설 《수용소 군도(The Gulag Archipelago)》에 나오는 글이다.

어딘가에서 음험하게 나쁜 짓을 자행하고 있는 사악한 인간들이 있다 하자. 그들을 우리로부터 격리시켜 제거해버리면 그만이다. 그러나 선과 악을 가르는 금은 모든 인간 존재의 심장을 가로지른다. 그렇다면 어느 누가 자신의 심장을 갈기갈기 찢어발길 수 있겠는가?[2]

우리가 선과 악이라는 이원적인 기질을 가지고 있다는 데에는 사실적인 근거가 있다. 그것은 우리가 집단 내에서는 화목을 도모하고 집단 간에는 불화를 일으키는 사회적 영장류 종으로 진화·발달해왔다는 것이다. 개체로서 생존해나가기 위해 우리는 집단 내 다른 동료들과 사이좋게 지내야 했다. 그리고 이는 감정이입, 협력, 이타성이라는 도덕적 감정의 발달로 이어졌고 친사회적인 성향, 혹은 선한 기질이라는 모습으로 나타났다. 그러나 집단 내 동료들에 대한 애착심을 생성시킨 바로 그 진화의 힘이 집단 외부인에 대해서는 기피하고 악의를 갖게 만들었다. 그리고 이는 폭력, 경쟁, 이기심이라는 비도덕적 감정의 발달로 이어졌고 반사회적 성향, 혹은 악한 기질이라는 모습으로 나타났다.

세계를 '우리'와 '그들'로 나누는 인간의 본성이 실증적으로 제시된 것은 1990년 사회심리학자인 찰스 퍼듀(Charles Perdue)가 행한 실험에서였다. 피실험자들에게는 그들이 일종의 언어 능력 테스트에 참여할 것이라고 말했다. 그들은 일련의 무의미한 음절들을 듣게 될 것이었다. 이를테면 '제(xeh)', '욥(yof)', '우(wuh)' 같은 것들이었다. 한 피실험자 그룹에게는 이런 무의미한 음절과 함께 '우리를(us)', '우리(we)', '우리의 것(ours)'과 같은 '집단 안'을 지칭하는 단어를 짝지어 들려줬다. 또 한 그룹에게는 무의미한 음절과 함께 '그들을(them)', '그들(they)', '그들의 것(theirs)'과 같은 '집단 밖'을 지칭하는 단어를 짝지어 들려줬다. 반면 대조 그룹에게는 '그(he)', '그녀의 것(hers)',

'당신의 것(yours)'과 같은 '중간 지대'에 속하는 인칭대명사를 짝지어 들려줬다. 그런 다음 피실험자들에게 그들의 기분이 유쾌하거나 불유쾌한 정도를 가지고 무의미한 음절들을 평가할 것을 주문했다. 대단히 분명하게(인간 본성을 어떻게 보느냐에 따라서는 그다지 분명하지 않다고 할 수도 있으나) '집단 안' 단어와 짝을 이룬 무의미 음절을 들은 피실험자들은 '집단 밖'이나 '중간 지대' 단어와 짝을 이룬 무의미 음절을 들은 피실험자들보다 유쾌하게 들렸다고 응답했다.[3]

우리는 선하면서 악하다. 대부분의 상황에서 대부분의 사람들은 선하고 도덕적이며 옳은 행동을 한다. 그렇지만 어떤 상황에서는 가슴 어두운 구석에 은닉하고 있는 비도덕적이고 사악한 행동을 저지를 수 있는 능력이 발현된다.

● 우리는 얼마나 쉽게 악에 빠져드는가

내가 1970년대 후반 대학을 졸업할 무렵 이미 필립 짐바도는 심리학계의 전설적인 존재가 되어 있었다. 그리고 이후로 그의 위상은 계속 높아져갔다. 사우스브롱크스에서 태어나 교육받지 못한 가난한 시실리계(Sicilian) 이민자 부모 밑에서 성장하면서 짐바도가 맨 처음 목격한 것은 "법의 관할이 미치지 않는, 불신이 팽배한 환경에서 사람들이 자기인식을 할 때 어떤 일이 일어나는가"였다.

스탠퍼드대학교의 젊은 교수로서 그는 한 가지 실험법을 개발했다. 자동차를 버려놓고 관찰하는 실험이었다. 한 대는 자신이 어린 시절을 보낸 빈민가에 가져다놓았고, 한 대는 캘리포니아 팔로알토의 부자 동네에 버렸다. 브롱크스에서는 연구팀이 실험용 몰래카메라를 설치하기도 전에 사람들이 차를 뜯기 시작했다. 단 하루 만에 스물세 차례나 차를 훼손했다. 그것도 모두 낮에, 그리고 그런 행동을 한 사람들은 한 번만 빼고 전부 걸어서, 혹은 차를 몰고 지나가던 성인들이었다. 이와 대조적으로 팔로알토에서는 짐바도가 다 포기하고 차를 다시 대학으로 몰고 돌아올 때까지 아무도 손대는 사람이 없었다. 다만 주민 셋이 경찰에게 그 차가 도난 차량 같다고 신고했을 뿐이었다. 이런 놀라운 차이는 뉴요커와 캘리포니아 사람들의 기질적인 차이로 볼 수 없다. 진정 명백한 것은 이 차이가 브롱크스에 사는 사람들과 팔로알토에 사는 사람들 사이의 차이라는 것이다. 도대체 이런 차이가 나타내는 것은 무엇인가?

이 의문이야말로 짐바도가 스탠퍼드대학교 감옥 실험을 통해 답을 찾으려 했던 것이었다. 이 실험은 지그문트 프로이트(Sigmund Freud)의 침상과 꿈, 스키너(B. F. Skinner)의 심리상자, 그리고 스탠리 밀그램(Stanley Milgram)의 권위 복종 실험과 같은 반열에 놓일 수 있는 과학 사상 기념비적인 실험이었다. 심리학개론 강의를 들어본 사람이면 누구나 필립 짐바도를 알 것이다.

감옥 실험의 세세한 것들은 이제 잘 알려져 있다. 심리학부 건물 지하실에 임시 감옥을 설치하고 사무실을 감방으로 개조했다. 무작위로 죄수에 뽑힌 학생들은 스탠퍼드 경찰국 직원에 의해 집에서 체포되었다. 순찰차에 실어 감옥으로 데려와서는 이(鼠) 방충제를 뿌리고 발가 벗긴 다음 감방 수칙을 알려줬다. 체포된 죄수(학생)들은 칙칙한 죄수복으로 갈아입고 가로 세로 6×9피트짜리 감방에 수감되었다. 간수(학생)들에게는 곤봉과 호루라기, 감방 열쇠, 그리고 아주 짙은 선글라스가 주어졌다—그는 이 아이디어를 영화 「탈옥(Cool Hand Luke)」을 보면서 얻었다고 한다.

그 후 며칠에 걸쳐 이 교양 있는 미국 대학생들은 각자가 맡은 역할에 빠져들었다. 폭력적이고 권위적인 간수와 타락하고 감정이 없는 죄수로 탈바꿈한 것이다. 이 실험은 2주 동안 진행되었다. 당시 짐바도의 여자친구(지금은 그의 아내가 되어 있는)는 늦은 밤 죄수가 머리에 자루를 쓰고 발목에 쇠사슬을 찬 채 용변을 보는 동안 간수가 학대하는 장면을 목격했다. 그리고 나서 그녀는 짐바도에게 그들 중 누군가가 크게 손상을 입기 전에 당장 그 실험을 그만두라고 다그쳤다. 그때 짐바도는 자신 역시 그 실험에서 자신이 맡은 감옥 감시인이라는 역할에 몰입되어 있다는 것을 깨달았다.

"나는 그 실험을 중지했다. 내가 감옥에서 목격한 공포 때문이 아니었다."

그는 실험 일지에 이렇게 쓰고 있다. "그것은 내가 마음만 먹으면 쉽게 가장 야만적인 간수의 자리나 가장 취약하고 무력한, 그래서 증오로 가득 차 있고 권위체의 허락이 없으면 먹을 수도, 잠잘 수도, 화장실에 갈 수도 없는 죄수의 자리와 내 자리를 바꿀 수 있음을 깨달은 데서 오는 공포 때문이었다."[4]

나는 짐바도에게 그로부터 30년이 지난 지금 그 실험을 어떻게 생각하는지 물었다.

"스탠퍼드대학교에서의 감옥 실험이 알려주는 것은 상황이 우리의 행동에 강력한 영향을 미친다는 거지요. 그 힘이란 대부분의 사람들이 짐작하거나 대부분의 사람들이 인식하지 못하는 것 이상으로 대단한 것이었습니다."

그가 대답했다. "나 같은 사회심리학자들은 대개의 사람들이 견지하고 있는 신념, 즉 악은 각자의 기질, 유전자, 뇌, 어떤 본질에 내재해 있다는 것, 다시 말해 본디 좋은 사람과 나쁜 사람이 존재한다는 믿음을 교정시켜주고픈 마음이 있습니다."

그렇지만 악한 사람이 있는 것은 사실 아닌가? 물론 그렇다. 짐바도는 인정했다. 그러나 세상에 존재하는 압도적 다수의 악은 이런 소수의 나쁜 사람들이 저지르는 것이 아니다. 어떤 상황에서 엄청난 악을 행하는 자들은 사실 보통 사람들이다. 짐바도는 확실치 않은 부분에 대해서는 좋은 쪽으로 해석하는 경향을 보였다.

"우리가 개개인들을 비난하기 전에 관대해질 필요가 있다면 말이죠. 우리는 그들이 어떤 상황에 놓여 있었는가, 그들로부터 사악한 행동을 끌어낸 상황은 과연 무엇이었는가를 알려고 해야 할 것입니다. 왜 나쁜 환경 속에 있는 좋은 사람이라는 가정을 하지 않는 것일까요. 좋은 환경 속에 있는 나쁜 사람이라는 가정보다는 그게 낫지 않을까요?"

그렇다면 어떻게 선한 사람과 악한 사람, 그리고 좋은 환경과 나쁜 환경의 차이를 식별할 수 있을까?

"내가 스탠퍼드에서 실험을 개시할 때 (실험 참가) 학생들이 '선한 사람'들이라는 것을 알고 있었습니다. 왜냐하면 그들은 일련의 시험을 거쳤거든요. 인격 테스트, 임상 인터뷰, 그들의 배경, 환경 등을 조사했습니다. 누구라 할 것 없이 다 정상이었습니다. 그런 다음 무작위적으로 그들에게 간수와 죄수의 역할을 배정했습니다. 그러니까 첫날그들 모두는 선한 사람들이었죠. 그러나 며칠 안 되어 간수 역할을 맡은 학생은 가학적인 악당이 되었고, 죄수 역할을 맡은 학생의 감정은 파괴되었죠."

짐바도가 만든 나쁜 환경이 선한 사람을 악한 사람으로 만든 것이다. 아부 그라이브 감옥 고문 사건이 터지고 얼마 되지 않아 언론 매체에서도 그랬지만 짐바도 역시 그 사건을 스탠퍼드대학교 감옥 실험과 연결 지었다. 몇 차례의 인터뷰가 있고 나서 짐바도는 이반 프레드릭(Ivan 'Chip' Fredrick) 하사 변호인의 연락을 받았다. 프레드릭 하사는 아부 그라이브의 야간 당직 헌병이었다. 그가 책임지고 있던 아부 그라이브 감옥 1A동과 1B동은 가장 심한 학대 사건이 일어난 옥사들이었다. 프레드릭이 유죄라는 점을 인정(프레드릭 자신도 본인의 유죄를 시인했다)하면서도 짐바도는 그 감옥에서 자행된 고문, 학대, 인격 모욕을 가능케 한, 보다 근저에 있는 환경을 들여다보고 싶었다.

짐바도에 따르면 이라크전 참전 전부터 프레드릭은 미국 최고를 외치는 애국자였다.

"매일 자기 집 앞에 성조기를 걸어놓고 주말에는 교회에 빠지지 않고 나가는 그런 녀석이었던 거죠. 국가를 들을 때 눈물이 솟고 가슴이 벅차오르고, 민주주의와 자유라는 미국적인 가치를 믿는 친구였습니다. 그래서 그런 가치를 지키고자 군에 입대했던 것이고요."

프레드릭이 학대죄로 기소된 뒤에 짐바도는 군 임상심리학자의 협조를 얻어 프레드릭을 감정하고자 일련의 테스트를 했다. 심리적 평가 결과는 프레드릭이 어느 모로 보나 정상임을 보여주었다. 평균적인 지성, 평균적인 인격, 여기에는 '어떤 가학적 혹은 병적 성향'이 없었다. 짐바도에게 이런 결과는 "군과 행정부의 변명꾼들이 그를 두고 본래 '악한 놈'이라고 몰아붙이는 것이 전혀 사실적 근거가 없다"는 점을 강하게 시사했다.

감옥 실험과 아부 그라이브 사건에서 자신이 밝혀낸 것들을 일반화해나가는 과정에서 짐바도는 3개 1세트로 이뤄진 어떤 요인을 상정할 수 있었다. 사람, 상황, 시스템이 바로 그것이었다. 이것들이 어떻게 합쳐지고 상호작용하느냐에 따라 선한 사람이 악행을 저지를 수도 있는 것이었다. 여기서 우리가 보는 것은 악의 기질 이론(사람), 악의 상황 이론(상황), 그리고 짐바도가 아부 그라이브 사건에 대해 숙고한 끝에 첨가한 세 번째 요인, 즉 사람과 상황이 공존하는 보다 큰 맥락(시스템)이다.

"내가 아부 그라이브 보고서를 읽으면서 알고 싶었던 것은 누가 그런 악을 가능케 한 상황을 만들었는가였습니다."

짐바도는 말한다. "시스템이야말로 더 큰 환경이죠. 법적·경제적·역사적·정치적 힘들이 이 상황에 정당성을 부여하는 것이고요. 그리고 대부분의 시스템은 자체적인 방패를 가지고 있어서 절대로 투명해질 수 없습니다."

사악함도 진화한다

그들은 사이비 종교의 제의에 동참한 것이 아니다. 사람들은 다만 자신이 믿는 대의를 내건 집단에 동참할 뿐이다. 그리고 그 대의는 그들을 서서히, 부지불식간에 사악한 인간들로 변화시킨다. 마찬가지로 어느 누구도 회사를 도산시키고 투자자들의 투자 금액을 날리려는 백일몽을 꾸며 거대 기업에 들어가지 않는다. 엔론(Enronne)이나 월드컴(WorldCom) 같은 기업들의 붕괴는 자신들이 뭔가 좋은 목적을 가지고 어떤 일을 하고 있다고 믿는 사람들로부터 시작된다. 그러나 그들은 차츰 사악한 무엇으로 변모해간다.

만일 누군가를 전기 스위치들이 죽 늘어서 있는 판 앞에 앉혀놓고, 그에게 무고한 사람을 해칠 수 있는 치명적인 450볼트의 고압전류를 방출하는 스위치를 누르라고 해보자. 대부분의 사람들이 거부할 것이다. 그렇지만 어떤 상황을 만들어놓고 그 안에서 피실험자들로 하여금 교사의 역할을 하게 해보자. 이는 일종의 기억 실험으로, 징벌이 학습에 도움이 되는지 방해가 되는지 시험하기 위해서라고 말한다. 처음에 피실험자들은 아주 약하고 무해한 15볼트의 전류를 사람에게 흘려보내는 것에 대해 아무런 부담감을 느끼지 않는다. 그러다가 약간 느낌이 오는 30볼트로 쉽게 넘어간다. 결국 이런 식으로 전압을 올려가다가 급기야 '사악하게도' 450볼트의 전류를 사람 몸에 흘리는 것을 아무렇지도 않게 하게 되는 것이다.

물론 내가 말하고 있는 것은 1960년대에 예일대학교 사회심리학자였던 스탠리 밀그램 교수가 행한 저 유명한 '권위에의 복종' 실험이다. 여기서 나온 결과는 지금 내가 주장하고 있는 바를 바로 뒷받침한다. 우리가 가진 선과 악의 이중적 성향은 상황이나 시스템에 따라 어느 한쪽으로 쏠릴 수 있다. 밀그램의 피실험자들은 대학생이 아닌 보다 현실 세계에 가까운 모델들로, 코네티컷 주 뉴헤이븐과 브리지포트에서 온 1,000명의 지역 주민들이었다. 그는 지역 신문에 광고하기를 "공장 노동자, 시 직원, 일반 노동자, 기업가, 이발사, 점원, 건설 노동자, 판매원, 전화국 노동자들로서 기억 연구에 참여하고 싶은 사람을 구한다"고 했다. 실험 양식은 이랬다. 피실험자들은 '학습자(밀그램과 미리 짠 협력자)'에게 쌍으로 이뤄진 단어들의 목록을 읽어주었다. 그리고 나서 쌍의 첫 번째 단어를 말하면 학습자는 그와 짝을 이루는 단어를 암송해야 했다. 학습자가 틀리면 교사(피실험자)는 전기 충격을 보내야 했다(실제로는 충격이 없었다. 다만 가짜 학습자는 충격받는 시늉을 했다. 물론 피실험자는 그 충격이 진짜라고 믿었다). 피실험자 앞에 놓인 스위치들 앞에는 다음과 같은 표지가 붙어 있었다.

"약간 충격, 적당한 충격, 강한 충격, 매우 강한 충격, 격심한 충격, 극단적으로 격심한 충격, 위험: 치명적 충격 XXXX(짐바도는 이 마지막 레벨 450볼트를 '힘의 포르노그래피'라고 불렀다)."

실험에 앞서 밀그램은 40명의 신경정신과 의사들을 대상으로 설문 조사를 했다. 그는 그들에게 피실험자 중 몇 퍼센트나 '450볼트 레벨'까지 갈 것으로 예상하는지 물었다. 인간 행동을 전문적으로 관찰하는 이들이 제시한 답은 합리적인 수치인 1퍼센트였다. 오직 사디스트만이 그런 가학적인 행동을 할 수 있다고 믿었기 때문이었다. 그런데 이들은 틀렸다. 인간 본성의 이 판관들이 판단의 근거로 삼은 것은 전통적인 기질 이론이었다. 즉 모든 병적인 행동은 병적인 인물의 머릿속에 자리하고 있다는 이론 모형이며 그들에게 가해지는 상황의 영향력을 무시하는 입장이었다. 실험 결과 거의 일관되게 피실험자들의 65퍼센트가 XXXX 수준까지 망설이지 않고 전압을 올렸다. 그들의 '학습자'들을 죽일 수 있는 450볼트를! 이걸로도 충분히 놀라지 않았다면 이건 어떤가. 매번 피실험자들이 누른 가장 낮은 전압 스위치는 135볼트짜리였다. 그 스위치 앞에는 강한 충격이라는 딱지가 붙어 있었다. 이런 것들이 바로 기질적으로 선한 사람을 악한 사람으로 몰고 가는 '상황의 힘'인 것이다.[5]

이런 결과가 스스로에게도 너무 혼란스러웠던 나머지 밀그램은 몇 번의 실험을 더 했다. 조건과 개입하는 변수를 달리해봄으로써 이 결과가 뒤집어질 어떤 사실이 발견되기를 원했다. 그러나 추가적인 실험들은 인간의 '악'에 관한 최초 실험 결과를 확인해주었을 뿐만 아니라 오히려 더 정교한 데이터를 만들어냈다. 그 중 한 예를 들면 '교사'와 '학습자' 사이의 개인적 친소 관계가 전압의 강도에 영향을 준다는 것이 밝혀졌다. 교사가 학습자를 잘 알고 있을수록 전기 충격의 세기는 약해졌고, 잘 모를수록 더욱 더 강력한 전기가 퍼부어졌다.

예상했던 것이지만 집단의 압력도 하나의 요인으로 작용했다. 밀그램은 공모 피실험자들을 데려다놓고 전기 충격의 강도를 높이도록 지시했다. 그러면 공모자는 그 명령에 복종하지 않고 실험을 거부한다는 것이 새로운 시나리오였다. 이런 상황이 벌어지자 진짜 피실험자들은 공모자에 동조하며 밀그램의 말을 듣지 않으려 했다. 밀그램이 발견한 것은 선(행)과 악(행)은 기질보다는 상황에 훨씬 더 많이 좌우된다는 것이었다. 이런 결과들은 내가 주장하고 있는 악의 진화론적 모형을 뒷받침해준다. 거기에서도 집단 내 동료의 사회적 압력이 누군가의 행동을 모양 짓는 데 특별히 강력한 영향력을 발휘하는 것으로 나와 있다.

이런 결과가 당혹스럽지만 그런 면에서 보자면 짐바도의 실험 결과들은 더 좋지 않다. 밀그램의 실험에서는 권위적 실체가 피실험자들 위에 군림하면서 그들에게 실험의 속행을 명령했고, 이 '중요한' 연구에 참여한 자로서의 '의무'에 대해 계속 상기시켜주었지만, 짐바도는 단지 상황만 설정해놓았음에도 피실험자들이 사악해지는 것을 보았고, 그렇기 때문에 각각 간수와 죄수로서의 맡은 역할을 충실히 수행하라고 격려할 필요도 없었다. 이것은 진정한 의미에서의 한나 아렌트 (Hannah Arendt)가 말한 '악의 평범함'이라고 할 수 있다.

사회적 존재로 진화·발달되어왔기 때문에 우리는 다른 사람들이 자신을 어떻게 생각하는지에 극도로 민감하다. 그리고 집단의 사회적 규범에 순응해야 한다는 매우 강한 동기를 가지고 있다. 순응에 관한 솔로몬 애쉬(Solomon Asch)의 연구가 제시하는 바로는 집단 사고가 얼마나 강력한 것인가 하면, 8명으로 구성된 집단에서 길이가 각각 다른 3개의 선에 어울리는 1개의 선을 정한다고 할 때, 어떤 1명이 잘 맞는 것임이 너무나도 분명한 선 하나를 골라내도 나머지 7명이 다른 선으로 결정하면 모든 경우의 70퍼센트는 그 집단 결정에 순응한다는 것이다. 집단의 크기는 순응의 정도를 결정한다. 만일 2명이 선의 길이를 정하는 것이었다면 그릇된 판단에 순응하는 일은 일어나기 어려웠을 것이다. 4명이 참여한 상태에서 3명이 잘 맞지 않는 선을 선택할 경우 순응하는 정도는 32퍼센트였다. 그런데 집단의 크기와 상관없이 다른 사람들 중에서 최소한 1명이라도 집단 결정에 순응하지 않는 사람이 나타나면 순응 비율은 뚝 떨어졌다.[6]

　놀랄 것도 없는 일이지만, fMRI 실험을 통해서도 순응, 비순응일 때 뇌의 어느 영역이 활성화되는지 알 수 있게 되었다. 에모리대학교 신경과학자인 그레고리 번스가 행한 실험이 그것인데, 3차원의 회전하는 입체 영상을 보고 그 원래 형태를 알아맞히는 문제가 주어졌다. 처음에 피실험자들은 4명으로 구성된 그룹으로 나뉘어졌다. 그런데 그들은 몰랐지만 4명 중 3명은 연구자의 공모자들이었다. 그들은 고의적으로 틀린 것이 분명해 보이는 답을 고르는 임무를 띠고 있었다. 평균적으로 피실험자가 집단의 그릇된 선택에 순응하는 비율은 전체 경우 중에서 41퍼센트였다. 그리고 그럴 때 피실험자의 뇌에서 시각과 공간 지각을 담당하는 영역이 밝게 빛났다. 그러나 그들이 집단 내 나머지 사람들과 의견을 달리할 때에는 그들의 오른쪽 '아미그달라'와 오른쪽 '미상핵(尾狀核, eaudate nucleus, 대뇌반구의 깊숙한 곳에 있는 회색질의 덩이, 골격근의 무의식적인 운동을 통제한다-옮긴이)'이 밝아졌다. 이 부분은 부정적인 감정과 관련이 있다.[7] 바꿔 말하면 비순응은 감정적으로 외상을 주는 경험인 것이다. 이는 어째서 대부분 자신들이 속한 사회의 규범을 깨뜨리려고 하지 않는지 그 이유를 보여준다.

우리 모두는 자신이 동료들의 압력이나 사회적 압박에서 자유로울 것이라고 생각하기 쉽다. 그러나 밀그램의 우울한 연구 결과가 보여주듯이, 사회적 영장류 종으로서 우리는 다른 사람의 요구에 대단히 취약하다. 특히 리더십과 사회성이 강한 남성이나 권위 있는 위치에 있는 사람들이 그렇다.

"놀라운 것은 일반 사람들이 어느 정도까지 실험자의 지시에 순응하느냐에서 나타났습니다."

밀그램 교수의 회고를 들어보자. "누군가가 악한 행위의 연쇄 고리 중간에 그저 연결되어 있기만 하다면 책임성을 부인하기란 심리적으로 쉽죠. 그러나 악한 행위가 몰고 온 최종적인 결말은 이렇게 쉬운 게 아니죠."

하나씩 단계를 밟아가며 진행되는 과정에서 그 단계를 계속 밟도록 몰아세우는 권위적인 존재가 더해지면 우리의 악마적인 본성은 가장 위험한 모습으로 나타날 수 있다. 밀그램은 이 과정을 두 단계로 쪼갠다.

"첫째, 일단의 '구속적 요인'이 존재합니다. 이것은 피실험자를 상황에 가두어버리죠. 말하자면 피실험자의 예의랄까, 뭐 그런 거예요. 실험자를 돕기로 한 애초의 약속을 지키고 싶은 마음 같은 것들이죠.

뒤로 빠지기가 좀 어색한 것입니다. 둘째, 피실험자의 사고 안에서 슬 하게 조정 작용이 일어나 권위적 존재에 반기를 들어야겠다는 결의를 무너뜨립니다. 이 조정이란 피실험자가 실험자와 관계를 유지하는 데 도움을 주는 것입니다. 이와 함께 실험을 둘러싼 갈등이 야기하는 긴 장을 감소시켜주죠."[8]

명령이 기능하지 않으면 규칙은 더 이상 시행되지 못한다. '악'에 대한 규범적·제도적 제동 장치가 제거되면, 전염성 강한 집단행동적 흥분을 통해 사전에 행해지는 다소 작은 악행들이 규제받지 않고 오히려 힘을 얻기 때문에 악은 더 쉽게 자행된다. 그리고 종국에 가면, 악은 전체 시스템 안에서 당연시되며 허용된다. 이것이 1978년 11월 18일 가이아나의 정글 속에서 일어났던 일이다.

인민사원의 교주였던 짐 존스(Jim Jones)는 보다 투명하고 규칙 엄수의 문화가 지배하는 샌프란시스코와 LA에서 가이아나로 활동 거처를 옮기고 나서 신도들에게 집단 자살을 명하고 청산가리를 탄 음료를 마시도록 한다. 비록 몇몇 사람들은 도망치려다가 총에 맞았고 또 몇몇은 강제로 독을 마셨지만 대다수의 사람들은 그 전염성 강한 상황에 잡혀 헤어나지 못했다.

● 상황은 어떻게 악을 부르는가

물론 결국에 가서 사람들은 선이냐 악이냐를 선택한다. 우리는 조건을 바꿀 수 있고 잠재적인 악의 가능성을 약화시킬 수 있다. 그것을 이해하는 것이 맨 먼저의 일이고 그 다음에는 변화시킬 수 있는 행동을 취해야 한다. 19세기 영국의 정치가였던 에드먼드 버크(Edmund Burke)는 경고하길 "악이 승리를 거두기 위해 유일하게 필요한 것이 있다면, 그것은 선한 사람들이 아무 일도 하지 않는 것이다"라고 했다.[9] 불행하게도 그런 상황에서 아무것도 하지 않는다는 것은 직무유기다. 우리는 악에 맞서 자신의 동족과 동류를 보호하고 자신의 생명을 보전하는 방향으로 진화되어왔다. 그렇게 한다는 것은 뭔가 영웅적으로 설정된 상황뿐만 아니라 영웅적인 기질을 요구한다. 악에 맞서기 위해서는 영웅이 나타나야 한다. 아부 그라이브 사건의 고발자인 조 다비(Joe Darby)는 영웅이다. 엔론의 부회장인 세론 왓킨스(Sherron Watkins) 또한 영웅이다. 그녀는 이 회사의 붕괴가 임박했음을 경고했다. 월드컴의 사내 감사인 신시아 쿠퍼(Cynthia Cooper)도 영웅이다. 그녀는 장부상에서 38억 달러의 손실을 지워버린 분식회계를 폭로했다.

기업 환경은 어떤 방식으로 악을 가능하게 하는가? 나는 이 질문을 짐바도에게 던졌다.

"회사는 일련의 상황들이 즐비한 곳이라고 할 수 있겠죠. 특히 아주 큰 회사일수록 더 그렇습니다. 회사 이사회 사무실에서의 상황이 있습니다. 회계 부서에서의 상황이 있습니다. 홍보 부서에서의 상황도 있습니다. 그밖에 여러 부서에 각기 다 상황이 존재합니다. 이런 각각의 상황에는 각각의 규범이 있고 이는 사원들에게 팀플레이를 하라고 주문합니다. 이렇게 되면 집단 내·외라는 상황이 생겨나죠. 만일 누군가가 보너스를 받고 승진을 하고 싶다면 집단 내의 팀플레이어가 되어야 할 것입니다. 그리고 그 상황이 요구하는 규범과 마찰을 빚으면 안 되겠죠."

좋다. 그렇다면 보너스나 승진을 포기한 사람은? 나는 물었다. 회사에는 위에서 설정한 좋고 나쁨의 기준이 되는 이념이 있지 않은가?

"네, 만일 팀이나 집단, 혹은 회사의 수장이 어떤 이념을 가지고 있다면, 거기서 출세하기 위해 그 이념을 따라야겠죠. 어쩌면 그 이념이라는 것이 자신이 생각했던 것과 조금 다를 수 있어요. 그렇지만 대개는 조금만 처신을 바꾸면 될 정도죠. 일단 어떤 팀에 몸을 담으면 거기에 맞춰 가지 않기도 힘들 겁니다. 조금도 바뀌지 않으려고 그때까지 이뤄온 모든 것을 포기한다면 그건 불화를 의미하는 거죠."[10]

이 책의 초반부에서 우리는 시장의 경로 의존성에 대해 살펴보았다. 시장은 이미 채택하고 있는 경로에 의존하는 경향이 있다는 것이었다. 다르게 표현하면 그 안에서 작동하고 있는 통로에 스스로를 아예 가두어버리는 것이다. 여기서 우리는 도덕적 경로 의존성의 범례가 될 만한 것을 찾을 수 있다. 도덕 시스템과 행동을 좌우하는 것은 회사의 규칙이다. 다른 표현으로, 그 환경에서 다른 누군가가 본보기를 보이고 있는 도덕적 (행위) 패턴이라는 경로 속에 자신의 행동을 가둔다고 할 수도 있다. 그래서 기업 이념과 최고경영진이라는 환경은 하나의 상황을 수립한다. 그리고 이 상황은 직원들의 선한 기질을 장려할 수도 있고, 그들로부터 악한 기질을 끌어낼 수도 있다. 이제 하나는 악하고 하나는 선한 2개의 기업 시스템을 검사해보자. 그리고 이 기업들 각각의 환경이 어떻게 그토록 큰 차이가 나는 결과를 불러왔는지 알아보자.

1987년에 영화 「월 스트리트」에서 마이클 더글러스가 맡은 역할인 고든 게코라는 인물은 손이 큰 기업 사냥꾼이었다. 그는 찰리 신이 맡은 젊고 순수한 버드 팍스에게 이렇게 말한다.

"이봐, 우리는 규칙을 만드네. 뉴스, 전쟁, 평화, 기근, 재난, 종이클립 가격에 이르기까지 말일세. 우리는 모자에서 토끼를 꺼낼 거야. 그러면 뺑 둘러앉은 치들은 그게 도대체 어떻게 된 것인지 영문을 모르고 놀라겠지. 자네는 지금 우리가 민주국가에 산다는 사실도 모를 만큼 물정을 모르지는 않겠지. 안 그런가? 여기는 자유 시장이고 자네는 그 일부야."

대부분의 사람들이 견지하고 있는 진화론의 신화가 울려 퍼진다. 자연은 "피로 물든 이빨과 발톱(테니슨의 명구에 나오는)"의 세계다. 그리고 진화라는 것은 '적자생존'의 과정(허버트 스펜서의 음울한 기술)에 다름 아니다. 게코는 미국이 왜 산업 사회 최고의 자리를 잃었는지 그 이유를 설명한다.

"주식회사 미국의 부적격자도 생존할 수 있게 하는 새로운 진화 법칙을 만들었기 때문이야. 여하튼 내 원칙에 따라 제대로 하라고. 아니면 도태될 뿐이야."

이는 사람들이 일반적으로 받아들이고 있는 주식회사 미국과 시장 자본주의에 대한 생각이다. 이런 관점에서 고든 게코는 특별히 악한 몇몇 CEO를 대표하는 것이 아니다. 그는 부패한 전체 기업 환경을 상징한다. 게코의 저 유명한 '탐욕' 대사를 통해 우리는 이 책에서 논파하고 있는 그 모든 신화들을 발견할 수 있다. 자본주의는 격렬한 경쟁에 뿌리를 두고 있으며 그것에 의지하고 있다는 신화, 기업가는 모름지기 성취를 위해 자기중심적이 되어야 하고 남을 짓밟아야 한다는 신화, 진화는 이기적이며 오직 걸러내기만 할 뿐 창조는 하지 않는다는 신화, 그리고 물론 탐욕이 선이라는 신화.

요지는 이겁니다. 신사 숙녀 여러분. 탐욕은 말입니다. 더 좋은 단어가 없어서 이 단어를 씁니다. 탐욕은 선입니다. 탐욕은 정당합니다. 탐욕은 노력합니다. 탐욕은 진화 정신의 정수를 잡아내고, 명료하게 축약하는 말입니다. 그 모든 형태의 탐욕들, 삶에 대한 탐욕, 돈에 대한 탐욕, 사랑에 대한 탐욕, 지식에 대한 탐욕, 이 모든 탐욕들은 인류의 도약 의지를 말해주고 있습니다. 제 말 잘 새겨들으세요. 탐욕은 텔더제지 회사를 구할 뿐 아니라 미합중국이라고 불리는 또 다른 제조업체를 구해낼 것입니다.

정말로 사람들은 이런 묘사가 기업의 세계를 가장 잘 나타내고 있다고 생각할까? 그렇다. 많은 사람들이 기업에 대해 가지고 있는 믿음의 편린은 2003년 캐나다에서 제작한 다큐멘터리 영화 「기업(The Corporation)」에서 찾아볼 수 있다. 이 영화의 부제에 모든 것이 담겨 있다.

"이익과 권력의 병적인 추구(The Pathological Pursuit of Profit and Power)."[11]

노엄 촘스키(Noam Chomsky), 하워드 진(Howard Zinn), 제레미 리프킨(Jeremy Rifkin), 마이클 무어(Michael Moore) 등 대기업에 비판적이면서 공공의 가치를 옹호하는 지식인들은 기업을 시체 청소부 독수리, 고질라, 프랑켄슈타인이 만든 괴물과 그밖의 여러 기괴한 피조물들에 견주고 있다. 기업은 이런 괴물들처럼 "어떤 희생을 치르고서라도 가능한 한 최대의 이익을 삼키려고 한다"는 것이다. 촘스키는 기업을 노예제에 비교했다. 기업이라는 개념 자체가 비헌법적인 것이라고 말한다. 심리학자인 로버트 해어(Robert Hare)는 미국 신경정신과학협회가 발간한 진단 및 통계 매뉴얼(Diagnostic and Statistical Manual, DSM–IV)

을 적용해서 기업을 임상적인 정신질환을 앓고 있는 환자처럼 진단하고 있다. 그는 기업들이 병에 걸려 있으며 정신병 치료를 위해 병원에 수용되어야 함을 넌지시 말하고 있다. 수많은 기업 내부자들도 시장자본주의가 이기적이고 극렬하며, 제것만 챙기는 탐욕에 기초하고 있고 그에 의해 유지된다는 신념에 동화되고 있다.

예를 들어 기업 사냥꾼인 이반 보에스키(Ivan Boesky)는 고든 게코의 모델이 된 사람인데, 그는 1985년 UC버클리 졸업 연설에서 학생들에게 이렇게 말하고 있다.

"탐욕은 정당한 것입니다. 여하튼 나는 여러분들이 이 사실을 알았으면 합니다. 나는 탐욕은 건강한 것이라고 생각합니다. 여러분들은 탐욕스러워질 수 있고 그러면서도 스스로를 충분히 좋게 볼 수 있습니다."[12]

그러나 자연에서의 생물학적 진화 과정이 승자 독식이라는 탐욕을 무제한 용인하는 구조 위에서 이뤄졌다면 지구상의 모든 생명체는 수억 년 전에 다 멸종했을 것이다. 만일 시장자본주의가 승자 독식의 시스템이라면 그것은 수세기 전에 붕괴했을 것이다. 이는 왜 지금까지도 월드컴이나 엔론 사태 같은 유형의 사건이 지면을 장식하게 되는지 그 이유를 설명해준다. 만일 그렇지 않다면, 즉 말도 안 되는 윤리적 타락으로 야기되는 그런 기업 사태가 너무 흔한 일이라서 저녁뉴스의 취재거리도 안 된다면, 자유시장 자본주의는 공룡이 갔던 길을 걸었을 것이다.

이는 지난 두 세기 동안 기업들이 저지른 각종 비리들을 부정하려는 것이 아니고, 기업들의 초상에 현실성 없는 장미색을 입히려는 것도 아니다. 내가 주장하는 것은 그런 비리들이 예외이지 결코 법칙이 아니라는 것이다. 그것들은 사악한 기업 문화의 산물이지 사악한 기업 수장의 결과물이 아니라는 것이다. 엔론과 구글을 비교해보면 놀라울 정도로 세세한 부분까지 상황의 힘이 어떻게 우리 본성에서 좋은 쪽, 나쁜 쪽을 끌어내는지 그 차이가 극명하게 드러난다.

● 악이 발생시킨 돌연변이: 엔론의 기업 시스템

엔론 도산에 관해서는 여러 책자와 학술 논문, 다큐멘터리 영화 등에서 아주 자세하게 이야기되었다. 그 중 대부분은 엔론의 도산 원인을 회계 부정과 경영 상층부의 부패에 돌리고 있다.[13] 조지 W. 부시 대통령은 아부 그라이브 사건에 대한 언급을 떠오르게 하며 이 회사의 붕괴가 몇몇 "나쁜 혹은 사악한 인간들" 때문이라고 말하고 있다. 그러나 '나쁜 인간' 이론만으로는 엔론에서 발생한 사건들을 설명할 수 없을 뿐더러 기업이 저지르는 악행의 진정한 본질에 대한 어떤 깊이 있는 통찰도 제공해줄 수 없다.

엔론 기업 문화의 발달에 대해서는 폭넓은 연구가 이뤄졌는데, 그 중에 퀸스대학교 경영대학원 출신의 경영 분석가인 클린턴 프리(Clinton Free)와 노먼 매킨토시(Norman Macintosh)는 리처드 킨더(Richard Kinder)가 회장으로 재임하던 1986년부터 1996년까지 엔론이 대단히 효율적인 경영 시스템을 가동시키며 투명한 지배 구조를 선보였던 시기와 1996년부터 2001년까지 제프 스킬링(Jeff Skilling)의 시기, 즉 이런저런 견제와 균형이 무력해져 있던 시기 사이에 무슨 일이 일어났는지 밝혀내고 있다.[14] 과연 무슨 일이 일어났나?

엔론은 1985년에 케네스 레이(Kenneth Lay)가 휴스턴 가스회사와 인터노스 법인의 합병을 진두지휘하면서 출범했고, 레이는 새로운 에너지 기업의 CEO가 되었다. 그 후 레이는 리처드 킨더를 채용해서 그에게 경영을 맡겼고 자신은 각종 거래를 주선했으며 워싱턴 정가에 줄을 댔다. 1990년부터 1996년까지 엔론의 주식 배당금은 2억 200만 달러에서 5억 8,400만 달러로 늘었고 총수익은 53억 달러에서 134억 달러로 치솟았다.[15]

킨더 경영 스타일의 핵심은 투명성, 책임성, 그리고 회사 일의 모든 단계에 일일이 개입하는 태도로 요약할 수 있다. 경영진, 실무 부서장들과 규칙적인 회합을 가지면서 킨더는 누구나 자신의 업무에 관해 아주 세세한 부분까지 잘 알고 있는지 철저히 점검했다. 킨더는 쉽게 속일 수 있는 사람이 아니었다. 나중에 한 이사는 이렇게 회상했다.

"만일 그에게 예산 수치를 말해주고 그게 어떻게 산출된 것인지를 설명했다 합시다. 그러면 킨더는 대번에 '그건 작년에 당신이 내게 한 말과 다른데' 하면서 자기 책상으로 가서 전년도 예산 기록을 꺼내서 내가 틀렸다는 것을 증명해 보이죠. 대단했어요."

또 다른 부서장은 "킨더에게 거짓말하기란 불가능했습니다. 만일 경영진 중에 누가 그에게 숫자를 가지고 거짓말을 했다면, 아마 점심으로 그를 먹어 치웠을 거요"라고 말한다.[16]

악은 자주 은밀한 곳에서 발생한다. 스탠퍼드대학교 심리학부 건물의 지하실이나 아부 그라이브 감옥의 후미진 곳 등이 그런 장소다. 악에 맞서는 제1진을 구성하는 것은 투명성, 공개적인 의사소통, 시스템의 모든 부분에 대한 지속적인 점검 등이다. 이사들을 규칙적으로 대면하고 회의를 주재하면서 킨더에게는 '규율 박사'라는 별칭이 붙었다. 그는 누가 언제 누구에게 무엇을 하는지, 분 단위로 알게끔 보고받기를 원했다. 엔론에서 20년 임원 생활을 한 누군가는 이렇게 기억한다.

"킨더는 항상 노란 종이철이 비치된 사무실에 앉아 있었어요. 그러고도 회사에서 일어나는 별의별 것들을 다 훤히 꿰고 있었지요."[17]

프리와 매킨토시는 이런 경영 스타일이 하버드대학교 경영대학원 교수 로버트 시몬즈(Robert Simons)의 이론 모형을 답습하고 있는 것이라고 한다. 이는 시몬즈가 자신의 유명한 저서인 《통제의 지렛대(Levers of Control)》에서 구축한 것으로 전략적 · 윤리적 변화를 이끌어낼 수 있는 3가지 통제 체계를 밝혀내고 있다. 첫째, 핵심적인 가치를 전달하고 영감과 방향성을 제공하는 신념 체계. 둘째, 전략적 분야를 구획 짓고 자유의 한계를 설정하는 영역 체계. 셋째, 경쟁적인 환경에 적응하기 위해 유연성을 제공하고 조직적인 학습을 장려하는 상호작용 체계.[18]

킨더는 이 경영 시스템을 채택했고 이에 따라 경영진들이 만든 보고서를 꼼꼼하게 점검했다. 그리고는 정기적인 모임에서 경영진과 부하를 대상으로 이것들을 시험하고 시행했다. 그가 이렇게 하자 경영진은 밑의 부하들에게 같은 방식으로 대했고, 그렇게 함으로써 엔론 사의 모든 부분에 투명성을 기할 수 있게 되었으며 경영 실수나 부패에 덜 취약하게 되었다. 더 나아가 킨더는 엔론 사를 가족 같은 분위기로 만들었다. 사원들의 개인 생활에 관심과 배려를 보임으로써(이를테면 경영진이나 사원들이 가족의 장례식에 참석하러 고향에 갈 때 교통비를 지원해주는 등의) 존경심과 충성심을 이끌어냈다.

그러나 1997년 모든 것이 바뀌고 말았다. 제프 스킬링이 킨더를 밀어내고 회장이 되었다. 하버드 경영대학원 졸업생이며 리처드 도킨스의 획기적인 책 《이기적 유전자》의 애호가였던 스킬링은 도킨스의 이론을 오독(誤讀)했다. 그는 진화가 극심한 경쟁과 자기 이익만 탐하는 이기주의에 의해 진행된다고 해석했다. 그는 '적자생존'이라는 관념을 좋아했다. 이런 입장은 엔론의 경영 방침에 그대로 적용되었다. 그는 동료평가위원회(Peer Review Committee, PRC) 시스템을 만들었다. 회사 내에서는 이것을 '등급 매기기와 목 자르기'라고 불렀다. PRC는 사람들에게 근본적으로 동기를 부여하는 것이 탐욕과 공포라는 그릇된 전제에 기초하고 있었다.

스킬링은 사원들에게 1부터 5까지의 등급을 매겼다. 5등급자는 회사를 나가야 했다. 이는 반년에 한 번씩 사원 중의 10퍼센트에서 20퍼센트가 쫓겨나는 결과를 초래했다. 모든 사람을 벼랑 끝으로 몰았으며 직장을 잃지 않을까 하는 불안감에 떨게 만들었다. 상대평가 시스템에서 5등급을 받은 사람들은 그들의 절대적인 업무 수행 능력이 얼마나 좋은가에 상관없이 자동적으로 '시베리아'로 보내졌다. 이곳은 일종의 대기 장소로, 거기서 5등급자들은 2주 동안 엔론 사 내의 다른 자리를 알아봐야 했다. 그리고 (소득 없이) 그 시한이 지나면 그들은 회사를 나가야 했다. 켄 레이의 말에 이 모든 것이 담겨 있다.

"우리의 문화는 거친 문화다. 매우 공격적인 문화다."

엔론의 에너지 거래업자 중의 하나였던 찰스 위크먼(Charles Wickman)은 제프 스킬링 시절의 기업 문화에 대해 아래와 같이 말하고 있다.

"내가 보수 문제를 논의하러 회장 방에 가서 누군가의 목을 짓밟아 버리면 내 보수는 2배가 되었다. 그러니 나로서는 인정사정없이 그 자의 목을 밟아버릴 수밖에 없었다. 그게 말하자면 그 당시의 사내 인심이었다."[19]

2005년 엔론에 관한 다큐멘터리 영화를 제작하면서 알렉스 기브니(Alex Gibney) 감독은 웨스트코스트에너지 회사 안에서 은닉된 녹음테이프를 찾아냈다. 그 테이프에는 엔론 사의 거래업자들이 발전소 기술자들에게 발전을 중단하라고 요구하는 내용이 담겨 있었다. 그러면 특정 배전망으로 가는 에너지 공급을 감소시켜 가격을 급등시킬 수 있기 때문이었다. 엔론 사는 곧바로 이익을 취하게 될 터였다. 2000년 이런 획책은 캘리포니아 전역에 정전 사태를 몰고 왔으며 에너지 가격을 대폭 올려놓았다. 물론 그에 따라 엔론의 주가도 천정을 때렸다. 또한 캘리포니아 일대에서 산불이 나면서 배전망이 파괴되자 에너지 가격은 하늘로 치솟았다. 그때 한 거래업자는 이렇게 외쳤다고 한다.

"태워라, 예쁜 것들아, 모조리 태워버려!"[20]

스킬링의 평가 및 보너스 시스템은 부서장들, 이사들 사이에서의 숱한 뒷거래와 막후교섭으로 이어졌다. 이들은 서로 평가 점수를 맞바꾸었는데, 이는 정치 흥정이나 다름없었다. 어떤 이사가 기억을 더듬어 있었음직한 대화를 재구성한다.

"내가 묻습니다. 'PRC 문제로 얘기 좀 할 수 있어요?' 그녀가 대답하죠. '왜요? 거래하고 싶어요?' 내가 말합니다 '그럽시다', 이런 식으로 거래가 되는 겁니다."[21]

다른 이사는 PRC 시스템을 일컬어 이렇게 표현하고 있다.

"사원들이 비윤리적이고 장차 불법이 될 수 있는 기업 관행에 대해 의견을 표명하거나 이의를 제기하는 것을 두려워하는 환경으로 만들었다. 왜냐하면 '등급 매기기와 목 자르기' 시스템은 자의적이고 주관적으로 작동했기 때문이다. 경영진은 이를 자신들에게 바치는 맹목적인 충성심에 보상을 내리고 불만을 억누르는 수단으로 사용했다."[22]

'등급 매기기와 목 자르기' 시스템은 사원들을 서로 대립하게 함으로써 엔론 종사자들로부터 최악의 것을 이끌어냈다. 바로 이기심, 경쟁심, 그리고 탐욕이다.

사회적 다윈이즘이라는 시한이 다 된, 케케묵은 원칙을 굳게 믿는 한편 스킬링은 상당히 무모한 데가 있었다. 추측컨대 도파민이 부족하지 않았나 싶다. 꽤나 모험적인 회사 단체 여행을 하기도 했는데. 이를 테면 캘리포니아 바하의 험준한 지형을 모터사이클을 타고 답파하는 등의 이벤트를 통해 엔론의 거칠고 경쟁적인 분위기를 더 강화시켰다.

스킬링의 보너스 시스템은 PRC 등급 데이터베이스를 근거로 해서 구축된 것인데, 보너스 액수에 따른 사원들의 분포도는 종 모양의 곡선을 그리고 있다. 이는 팀정신, 협업 분위기와는 배치되는 구조를 나타내고 있는 것이었다. 보너스의 비중은 집으로 가지고 가는 보수의 10~26퍼센트를 차지했는데, 이 정도면 등급을 올리기 위해 점수를 조작할 만한 유인이 되고도 남았다.

그런가 하면 중상 모략하거나 합의된 거래를 다른 사원이나 부서에서 훼방을 놓는 일들이 비일비재했다. 어떤 임원은 말하기를 이 보너스 시스템이 "다윈이즘의 엄혹한 변종이며 모든 사원들에게 경쟁 심리를 불어넣음으로써 전혀 다른 엔론을 만들었다"고 했다. 그런가 하면 다른 누군가는 "그것은 제프 스킬링의 작품이었고 그의 자식이었다. 그것은 우리를 끊임없이 긴장시켰고 결국 벼랑 끝으로 몰고 갔다"고 말하고 있다.[23]

또 다른 부서장은 이 시스템이 어떻게 회사 내에서 비밀과 의혹의 계단으로 이어졌는지에 주목하고 있다. 그에 따르면 이런 상황은 회사가 훗날 문제에 봉착했을 때 회사 재정 상태를 사실대로 털어놓아야 함에도 불구하고 계속 속이기로 일관하는 분위기를 낳았다고 한다.

"모든 부서와 경영 조직은 자신들만의 '기지'를 가지고 있으면서 다른 파트와는 서로 분리되어 있었다. 일종의 권력 분산이라고 할 만하지만, 팀워크가 충분히 이뤄지지 않았다. 모든 부서는 재원을 확보하기 위해 다른 부서와 경쟁을 벌여야 했다. 결국 사원들의 시야는 자신이 속한 파트로 제한되었고, 그러다 보니 모든 문제를 전체적·통합적으로 볼 수 없었다. 자신이 맡고 있는 부분적인 업무는 잘 이해했고 바로 옆자리 동료가 무엇을 하는지도 잘 알았지만 큰 그림을 파악할 수 있는 사람은 극소수에 불과했던 것이다."[24]

종국적으로 회사 비리의 원인은 악의 환경이었다. 이는 이 기업의 설립자들, 임원들, 부서장들이 만들어낸 것이었다. 간단히 말하면 이 회사의 기업적 사회 심리가 그랬던 것이다. 즉, 이것이 우리가 가진 어둠의 심장을 더 빨리 뛰게 만들었던 것이다.

● 선이 가져온 진화: 구글의 기업 시스템

이른바 고든 게코 식의 경제학 이론이 나쁜 기업 환경을 생성시키고 선한 사람을 악하게 만드는 것이라면, 이와 대조적으로 구글 경제학 이론은 좋은 기업 환경을 조성해서 사원들과 고객들의 선한 덕목을 최대화하는 것이라 할 수 있다.

내가 처음으로 세르게이 브린(Sergey Brin)과 래리 페이지(Larry

Page, 구글의 공동 설립자—옮긴이)를 만난 것은 '마음의 모험'이라는 이름으로 시애틀에서 열린 영재 고등학생들을 위한 주말 모임에서였다. 이는 말하자면 진정한 의미에서 세계 각국의 미술, 문학, 과학, 경영계를 망라한 '인명사전' 같은 것으로 각계 거물들이 젊고 열의에 찬 학생들과 3일 동안 같이 지내면서 대화를 나누고, 그 과정에서 이 청소년들이 자신을 발견하는 계기를 만들어주기 위해 기획된 것이었다. 여기에 참가한 사람들의 면면을 보면 노벨상 수상자, 퓰리처상 수상자, 맥아더 천재상 수상자, 세계에서 가장 많이 쓰는 검색 엔진의 발명자 등 대단했다.

브린과 페이지는 그저 진실하다고 하기에는 너무나 뛰어난 사람들이었다. 갓 대학을 졸업한 사람만이 갖고 있는 원대한 시야와 경이로움을 느끼는 능력으로 그들은 세상을 바꿀 일을 꾸미고 있었다. 그들은 우주 식민지화나 세계의 모든 정보를 목록화하는 일 같은 주제에 대해서도 마치 사람들이 휴가나 최근에 읽은 책 이야기를 하는 것처럼 대수롭지 않게 이야기했다.

브린은 물구나무서서 무대를 한 바퀴 돈 후에 이제는 너무나 잘 알려진 얘기지만 그와 페이지가 어떻게 해서 스탠퍼드대학교 기숙사 방에서 그 검색 엔진의 아이디어를 구상했는지 소상히 말해줬다. 어떻게 그들이 주인 없는 컴퓨터들에서 하드 드라이브를 빼내고 그것들을 선반 위에 첩첩이 쌓았는지, 그 많은 컴퓨터를 돌리자 어떻게 동시에 많은 열이 발생해 화재가 날 뻔했는지, 어떻게 스탠퍼드대학교가 자신들의 검색 엔진 구입을 거부했는지, 또 어떻게 해서 박사 학위 소지자들인 자신들이 검색 엔진 개발을 추진하기 위해 학교를 그만두었는지 얘기했다. 그뿐만 아니라 한 투자자가 사무실을 얻으라고 10만 달러를 준 얘기도 했는데, 그들은 회사 이름과 회사 명의의 은행 계좌를 개설할 때까지 그 돈을 예치하지도 못했다고 했다.

구골(googol)은 10의 100제곱에 해당하는 숫자다. 이 어마어마한 숫자는 이들에게 검색 엔진을 가지고 찾을 수 있는 전 세계 모든 정보의 양을 의미했다. 페이지가 수학에 빠져 있었던 고로, 이들은 그것을 회사 이름으로 선정했다. 그러나 브린의 농담에 따르면, 그들이 아직 철자 확인 프로그램을 개발하기 이전이었던 터라 구골은 구글(Google)로 바뀌었다. 역사상 가장 빠른 성장을 보였고 가장 영향력 있는 기업 중 하나인 이 회사는 이렇게 철자 하나가 틀린 이름으로 출범했다.

장난기 많은 브린과 페이지는 캘리포니아 마운틴뷰에 있는 자신들의 회사 본부에 '구글플렉스(Googleplex)'라는 이름을 붙였다. 구골이 10의 100제곱이라면, 구골플렉스는 10의 구골제곱, 즉 10에 10의 100제곱을 제곱한 숫자다. 이 개념을 창안해낸 아홉 살배기 밀턴 시로타(Milton Sirota)의 말에 따르면, 이 숫자는 "1을 쓰고 그 다음에 지쳐서 못쓸 때까지 0을 쓰면" 되는 숫자다. 막상 구글플렉스를 찾아가 실제로 보니 이 이름이 너무 잘 어울린다는 생각이 들었다. 그곳의 모든 것은 좋은 의미에서 걸리버 여행기에 나오는 거인국이라고 할 만했다.

로비로 들어서면 라바 램프와 피아노가 한 대 놓여 있고, 회전하는 지구의 거대한 투영상이 보이며 여기에서 우주로 형형색색의 광선이 뻗어나가는데, 이는 현재 검색 요청이 들어오고 있는 숫자를 나타낸다. 엄청난 크기의 백색 판은 '구글 운영체계(Google OS)'라 부르는 것으로, 여기에는 이 회사의 목표들이 박람회 풍의 다양한 색깔로 이상야릇한 작업 공정표처럼 그려져 있었다. 예를 들면 'AI를 개발하라', '궤도 마인드 컨트롤', '구글 풋볼 리그', '뉴질랜드를 사라', '특이성을 구축하라', '평야의 불가사의한 원들', '어린이 보호 킨더플렉스', 그리고 적절하게도, '악의 제거' 등. 구글의 기업환경은 이 마지막 목표를 지향해가면서 조성되고 있었다. 그리고 그런 점은 "사악해지지 말라"라는 회사 이념에 잘 나타나 있다.

여기서 내가 구글의 환경에 대해 기술하는 취지는 사람들을 잘못된 길로 들어서게 하는 악한 환경과 대비시키기 위해서다. 환경은 물리적인 동시에 심리적인 것이다. 구글의 로비는 유리문 안쪽에 있는 것과 조화를 이루게 조성되어 있다. 유리문과 벽은 투명하고, 투명성은 신뢰를 받쳐주는 초석들의 하나다. 투명성은 전 세계 수백만 명의 사람들이 행하는 검색 작업에서도 분명하게 드러난다. 이 검색 요구들은 전광판에 하나씩 하나씩 올라가며 표시된다(추측컨대 X-등급 검색 요구를 가려내기 위한 것이 아닐까 생각한다).

복도에 들어서면 자전거와 큰 운동용 고무공들이 있다. 구글러들(Googlers), 구글사의 직원들을 이렇게 부르는데 이들은 소집단으로 무리지어 일을 한다. 그리고 소파와 개들이 공간의 또 한편을 차지하고 있다.[25] 구글러들은 일을 열심히 한다. 열심히 놀기 때문이다. 구글의 경내에는 체육실, 비디오 게임, 당구대, 탁구대, 배구 코트, 그리고 여타의 오락 편의 시설들이 즐비하다. 만일 이걸로도 충분치 않다고 생각하는 직원들이 있어서, 펜이나 포스트잇 용지를 훔치고 수표를 횡령하고 홍보비를 가로채고 싶다가도 그전에 스물일곱 번 고쳐 생각하고 마음을 바로잡으면, 잘 짜인 식단을 자랑하고 있는 무료 식사와 밥 먹기 전후로 사이사이 주전부리를 즐길 수 있는 다양한 스낵바가 제공될 것이다. 전문 주방장이 몸에 좋고 맛 좋은 음식을 대령하는데, 직원 10명 중 9명은 직장에서 이게 제일 마음에 드는 거란다.

"어쨌든 점심이 공짜잖아요."

구글 웹페이지에서 볼 수 있는 구글에서 일하는 가장 좋은 10가지 이유 중 하나가 이거다.

"실제로 우리가 매일같이 하는 것들이죠. 건강 지키기, 맛있는 식사, 사랑하기."

물론 경제학자라면 누구나 공짜 점심은 없다는 것을 알고 있다. 이는 하루에 수천 명을 먹인다는 것을 정당화하기 위한 비즈니스 모델임이 분명하고, 또 그만큼 논리적이기도 하다. 고용인들을 먹인다는 것은 그들이 점심이나 저녁을 먹기 위해 구글플렉스를 떠나지 않는다는 말이고 사내에서 그만큼 시간을 더 많이 보낸다는 말이기 때문이다. 그리고 운전이나 주차를 하면서 혹은 회사 밖에서 먹으면서 뺏기는 시간을 절약한다는 말이다. 그뿐인가. 세탁, 이발, 세차, 심지어는 마사지 서비스까지 받을 수 있다. 이 모든 것이 구글플렉스 내부에서 가능하다. 심지어 구글은 무선 인터넷 접속이 가능한 전세버스를 운행한다. 이 버스를 타고 샌프란시스코에서 통근하는 직원들은 더 높은 생산성을 기할 수 있다. 이는 팀워크와 독립성을 동시에 장려하는 환경이다.

"사람들은 점심을 먹으면서 자신들이 매달려 있는 작업들에 대해 이야기를 나눈다."

구글 소프트웨어 엔지니어의 말이다. "그럴 때 보면 그들은 마치 자기만의 작은 회사를 꾸려나가고 있는 CEO 같다."

직원들에게 무료 식사와 갖가지 편의를 제공하는 또 다른 이유가 있다. '주고받기'가 그것이다. 영장류들 사이에서 주고받기의 기본 원칙은 식량의 공유 같은 가장 기초적인 것들과 관련되어 있었다. 그리고 이는 복잡한 교환 네트워크로 진화·발달했으며 통신 판매업자서부터 매디슨 가의 소매상인에 이르기까지 누구나 채택하게 되었다.

"만일 내가 당신에게 공짜로 무엇인가를 주면, 당신도 그에 상응하는 무엇을 해야 한다는 의무감을 느끼게 될 것이다."[26] 수렵채집자 집단 내에서 사람들은 다른 사람들에게 융숭한 대접을 베풂으로써 마음의 신용을 쌓았다—그 예로 북아메리카 원주민의 포틀래치(potlatch)라고 부르는 겨울 축제의 선물 나누기 행사가 있다. 이는 반드시 보답되었는데, 정치적 자본을 만들어주거나 경제적 신뢰를 부여하고 사회적 선의를 제공하는 등의 방식으로 되돌아왔다.

소비교역자 역시 포틀래치에 상응하는 무엇을 제공함으로써 마음의 신용을 쌓는다. 그리고 이는 정치·경제·사회적 안정이라는 보답물을 받는다. 잠재적 고객들에게 공짜 선물을 제공하면, 그들이 실제 고객이 될 가능성이 높아진다. 내 나이 또래 혹은 그보다 연상의 독자들은 여호와의 증인 신도들이 공항에서 꽃을 나눠주던 것을 기억할 것이다(지금은 허용되지 않고 있다). 그들의 목적은 사람들에게 일종의 부채감을 주어 기부를 하게 만들려는 것이었다. 보다 최근 들어서는 대량 통신 마케팅을 하는 사람들이 흔히 쓰는 전략으로 조그마한 선물을 주곤 하는데, 이를테면 봉투용 스티커 같은 것들, 거기에 우리의 이름과 주소가 쓰여 있는 것들을 공짜로 준다. 그들은 우리가 그것을 쓸 것이고 뭔가 주문서를 보내서 보답을 해야 할 것 같은 느낌을 갖게 될 것이라 생각하는 것이다. 내가 지금까지 본 것 중 가장 '무지막지한' 주고받기의 수단은 여론조사원들이 썼던 것인데, 여론조사지를 다 쓰고 나면 빳빳한 1달러짜리 지폐를 주었다.

구글의 환경은 친목을 강화했고 반목을 약화시켰다. 이는 기업 내

위계를 최소화하는 동시에 서로 다른 부서에서 일하는 사람들 간의 상호 협력을 최대화함으로써 가능했다. "누구나 자신이 구글을 발전시켜나가는 중요한 존재임을 인식했기 때문에 간부들 앞에서도 망설이거나 수동적인 자세를 보이지 않는다"라고 이 기업 문화에 관한 한 보고서에 적혀 있다. 자사 직원들에게 일독을 권하는 보고서다.[27]

구글러들은 자신의 시간 중 20퍼센트 정도를 상부의 감독이나 지시를 받지 않고 새로운 아이디어를 내는 데 쓸 수 있다. 수평적 기업 문화는 평등주의와 반엘리트주의적인 분위기를 조성했는데 이는 우리의 경제적 통념과 일치하는 부분이 있다. 이러한 분위기는 구글플렉스를 넘어서 전 세계로 확장되고 있다.

"구글의 목표는 정보를 찾는 사람들에게 지금보다 훨씬 더 높은 수준의 서비스를 제공하는 것이다. 그들이 보스턴 사무실의 책상 앞에 있건, 독일 본 시내에서 운전을 하며 지나가건, 아니면 방콕에서 느긋하게 산책을 하건 간에 원하기만 하면 아무 문제 없이 정보 검색을 할 수 있도록 하는 것이다."

구글 철학에 관한 웹 서류에 실린 글의 한 구절이다.

구글 도서관 프로젝트가 의미하는 것을 생각해보자. 스탠퍼드나 하버드, 옥스퍼드, 미시간대학교의 도서관, 뉴욕 공공도서관이나 여타의 도서관에 있는 수백만 권의 장서를 스캔해서 전 세계 어디에서 누구든지 온라인을 통해 공짜로 검색할 수 있게 하고자 하는 계획이다. 물론 이 저작권 문제가 아직 해결되지 않고 있지만, 내가 하고 싶은 말은 이와 같은 계획은 신뢰의 환경을 보강해줄 수 있으며 보다 많은 지역에서 보다 많은 사람들에게 보다 큰 자유와 번영을 가져다 주고자 하는, 수천 년 동안 지속되고 있는 (인간의) 오랜 장정에서 중요한 한 걸음이라는 사실이다.

브린과 페이지는 회사가 공공서비스를 시작할 때 같이 배포한 문서에 이렇게 썼다.

"우리는 잘 기능하는 사회가 풍부하고 자유롭고, 균등하게 고품질의 정보를 접할 수 있는 사회라고 믿는다. 구글은 그러한 세상의 건설에 대해 책임감을 느끼고 있다."

정보를 통제하는 자가 세상을 통제한다. 그러나 만일 누구나 다 그런 정보에 접근할 수 있다면 아무도 세상을 마음대로 통제할 수 없게 된다. 정보의 투명성은 정치적 패권을 이긴다.

사용자 관점에서 보면 이 회사의 환경은 조금도 문제될 게 없다. 우리는 다만 우리가 필요로 하는 것을 가져다줄 수 있는 검색 엔진을 원할 따름이다. 구글의 성공은 '고객 우선'의 대원칙을 고수했다는 사실에 부분적으로 기인한다. 기업이 신뢰를 쌓으면 고객은 달려온다. 그들은 입소문만 가지고도 쇄도한다(구글은 회사 이름을 거의 광고하지 않는다). 왜? 구글은 검색과 관련해서 웹 페이지상의 자리를 돈 받고 팔 수 있음에도 불구하고 그러지 않는다. 대신 그들은 사용자와의 신뢰를 구축한다. 사용자들은 컴퓨터 스크린에 나타나고 있는 것들이야말로 가장 민주적인 원칙에 근거한 검색엔진의 산물임을 알 것이다. 구글의 페이지 랭크 프로그램은 동일한 정보를 다루는 수백만 개의 사이트들이 그들 중 어떤 사이트가 가장 우수한지 민주적인 사이버 세계에서 자체 투표로 결정하게 하는 프로그램이다.

"사용자들은 구글의 객관성을 믿습니다. 단기적인 이익을 취하려고 신뢰도에 해가 가는 행동을 할 거라고 생각하지 않는 거죠."

사용자들의 시간을 독점하려고 하는 대부분의 웹 페이지들과는 달리 구글이 천명한 목표는 "사용자들이 구글 자신의 웹사이트를 가능한 한 빨리 떠나게 만드는" 것이다.

극소수의 광고가 있긴 한데 그것들은 검색 페이지에 국한되어 있다 (홈페이지에는 절대로 없다. 여기는 구글의 미니멀리스트적인 방식이 고수되는 곳이다). 그런데 검색 페이지들은 정보의 또 다른 원천이다. 구글의 모토를 확장해서 생각해보면, 이 회사의 클릭수 광고 프로그램이 의미하는 것은 '나쁜 짓을 하지 않고도 돈을 벌 수 있다' 는 것이다. 구글의 광고는 검색 알고리즘만큼이나 민주적이다. 아무리 작은 것이라도 누구나 할 수 있기 때문이다. 돈을 조금만 들여도 광고 효과를 시험해볼 수 있다면 누가 광고 대행사를 이용해가며 포커스 그룹이니 브랜드 테스트니 하는 것에 수백만 달러를 쓰려 하겠는가?

구글 행동 수칙의 중추는 이제 친숙한 슬로건인 '사악해지지 말라'이다.[28] 그런데 이 다소 평범한 문구가 진짜로 의미하는 것은 무엇일까? 구글 직원으로서 영위하는 삶의 모든 부분에서 자신들의 핵심 가치들이 자신들의 행동을 확실하게 규정하겠다는 의미다.[29] 그렇다면 핵심 가치들이란 무엇일까? 브린과 페이지의 대답은 신뢰의 기초에 뿌리박고 있는 시장이 어떻게 도덕적일 수 있는가에 관한 모범 답안이 되고 있다.

"구글러가 된다는 것은 기업 활동을 할 때 자신에게 가장 높은 윤리적 기준을 부여한다는 것이다. 이는 윤리적인 것만큼이나 실질적인 것이다. 우리는 열심히 일해서 훌륭한 성과를 내는 훌륭한 사람을 채용한다. 그러나 지금까지 보면 우리의 가장 중요한 자산은 우리의 평판, 사용자들의 신뢰와 믿음을 중히 여기는 회사라는 평판이었다. 신뢰는 우리가 성공과 번영을 이루기 위해 기대야 하는 기반이며 이것은 매일

매일 새롭게, 모든 방식으로, 우리 모두가 얻어내야 하는 가치다."

행동 수칙은 계속 이어지며 피해야 할 잠재적인 악행들을 일일이 거론하고 있다. 예를 들어 경쟁자에 대한 사적인 정보를 어떻게 다루느냐 하는 것 등을 들 수 있다. 여기서 우리가 볼 수 있는 것은 황금률이다.

"우리가 열망해 마지않는 경영 윤리의 수준이란 우리가 자신에 관한 사적인 정보를 다룰 때처럼 경쟁자들의 것도 그렇게 다룰 것을 요구하는 수준이다. 그리고 그들이 우리에게 대해주었으면 하는 만큼 우리도 경쟁자들을 대해야 한다는 것을 명하는 것이다. 우리는 경쟁자들을 존중하며, 어떤 상황에서도 공정하게 플레이해야 함을 믿는다. 우리가 경쟁자들의 사적인 정보를 이용해서 이익을 취한다면, 그들도 응당 우리의 것으로 그렇게 해야 함이 마땅하다. 그래서 경쟁자에 관한 정보가 공개적으로 획득 가능한 것이라면 기업 간 경쟁에서 사용해도 적법하다고는 할 수 있으나, 그럼에도 불구하고 그런 정보를 파내보려고 애쓸 필요는 없을 것이며, 그렇게 캐낸 것들을 우리 자신의 소유로 해서는 더욱 안 된다. 만일 경쟁자에 관한 내밀한 정보를 이용할 기회가 온다 하더라도 이를 기억하라. 사악해지지 말라. 우리는 경쟁하고자 하는 것이지 속임수를 쓰고자 하는 것이 아니다."[30]

물론 나는 구글의 성장과 동반해 제기된 논란들에 대해서도 잘 알고 있다. 클릭수 사기, 경쟁사의 대표적인 키워드를 자신들의 광고 문구에 사용한 혐의, 구글 전체로 보면 도덕적으로 의심스러운 콘텐츠가 있는 것(포르노적이거나 인종 혐오 발언 등의 콘텐츠가 문제가 되고 있다.), 유튜브를 사들이면서 발생한 저작권 문제, 중국에서의 말 많았던 처신 문제도 있었다. 중국 시장 진출권을 얻기 위해 정치적으로 민감한 문제에 대한 검열을 허용했다는 비난을 받았다. 이런 성격의 논란은 구글처럼 빠른 속도로 성장하는 회사라면 불가피하게 겪는 일이기도 하다. 회사의 이념이 얼마나 고상한가와는 별개로 그것을 완성한다는 것은 도달하기 쉽지 않은 목표이기 때문이다.

'사악해지지 말라'는 지향해야 할 도덕 기준이지 지고지순한 무죄 상태를 의미하는 것이 아니며, 달성할 수 없는 것이라고 해서 그런 규범 자체가 불필요하다고 말할 수는 없다. 도덕률을 갖는다는 것은 무엇을 뜻하는가. 그것은 우리가 수렵채집자이든 소비교역자이든 간에 신뢰의 환경을 조성하고 그럼으로써 도덕적 행동이 발현될 수 있도록 한다는 것이다.

:
:
:

제12장

선택과 결정의 순간

인간이 처한 조건에 대해 누구보다도 날카로운 관찰력을 보였던 토머스 제퍼슨은 이렇게 썼다.

"자유는 선택할 권리이며, 또한 자기 자신을 위해 다른 선택지를 창조할 수 있는 권리다. 선택이 보장되지 않고 그런 창조 행위가 허용되지 않는다면 인간은 인간일 수 없다. 그저 구성원일 뿐이요 도구이며 사물에 지나지 않는다."

우리가 시장으로 져 날라야 할 생물적·심리적·진화적 짐이 이렇게 많은 상황에서 우리는 과연 자유로운 선택을 할 수 있을까?

맨 처음 인간의 의사결정이나 선택 행동에 대한 '과학적'인 연구가 이뤄진 분야는 이른바 '컴퓨터 신경과학(computational neuroscience)'이었다. 이 분야는 신경경제학자인 리드 몬태규(Read Montague)가 처음 개척했으며, 농담 같은 제목을 단 자신의 저서 《왜 이 책을 선택했지?(Why Choose This Book?)》에서 논지를 펼치고 있다.[1] 컴퓨터 신경과학은 뇌의 내부에서 진행되는 정보처리 과정에 초점을 맞춘다. 몬태규는 우리의 뇌가 컴퓨터적인 프로그램을 발달시켜왔으며, 우리가 추구하는 목적부합도에 따른 가치와 효율성이라는 측면에서 선택(결정)을 평가한다고 주장한다. '가치'는 선택에 필요한 계산상의 수치를 제공한다. '효율성'은 그 선택이 할 만한 것인지를 결정한다. 선택에 따른 비용과 장기적인 혜택을 정확하게 계산할 수 있는 유기체들은 그렇지 않은 것들보다 더 큰 효율성을 기할 수 있으며, 그 결과 생존 확률과 훌륭한 의사결정을 내릴 수 있는 유전자가 후손에게 전달될 가능성이 높아진다. 우리가 바로 그런 유기체들의 후손이다.[2]

경제학자 토머스 소웰(Thomas Sowell)의 말을 빌리면, 경제도 그렇지만 삶은 한정된, 그래서 어떻게든 선택하지 않으면 안 되는 자원을 효율적으로 배분하는 일에 관한 것이다. 이는 선택 가능한 것들의 가치를 따지고, 에너지 효율성이라는 측면에서 비용을 산정하는 일로 요약된다. 몬태규의 말에 의하면, 포식자들의 눈에 보이는 먹잇감 동물들은 컴퓨터의 배터리를 재충전하기 위해 필요한 에너지 집합체와 다를 바 없는 것이다.

"진화 과정이란 어떻게 해야 효율적으로 에너지를 찾아내고, 가공하고, 저장하고, 재사용하는지에 관한 효과적인 계산 시스템을 발견해나가는 일"이라고 몬태규는 주장한다. 이것을 행할 수 있는 유기체는 이런 뇌 내적인 계산 능력을 담고 있는 유전자 프로그램을 후손에게 물려주어 효율적인 선택을 내릴 수 있도록 한다.

수백만 년 동안 우리의 뇌는 진화·발달하면서 대단히 효율성이 높아졌다. 인간의 뇌는 일반적인 전구 하나에 들어가는 에너지의 5분의

1정도를 쓴다. 돈으로 환산하면 하루 종일 (뇌를) 사용하는 데 5센트가량이 든다고 한다.[3] 정말 싸다. 그리고 '냉정' 하다. 그냥 켜두기만 해도 컴퓨터가 얼마나 뜨거워지는지 생각해보라. 만일 우리의 뇌가 컴퓨터처럼 설계되었다면, 손도 못 댈 정도로 달궈졌을 것이다.

'마음의 컴퓨터 이론(Coputational Theory of Mind, CToM)'에 따르면, 마음은 뇌라는 특별한 기계를 작동시키는 컴퓨터 프로그램이다.

"뇌가 수행하는 정보처리 과정은 우리가 사고라고 부르는 것과 동등한 것이지 결코 그 하위에 놓인 것이 아니다."

몬태규의 설명이다.[4] 우리 내부에 있는 컴퓨터적인 프로그램이 선택의 가치를 측정할 수 있게 된 것은 어떤 특정한 선택을 다른 것들보다 더 우위에 둘 수 있는 능력을 발달시킨 점에서 찾을 수 있다. 일반 컴퓨터는 컴퓨터 프로그램을 실행할 수 있다. 그러나 뇌의 컴퓨터 프로그램이 할 수 있는 것, 즉 결정된 선택을 '더 우위에 두는 일'은 못한다.[5]

진화가 설계한 뇌의 컴퓨터 프로그램은 특정한 문제 해결 방법을 알아내는 것이었다. 그리고 사회는 이런 원시적인 프로그램들을 특정한 문화적 선호에 일치하도록 변형시켰다. 예를 들어 쥐들이 물려받은 프로그램은 미로에서 길을 찾거나 막대기를 누르는 데 능하도록 특화된 것이다. 왜냐하면 그것들은 어둡고 복잡한 공간에서 먹이를 찾도록 진화되었기 때문이다. 인간이 물려받은 프로그램은 예리한 시각 능력이 필요한 일이나 사회적인 위치를 찾아가는 일에 최적화된 것이다. 왜냐하면 우리(조상)는 숲속에서 식량을 구하고 복잡한 사회 환경에 적응하도록 진화되었기 때문이다.[6]

운 나쁘게도 이런 진화된 뇌의 컴퓨터 프로그램은 탈취당할 수도 있다. 예를 들어 중독성 마약류들은 뇌의 도파민 시스템을 다시 짜버린다. 도파민 시스템은 정상적인 상태에서는 유기체에게 유익한 보상적 선택을 하게 한다. 이를테면 음식, 가족, 친구 등과 관련된 선택 작용이 이뤄진다. 그러나 마약에 중독되면 다른 보상적 선택을 한다. 돈 많고 성공한 운동선수나 영화배우, 예술가 등이 보여주는 모종의 어리석음에 우리는 깜짝 놀란다. 그들은 자신의 성취물들을 내팽개치고, 친구들과 결별하며, 종국에 가서는 가족들마저 버린다. 그 대가로 그들이 얻고자 하는 것은 그들의 (이상해진) 도파민 수용체에 대한 끊임없는 자극이다. 이 자극의 정도는 계속 올라가고, 급기야는 그들을 가난에 빠뜨리거나 감옥에 가게 하고 죽음에 이르게 할 수도 있다. 어떻게 이게 가능한가? 뇌 안의 화학 물질이 그렇게 강력한가? 그렇다고 말할 수 있다.

이 시스템이 어떻게 작동하는지, 그리고 어떻게 작동하지 않는지 말해보겠다. 뇌간(腦幹, brain stem)은 뇌에서 가장 오래 진화되어온 부분들 중 하나다. 모든 척추동물은 이것을 가지고 있다. 뇌의 갈라진 양쪽에 대략 1만 1,000개에서 2만 5,000개 정도의 뉴런이 들어 있는 주머니가 있다. 그리고 여기서부터 뇌의 다른 부분으로 이어지는 긴 축색돌기들이 뻗어 나온다. 이 뉴런들은 우리가 기대보다 큰 보상을 받을 때마다 도파민 분비를 촉진하고, 이로 인해 사람들은 도파민 분비를 유도할 수 있는 행동을 반복한다. 그런고로 도파민 분비는 일종의 정보로 볼 수 있다. '다시 해봐' 라고 말하는 메시지인 셈이다(도파민 시스템이 '애호 시스템' 보다는 '원망 시스템' 에 더 가깝다는 사실을 떠올려 볼 것). 중독성 마약은 도파민 뉴런들에게 입력되는 보상 신호가 하는 역할을 떠맡는다. 중독성 있는 생각도 그렇다. 특히 사람을 광적으로 만드는 '나쁜' 생각이 더욱 그렇다. 이를테면 대량 자살 사건을 부른 사이비 종교가 퍼뜨리는 생각들(존스 타운과 천국의 문 사건이 그렇다)이나, 자살 폭탄 테러리스트로 하여금 대량 살상을 저지르게 하는 종교들이 전파하는 생각들이 그런 것이다(호전적인 이슬람 극단주의자들의 경우).

나는 이 책에서 인간이 도덕적 감정을 진화·발달시켜왔으며 이 감정은 다른 감정들, 예를 들면 허기나 성욕 같은 감정들에 영향을 준다고 주장했다. 이러한 감정들을 대단히 효율성 높은 컴퓨터 프로그램이 대리하는 것으로 생각한다면, 그 작용에 대한 이해가 더 깊어질 것이다. 우리는 에너지가 필요할 때, 우리가 선택한 음식의 상대적인 열량이 어떻게 되는지 계산하지 않는다. 그저 모종의 음식을 먹고 싶은 느낌만 있을 뿐이고, 그것을 먹고 나면 만족감이 보상으로 주어진다. 마찬가지로 섹스 파트너를 고를 때에도 뇌는 특정한 컴퓨터 프로그램을 채택해서 좋은 유전자를 가진 사람에게 끌리게 한다. 이때 대칭적인 얼굴이나 몸, 깔끔한 안색, 여성은 모래시계 몸매, 남성은 역삼각형의 체형 같은 대리물들의 안내를 받는 것이다.

이와 비슷한 방식으로 우리는 이기적이 되거나 이타적이 되거나를 놓고 도덕적 선택을 할 때, 나쁜 일을 했다는 죄의식 혹은 좋은 일을 했다는 자부심을 경험한다. 그런데 무엇이 개인이나 사회적 집단에게 가장 좋은 것이냐 하는 도덕적 계산 능력은 진화상의 우리 조상들 대에서 형성된 것이다. 허기, 욕정, 자부심 같은 감정들도 이런 계산의 대상이 된다. 블레즈 파스칼(Blaise Pascal)의 유명한 말이 있다.

"가슴은 자체의 이성을 가지고 있으나, 그에 관해서 이성으로는 도무지 알 수 없다."

좀 덜 시적인 표현도 있는데, 노벨상 수상 경제학자인 프리드리히 하이에크(Friedrich Hayek)의 말이다.

"우리가 그 이유를 모른다는 이유로, 혹은 정당성을 부여할 수 없다는 이유로 모든 행위를 멈춘다면 우린 아마 곧 죽게 될 것이다."[7]

선택에 관련된 것들을 다 이해했다면, 우리는 어떻게 이것을 우리 자신에게 유리하게 이용할 수 있을까? 시장 선택이라는 지점에서 이야기를 시작해볼 수 있다. 몬태규와 동료 연구원들은 베일러의 fMRI를 이용해서 67명의 뇌를 스캔했다. 그들 중 일부에게는 튜브를 통해 코카콜라나 펩시콜라를 마시게 했다. 또 일부는 코카콜라나 펩시콜라 깡통의 상표를 분명히 볼 수 있게 했고, 일부는 전혀 볼 수 없게 했다. 상표를 보이지 않고 콜라가 제공된 피실험자들의 경우는 특별한 선호도를 보이지 않았다(달리 말하면 '맛 가리기 테스트'에서 실패한 것과 같다). 그렇지만 그들에게 코카콜라 상표를 붙여서 주면 압도적으로 좋아했다. 이 뇌 스캔 결과를 분석한 후에 몬태규는 코카콜라 상표가 '복내측 전전두엽피질(ventromedial prefrontal cortex)'을 자극하는 '풍미'를 가지고 있다고 결론 내렸다. 이 영역은 의사결정을 하기 위해 필수적인 곳이다. 펩시 상표는 그런 뇌 반응을 전혀 불러일으키지 않았다.

이 결과가 의미하는 것은 특정한 상표가 뇌의 다른 부분으로 흘러가는 도파민에 변화를 줄 수 있다는 것이다. "이 실험이 분명히 보여준 것은 어떤 문화적인 메시지, 펩시나 코카의 상표 이미지는 사람들의 신경계에 다르게 나타난다는 것이었고, 이런 사실은 fMRI를 통해 똑똑히 보였으며 상표의 인지 여부가 선택에 미치는 영향력이 측정될 수 있었다."[8]—그런데 이 부분은 저 유명한 피네아스 게이지(Phineas

Gage)가 다친 뇌의 영역과 같은 곳이다. 그는 19세기의 철도 노동자였는데 폭발 사고로 발파공 충전용 쇠막대기가 두개골을 관통했다. 놀랍게도 그는 살아남았다. 그러나 그는 평생 동안 사회적·감정적 장애를 겪어야만 했다. 특히 일상적인 일에서 의사결정을 내리는 능력이 없어졌다.

상표는 우리의 뇌에 영향력을 행사하는데, 단기적으로는 도파민 전달에, 장기적으로는 뉴런들의 연결망을 다시 짜는 방식으로 영향을 미친다. 그런데 이 과정은 매일같이 일어나고 있다. 우리는 1년에 약 4만 번이나 광고에 노출되는 것으로 추산된다. 생후 18개월이 되면 아기는 물건의 로고를 인식할 수 있으며, 10세가 될 때까지 300에서 400개 정도의 상표를 기억할 수 있다. 성년기에 이르면 알고 있는 상표의 수는 수천 개로 늘어난다. 몬태규는 말한다.

"우리는 코카콜라라는 생각이 어떻게 중뇌 안에 있는 조직들을 활성화시켜 글자 그대로 사람의 행동을 촉발하는지 보여줄 수 있다. 이것이야말로 어떻게 생각이 본능 위에 올라타고 통제력을 행사하는지에 대한 예가 될 것이다."[9]

코카콜라가 풍미의 대리물인 것처럼, 허기는 열량 요구를, 욕정은 번식의 필요성을, 죄의식과 자부심은 비도덕적인 혹은 도덕적인 행동을 대리한다. 그러므로 우리는 도덕이라는 '상표'를 이용해서 좋은 생각을 선택하고 그 가치를 평가할 수 있도록 뇌 내부를 다시 조직하고 보상을 제공할 수 있다. '의식화'라는 말로 표현되는 모든 것이 바로 이것이다. 우리는 이제 '이 말'의 뒤에 (실제로) 신경망이 어떻게 연결되어 있는지를 이해할 수 있게 되었다. 드디어 경제학자 고(故) 밀턴 프리드먼을 기릴 때가 된 것이다. 한때는 급진적이었지만 이제는 주류 경제학서가 된 《선택의 자유(Free to Choose)》를 썼으며, 이 책은 내가 경제학에 대한 생각을 키워가던 초기에 내 뇌의 도파민 시스템을 재조직화해서 시장에서의 자유로운 선택이라는 '상표'를 선호하도록 만들었다. 나는 그 상표를 이용해서 자유로운 사회에 대한 의식화를 시작할 것을 제안하고 싶다.

"자유의 원칙: 모든 사람은 다른 사람의 동등한 자유를 침해하지 않는 한 자신이 원하는 대로 자유롭게 생각하고 믿고 행동할 수 있다."

● 우리의 유전자는 어떤 선택을 하는가

자유의 원칙에 반하는 2가지 도전이 부상했다. 하나는 '초결정론의 문제(overdeterminism problem)'인데, 과학이 수많은 변수들을 '우연히' 발견했다는 사실을 생각한다면 진정한 자유와 자유 선택에 허용되는 공간은 거의 없다는 입장이다. 다른 하나는 '온정주의의 문제(paternalism problem)'로, 자유 시장과 시장자본주의 비판자들은 사람들이 자신이나 사회에 이익이 되는 바를 현명하게 실천할 만큼 이성도, 의지도 강하지 않다고 주장한다. 그러므로 정치가나 입법자들이 우리의 정치적·경제적인 자유를 제한하고 우리를 대신해서 선택해야 한다는 입장이다.

나는 이 2가지 도전이 제기하는 문제가 별 이유 없는 것이라고 본다. 에드워드 윌슨(Edward O. Wilson)은 1970년대 후반에 《사회생물학(Sociobiology)》이라는 책을 펴낸 후 극렬한 공격을 받았다. 1990년대에 진화심리학이 첫발을 디뎠을 때 역시 똑같은 보복 공격이 연구자들에게 가해졌다. 이런 공격들의 기원은 바로 두려움이었다. 과학이 인간에게서 자유와 존엄성을 빼앗아갈지도 모른다는 공포였다. 그러나 그 어떤 것도 진실보다 앞에 설 수 없다. 실제로 지금까지 나온 최고의 연구 결과들을 보면, 인간의 어떤 기질이 유전적 혹은 생물학적으로 결정되는 비율은 기껏해야 50퍼센트 정도다.

뇌신경 전달 물질인 도파민의 생성을 지시하는 유전자가 있다. D4DR이라고 불리는데, 이것은 11번 염색체의 짧은 팔에 자리하고 있다. 뇌에 있는 특정한 뉴런이 도파민을 분비하면, 화학 구조상 그것을 수용할 수 있게 되어 있는 다른 뉴런이 이를 받아들인다. 그렇게 되면 도파민 경로가 생성되고 이는 유기체를 활동적으로 만들며 어떤 행동에 대한 보상을 주기 때문에 그 행동을 반복하게 만든다. 예를 들어 쥐나 사람은 도파민이 부족하면 긴장이 유발되고, 과도한 도파민 자극은 쥐에게 발광을 일으키며 사람에게는 정신분열증을 불러일으킨다.

우리가 D4DR에 대해 알게 된 것은 유전학자인 딘 헤이머(Dean Hamer)가 그것이 모험을 감수하는 행동과 관련이 있음을 발견한 덕분이다. 대부분은 사람들은 11번 염색체에 4개에서 7개의 D4DR 유전자 복제본을 가지고 있다. 그러나 2~3개의 긴 복제본만을 가지고 있는 사람들도 있다. 반면에 어떤 사람들은 8개에서 11개의 짧은 복제본을 가지고 있다. 길수록, 숫자가 적을수록, D4DR 유전자 복제본은 도파민에 대한 감수성이 낮아진다. 이는 사람들이 보다 큰 위험을 무릅쓰도록 만든다. 인위적으로 자신들의 도파민을 정상화시키려고 하기 때문이다. 건물(buildings)이나 안테나(antennae), 다리(spans), 절벽(earth)에서 뛰어내리는 모험은 그것을 행하는 한 방식이다('BASE 점프'라는 말이 여기에서 나왔다). 라스베이거스나 월 스트리트에서 위험성 높은 도박, 투기를 하는 것도 이에 해당된다.

이런 가설을 검증하기 위해 맨 먼저 헤이머는 피실험자들을 대상으로 그들이 신기한 것, 짜릿한 것을 얼마나 원하는지 측정하고자 조사를 실시했다(스카이다이버들은 이런 조사로는 측정 불가능할 것이다). 그런 다음 그들의 11번 염색체에서 DNA 표본을 추출했다. 그가 알아낸 것은 위험성 높은 일을 즐기는 사람들의 D4DR 유전자 복제본 숫자가 정상치보다 적었다는 사실이었다. 이는 다음과 같은 신문 헤드라인을 뽑는 데 결정적인 것처럼 보인다.

"과학자들, 모험 유전자 발견."

그러나 헤이머가 실제로 주장한 것은 D4DR 유전자 배열 하나에만 근거한 이런 결과물은 우리가 신기한 것을 찾고 위험을 무릅쓰는 행동의 고작 4퍼센트만 설명해줄 수 있다는 것이다. 앞서 우리가 살펴본 상관관계를 떠올려보자. 상관계수 r을 제곱하면 문제가 되는 변수에 의해 좌우되는, 일정한 특질 안에서의 변동률을 알 수 있다고 했다. 키와 몸무게의 상관계수 r이 0.70일 때 이것을 제곱하면 $r^2=0.49$가 된다. 이는 누군가의 몸무게의 49퍼센트는 키와 관련이 있다는 것이다. 이는 몸무게 중에서 절반이 환경적인 요인, 즉 섭생이나 운동 같은 요인들에 의해 영향을 받는다는 말이다.

과도결정론의 문제라는 맥락에서 이 결과물을 생각해보자. 우리는 키와 몸무게의 관계만큼 생물학적·유전적으로 결정되어 있는 특질을 찾지 못할 것이다. 그런데 심지어 여기서도 우리는 자유롭게 환경을 조작하고 생활 습관을 선택함으로써 변이 가능성의 절반을 통제할 수 있다.

그래서 신경과학자들이 어떤 뇌 조직이나 신경회로가 X라는 행동과 관련성이 있다고 말할 때 그것이 아무리 중요하고 흥미로운 것이라 해도 그들이 주장하는 것만큼 결정적인 것은 아니다. 그리고 도파민은 그런 우리의 논지에 딱 맞는 본보기다. 왜냐하면 그것은 지금까지 신경과학자들이 발견해낸 가장 흥미진진하고 유용하기까지 한 것들 중 하나이지만, 알고 보면 뇌 안에서 도파민의 분비를 결정하는 유전자 구조가 사람들 사이에서의 특질 차이, 이를테면 모험적인 행동 등에 영향을 주는 비율은 4퍼센트밖에 되지 않기 때문이다. 그렇다면 어떻게 우리가 뇌의 생물학적 상태에 의해 결정지어져 있다고 단언할 수 있겠는가?[10]

물론 누군가는 도파민이 수많은 뇌 화학 물질 중 하나일 뿐이고 다른 물질과 일종의 칵테일처럼 혼합되어 우리를 취하게 하며 결코 원치 않았던 행동을 유도한다고 말할 수 있을 것이다. 행동경제학과 신경경제학 연구에서 나온 일련의 결과물들은 우리의 행동이 얼마나 무의식적이고 비합리적인지를 보여주기에 충분하다. 그래서 우리가 자유롭게 선택했다고 느낄 때 과연 얼마만큼의 자유를 누리고 있는지 의문을 품어봄직도 하다.

이제 자유의지에 관한 가장 극적인 신경과학 연구를 살펴볼 차례다. 이는 1985년에 벤저민 리벳(Benjamin Libet)이 행한 실험이며 그 후 이뤄진 많은 다른 실험들을 통해 그 결과가 입증·확인되었다. 리벳은 뇌파 검사도를 통해 뇌의 활동을 읽음으로써 우리가 어떤 행동, 예를 들어 손가락을 올리는 행동을 하면서 자신의 의도를 자각하는 정확한 순간을 측정하려 했다. 한 점이 마치 시계 문자반의 초침처럼 원을 그리며 돌아가는 스크린 앞에 피실험자들을 앉혔다. 그런 다음 2가지 요구를 했다. 첫째, '그(그녀)가 행동을 하고 싶거나 그래야만 할 것 같다는 것을 처음 자각하게 되는 때' 스크린상의 어디에 점이 있는지를 주목하라. 둘째, 버튼을 눌러라. 그러면 스크린 위 점의 위치가 기록된다. 첫째와 둘째의 차이는 200밀리세컨드(millisecond, 1,000분의 1초-옮긴이)였다. 말하자면 버튼을 눌러야겠다는 생각과 그것을 실행하는 동작과의 시차는 10분의 2초라는 얘기다.

그러나 이게 진짜 복잡한 문제는 아니다. 매 시도마다 기록된 뇌파도를 보면, 행동 실행과 맞춰 활성화되는 뇌 영역이 2차 운동피질에 집중되어 있음을 알 수 있었다. 그리고 이 영역은 행동하겠다는 의식적인 결정을 최초로 자각하는 순간보다 300밀리세컨드 앞서서 활성화된다. 말하자면 뭔가를 하겠다는 의도의 지각은 그런 행동과 연결되어 있는 뇌 활동의 최초 파동이 있고 나서 300밀리세컨드 후에 오는 것이다. 즉, 뇌가 선택하는 것과 우리가 그 선택을 지각하는 것 사이에는 10분의 3초 간격이 있다. 이 10분의 3초에 더해, 그 선택에 따른 행동을 하기까지는 10분의 2초가 더 걸린다. 이는 우리의 뇌가 어떤 것을 하겠다는 의도를 품는 것과 그런 행동을 하고 있는 자신을 자각하는 것 사이에 0.5초의 틈이 있음을 의미한다.

행동을 하겠다는 의도에 앞서서 이뤄지는 신경 활동은 의식적인 마음이 접근할 수 없는 영역에 있는 것이기 때문에 우리는 자유로운 의지를 가지고 있는 것처럼 느낄 수 있는 것이다. 그러나 이는 행동하겠다는 우리의 의도가 어떻게 지각되는지를 알 수 없기 때문에 일어나는 환상에 불과하다. 행동이 항상 의도 뒤에 오기 때문에 마치 우리가 자유롭게 행동하고 있는 것처럼 느끼는 것이다. 실제로 의도와 그 의도에 따른 행동을 자각하게 되는 때는 이미 우리가 자각할 수 없는 신경 활동이 먼저 이뤄진 다음이다.[11]

이런 결과물이 시사하는 것은 우리의 '자유로운 선택'이라는 것이 사실은 마술사가 청중 가운데서 자원자를 뽑아 "카드를 한 장 뽑으세요. 어떤 카드라도 좋아요"라고 말하며 그에게 기회를 주는 상황과 동일하다는 것이다. 마술사는 이미 다 알고 있다. 자기 자신이 모종의 '힘'을 구사해 자원자로 하여금 결코 자유롭지 않은 '자유 선택'을 하게 하고 있음을. 이는 경제학자나 정치가나 사회이론가들에게도 대단히 중대한 문제다. 문명사회에서 살기 위해서는 자신의 행동에 책임을 져야 한다. 이는 사람들이 자유로운 선택을 한다는 것을 전제로 한다. 만일 인간이 유전자와 환경의 결합에 의해 결정지어진다면 어떻게 누군가가 비도덕적이라거나 불법적이라고 징벌을 가할 수 있을까? 이런 난제에 대한 몇 가지 해법이 있는 데, 나는 이것들이 과학과 사회를 통합시켜줄 것으로 생각한다.[12]

첫째, "유용한 허구로서의 자유의지(Free will as a useful fiction)이다. 나는 '마치' 내가 자유의지를 가지고 있는 것처럼 느낀다. 비록 내가 모든 것이 결정된 우주에서 살고 있음을 알고 있지만 말이다. 우리 모두가 그렇다. 지난 4,000년 동안 인간은 철학적 사유를 계속해왔건만 누구도 자유의지와 결정론의 문제에 대해 만족스러운 답을 구하진 못했다.

또한 500년 동안 과학적 연구를 해왔지만 문제는 여전히 풀리지 않고 있다—실로 이런 해결 불능성은 언어의 한계에서 기인하는 것일 수도 있다. '자유의지'와 '결정론'이 어떻게 정의되느냐에 따라 그야말로 불가능한 일이 될 수도 있다. 그렇다면 우리가 자유의지를 가지고 있는 것처럼 행동하면 어떤가. 그러면 감정적인 만족이 이 '유용한 허구'와 더불어 올 것이고, 또 사람들에게 각자 행동의 책임을 물음으로써 사회적으로도 유익하지 않겠는가?

둘째, 결정론의 퍼지 조각으로서의 자유의지(Free will as a fuzzy fraction of determinism)이다. '자유의지'나 '결정론' 같은 개념을 구체적인 어떤 것, 즉 변치 않는 실체라는 플라톤적인 유형으로 생각하기보다 '퍼지 논리(fuzzy logic, 어떤 현상의 불확실한 상태를 표현하고 처리할 수 있는 비결정적인 확률 논리. 인간의 애매한 표현을 처리할 수 있는 이론적 바탕을 제공한다—옮긴이)' 안에서 재구성해보는 것이다.

이 논리 안에서 우리는 어떤 것에 대해 끝이 딱 떨어지지 않는, 분수(分數)적인 애매모호한 가능성을 부여할 수 있다. 새벽 하늘의 빛깔은 0.1 정도의 청색이고 정오는 0.9 정도의 청색이라고 말할 수 있는 것처럼, 우리의 행동에도 이런 애매모호한 가능성이나 확률이 부과될 수 있는 것이다. 예를 들어 누군가의 행동에 나타나는 사악함의 정도를 0.1과 0.9 사이에서 나타낼 수도 있고, 아니면 악한 행동이 얼마나 자유롭게 선택되고, 또 그런 행동을 할 때 외부적인 힘의 영향은 얼마나 받는지를 0.1과 0.9 사이의 수치를 통해서 나타낼 수도 있다. 법에서는 이미 그런 분수적인 구분을 살인 사건에 적용하고 있다. 즉, 우발적인 충격은 0.1, 정당방위적인 충격은 0.5, 사전 계획적인 충격은 0.9, 이런 식으로 말이다. 0.1과 0.9 사이에서 인과성의 영향하에 있는 행동이란 절대적인 0도 1도 아니다. 그래서 도덕적 죄의식도 자유의지의 애매모호한 차원을 통해 존속될 수 있다. 자유의지는 축소될 수는 있을지언정 소멸되지 않는다.

셋째, 인과적인 불확실성으로서의 자유의지(Free will as causal uncertainty)이다. 결정론적인 인과 그물 이론(causal-net theory)에 따르면 인간 행동이 결코 다른 심리적·생물학적 현상들에 비해 인과성의 법칙에 덜 얽매인 것이 아니라고 한다. 그러나 그 행동을 이해하고 예측하기는 더 어려운 것이, 우리의 행동을 포괄하는 그물 속에는 원인이 되는 요소가 대단히 많이 있기 때문이다. 우리가 살고 있는 인간적이고 사회적인 세계는 극단적으로 복잡하고 상호적이며, 때로 전 시스템을 혼란 행동의 양상으로 몰고 가는 자가촉진적인 순환 회로를 갖추고 있다. 우리가 인간 행동의 결정자라고 보는 어떤 원인, 혹은 일련의 원인들 중 그 어떤 것도 완전할 수 없다. 그래서 우리는 사실상 그것들을 결정 짓는 무엇이 아닌 '조건 짓는 원인들'로 보아야 할 것이다. 비록 우리의 유전자, 환경, 역사적인 경로 같은 것들이 일정한 수준에서 우리의 행동을 결정한다고 하더라도, 개인의 유전자 구성은 저마다 다르고 각자에게 가해지는 환경의 영향력 또한 일률적이지 않으며 우리가 취하고 있는 역사적 경로 또한 지극히 개별적인 것으로 나 혼자에게만 속한 것이다.

이런 점에서 각자는 고유성을 가지고 있고 다른 모든 사람들과 구별되며 비길 데 없는 유전자와 환경과 역사 경로의 산물이다. 그리고 이러한 유전자, 환경, 역사 경로는 너무나 복잡하고 뒤엉켜 있기 때문에 누구라도 자기 자신이나 다른 사람을 낳게 한 모든 원인 변수를 알 도리가 없다. 결국 자유의지라는 개념은 이처럼 원인을 모르는 데서 나오는 것이라고 볼 수 있다.

넷째, 진화의 부산물로서의 자유의지(Free will as an evolutionary by-product)이다. 인간만이 가지고 있는 거대한 뇌와 예외적으로 커다란 전두엽피질 때문에 우리는 스스로를 의식하며 다른 사람들도 자신을 의식한다는 것을 의식할 수 있다. 우리는 '마음의 이론'을 가지고 있다. 이것은 다른 사람의 마음속에 우리 자신을 들여 넣을 수 있게 만든다. 그리고 다른 사람 역시 그런 능력을 가지고 있다는 것을 우리는 알고 있다. 우리는 기호로서의 언어를 사용해 추론할 수 있다. 이는 우리가 다른 사람과 의사소통하거나 그들을 설득시킬 수 있도록 한다. 우리는 옳고 그름에 대한 진화·발달된 감각을 가진 도덕적 동물이며, 협조적인 동시에 경쟁적이고, 이타적인 동시에 이기적이며, 선해질 수 있는가 하면 악해질 수도 있는 속성을 가지고 있다.

우리가 자유의지를 가지고 있다는 생각은 우리가 여러 행동들을 하면서 그것이 불러올 파장이나 결과를 가늠할 수 있는 능력을 가지고 있다는 데서 비롯한다. 그리고 선택을 내리고 그에 따른 행동을 하는 데서, 또한 자신이나 남들이 그런 선택을 할 수 있음을 자각할 수 있는 데서 스스로가 자유의지를 가지고 있다고 믿는 것이다. 이런 능력을 가지고 있기 때문에 우리는 자신의 행동에 대한 책임을 질 수 있고 주장할 수 있으며, 타인들에게도 그들의 행동에 대한 책임을 물을 수 있는 것이다.

다섯째, 뇌에서 생성되는 특질로서의 자유의지(Free will as an emergent property of the brain)이다. 마음은 수십억 개의 개별 뉴런에서 생겨나는 특질이다. 각각의 뉴런은 다른 수천 개의 뉴런과 연결되어 있으며, 이 연합에 기초해 수조 개의 뉴런 '국가'라고 할 만한 것들이 만들어진다. 한 인간이 성장해서 어른이 되는 동안, 그가 겪는 삶의 경험에 따라 이 뉴런 연결체도 성장하고 발달한다. 우리가 같은 진화적 계통을 공유하고 있고, 그렇기 때문에 기본적인 신경 구조가 동일하다 해도 뇌는 환경에 어떻게 반응하느냐에 따라 달라질 수 있다.

그런데 여기서 또 다른 자가 발생적인 순환 회로가 나타난다. 즉 새로운 경험이 뉴런을 자극하면 새로운 시냅스 연결이 생겨나는 것이다.

이 '신생 연결'은 각자가 가진 마음에 따라 구별된다. 그래서 이것은 환경에 독자적인 방식으로 반응하며, 다른 누구의 것과도 비교될 수 없는 반응 행동의 고유한 레퍼토리를 만들어낸다. 삶의 경로가 같지 않기 때문에 각자의 뇌가 만들어내는 뉴런 연결의 경우의 수는 거의 무한하다. 그래서 모든 인간의 마음은 서로 같지 않다. 이 독자성이라는 높은 위계상에 있는 특질로부터 자유의지가 나오는데, 그 과정에서 앞서 말한 자유 요인들이 결합된다고 말할 수 있다.

여섯째, 신경의 계산에 따른 산물로서의 자유의지(Free will as a product of neural computation)이다. 이 책에서 나는 감정과 같은 어떤 '마음의 상태'가 기나긴 구석기 시대 동안 진화가 행한 어떤 계산, 그래서 우리가 구태여 할 필요가 없어진 그런 계산을 보여주고 있다고 주장했다. 이런 점에서 자유의지는 선택을 위한 계산을 표상하고 있는 것이다. 선택한다는 것은 행동을 고르는 것이며 이는 진짜로 발생하는 신경 작용이다. 그리고 그 행동이란 생존이라는 목적을 가진 것이다. 예를 들면 포식자를 피한다거나, 식량을 마련한다거나, 짝을 고른다거나, 우의를 맺는다거나, 사회적 지위를 추구한다거나 하는 일이 이에 포함된다. 선택은 행동으로 이어지고 이는 다시 진화의 역사에서 생존과 번식이라는 결과를 낳는다. 그리고 여기서 뇌 메커니즘의 진화가 일어나며 이로써 우리는 자유의지의 감각, 자유의 느낌, 자발성의 감정을 갖게 된다.

우리가 소유하고 있는 뇌는 복잡하다. 그리고 골라야 할 수많은 선택지로 가득 찬 세상에서 살지만, 우리의 뇌는 그것들을 뭉뚱그려 하나의 선택 단위로 만들어낸다. 그래서 진정으로 자유롭든, 아니면 진정으로 결정되어 있든 간에 우리는 자유롭다고 느낄 수 있는 것이다.

● 좋은 진화를 위한 개입

'온정주의 문제'는 주관적인 안녕과 행복에 대한 연구가 그 출현의 발단이 되었다. 사회가 가지고 있는 목적 중의 하나가 최대 다수의 최대 행복을 창출해내는 것이라면, 죄를 누르고 미덕을 신장시키기 위해 공적·사적인 제도들은 어느 정도까지나 이와 관련된 정책을 수립해야 할까? 연구 결과에 따르면 극빈선 이하로 떨어지지 않는 한 돈이 사람을 더 행복하게 해줄 수 없다는 사실이 드러났다. 그런데 이런 사실이 모든 사람을 최소한 극빈 상태에서는 확실히 벗어날 수 있게 해준다는 복지 정책을 정당화시켜줄까?

마찬가지로 기혼자들이 이혼자들이나 미혼자들보다 행복하다면 정부가 나서서 이 '사회 제도'에 더 많은 사람들이 참여하도록, 결혼을 하면 세금 감면을 해주는 등의 장려책을 써야만 할까? 뭔가 의미 있는 일을 하는 사람들이 실업자보다 행복한 경향을 보인다고 해서 이것이 정부의 취로사업 프로그램을 정당화할 수 있을까? 종교를 가지고 있는 사람들이 종교가 없는 사람들보다 행복하다고 해서 국가가 종교 신자에게 세금 혜택을 주어야 할까?

런던경제대학원의 리처드 레이어드(Richard Layard) 교수에 의하면, 이런 온정주의는 과학적 연구를 통해 정당화된다고 한다.[13] 행동경제학이나 신경경제학, 그리고 기타 사람들을 행복하게 만드는 것이 무엇인지 알려주는 관련 과학들이 밝혀낸 연구 결과를 들어 레이어드는 정부가 국민들의 사적인 삶을 챙겨주는 일에 보다 많이 개입해야 한다고 결론 내리고 있다. 흡연이나 음주가 건강에 나쁘다는 것이 알려져 있기 때문에 그런 행위에 대해서는 이른바 '죄 세금'의 명목으로 높은 세금을 물려야 한다. 부자와 빈자 사이의 커다란 격차로 인해 낮은 소득군에 속하는 사람들은 자신들이 세금을 낼 만한 능력이 안 된다고 생각한다. 이는 부자에게서 많은 세금을 걷어 부를 재분배하고, 극심한 경쟁을 지양하려는 정책을 정당화할 것이다. 연구 결과를 보면 우리는 가난하거나 정신적으로 취약한 사람들을 돕는 일에서 큰 만족을 느끼는 것으로 나와 있다. 그러므로 정부는 많은 사람들이 그런 일을 할 수 있도록 진작책을 세워야 한다.

직장을 잃어버리면 행복은 급감한다. 그래서 정부는 고실업률을 해소하기 위한 대책을 마련해야 한다. 비록 그 대책이 단기적인 일자리 프로그램이라 할지라도 말이다. 심리학자들은 아이들을 과도한 상업 광고에 노출시키는 것이 건전한 아동기를 보내는 데 불필요한 물질 욕구를 키워준다는 것을 입증했다. 그러므로 그런 광고는 금지되어야 한다. 더 나아가 레이어드는 우리가 직장에서 좀 더 가족 친화적인 관행을 실시해야 하고 사회 활동에 보조금을 지급해 공동체 정신을 북돋울 필요가 있다고 생각한다. 그리고 현행 12년제 공립학교 교육 과정에 도덕 교육이 포함되어야 한다고 주장한다. 그럼으로써 도덕 원칙들과 감정이입적 행동, 남에게 봉사하는 일의 중요성, 역할 모델의 연구, 감정 통제, 부모되기, 정신병리, 그리고 어떻게 하면 좋은 시민이 될 수 있는지 등에 대해 배울 수 있다는 것이다. "이것이 의미하는 것은 모름지기 공공정책은 어떻게 인간의 행복을 증진시키고 불행을 감소시키느냐 하는 관점에서 평가되어야 한다는 것이다"라고 레이어드는 주장한다. 그는 어떤 연구 결과에서 다음과 같이 인용하고 있다.

"사람들이 부유해질수록 여분의 소득이 행복감을 높여주는 정도는 점점 작아진다. 이것이야말로 재분배적인 과세를 옹호하는 전통적인 주장이며, 현대의 행복 연구가 그것을 과학적으로 뒷받침하고 있다."[14]

멋진 신세계다.

온정주의적 결론을 절대적으로 틀렸다고 볼 수는 없다. 행복, 자유, 정부. 2가지를 골라라. 만일 우리가 정부의 명령으로 주어지는 행복을 원한다면 자유는 필요 없다. 행복을 진작하기 위한 정책이 강제 시행된다면 이는 불가피하게 자유의 축소로 이어진다. 이는 자명한 진실이다. 우리에게 어떤 수단이 강요된다면 우리는 선택할 수 없다. 만일 우리가 행복과 자유를 원한다면 정부의 개입은 최소화되어야 한다. 제퍼슨은 이렇게 경고한 바 있다.

"당신이 원하는 것을 다 줄 수 있을 만큼 정부가 크다면, 당신이 가지고 있는 것을 모두 **빼앗아갈** 만큼 강하기도 하다."

오스트리아의 경제학자인 루드비히 폰 미제스, 자유시장경제의 '영적 지도자'인 그는 정부와 자유가 잘못 섞이면 왜 전제정치와 불행을 낳는지 그 이유를 제시하고 있다. 그는 삶의 초창기에 그런 교훈을 배웠다. 미제스는 1881년 당시 강대국이었던 오스트리아-헝가리 제국에서 태어났다. 그는 비엔나 대학에서 프리드리히 폰 비저(Friedrich von Wieser)와 에우겐 폰 뵘-바베르크(Eugen von Bohm-Bawerk)를 스승으로 모시고 법학과 경제학을 공부했다. 이 두 사람은 모두 오스트리아경제학파의 창시자인 칼 멩거(Carl Menger)의 추종자들이었다. 제1차 대전에 참전해 러시아 전선에서 포병 장교로 복무를 마친 후 미제스는 그의 첫 번째 주요 저서인 《사회주의(Socialism)》를 써서 국제적으로 인정받게 되었다. 이 책에서 그는 왜 계획경제가 자유시장 가격 시스템 없이는 작동할 수 없는지 논파했다. 그는 경제 이론상의 특정한 문제들을 화두삼아 계속 연구를 했다. 이런 삶은 1938년 3월 히틀러가 빈에 입성할 때까지 지속되었다. 이후 그는 미국으로 건너갔다. 미국에서 미제스는 경제적·정치적 전제주의에 맞서는 외롭고도 긴 투쟁을 시작했다. 점차 사회주의화되는 사회에서 그는 경제적 자유의 고독한 옹호자였다. 그는 자신의 이론을 확장해가면서 경제 영역뿐만 아니라 정치까지도 다루었다. 미제스는 어느 한 분야에서 정부의 간섭이 이뤄지면 이는 곧 다른 영역까지 확대될 수 있다고 주장했다. 1949년 그의 역작 《인간 행동》에서 미제스는 이런 문제를 제기했다. 만일 우리가 위험한 마약으로부터 사람들을 보호하기 위해 정부의 온정주의적인 간섭을 허용한다면, 위험한 생각에 대해서는 어떡할 것인가?

아편이나 모르핀은 분명히 위험한 중독성 약물이다. 그렇지만 어떤 개인을 어리석음으로부터 보호하는 것이 정부의 의무라는 원칙이 용인되면, 그 이상의 침해가 일어나도 진지한 반대를 할 수 없을 것이다. 술과 담배 금지를 지지하는 경우가 그 좋은 사례이다. 개인을 보호하려는 정부의 자비로운 배려가 왜 몸에만 국한되는가? 누군가가 몸에 가하는 것 이상으로 마음과 영혼에 위해를 가한다면 그것은 문제가 되지 않는가? 그쯤 되면 개인이 유해한 책을 읽지 않도록 해야 하고 나쁜 연극을 보지 않도록 금지해야 하지 않을까? 저속한 그림이나 조각을 보지 못하게 하고, 형편없는 음악을 듣지 않도록 막아야 하지 않을까?[15]

미하이 칙센트미하이는 '플로우(flow)'를 발견한 심리학자다(그의 연구 작업에 대해서는 제8장에서 설명했다). 그는 내게 사람들의 사적인 생활에 깃들어 있는 너무나 많은 국가 온정주의 사례 중 하나를 말한

적이 있다. 그가 떠올린 것은 공산당 치하의 조국에서 가해진 정책이었다.

"헝가리에서는 비틀즈 음반 같은 인기 상품은 정상 세금에 부가세가 더 붙어야 한다는 것이 권력층의 생각이었습니다. 그들은 이것을 '쓰레기 세금'이라고 불렀습니다. 정부가 보기에는 그런 상품이야말로 쓰레기였던 것이죠. 그러고 나서 그들은 그렇게 걷힌 돈을 가지고 자신들이 생각하기에 보다 문화적으로 가치 있을 것 같은 사업에 썼습니다. 예를 들면 교향악단이나 발레 공연 같은 것 말이죠. 그것은 대단히 온정주의적이었다고 말할 수 있겠네요. 그들은 자신이 문화와 전통을 지킨다고 여겼습니다. 그렇지만 그렇게 되지는 않았죠."[16]

만일 어떤 조사 결과, 부유한 이웃이 존재함으로 해서 주변 사람들이 상대적 박탈감에 시달린다는 점이 밝혀졌다고 하자. 그래서 그가 가진 부의 일부를 주변 사람들에게 재분배하라는 법령이 만들어져 강제로 시행된다 해도 이것이 주변 사람들의 행복을 증가시키지는 않을 것이다. 왜냐하면 그 돈은 그들이 번 것이 아니기 때문이다. 그렇다면 그 부유한 이웃은 더 행복해졌을까? 그렇지 않을 것이다. 그가 자발적으로 자신의 부를 가치 있는 명분에 쓴 것이 아니기 때문이다. 과학적인 연구 결과, 사람들은 경제적으로 자립할 때가 경제적으로 의존할 때보다 더 행복하다고 한다. 또한 자발적으로 자신의 돈을 가치 있다고 생각하는 일에 쓸 때가 누군가 그들의 돈을 압수해서 그런 일만 아니면 그들이 결코 지원하지 않았을 어떤 일에 쓸 때보다 훨씬 행복해지고 건강해지고 관대해진다는 연구 결과가 있다. 이런 주장들에 대한 증거는 다음 2가지 데이터를 통해서 찾을 수 있다.

첫 번째는 국내 차원의 자선 기부다. 강요된 기부와 자발적 기부와의 차이에 대한 연구는 정치적 좌·우 차이에 대한 일반적인 생각을 밝혀준다. 만일 우리가 과학적인 데이터에 근거해서 정책을 세운다 하면, 시라큐스대학교 행정학 교수인 아서 브룩스(Arthur C. Brooks)가 자신의 깊이 있는 책 《정말 알게 뭐야(Who Really Cares?)》에서 발표하고 있는 연구 결과에 대해 우리는 뭐라고 말해야 할까? 이 책에서는 자선 기부와 자원봉사에 관한 한 수많은 계량적인 방법들을 통해 '뜨거운 가슴을 가진 자유주의자' 와 '피도 눈물도 없는 보수주의자' 라는 신화가 실제로는 이와 반대임을 밝히고 있다. 그러나 실제로는 이와 반대다. 보수주의자들이 자유주의자들보다 30퍼센트나 더 많은 돈을 기부한다(소득을 감안해도 그렇다). 헌혈도 많이 하고 자원봉사 활동에 할애하는 시간도 더 길다. 이는 그들의 가용 소득이 많아서가 아니라 보수주의자들이 인정이 더 많기 때문이다. 노동하는 빈곤계층의 소득 대비 기부 비율이 다른 소득계층에 비해 높다. 바꿔 말하면 가난이 결코 자선 활동에 장애물이 아니라는 얘기다. 그러나 복지는 걸림돌이 된다. 이런 결과를 뒷받침할 수 있는 예가 또 있는데, 큰 정부에 회의적인 사람들이 국가가 빈곤계층을 돌봐야 한다고 생각하는 사람들보다 더 많이 기부한다는 사실이다. 브룩스의 설명을 들어보자.

"많은 사람들에게 있어 다른 사람의 돈으로 기부하려는 욕망은 자신의 돈을 기부하려는 마음을 밀어냅니다."

이 정도 되면 우리가 이미 알고 있는 것을 들으려고 과학까지 동원할 필요도 없다. 프랑스의 경제학자인 프레데릭 바스티아는 내가 이미 여러 번 인용한 적이 있는 사람인데, 그는 19세기 초에 이렇게 쓰고 있다.

"정부는 거대한 허구다. 이것을 통해 모든 사람들은 다른 모든 사람들을 희생시켜 살아가려고 노력한다."[17]

19세기 후반에 조지 버나드 쇼는 이렇게 비꼬고 있다.

"피터의 것을 빼앗아 폴에게 준 정부는 항상 폴의 지지를 받을 수 있다."[18]

한편 고든 리디(G. Gordon Liddy)는 특유의 직설적인 스타일로 이런 말을 하기도 했다.

"자유주의자는 자신의 동료에게 큰 부채감을 느끼는 사람이다. 그는 그 빚을 당신의 돈으로 갚고자 한다."[19]

마지막으로, 정치 유머 작가인 오루크(P. J. O'Rourke)의 말을 들어 보자.

"정부에 돈과 권력을 준다는 것은 10대 소년에게 위스키와 자동차 키를 건네주는 것이나 다를 바 없다."[20]

자유주의자들은 자신들이 이미 납세 행위를 통해 가난한 사람들에게 기부를 했다고 믿는다. 반면에 보수주의자들은 도움을 필요로 하는 사람들을 돕는 일이 정부가 아닌 바로 '자신들의' 의무라고 생각한다. 그럼 진화경제학의 맥락 속에서 이런 담론들을 생각해보자. 인간들의 진화 역사는 작은 사회 집단들을 무대로 전개되었다. 이 집단들이란 대단히 가족 중심적인 강한 유대감을 가졌다. 그러므로 집단 구성원들과 집단 자체의 생존을 보장받기 위해서는 상호 보조와 협력이 필수 불가결한 것이었다. 종교가 어떻게 공동체 구성원들 간의 유대를 강화시키는 대행자 역할을 하고 있는지는 이미 살펴보았다. 그래서 종교를 가지고 있는 사람들이 종교가 없는 사람들보다 모든 자선 활동에서 3배 정도 관대하다는 것도 전혀 놀랄 일이 아니다. 그뿐인가 하면 비종교적인 자선에도 10퍼센트 정도 돈을 더 쓰며 노숙자를 돕는 데는 무려 57퍼센트나 더 많이 낸다. 신앙심 깊은 집안에서 성장한 사람들은 그렇지 않은 사람들보다 자선을 잘 베푼다. 뭔가를 주는 것은 적응과 생존에 실질적인 혜택을 준다. '사회적인 건강'이라는 측면에서 자선 기부를 하는 사람들은 기부를 하지 않는 사람들보다 '매우 행복하다'고 대답할 확률이 43퍼센트나 높으며, 자신들의 건강 상태가 '특별히 좋다'라거나 '매우 좋다'라고 말할 비율은 비기부자들에 비해 25퍼센트나 높았다.[21]

이런 데이터를 공공 정책에 반영한다고 할 때, 온정주의 논리를 따른다면 정부가 감세 혜택을 주어야 할 대상은 보수주의자들, 부유층, 일하는 빈곤계층, 종교를 가진 사람들이다. 그들의 친사회적인 행동에 당연히 보상을 해줘야 할 것이고, 차후에도 보다 많은 기부를 하라고 등을 두드려줄 필요가 있기 때문이다. 이런 정책을 지지하는 세금 만능주의 자유주의자들이 있다면, 우리 집에 초대해서 맥주와 햄버거를 대접하고 싶다.

두 번째는 국제적 차원의 행복과 자유에 대한 연구다. 국제적인 연구 결과를 보면, 개인의 자율성과 자기 통제력이 증가할수록 행복도 커지는 것으로 나타나고 있다. 그리고 보다 높은 수준의 사적 자율성과 자유가 보장되는 사회에 사는 사람들이 전체주의적이고 집단주의적인 정치 체제 아래에 있는 사람들보다 행복한 경향을 보이고 있다. 예를 들면 로테르담 에라스무스대학교 사회과학자인 루트 벤호벤 (Ruut Veenhoven)이 실시한 상당히 폭넓은 조사가 있는데, 그는 사람들을 대상으로 다음의 3가지 사회적 조건을 제시하고, 행복에 관한 설문조사를 실시했다. 개인주의, 선택할 기회, 그리고 선택할 능력. 그가 내린 결론을 들어보자.

"데이터에 의하면 분명히 관련성이 있었다. 사회가 보다 개인주의화될수록 더 많은 시민들이 삶을 즐겼다."

요컨대 개인의 자유와 자율성의 신장은 행복의 신장으로 이어진다는 것이다.[22] 문제는 어떻게 개인의 자유 및 자율성과 집단적인 공정성 및 정의 사이에서 균형점을 찾아내느냐에 있다. 석기 시대에 살았던 우리 조상들의 소집단 내에서는 유전적인 근친성이 맺어준 사회적 유대와 호혜적 교환에 따른 사회적 접착력이 충분히 강했기 때문에 외부로부터의 자유와 자율성에 대한 강제 없이도 단결을 유지할 수 있었다. 그러나 부족연합 체제, 국가 체제로 성장해가면서 협력과 갈등 해결을 위한 인위적인 제도가 시행될 필요성이 생겨났다. 그런데 우리에게 필요한 외부 지배력의 크기는 어느 정도일까?

● 행복한 선택을 위한 최상의 과학적 접근

어떻게 하면 자유와 자기선택권을 훼손하지 않고, 보다 큰 정신적 건강과 행복으로 이어지는 행동을 장려하기 위한 온정주의적인 '개입'을 할 수 있을까? 또 그렇게 한다면 온정주의 정책의 본래 목적을 버리는 것이 아닌가? 이에 대한 대답은 몇몇 프로그램들에서 찾을 수 있다. 이 프로그램들은 보다 건강하고 행복한 삶을 진작시킬 수 있는 여러 옵션들에 대한 유인책을 제공하면서도, 선택의 자유를 최대한 허용하는 것을 내용으로 하고 있다.

이러한 프로그램의 대표적인 것이 이른바 '자유의지론적 온정주의(libertarian paternalism)'라는 것이다. 이 프로그램은 시카고대학교 경제학자 카스 선스타인(Cass Sunstein) 교수와 리처드 세일러 교수가 개발한 것이다. 그들은 이 용어가 절대로 '모순 어법'이 아니라고 단언한다.[23] 이것은 '연성 온정주의(soft paternalism)'라고도 하는데, 국가가 강력하게 개입하는 '강성 온정주의(hard paternalism)'와 대비된다. 자유의지론적 온정주의는 선택의 자유를 지키면서도 사람들의 필요나 욕구, 비합리성에 대해 행동경제학이나 신경경제학에서 밝혀낸 사실들을 실행에 옮긴다. 선스타인과 세일러는 사람들에게 유익한 것을 하는 방향으로 살짝 미는 정도의 정책이나 제도를 수립해야 한다고 말한다. 즉, 과학적 사실이나 구성원들의 자발적 동의가 갖는 구속력 정도만 있으면 된다는 것이다. 그들은 행동경제학적 입장을 다소 반영하며 다음과 같이 말한다.

> 사람들의 기호는 잘못 형성될 때가 자주 있다. 그들의 선택은 어쩔 수 없이 애초 정해진 규칙, 제한 효과, 출발 지점 등의 영향을 받게 된다. 이런 상황에서는 온정주의가 나타나는 것을 피해갈 수 없다. 제한된 합리성과 제한된 자기 통제력에 대해 형태경제학적인 이해를 하고 있다면, 자유의지론적 온정주의자들은 사람들이 선택의 자유를 훼손하지 않고 복지를 증진시키는 방법을 모색하고 취하도록 해야 할 것이다.[24]

예를 들어 꽤 중대한 위험성이 내포되어 있는 치료법을 평가할 때, 어떤 옵션이 제시되느냐에 따라 선택 결정에 큰 영향을 끼친다. 즉 환자들은 이런 말을 들을 때 위험한 치료법에 더 쉽게 동의한다.

"이 치료법을 적용한 사람들의 5년 생존율은 90퍼센트였습니다."

그러나 "이 치료법을 적용한 사람들의 10퍼센트가 5년 후에 사망했습니다"라고 말하면 동의할 확률은 낮아진다.[25] 그러므로 살게 돼서 행운이라고 느끼는 것과 죽지 않게 돼서 행운이라고 느끼는 것 사이에는 차이가 있다. 그리고 이런 차이는 어떻게 물어보느냐에 달려 있다. 질문이라는 것도 일정한 양식으로 언어화되어야 하는 것이기 때문에 그 표현은 가능한 한 과학적으로 잘 전달되어야 한다.

선택에 가해지는 또 다른 강제는 선택의 대상이 되는 선택지의 특성과 기원에 있다. 간단한 사례 하나를 들어보자. 만일 우리가 어떤 레스토랑의 주인이라면 우리는 손님들의 눈길을 끌 수 있도록 메뉴를 꾸며야 한다. 메뉴에는 제공되는 요리들이 배열될 것이다. 그리고 '우리'가 그러한 배열을 결정할 것이기 때문에 메뉴판을 건강에는 좋되 맛은 그저 그런 음식들로 꾸미든지, 건강에는 좋지 않지만 맛은 기막힌 음식들로 꾸미든지, 아니면 양자를 적당히 섞은 형태로 꾸밀 것이다. 여하튼 어떤 식으로 꾸미든지 간에 우리의 결정은 손님의 선택을 제한한다. 만일 우리가 레스토랑을 운영해나갈 만큼의 이윤을 내는 것에 더해, 모종의 사회적 양심을 실천하고 사람들에게 좋은 건강식을 제공하고 이를 진작시킴으로써 사회에 도움을 주고픈 마음이 있다면, 우리는 온정주의적으로 사람들에게 오로지 건강에 좋은 선택지만을 제시할 것이다. 반면 이상적으로 보면 레스토랑 경영 유지라는 우리의 첫 번째 필요성을 충족시키기 위해서는 맛에 중점을 둔 음식들이 차려져야 한다. 그러나 일단 최초의 목적이 달성되면, 우리는 손님들에게 보다 양질의 섭생을 권함으로써 도덕적 위계상 상위 단계로 올라갈 수 있다.

실제로 2007년 3월 체인 레스토랑인 T.G.I. 프라이데이스는 새로운 메뉴를 이와 대단히 유사한 방식으로 짰다. 그리고 그것에 '옳은 양', '옳은 가격' 이라는 명칭을 붙였다. 그들은 음식의 양을 줄이고 가격을 낮춰 손님들에게 제공했다. CEO인 리처드 스니드(Richard Snead)는 이 방식으로 회사의 이윤과 사회적 양심 사이의 긴장 위에서 완벽한 균형을 취했다고 설명했다.

"이는 소비자 요구에서 비롯한 어떤 범주의 문제다. 이 범주는 (손님의) 말을 경청할 필요성을 말한다. 이는 고객의 요구를 개별적으로 맞춰주고 그 기호를 존중하려는 프라이데이스의 회사 목표에서 대단히 중요한 부분을 차지한다. 어떤 생활양식을 고수하건 간에 손님들은 맛을 희생시킬 필요가 없다. 저렴한 가격에 적은 양의 음식은 다양한 생활양식에 따른 모든 요구를 맞춰줄 수 있다."[26]

양자택일을 해야 하는 곳에서의 효과적인 전략이란 선택에 참여하는 것에서 참여하지 않는 쪽으로 기본 선택지를 바꿔버리는 것이다. 사람들은 어느 한쪽으로만, 다시 말해 선택하거나 하지 않거나 하는 쪽으로만 결정하게 되어 있기 때문에 가장 큰 사회적 선을 취할 수 있도록 아예 선택 자체를 재구축할 수도 있는 것이다. 서스테인과 세일러는 이것을 자유의지론적 온정주의에서 나온 '자유의지론적 자비(libertarian benevolence)' 라고 부른다. 예를 들면 미국에서 사람들은 장기 기증에 대해 '참여하는 선택(opt-in)' 을 하고 있다. 이를 위해서는 사후에 자신의 몸에서 장기를 떼어가도 좋다는 동의의 표시로 운전면허증에 작은 표 하나를 본인 스스로가 찍어야 한다. 장기 기증이 '참여하지 않는 선택(opt-out)' 사항인 국가들, 이를테면 오스트리아, 벨기에, 덴마크, 핀란드, 프랑스, 이태리, 룩셈부르크, 노르웨이, 싱가포르, 슬로베니아, 그리고 스페인 같은 나라에서는 사후에 장기를 떼어가는 것을 허용하지 않는다고 적극적으로 선택하지 않는 한 장기를 거둬갈 수 있다. '참여하지 않는 선택' 정책을 펴고 있는 국가 사람들의 장기 기증 참여율은 90퍼센트가 넘는다. 반면에 '참여하는 선택' 정책을 채택하고 있는 나라는 20퍼센트를 밑돌고 있다.[27] 이렇게 우리는 선택의 자유를 지키면서도 기본 선택지를 바꿈으로써 엄청난 차이가 나는 사회적 결과를 만들어낼 수도 있다.

회사들도 이와 유사한 비(非)선택 시스템을 채택할 수 있다. 예를 들면 T.G.I. 프라이데이스는 손님이 들어오면 자동적으로 '옳은 양, 옳은 가격' 메뉴를 제시하지만, 손님이 원한다면 많은 양, 높은 가격의 메뉴를 요구할 수도 있음을 말해준다.[28] 회사들 사이에서 이미 보증된 시스템이기도 하다. 어떤 회사는 피고용인들을 자동적으로 연금 계획에 가입시킨다. 사원들에게 401(k)계획(미국의 확정기여형 기업연금 제도–옮긴이)에 들겠냐고 묻지 않고 회사는 그들이 적극적으로 가입하지 않겠다는 의사를 표시하지 않는 한 자동 가입시킨다. 이런 시스템을 시행하고 있는 회사에서는 연금계획 가입률이 늘어난다. 거의 40퍼센트 정도가 가입한다. 이와 유사한 프로그램으로, 사람들의 월급에서 자동적으로 얼마간을 원천징수한 다음 그것을 몇 가지 재정 설계 방편과 함께 되돌려주어 사람들이 그 돈을 잘 투자할 수 있게 하는 것도 있다. 이것은 사람들의 선택권을 존치시키고 있기 때문에 자유의지론적 정책이라고 할 수 있다. 그러나 한편으로 온정주의적이기도 한 것이, 대부분의 사람들이 투자 요령을 몰라서 난감해하는 경우가 많다. 그래서 최소한 회사가 투자 전문가의 자문을 얻어 가능한 모든 선택지를 직원들에게 제공함으로써 건전하고 믿을 만한 투자 수단을 찾을 수 있게 하는 것이다.

자유의지론적 온정주의는 우리의 특성에 관해 보다 심오한 가정을 던진다. 본질적으로 우리는 무엇이 옳고 그른지에 대한 깊고도 직관적인 감각을 갖춘 도덕적 존재라는 것과 대부분의 상황에서 대부분의 시간에 대부분의 사람들은 옳은 것을 선택하리라 가정한다. 이런 원칙 하에서 사람들이 자유의지론적인 최대 자유의 이상을 당연한 것으로 받아들이도록 기본 선택지가 짜여야 한다. 그러면서 동시에 그러한 자유에 최소한의 제한만을 가하는 정책이 무엇인지를 알려주는 최상의 과학에 접근할 수 있어야 한다. 먼저 보다 많은 자유를 선택하자. 그리고 절대적으로 필요한 경우에 한해 가장 수동적으로 그 자유에 제한을 가하자.

진화하는 시장과 함께 가는 경제학

자유로운 정신과 자유로운 시장의 힘에 관한 걸작 《인간 행동》 속에서 오스트리아의 경제학자 루드비히 폰 미제스는 다음과 같은 통찰을 보이고 있다. "진실은 자본주의가 단지 인구수만 늘린 게 아니라 동시에 전례 없는 방식으로 인간 삶의 기준을 향상시켰다는 것이다. 어떤 경제학적 사유나 역사적 경험을 동원해도 자본주의만큼 대중에게 유익한 사회 시스템을 소개할 수는 없다. 결과가 스스로 말해준다. 시장경제는 어떤 변명꾼도 선전꾼도 필요로 하지 않는다. 그것은 세인트 폴 성당에 있는 크리스토퍼 렌(Christopher Wren) 경의 묘비명과 일치한다.

"그가 남긴 것을 보고 싶거든 주위를 둘러보라(Si monumentum requires, circumspice.)"

자본주의에 변명꾼이나 선전꾼은 필요 없을지 모르나 심리학과 진화론에 뿌리를 두고 있는 과학적 기반은 필요하다. 이것이 내가 이 책을 통해 전하고 싶었던 생각이다. 자, 이제 나는 눈길을 미래로 돌리고 싶다.

수년 동안 나는 시애틀에 근거지를 둔 미래재단(Foundation for the Future)에 관계해왔다. 이 조직은 항공 우주 기업가이자 박애주의자인 월터 키슬러(Walter Kistler)가 세웠다. 여기서는 다양한 분야의 과학자들과 학자들이 1년에 한 번씩 만나서 서기 3000년에는 우리의 삶이 어떻게 될 것인지를 놓고 토론하며 그 외에 다른 고차원적인 주제를 다루기도 한다.[1] 이는 아주 재미있고 자극적으로 주말을 보낼 수 있는 방법이다. 그런데 나는 우리 중 어느 누구도 지금으로부터 1,000년 후의 삶을 뭔가 알고 이야기하는 사람은 없을 것이라는 생각을 잠시 한 적이 있다. 1980년대 중반 소련의 어떤 전문가도 자신들의 제국이 몇 년 후에는 붕괴되리라 예측하지 못했고, 그런가 하면 1980년대 초반 어떤 컴퓨터 전문가도 월드 와이드 웹(World Wide Web, WWW)의 등장에 대해 제대로 감지하지 못했다. 하물며 지금부터 1,000년 후에 일어날 일을 누가 가히 짐작이나 할 수 있겠는가?[2]

장기적인 경제적 · 정치적 변화를 전망하는 것이 어려운 이유는 우리가 지난 수천 년 동안 모든 결정이 하향식으로 이뤄지는 경제 시스템과 정치 형태 속에서 살아왔기 때문이다. 그래서 인간의 관계망이 지금껏 우리에게 너무나 익숙했던 것이 아닌 다른 어떤 사회 시스템 속에서 어떻게 평화롭게 발달할 수 있을 것인지 상상하기란 거의 불가능하다고 봐야 한다. 현상 유지 편향의 원리에 따라 우리는 자연스럽게 우리가 소유한 것에 애착을 갖게 되어 있다. 그래서 가진 적이 있던 것을 선택하는 경향이 있다. 그러나 역사의 저 긴 시간과 진화의 끝 모를 깊이는, 우리에게 뒤로 한 걸음 물러나서 시장과 마음과 도덕에 관한 이 모든 연구들이 궁극적으로 인간 해방에 어떤 의미를 지니는지 보다 큰 그림을 보도록 해준다.

진화의 차이가 나타나는 이유

우리는 이 책을 대단히 어려운 문제, 수렵채집자 경제로부터 소비교역자 경제로의 대도약을 설명하는 문제와 함께 시작했다. 복잡성 이론, 진화생물학, 행동심리학, 그리고 신경과학으로부터 과학적 연구 도구와 데이터를 차용해, 경제가 복잡적응계이며 이것이 아주 단순한 시스템으로부터 진화해오면서 환경에 적응하고 변화를 거쳤다는 것을 알게 되었다. 그리고 우리가 수렵채집자로 살았던 처음 90만 년 동안 형성된 심리는 대도약이 이뤄진 1만 년 동안의 상황과 자주 일치하지 않음으로써 우리에게 불합리한 행동을 하게 하는 원인이 되었다.

이런 경제적 이행의 동력학을 이해하는 데 있어서 제러드 다이아몬드만큼 나에게 자극을 준 사람도 없다. 그는 가장 흥미로운 다양한 분야의 박식가가 무엇인가를 보여주는 흥미로운 사람이고 그를 알고 있다는 것이 나에게는 커다란 기쁨이다. 가냘픈 몸집에 낭랑한 바리톤 음성의 소유자인 그의 천의무봉한 강의 스타일은 청중들에게 항상 그의 다음 말을 기다리게 한다. 겸손한 행동과 소탈한 차림새 때문에 사람들은 때로 제러드가 역사상 가장 커다란 미스터리에 대한 대답이 가능할 정도의 지식과 통찰력의 소유자임을 간파하지 못한다. 그 미스터리는 어떻게 수렵채집자들이 소비교역자들이 되었는지를 설명하려는 이 책의 목표와 직접적인 관계가 있다. 바로 이런 것이다.

약 3만 5,000년 전에서 1만 3,000년 전 사이의 어느 때쯤인가, 인간들이 쓰는 도구 일습이 그 전보다 대단히 복잡해지고 다양해졌다. 갑자기 바느질 기술이 생겨나서 털이 거의 없는 우리의 맨 몸을 옷으로 가릴 수 있게 되었다. 최초의 집은 동물의 뼈와 나무로 지었으며 동물의 가죽을 덮어 궂은 날씨로부터 몸을 보호했다. 세련된 모사 회화가 동굴 깊은 곳에서 피어났으며, 기호를 사용한 의사소통은 복잡한 구어를 발달시켰다. 이런 저런 변화와 더불어 현생 인류는 상당한 기술로 자신들을 무장시킨 후 '자연선택'에 도전해 그것을 영원히 바꿔놓고 스스로가 진화 과정을 통제하기에 이르렀다. 이 선사 시대 인간들은 빠른 시간 내에 지구의 거의 모든 곳에 퍼져 살게 되었다. 어디에서나 누구나 사냥과 어로와 채집이라는 동일한 삶의 조건을 가졌다. 일부는 이동하며 살고 다른 일부는 정착해서 살았다. 소규모 무리는 보다 큰 부족으로 성장했고 소유물의 가치도 높아졌다. 행동 수칙은 좀 더 복잡해졌고 인구는 꾸준히 증가했다.[3]

그런데 마지막 빙하기가 끝나갈 무렵, 대략 1만 3,000년 전에 지구상 몇몇의 지역에서 인구수가 폭발적으로 증가했다. 사냥이나 어로, 채집만 가지고는 이렇게 늘어난 인구가 필요로 하는 열량을 댈 수 없었다. 생존의 절박한 요구는 경작으로 이어졌다. 신석기 혁명이 일어난 것이다. 고고학자들과 인류학자들 사이에서는 이 식량 생산 혁명이 어떻게, 왜 일어났는지, 얼마나 시간이 걸렸는지, 그리고 이것을 연속적인 변화(진화)로 볼 것인지, 아니면 불연속적인 진화(혁명)로 볼 것인지를 놓고 상당히 큰 논쟁이 있었다. 다시 본론으로 돌아가서, 큰 포유류 동물을 길들이고 식용 곡물을 재배해 계속 증가하는 인구를 먹여

살릴 수 있게 되었고 이는 추가적인 물리적 · 사회적 기술을 발달시켰다. 그리고 이는 다시 인구 증가를 촉진했고, 계속 이런 식의 증가와 발달이 이어졌다. 즉, 이제는 익숙한 개념인 자가 촉진적 순환 고리가 생겨나서 새롭게 출현하는 시스템들을 앞으로 밀고 나간 것이다.[4]

그런데 뭔가 기이한 것이 발생했다. 1만 3,000년 전부터 오늘날까지 지구상의 여러 문명들이 서로 다른 발달 정도를 보이게 된 것이다. 어떤 사회는 급속도로 근대성을 향해 나아갔는가 하면 어떤 사회는 아직도 구석기 시대의 진흙 수렁에서 허우적대고 있었다. 이런 사실을 가지고 질문을 만들어보자. 1만 3,000년 중에서 최근의 500년 동안 왜 유럽인들이 아메리카와 오스트레일리아를 정복하고 식민지화했는가? 왜 아메리카와 오스트레일리아 원주민들은 유럽을 정복하고 식민지화하지 못했는가? 인종적인 차이에 의해 어떤 종족(백인)은 발달하고 어떤 종족(흑인)은 지체되었다는 케케묵은 설명을 거부하면서 다이아몬드는 지난 1만 3,000년 동안 세계 문명들 사이에서 나타난 발달 정도의 차이는 기본적으로 지리적 차이의 결과이며 키울 수 있는 곡식과 동물을 구할 수 있었느냐 없었느냐가 관건이었다는 주장을 편다. 환경이 좋았던 어떤 지역에서는 그로 인해 농업이 발달하고 인구가 늘었으며, 노동이 분화되고 비식량 생산 전문가들이 나타났고, 야금술, 글, 군대, 정부와 관료제, 그리고 기타 궁극적으로 현대 문명을 배태하는 데 필요한 모든 요소들을 갖추게 되었던 것이다.[5]

예를 들면 키울 수 있는 야생 곡식들은 그 수가 얼마 되지 않고 지구상의 특정 지역에서만 자란다. 바로 그런 지역에서 최초의 문명이 발생했던 것이다. 또 다른 예를 들면 오스트레일리아 원주민들은 캥거루의 등에 짐을 싣거나 쟁기를 맬 수 없었다. 그러나 유럽인들은 소나 말의 등에 그렇게 할 수 있었다. 몇 가지 요인들을 덧붙이자면, 유라시아 대륙의 동서 방향축을 들 수 있다. 이를 통해 재배 가능하게 된 곡식과 길들여진 동물은 물론 지식과 생각들이 전파되었다. 그래서 유럽은 야생 동·식물의 길들이기 과정에서 맨 처음부터 혜택을 입을 수 있었다.

이와는 대조적으로 아메리카의 남북 방향축이나 아프리카, 아시아-말레이시아-오스트레일리아 회랑은 그런 이동 통로가 되어주지 못했다. 애초부터 생물학적지·지리학적으로 농업에 적당치 않았던 이 지역은 엎친 데 덮친 격으로 교역이나 식량 생산, 농업 기술 전파 혜택도 전혀 입지 못했던 것이다. 또한 길들인 가축들의 거래가 끊임없이 이어지고 사람들의 왕래도 빈번해지면서 유라시아 지역 사람들은 여러 가지 질병에 대한 면역력을 키울 수 있게 되었다. 그러나 이것이 세균의 형태로 (총이나 철과 더불어) 오스트레일리아, 오세아니아, 아메리카 대륙에 유입되자 미증유의 몰살 사태가 일어났던 것이다.

대도약 이후의 문제

언제 어떻게, 소규모 무리와 부족이 보다 큰 부족연합사회나 국가로 이행했는가는 부분적으로 환경의 부양력과 집단의 인구 크기에 의해 결정되었다. 이는 다시 사회 구조와 교환, 교역, 그리고 다른 집단과의 공존 형태를 결정했다.[6] 식량 생산과 인구 증가의 동반적인 도약이 이뤄지면서 무리와 부족은 부족연합체, 국가로 옮겨갔다. 그리고 적절한 사회 조직과 기술도 발달했다. 사람들은 처음에는 반영구적, 그 후에는 영구적인 주거지에서 살기 시작했다. 이는 땅 소유권과 사유재산권을 발생시켰고, 잉여 식량과 도구와 상품을 생산하는 계기가 되었다. 이로써 초기 교역 경제의 기초가 형성된 것이다. 여기서 자연스럽게 경제와 사회 영역에서 노동의 분화가 일어났다. 전업 직공, 장인, 필경사들이 조직화된 사회 구조 안에서 노동했고, 전업 정치가, 관료 등이 사회 구조를 운영했다. 종교 역시 조직화되어 여러 가지 역할을 맡게 되었다. 그 중 적지 않은 부분이 지배 엘리트의 권력을 정당화하는 역할이었다. 정치와 종교의 뒤얽힘 현상은 세계의 거의 모든 부족연합체, 국가 사회에서 발견할 수 있다. 중동, 근동, 극동, 남북 아메리카, 그리고 폴리네시아의 섬들에서 족장, 파라오, 왕, 여왕, 군주, 황제, 주권자, 지배자 등 호칭이야 어떻든 간에 모두 자신이 신이나 신들과 관계가 있다고 주장했던 것이다. 신이 자신들에게 권력을 주어 신성(神性)을 대행하라고 했다는 것이다. 국가는 진정한 문명으로 발전해갔고, 작은 종파들은 세계적인 종교로 진화해갔으며, 물물교환 시장은 완성된 경제 시스템이 되었다.

부족연합체, 국가, 그리고 제국이 발흥하면서 더 이상 정치와 경제를 분리하는 일이 불가능해졌다. 비록 수렵채집자 무리나 부족들은 평등한 환경에서 살았다지만, 보다 큰 규모의 사회에서는 경제적 부의 평등한 재분배가 한 번도 실현된 적이 없었다. 더욱이 집단들 간의 공정하고 자유로운 교환을 가능하게 하고 때로는 강제할 수 있는 적절한 사회 제도가 불비한 상태에서는 폭력과 전쟁이 자주 발생했다.

여기서 우리는 진화론에 의거해 경제를 설명하는 일이 가능하게 된다. 집단 간의 폭력을 야기했던 가장 큰 요인 중의 하나는 부족한 자원을 둘러싼 경쟁이었다. 모든 집단의 모든 개인들을 부양할 수 있는 수단이 충분치 않았다. 어떤 특정한 시기에 그럴 때가 있었다손 치더라도 그것은 그야말로 일시적인 것이었다. 인구가 환경의 부양력을 위협하는 수준까지 계속 증가했기 때문이다. 부양력을 넘어서면 자원에 대한 수요는 공급을 초과했다. 이것이 대부분의 역사를 통해 대부분의 지역에서 대부분의 사람들에게 주어진 조건이었다. 공식은 간단하다. 인구 과다+자원 부족=분쟁. 그래서 집단 간 폭력을 줄일 수 있는 한 방법은 자원 공급량을 늘려서 필요한 사람들의 요구를 충족시키는 것이었다.

● 협력은 평화와 번영의 길

집단 간 분쟁의 도화선을 제거하고자 하는 이면에 있는 심리는 잠재적으로 위험한 역외인들을 장차 유익한 친구로 바꾸려는 것과 관련이 있다. 이 과정은 신뢰를 낳는 긍정적인 사회적 소통을 장려하고, 가능케 하고, 심지어는 강제하기까지 하는 사회 제도의 수립을 통해 이뤄질 수 있다. 이런 소통의 방식 중에서 가장 강력한 것 중 하나가 바로 교역이다. 교역의 효과에 대해서는 19세기 프랑스 경제학자인 프레데릭 바스티아를 인용해 말하고 싶다.

"상품이 국경을 건너지 못하는 곳에서 군대는 건널 것이다."[7]

바스티아의 원칙은 수렵채집자들이 어떻게 소비교역자로 변화했는지 우리가 이해할 수 있도록 도와줄 뿐만 아니라 분쟁의 주된 원인 중 하나를 밝혀준다. 따라서 그의 말을 근거로 분쟁을 감소시킬 수 있는 주요한 수단 하나를 찾아낼 수 있다. 바스티아 원칙이 '상품이 국경을 건너지 못하는 곳에서 군대는 건널 것이다'를 내걸고 있다면, 다음의 역추론도 가능할 것인데, 상품이 국경을 건너는 곳에서 군대는 건너지 못할 것이다. 이것은 원칙이지 법이 아니다. 그렇기 때문에 과거에나 오늘날에나 예외가 존재한다. 교역은 전쟁을 완전히 막지는 못할 것이지만 그 가능성을 줄여줄 수는 있다.

절대성 대신에 개연성의 관점에서 생각해보자. 아리스토텔레스 논리학의 A가 아니면 비(非)A라는 범주 대신에 분수적인 가능성을 포괄하는 퍼지(fuzzy) 논리학의 입장에서 보면 집단 간의 교역은 평화적이고 안정적인 관계가 지속될 개연성을 높여주며 불안정성과 분쟁이 발생할 개연성을 낮춰준다.

자, 이제 이 책의 첫머리에 거론했던 야노마뫼 수렵채집 부족의 얘기와 그런 사람들이 어떻게 맨해튼의 소비교역자로 진화해갔던가 하는 얘기로 다시 돌아가보자. 선교사들이 맨 처음 야노마뫼족 사람들 사이에서 활동을 시작했을 무렵, 그들이 원주민들에게 식량이나 기타 물자를 만들 수 있고 구입할 수 있는 도구를 제공하자 부락 간의 싸움이 크게 줄어들었다는 사실을 알게 되었다. 야노마뫼족 연구가인 인류학자 나폴레옹 샤농(Napoleon Chagnon)은 야노마뫼족에게 '사나운 사람들'이라는 호칭을 붙였던 인물인데, 그는 야노마뫼족이 무서운 전사인 동시에 뛰어난 교역자라는 사실도 밝혀냈다. 왜냐하면 교역은 정치적 동맹을 만들어내기 때문이다. "내 적의 적은 내 친구다"라는 정치적 정언을 따라 야노마뫼족의 부락 간 교역과 식량의 상호 교환은 정치적 동맹을 창출해내면서 강력한 사회적 접착제로 기능했다. A부락 사람들은 B부락에 갈 수 없다는 것이 알려지는 날에는 더 강성한 C부락이 자신들을 정복하지 않을까 두려웠다. 왜냐하면 이는 자신들의 약점을 노출시키는 일이기 때문이다. 그래서 A부락은 B부락과 교역을 하고, 번갈아가면서 축제를 주최함으로써 동맹 관계를 형성했다. 이 결과 그들은 군사적 방어막을 확보했을 뿐만 아니라 부락 간의 평화를 증진시킬 수 있게 되었다.

그리고 정치적인 이유로 촉진된 경제적 교환의 부산물도 생겨났다. 야노마뫼족의 부락들은 각자 생존에 필요한 정도의 SKU를 산출해내긴 했지만, 그럼에도 그들은 나름대로 노동의 분화와 교역 시스템을 일구어냈다. 의도하지 않았던 결과였지만, 이로 인해 전체의 부와 SKU가 늘어났다. 야노마뫼인들의 교역은 그들이 타고난 이타주의자들이라거나 자본주의자 자질을 가지고 있어서 이뤄진 것이 아니었다. 그들이 원한 것은 단지 정치적 동맹을 맺는 것뿐이었다. 샤농의 설명을 들어보자.

"이웃 부락과 이런 식의 빈번한 교류가 없어지면 동맹의 형성은 대단히 늦어지고, 또 형성이 되었다 하더라도 매우 불안정한 상태를 유지하게 된다. 안정적인 동맹의 전제 조건은 반복적인 방문과 축제 개최다. 그리고 교역 메커니즘이 바로 이런 방문의 기회를 제공할 수 있었다."[8]

상품은 부락의 경계를 넘어가지만 야노마뫼 군대는 넘어갈 수 없다. 논지를 분명히 하기 위해 또 다른 사례를 들어보자. 인류학자인 로널드 번트(Ronald Berndt)는 서부 오스트레일리아 사막 출신의 원주민인 왈마데리(Walmadjeri)와 구가자(Gugadja)를 대상으로 한 연구에서, 사막의 경제는 가까운 동족들 사이에서 시작된다고 밝히고 있다. 왜냐하면 그들은 자신들이 다른 사람들에게서 무엇을 기대하는지, 다른 사람들이 자신들에게서 무엇을 기대하는지를 잘 알아야만 거래하기 때문이었다.

"이들의 무리는 그저 핵가족 단위로 구성된 집합체가 아니었다. 그보다는 협력 집단으로 보는 것이 정확하다. 구성원 각자에게는 친밀성에 기반을 둔 책임감과 의무가 지워졌다. 남들이 내게 의지하는 만큼 나도 남들에게 기대는 그런 방식이었다."

서부 오스트레일리아 사막 지대는 살아가기에 대단히 가혹한 환경이다. 그래서 이들의 종교적 · 주술적 제의들은 생존의 물리적 필요성에서 비롯된 것들이다. 가장 중요한 것이 물에 관한 것들이다. 그리고 집단 간 교역은 대개 그러한 생활필수품들을 발견해낼 수 있는 통로를 따라 개설되었다. 항상 자원이 부족하기 때문에 분쟁 발생 가능성이 높다. 그러나 그런 분쟁에 휘말려든다는 것은 대단히 심각한 결과를 초래할 수 있기 때문에 오스트레일리아 사막 원주민들은 자신들의 종교와 환경에 밀접하게 연결되어 있는 교역 시스템을 개발해냈으며 이를 통해 집단 간의 선의를 도모하고자 했다.

"큰 의식이나 제의가 열리면 여기에 참가하려고 아주 멀리 떨어진 곳에서 사람들이 온다. 이는 곧 그들이 물물교환을 위한 이상적인 기회를 제공함을 의미한다."

번트의 설명이다. "교역은 제의라는 맥락 안에서 일어난다. 그리고 종종 이 둘은 별개의 것으로 보이지 않는다."[9]

상품은 오스트레일리아 원주민 집단 간의 경계를 넘어가지만 군대는 넘어갈 수 없다.

또 다른 사례를 살펴보자. 제러드 다이아몬드는 뉴기니의 수렵채집자들 사이에서 어떻게 주의와 불신이 규범처럼 받아들여지고 있는지를 연구했다. 그는 30여 년을 그들 속에서 살았고 연구했다. 그 경험으로 인해 그는 신뢰가 얼마나 사적·사회적 관계에 기대고 있는지 직접 목격할 수 있었다. 제러드의 말에 따르면 사회적 의무는 인간관계에 달려 있는 것이다.

"그 이유는 한 무리나 한 부족의 구성원 수는 기껏해야 각각 십 수 명 혹은 수백 명 정도다. 그들은 서로를 잘 알고 있고 자신들이 어떤 관계인지도 안다. 구성원이라면 누구나 피가 다른 친족을 위한 의무도 지고 있으며, 결혼으로 생겨난 친족에 대한 의무, 자신의 씨족에 대한 의무, 같은 씨족은 아니지만 같은 부락에 사는 동료에 대한 의무 등 다양한 형태의 의무를 진다."

소비교역자라면 분쟁 해결을 위해 채택했을 사회 제도가 미비한 상태에서 수렵채집자들 사이에서 발생하는 갈등은 그 자리에서 직접 해결된다. 이 소집단 안에서 모든 사람은 서로 다 알고 지내며, 집단 외부인들과는 분명한 구별점을 공유하기 때문이다. 이는 곧 집단 내 친목과 집단 간 반목을 만들어낸다. 부족주의가 그 세계를 지배한다. 다이아몬드의 설명을 들어보자.

"만일 누군가가 숲속에서 낯선 사람과 마주친다면, 당연히 그는 그 사람을 죽이려 하거나 도망칠 것이다. 오늘날 우리가 하는 것처럼 '안녕'이라고 한다거나 인사치레 말을 하는 것은 자살 행위다."[10]

1960년대만 하더라도 이들 사이에 보다 평화로운 소통을 하기 위한 어떤 시도도 없었다. 맨 처음 뉴기니 원주민 집단에 찾아온 평화는 그 지역을 통치하던 서구 식민 정부의 명령에 따른 것이었다. 그런데 그때 당시 관리들은 사람들이 필요로 하던 물건은 물론이고 그들 스스로가 보다 많은 재화를 생산할 수 있도록 기술을 제공함으로써 평화를 지속시킬 수 있었다. 한 세대가 지나기도 전에 돌도끼를 들고 서로 싸우던 뉴기니의 수렵채집자들은 갑자기 컴퓨터를 사용하고, 비행기를 타고, 자신의 소규모 기업을 경영하는 뉴기니의 소비교역자들이 되어 버렸다.[11]

다시 한번 말하자면 교역이 집단 간 분쟁의 확실한 예방책은 아닐지라도 이방인들 간에 신뢰를 쌓는 데는 필수 불가결한 요소다. 이것은 집단들이 서로 접촉할 때 자연적으로 발생할 수 있는 잠재적 가변성, 예측 불가능성을 감소시켜준다. 특히 불충분한 자원을 나눠야 할 때 더욱 그렇다.[12] 거기다가 나는 이 책에서 시장자본주의가 자유주의적 민주주의와 강력하게 연결되어 있음을 누누이 강조해왔기 때문에, 나로서는 자유주의적 민주주의와 평화 간에 확실한 증거를 갖춘 상관관계가 있음을 말하지 않을 수 없다. 어떤 한 국가가 자유주의적 민주주의를 더 많이 받아들일수록 전쟁을 일으킬 가능성이 줄어든다. 특히 다른 자유주의적 민주주의 국가를 대상으로 전쟁을 일으킬 가능성은 더욱 줄어든다. 정치학자인 루돌프 러멜(Rudolf J. Rummel)은 이런 상관관계를 연구했다. 그는 1816년부터 2005년 사이에 일어났으며, 최소한 1,000명 이상 죽은 371건의 국가 간 전쟁에서 205건이 비민주주의적인 국가 사이에 일어난 것이었고 166건이 민주주의 국가와 비민주주의 국가 사이에 일어난 것이었으며, 민주주의 국가들 간에는 단 한 건도 없었다고 말한다. 이런 저런 숱한 사료들을 독파한 끝에 러멜은 5개의 결론을 끌어낸다.

"첫째, 잘 정립된 민주주의 체제 사이에서는 전쟁이 일어나지 않으며, 서로 폭력을 행사할 가능성이 매우 낮다. 둘째, 보다 민주주의적인 2개국이 있다면 이들 사이에서는 전쟁이나 폭력이 발생할 가능성이 낮다. 셋째, 한 국가가 민주주의적일수록 대외적으로 행사하는 폭력의 강도는 낮아진다. 넷째, 일반적으로 한 국가가 보다 민주주의적일수록 국내에서의 집단 폭력이 일어날 가능성이 낮아진다. 다섯째, 일반적으로 한 국가가 보다 민주주의적일수록 자국민 학살의 가능성이 낮아진다."[13]

이는 결론적으로 권력은 죽이는 것이고 민주주의는 살려내는 것이며, 그러므로 민주주의를 확산시키라는 의미다. 이 책에서 제시하고 있는 경제 데이터와 이론에 의거해 나는 다음과 같은 결론을 추가한다.

"교역은 평화와 번영으로 가는 길이다. 따라서 교역을 확산시켜라."

물론 이 결론이 과도하게 단순화된 것임은 잘 알고 있다. 그러나 에필로그에서는 전쟁의 경제학 · 정치학 · 역사에 관한 방대한 문헌을 들어가며 논지를 펼 만한 공간이 없다.[14] 여기서 내가 말하고자 하는 주장은 다소 넓게 잡아서 이런 것들이다. 종교나 정치 체제가 역사적으로 전개되기 오래전에 이미 도덕적 감정의 형태로 진화 · 발달했다고 주장했듯이,[15] 나는 또한 국가가 무역이라는 경제 제도를 키워내기 오래전부터 교역이 진화 · 발달했다고 주장하는 것이다. 그리고 우리는 교역과 신뢰를 이어줄 수 있는 도덕적 감정을 진화시켜왔으며, 이 연계는 집단 간 전쟁과 평화로 곧바로 이어졌다. 예를 들면 인간 집단들 간 교역의 역사는 최소한 20만 년 전까지 거슬러 올라가는 것으로 알려져 있다. 그것은 고고학자들이 발견한 석기와 다른 유물들, 이를테면 조개껍질, 부싯돌, 매머드의 상아, 구슬 등이 수백 마일 떨어진 곳에서 만들어져 옮겨왔음이 밝혀졌기 때문이다.[16]

보다 최근의 사례는 아메리카 대륙 원주민들에게서 찾을 수 있다. 유럽의 탐험가들과 식민주의자들이 도착했을 때 원주민들은 이미 활동적인 교역자들이었다. 고고학자인 셰퍼드 크레치(Shepard Krech)는 "유럽인들이 그토록 쉽게 아메리카 원주민들과 거래(구슬과 펠트 천을 교환하는 등)할 수 있었던 이유는 토착민들이 자기들 내부에서 이미 거래하는 일에 익숙해져 있었기 때문"이라고 말한다.[17]

교역은 이방인들 사이에서 자연스럽게 조성될 수 있는 적대감을 해소했으며 동시에 신뢰를 높여주었다. 이방인들끼리 교역을 할 때에는 어떤 일이 일어나는지, 제9장의 내용을 다시 한번 생각해보자. 도파민(이 욕망의 액체는 중독적 행동과 관련을 가지고 있기도 하다)이 분비되고 이는 곧 긍정적인 감정을 발생시키며 반복적으로 교환 행동을 하도록 촉진한다. 옥시토신도 나오는데, 이는 교역 상대에 대한 유대감과 애착심을 강화한다. 그럼으로써 신뢰가 증진되고 여기서 다시 교역과 신뢰 향상으로 이어지는 긍정적인 순환 회로가 나타난다.

'죄수의 딜레마' 게임을 하는 피실험자들의 뇌를 스캔한 내용도 떠올려보자. 여기서는 협력과 배신이 다른 결과를 만들어내는데, 이 결과라는 것은 다른 참가자가 어떻게 하느냐에 따라 또 달라지는 그런 것이었다. 이 게임이 보여준 것은 피실험자들이 협력할 때, 그들의 뇌에서 활성화된 영역은 디저트나 돈, 코카인, 아름다운 얼굴 같은 자극에 활성화되는 뇌 영역과 그대로 겹친다는 것이었다. 가장 왕성한 반응을 보이는 뉴런은 이른바 쾌락 중추라고도 하는 중뇌의 '복내측 줄무늬체'에 자리한 도파민에 많이 들어 있었다. 분명한 것은 협력적인 피실험자들은 마음이 통하는 상대에게 동료애를 느꼈고 신뢰감도 증가했다는 것이다.[18]

여러 가지 교환 행위가 이뤄지는 '최후통첩' 게임 유에 참여했던 피실험자들을 대상으로 한 연구에서는 교역 당사자 양쪽이 서로에 대해 신뢰와 협력적인 자세를 보일 때 그들 혈액 내의 옥시토신 수치가 올라갔다. 그런가 하면 인과 고리를 바꾸어 낄 수도 있다. 즉, 피실험자들의 코에 옥시토신이 함유된 스프레이를 뿌려 넣으면, 그들은 그렇게 하지 않은 사람들 보다 2배 정도 협력적으로 변했다. 신뢰는 경영에 유익한 것이며 한 나라의 경제 성장에 영향을 줄 수 있는 가장 강력한 요인들 중 하나다.[19]

교역의 심리는 개인들, 그리고 집단들이 동맹을 맺고자 하는 마음과 관련이 있다. 그리고 이는 교역 경제와 재화 공급 증가 사이의 관련성만큼이나 밀접하다. 이런 마음에서 시작된 교역이긴 하지만, 나중에 가면 어마어마한 결과를 가져온다. 협력과 상호 부조, 그리고 신뢰가 증가하고 이는 다시 교역과 신뢰를 높여주면서 긍정적인 피드백 회로가 형성된다. 그렇게 되면 사람들, 집단들 사이의 친밀도는 강해지고 적대감은 약화된다. 이는 보다 오랫동안, 보다 많은 곳에서, 보다 많은 사람이 누릴 수 있는 보다 큰 평화와 번영을 낳는다.

정보와 지식이 국경을 넘을 때

바스티아 원칙은 수렵채집자들은 물론이고 소비교역자들의 사회에서도 유효하다. 그 예로 소비교역 국민국가들로 이뤄진 현대 세계에서도 다른 나라와의 분쟁이 외교적으로 해결되지 않을 때 한 국가가 취하는 첫 번째 조치가 경제 제재라는 점을 주목할 필요가 있다. 그런 제재는 글자 그대로 순수한 경제적 동기에 의해서만 가해지는 경우가 많긴 하다. 이를테면 2002년에 미국이 중국과 러시아에서 들여오는 강철에 수입 관세를 부과한 것이 그런 경우일 테다. 당시 세계무역기구는 그것이 불법이라는 입장을 밝혔다.

그런데 경제적 제재는 정치적 이유로도 취해진다. 미국은 1930년대에 일본이 중국을 침략했을 때 일본에 경제적 제재를 가했다. 그리고 이는 (다른 요인들도 더 있었겠지만) 일본이 1941년에 진주만에 보복성 폭격을 하는 단초가 되었고, 역사상 가장 큰 전쟁에 미국이 참전하는 계기를 만들었다. 보다 최근의 경우라면, 1998년 인도가 핵실험을 한 후 미국과 일본이 인도에 대해 취한 제재조치를 들 수 있을 것이고, 또 이란이 테러리즘의 배후 국가로 떠오르면서 미국이 이란에 가한 제재 조치도 있다. 그런가 하면 UN이 이라크 정부로 하여금 UN의 대량 살상 무기 사찰에 응하도록 압력을 가하기 위해 경제 제재를 동원한 적이 있다. 경제 제재는 이런 메시지를 담고 있다.

"당신의 행동방식을 바꾸지 않으면, 우리는 더 이상 당신과 교역할 수 없다."

바스티아의 원칙이 나올 차례다.

"우리의 상품이 당신의 국경을 건너지 못하는 곳에서 우리의 군대는 건널 것이다."

역사를 보면 반드시는 아니지만 자주 이 원칙은 '진정성'을 보여주었다. 경제적 제재는 전쟁의 필수적인 혹은 충분한 원인은 아니었지만, 꽤나 빈번하게 전쟁의 전주곡이 되곤 했다.

『뉴욕타임스』 해외 특파원이었던 토머스 프리드먼(Thomas Friedman)은 세계화를 주제로 쓴 자신의 책에서 '맥도널드의 전쟁 이론과 델의 분쟁 예방 이론'이라는 것을 제시했다. 전자에 대해 프리드먼은 이렇게 설명한다.

"맥도널드가 입점해 있는 두 나라는 맥도널드가 양국에 들어온 이 래 전쟁을 벌인 적이 한 번도 없었다."

후자에 대해서는 이런 주장을 펼친다.

"델(Dell) 사의 세계적인 공급망이 지나가는 2개 국가는 양국이 동 일한 이 공급망에 연결되어 있는 한 서로에 대해서 절대로 전쟁을 일 으키지 않을 것이다."[20]

이는 인간의 관계에 가해지는 국제교역의 힘을 문학적으로 축약한 것 이상의 말이다. 물론 사회과학적 법칙은 더욱 아니다. 그러기에는 예외가 너무나 많다. 1989년 미국의 파나마 침공, 1999년 NATO군의 유고슬라비아연방공화국 폭격, 인도와 파키스탄 간의 끊임없는 분쟁, 그리고 지난 4반세기 동안 간헐적으로 지속되었던 레바논과 이스라엘 의 충돌 등. 이 나라들은 모두 맥도널드 빅맥(Big Mac)을 파는 나라들 이다. 그러나 프리드먼이 하고 싶었던 말은 강력한 경제적 결속력을 공유하는 국가들은 서로에 대해 전쟁을 일으킬 확률이 낮다는 것이다. 그 이유는 전쟁을 하면 안 하는 것보다 잃는 게 더 많아지기 때문이다. 내 입장도 그런 것이다. 이것은 절대법칙이라기보다 일종의 개연성 문 제다.

나는 2000년에 베이징에서 열렸던 어느 과학회의에 참석했는데, 거기서 비슷한 경험을 했다. 자금성 관광을 하면서 갓 들어온 스타벅 스(Starbucks) 카페를 보았다. 그 경험을 토대로 『사이언티픽아메리칸』 에 기고한 '자금성의 스타벅스'라는 제목의 칼럼에서 내가 쓴 것은 과 학과 경제의 힘이 전혀 이질적인 동서의 문화를 한 잔의 커피 앞으로 혹은 과학 토론의 장으로 불러 모았다는 내용이었다.[21] 나는 이것을 바스티아 원칙에 붙는 '스타벅스 부칙'이라고 부른다.

"스타벅스가 국경을 건너는 곳에서 군대는 건너지 못할 것이다."

말하자면 사람들 사이의 자유로운 상품 교역, 그리고 지리적 경계를 뛰어넘는 서비스에 대한 공개적인 접근은 정치적 국경의 필요성을 제거하고, 군대가 그곳을 넘을 개연성을 대폭 감소시킨다. 이 스타벅스 부칙에 나는 '구글 평화 이론'을 추가한다.

"정보와 지식이 국경을 넘는 곳에서 군대는 넘지 못할 것이다."

자, 또 한번 말하자면 사람들 사이의 자유로운 정보 교역, 그리고 지리적 경계를 뛰어넘는 지식에 대한 공개적인 접근은 정치적 국경의 필요성을 제거하고, 군대가 그곳을 넘을 개연성을 대폭 감소시킨다.

이에 관한 감동적인 예를 유럽에서 볼 수 있다. 로마조약 체결과 EU 탄생은 그동안 역사적으로 갈라져 분리되어 있었던 유럽의 각국을 하나의 경제적 우산 아래로 불러 모았다. 지난 1,000년 동안 유럽 역사에서는 침략과 전쟁이 다반사였던 때도 있었지만, 이제 그런 생각조차 하기 어렵다. 그러나 한번 상상해보자. 독일이 프랑스를 침공해 전쟁을 벌이거나, 프랑스가 자국 군대를 출동시켜 도버 해저 터널을 통해 영국에 쳐들어가서 런던을 점령하고 자국의 영토임을 선언하는 광경을 말이다. 한때는 극적이고 서사적인 문학 작품의 주제가 되었을지는 모르나 지금 시점에서는 싸구려 대중소설거리밖에 안 될 것이다.[22]

'경제의 위키피디아화'라는 말이 있다. '위키노믹스(Wikinomics)'로도 알려진 이것은 구글 평화 이론에 수십억 명의 사람들이 참여하고 운영하는 전체 세계 경제를 덧붙인 것이다.[23] 위키피디아(Wikipedia)는 지금 일어나고 있는 이 경제 현상에 대한 정확한 사전이다. 그것은 협력해서 만들어낸 백과사전이며 위키(wiki, 하와이 말로 '빠른'이라는 뜻이다) 소프트웨어를 통해 운용되는데 언제, 어디서든지, 누구나, 실시간으로, 부단히 기록물 편집을 할 수 있도록 되어 있다. 그것은 지식의 출처가 공개된 것이며, 동등한 입장에서 만들어내는 것이고, 다중이 공동으로 작업하는 것이며, 아래에서 위로의, 자가 조직화되어, 발현하는, 수백만 명의 소유물이고, 그것을 이뤄내는 사람들은 알렉산드리아 대도서관의 현대적 등가물을 짓기 위해 노력하는 사람들이며, 세상의 지식을 한곳에 모아 모든 이들이 이용할 수 있게 하자는 꿈을 꾸고 있다.

이는 월드 와이드 웹이 있기에 가능한 일이다. 결국 어떤 독재자, 대중 선동가, 성직자, 대통령, 혹은 여타의 권력 찬탈자들도 정보와 지식과 지리와 사적 관계와 시장과 그리고 경제의 구글화, 위키피디아화, 이베이화, 맵퀘스천화, 유튜브화, 마이스페이스화를 통제할 수 없을 것이다.[24] 중국의 관료들은 장차 중국의 웹 서퍼가 될 10억 명의 사람들을 통제하고, 그들의 자유로운 월드와이드웹 접근을 제한하기 위해 방화벽을 설치하려고 할 수는 있다. 그러나 그들이 절대로 막을 수 없는 것이 있으니, 그것은 지식과 상품과 사람이 원하는 곳으로 나아가는 길, 그 길은 막지 못한다. 자유가 길을 찾아내리라.

⦂ 모든 이들에게 열린 세계

자유경제에 관해서는 '자연적인' 게 아무것도 없다. 그리고 자유시장을 향해 진화해 나아가는 인간 집단들에 관해서는 '당연한' 것이 아무것도 없다. 수천 년 동안 부족, 국가, 그리고 제국에서는 노예제를 실시했고, 그것을 정당화했다. 그러나 계몽주의 시대 이래로 많은 국가들과 제국에서는 노예제를 철폐하고 자유를 신장시키기 위한 공동의 노력이 있어왔다. 유혈 낭자한 몇 세기가 흐르고, 제1세계에서 노예제는 거의 자취를 감추었다. 그리고 제2·제3세계에서도 이들에 속한 국가들이 제1세계화함에 따라 빠르게 사라지고 있다.

부족주의나 역외인을 배척하는 우리의 '자연적인' 성향에도 불구하고 우리는 계몽적 가치의 확산과 더불어 상당한 진보를 이룩했다. 보다 많은 장소에서 보다 많은 사람들에게 보다 많은 권리가 주어졌으며, 사람들은 교육과 입법을 통해서 인종·민족·종교·성별 같은 특질에 근거한 차별로부터 보호받게 되었다. 그러나 그럼에도 불구하고 아직 지구상에는 너무나 많은 사람들이 정치적으로는 전제정치에, 경제적으로는 빈곤에 시달리고 있다. 그 심각함은 이루 말할 수 없을 정도이며 생존 자체를 위한 아주 기초적인 요구도 충족시키지 못하는 수준이다. 여기서 기초적인 요구 수준이란 사람으로 하여금 일정한 행복의 기반에 이르게 해서 그 위에서 무엇인가 유의미한 삶을 세우도록 하는 정도를 말한다.

그러나 단순히 노예제, 빈곤, 전쟁, 폭력, 인종 차별, 부족주의 등에 반대하는 것으로는 충분치 않다. 우리는 뭔가를 '위해서' 존재해야 한다. 루드비히 폰 미제스는 1950년대 매카시즘이 한창일 때 자신의 동료 반공주의자에게 이렇게 경고했다.

"뭔가에 반대하는 운동은 순전히 부정적 태도만을 보여주네. 그런 태도에는 그게 무엇이든지 간에 성공할 가능성이 없다네. 극심한 비방은 자네가 공격하는 대상을 홍보해줄 뿐이지. 사람들은 자신들이 성취하기를 원하는 어떤 것을 위해 싸워야 하네. 단순히 어떤 악을 거부하기만 해서는 안 되지. 그게 얼마나 나쁜 것이든지 간에 말일세."[25]

우리가 뭔가를 위해 싸운다면 그것은 무엇인가? 자유다. 그러나 보아왔다시피 자유는 저절로 오지 않을 것이다. 그러므로 우리는 그에 대한 대가를 지불해야 한다. 그 대가란 무엇인가?

자유를 제한하는 속박에 대항한 인간 투쟁의 오랜 역사에서 토머스 제퍼슨보다 더 유창한 대변자를 찾기란 어렵다. 그는 가장 사적이고 공적인 의미에서 자유의 문을 여는 데 드는 비용을 파악했다.

"자유의 대가는 영원한 경계심이다."[26]

언젠가 우리가 평화와 번영과 자유의 환경에서 잘살게 된다 하더라도 그것은 '당연한' 것이 아니다. 우리는 선과 악을 동시에 품고 있으며, 환경에 따라 둘 중의 하나가 불려 나온다. 우리는 반드시 자유를 '선택'해야 한다. 그리고 그것이 실현될 수 있는 상황을 만들어내야 하며, 그것이 일단 획득되면 지켜내야 한다. 그래서 자유는 생각으로 시작해서 의식적인 선택에 의해 도달할 수 있는 것이다. 그런 목적에 비춰볼 때, 이 책의 전체 내용은 자유를 위한 의식화 연습이라고 할 수 있다.

단지 사람들의 의식을 제고하는 것으로 사회 변화를 유발하고 자유의 증진으로 이어지게 할 수 있을까? 물론 그럴 수 있다. 만일 그렇지 않다면 공민권 운동은 없었을 것이요, 우리는 아직도 노예제를 실시하고 있을 것이고, 여성들은 선거권을 갖지 못하고 있을 것이다. 우리는 어떻게 '여기'서 '저기'로 진보해갈 수 있을까? 느리지만 확고하게, 자유주의적 민주주의와 시장자본주의를 확산시키고, 개인 간 그리고 국가 간에 신뢰를 낳을 수 있는 환경을 조성해야 하며, 정치 및 경제 권력의 투명성을 유지하고, 어디에서든 누구나 모든 지식에 접근할 수 있고 이용할 수 있게 해야 하며, 정치적·경제적 국경을 개방해야 한다. 수에즈 운하의 팻말에 쓰여 있듯이.

　"모든 이들에게 세계를 열어주어라(Aperire Terram Gentibus)."[27]

프롤로그 : 경제학, 모두를 위한 과학

1 Robert K. Merton, "The Matthew Effect in Science," Science 159(38) (1968): 56~63.

2 예를 들면 비교적 무명 사회학자였던 마르체로 트루치(Marcello Truzzi)가 다소 정체불분명한 학술지에 '과학적으로 알 수 없는 것'을 주제로 기고한 글에는 "비범한 주장은 비범한 증거를 요구한다"는 구절이 나온다. 이를 칼 세이건(Carl Sagan)이 자신의 우주 다큐멘터리 시리즈에서 다시 썼다. 그 후 이 말은 칼 세이건의 것처럼 되어버렸다. 이제는 어디서든지 이 말을 인용할 때는 "칼 세이건이 말했듯이"라는 표현이 꼭 따라붙는다.

3 출판에서 베스트셀러 효과의 사례를 들라면, 내가 파사데나의 캘리포니아 공대에서 개설하고 관리했던 공공과학 강연 시리즈와 관련된 것이 있다. 우리는 과학계의 유명 인물이 LA지역에 책 판촉행사를 위해 오면 그들에게 강의를 부탁했다. 그러면서 우리는 그들의 저서를 주문해서 서점에서 팔게 했다. 그런데 이따금 출판사에서 우리에게 부탁하기를 기왕이면 『뉴욕타임스』 북리뷰에 도서 판매 실적이 올라와 있는 서점을 잡아서 책을 팔게 해달라고 했다.

4 www.musiclab.columbia.edu.

5 Matthew Salganik, Peter S. Dodds, and Duncan J. Watts, "Experimental Study of Inequality and Unpredictability in an Artificial Cultural Market," Science 311 (2006): 854~856. 또한 이것도 볼 것. Duncan J. Watts, "Is Justin Timberlake a Product of Cumulative Advantage?" The New York Times Magazine, April 15, 2007, 22~25.

6 John Tooby and Leda Cosmides, "Friendship and the Banker's Paradox: Other Pathways to the Evolution of Adaptations for Altruism," Proceedings of the British Academy 88 (1996): 119~143.

7 같은 책 134~135.

8 같은 책 133~134.

9 Letter dated September 18, 1861, in Francis Darwin, The Life and Letters of Charles Darwin (London: John Murray, 1887), vol. 2, 121.

10 Michael Shermer, "Colorful Pebbles and Darwin's Dictum," Scientific American, (April 2001): 38. 다윈의 정언(Darwin's Dictum)에 견줄 만한 것으로 내가 '월러스의 지혜(Wallace's Wisdom)'라고 부르는 것이 있는데, 이는 앨프레드 러셀 월러스(Alfred Russel Wallace)의 이름에서 따온 것이다. 그는 자연도 태 이론의 공동 발견자였고, 다윈보다 나이가 어렸던 동시대인이었으나, 다윈의 빛에 가려진 삶을 살았다. 그는 이렇게 썼다. "인간의 마음은 서로 무관하고 법칙으로 포괄되지 않는 낱개의 사실들만을 쌓아두는 것으로 만족하지 못한다." 존 마천트(John Marchant)가 쓴 "Alfred Russel Wallace, Letters and Reminiscences," (New York: Arno Press, 1916), 63쪽에서 인용. 월러스의 전기를 보다가 나는 이 말이 마음에 와 닿았다. 그래서 나는 이 구절을 과학사상 최고의 이론이 수행한 역할을 강조하기 위해 쓰기도 했다. Michael Shermer, In Darwin's Shadow: The Life and Science of Alfred Russel Wallace (New York: Oxford University Press, 2002), 4.

11 Michael Shermer, Why Darwin Matters: The Case Against Intelligent Design (New York: Times Books, 2006).

12 http://www.loc.gov/loc/cfbook/booklists.html. After the Bible and Atlas Shrugged were The Road Less Traveled by M. Scott Peck, To Kill a Mockingbird by Harper Lee, The Lord of the Rings by J.R.R. Tolkien, Gone with the Wind by Margaret Mitchell, How to Win Friends and Influence People by Dale Carnegie, The Book of Mormon, The Feminine Mystique by Betty Friedan, A Gift from the Sea by Anne Morrow Lindbergh, Man's Search for Meaning by Victor Frankl, Passages by Gail Sheehy, and When Bad Things Happen to Good People by Harold S. Kushner.

13 1997년에 쓴 내 책 《왜 사람들은 이상한 것을 믿는가(Why People Believe Weird Things)》에서 나는 한 장을 다 할애해 랜드(Rand)와 그녀의 철학을 마치 컬트처럼 받드는 현상에 대해 언급했다 "역사상 가장 컬트 같지 않은 컬트(The Unlikeliest Cult in History)", 나는 그것을 이렇게 불렀다. 극단주의는 그게 어떤 종류이든, 설사 컬트적인 행동은 하지 않는다 하더라도 비합리적으로 된다는 것

을 보여주기 위해 나는 랜드의 측근인 나다니엘 브랜든(Nathaniel Branden)의 표현을 인용했다. 그는 랜드가 직접 선발한 지적 상속자였으며 랜드의 추종자라면 지켜야 할 핵심 교리를 작성했다. 그 중에는 "에인 랜드는 지금까지 살았던 인간 중 가장 위대한 인간이다. 《아틀라스》는 세계 역사에서 가장 위대한 인간의 업적이다. 에인 랜드는 자신의 타고난 철학적 천재성을 통해 지구상 인간의 삶과, 적절하고 도덕적이고 이성적이라고 말할 수 있는 모든 문제를 중재한 최고의 재판관이다. 에인 랜드가 존경하는 것을 존경하지 않고, 그녀가 비난하는 것을 비난하지 않는 자는 어느 누구도 훌륭한 객관주의자(objectivist)가 될 수 없다. 또한 어떤 근본적인 문제에서도 에인 랜드와 의견을 달리한다면 제대로 된 개인주의자라고 할 수 없다." Nathaniel Branden, Judgment Day: My Years with Ayn Rand (Boston: Houghton Mifflin, 1989), 255~256. 컬트의 많은 특징들과 객관주의 추종자들이 믿는 바는 실제로 일치하는 구석이 많다. 지도자에 대한 최대한의 존경, 지도자의 무오류성과 전지함에 대한 신봉, 신앙이라고까지 할 수 있는 절대적 진리와 절대적 도덕성에 대한 숭배 등이 그런 것들이다.

14 나의 종교적인 개종과 재개종에 대해서는 다음의 내 책에 상세히 적어놓았다. 《우리는 어떻게 믿는가(How We Believe: Science, Skepticism, and the Search for God)》(New York: Times Books, 2000).

15 Michael Shermer, 〈강화의 강도와 성질의 함수로서의 쥐의 선택(Choice in Rats as a Function of Reinforcer Intensity and Quality)〉(August 8, 1978). 캘리포니아주립대학교 풀러튼대학 학부에 제출된 논문. 심리학 석사학위의 요건을 부분적으로 갖췄다.

16 갤럼보스는 자유를 "모든 개인이 스스로의 재산에 대해 전적인(말하자면 100퍼센트) 통제권을 행사할 수 있을 때 존재하는 사회 조건"이라고 정의했으며, 자유로운 사회는 "누구든지 자신의 재산에 관한한 예외 없이, 하고 싶은 대로 행할 수 있으며, 다른 사람의 재산에 관해서는 소유주의 동의를 얻지 않고서는 아무것도 할 수 없는 곳"이라고 표현했다. 갤럼보스는 말로는 쓰겠다고 했지만 평생 책을 한 권도 내지 않았다. 그러므로 그의 이론이란 V-50 강의에서 내가 정리한 것을 요약한 것이다. 그는 3×5인치 크기의 종이에 순서대로 번호를 매겨 인쇄한 것을 "자유를 위한 공격(Thrust for Freedom)"이라고 불렀는데, 여기서 인용된 글은 거기에 적혀 있었다. 1999년 갤럼보스 재단은 《별로 가는 길(Sic Itur Ad Astra)》 제1권을 펴냈다. 942페이지나 되는 이 책은 우주과학출판주식회사(The Universal Scientific Publications Company Inc.)가 발간했다. 그의 꿈은 우주산

업 관련 기업을 경영해보는 것이었으며 고객들을 달까지 싣고 나르는 것이었다. 그의 말은 이런 꿈이 이루어지려면 우주 탐사 계획이 민영화되어야 한다는 것이었다. 이는 사회 자체, 그 전체가 민영화 되는 것을 뜻했다. 너무 안된 일이지만, 갤럼보스는 살아서 우주산업 경영자이자 자유의지론자인 버트 루턴(Burt Rutan)이 민간 로켓을 만들어서 우주로 쏘아 올리는 데 성공하는 모습을 보지 못했다. 자유의지론자들이라면 필히 가슴 아파할 일이리라.

17 나는 내 자신의 사이클링 경험과 울트라 마라톤 사이클링협회 창설 및 미국 횡단 레이스에 관한 내용을 내 책 《스포츠 사이클링(Sport Cycling)》(Chicago: Contemporary Books, 1985)과 《미국 횡단 레이스: 세계에서 가장 길고 거친 자전거 경주의 고통과 영광(Race Across America: The Agonies and Glories of the World's Longest and Cruelest Bicycle Race)》(Waco, TX: WRS Publishing, 1989)에서 상세히 소개했다.

18 Ludwig von Mises, Human Action, 3rd ed. (Chicago: Contemporary Books, 1966), orig. pub. 1949.

19 엘뤼스(R. H. M. Elwes)와 고셋(A. H. Gosset)이 번역·편집해서 1667년에 출간하고 해제를 붙인 Baruch Spinoza, Tractatus Politicus (London: G. Bell & Son, 1883)

20 Michael Shermer, Why People Believe Weird Things (New York: W.H. Freeman, 1997); Shermer, How We Believe (New York: Owl Books, 2002); Shermer, The Science of Good and Evil (New York: Times Books, 2004).

제1장 : 대도약

1 10만 년은 고인류학자들이 제시하고 있는 수치 중에서 낮은 쪽의 것이다. 그들의 말에 의하면, 대략 해부학적으로 현대 인류와 같은 인간들은 약 16만 년 전에서 10만 년 전 사이에 아프리카를 떠나 유럽을 비롯한 세계 여러 지역으로 이동해갔다고 한다. Timothy D. White, B. Asfaw, D. Degusta, H. Gilbert, G. D. Richards, G. Suwas, and F. Clark Howell, "Pleistocene Homo sapiens from Middle Awash, Ethiopia," Nature 423 (2003): 742~747 참조. 많은 원인류들은 몇백 만 년 동안 아프리카에서 작은 무리를 지어 살았다. 그러나 우리의 논지를 펴기 위해서라면 10만 년이라는 수치로도 충분하다. Richard G. Klein, The Human Career: Human Biological and Cultural Origins (Chicago: University of Chicago Press, 1999) 참조.

2 내 친구였던 나폴레옹 샤농은 인류학자이며, 그가 쓴 책 《야노마뫼: 사나운 사람들(Yanomamö: The Fierce People)》(New York: Harcourt Brace, 1992)은 세상에 이 원시부족의 이름을 알리는 계기가 되었다. 나는 오랫동안 야노마뫼족에 대해 관심을 갖고 있었으며 그들의 종교에 관해서는 내 책 《우리는 어떻게 믿는가(How We Believe)》(New York: Owl Books, 2002)에, 그들의 도덕과 윤리체계에 대해서는 《선악의 과학(The Science of Good and Evil)》(New York: Times Books, 2004)에, 그리고 그들이 정말로 샤농이 말한 대로 "사나운 사람들"인지 아닌지를 두고 벌어진 논쟁은 《사이언스 픽션(Science Friction)》(New York: Times Books, 2005)에 썼다. 이들과 뉴요커의 직접 비교는 에릭 바인호커(Eric Beinhocker)가 자신의 저서 《부의 기원(The Origin of Wealth: Evolution, Complexity, and the Radical Remaking of Economics)》(Cambridge, MA: Harvard Business School Press, 2006)에서 했다. 바인호커가 산출한 이 수렵채집자들의 1인당 연평균 소득 93달러는 브래드포드 들롱(Bradford DeLong)이 수집한 GDP 관련 자료를 토대로 나온 것이며 이 자료는 http://www.jbradford-delong.net에서 찾아볼 수 있다. 이 수치가 1990년 달러 가치이고 또 추정치이기 때문에, 나는 비교를 쉽게 하기 위해 100달러로 올려 잡았다. 뉴요커의 평균 소득은 주 정부 통계에서 나온 것인데, 바인호커는 평균 3만 6,000달러와 평균 4만 3,160달러 2가지를 인용하고 있다. 나는 두 통계를 하나로 통일하고, 소숫점 이하 숫자를 버려 4만 달러를 만들었다. 이렇게 하면 비교가 간단해진다. 바인호커가 산정한 야노마뫼족의 SKU 수치는 샤농의 책에서 발췌한 것이고 맨해튼 SKU 수치는 일반 생산품 코드 시스템(Universal Product Code System, UPC)에서 계산해낸 것이다. 그것의 10자리(십억) 회계 단위는 이제 꽉 차서 13자리(1조)코드로 바뀌는 중이다. 나는 그가 왜 10억 단위가 아닌 100억 단위를 사용했는지 확실히 알 수는 없다. 그러나 수렵채집자들과 소비교역자들의 SKU가 70배 차이가 나든 80배 차이가 나든 그건 별로 문제가 되지 않는다. 그 수치가 정확하냐 아니냐에 관계없이 그가 주장하는 바는 다 표현되고 있다.

3 다시 한번 말하건대 이것은 단지 비교를 위한 주먹구구식 계산이다. 평균 남성의 걷는 속도는 시간당 3.5마일 혹은 5.67킬로미터다. 그렇다면 1,480킬로미터를 가려면 261시간이 걸린다. 날짜로 계산하면 11일이 약간 못 된다. 먹고 쉬고 다른 용무를 보기 위해 멈추지 않는다는 가정하에 그렇다는 얘기다. 지구와 목성 간의 거리는 측정이 행해질 때 각각의 행성이 궤도상의 어느 위치에 있었느냐에 따라 달라진다. 보이저 1호의 속도는 일정하지 않다. 특히 그것이 어떤 행성에 접근할

때, 그 행성의 중력을 받으면서 나타나는 '새총 효과'는 상당한 가속도를 만들어 낸다. 보이저 1호가 시간당 5만 1,000킬로미터를 간다는 계산 결과는 아마도 그것이 지구에서 목성까지 가는 데 걸린 시간 1년 반에서 추산한 것으로 보인다(보이저 1호는 1977년 9월 5일 발사되어 1979년 3월 5일에 목성에 도달했다). 그것은 지금 시간당 6만 3,000킬로미터의 속도로 계속 여행하고 있으며 2006년 8월 12일 현재 헬리오시스(heliosheath)에 가 있다. 여기는 우리 태양계와 성간 우주 사이의 말단 충격 지대다. 말하자면 태양의 영향력이 성간 우주 및 성간 가스와 다른 별의 영향력에 압도당하기 시작하는 영역인 것이다. 보이저 1호는 지금 매년 약 5억 3,855만 2,332킬로미터의 속도로 여행하고 있는 중이며 지구로부터 150억 킬로미터 떨어진 위치에 있다. 그런데 이처럼 감조차 잡히지 않는 속도로 간다 해도 태양계에서 가장 가까운 알파 센타우리(Alpha Centauri) 항성계까지 가는 데 7만 4,912년이나 걸린다. 그쪽을 향해서 간다면 말이다. 그러나 보이저 1호는 그쪽을 향해 가지 않고 있다.

4 David Chalmers, The Conscious Mind: In Search of a Fundamental Theory (New York: Oxford University Press, 1997).

5 Marvin Minsky, Society of Mind (New York: Simon and Schuster, 1988). 우리는 마음이 뇌의 산물이라는 것을 알고 있다. 그런데 어떻게 아는가? 우리는 의식적 사고가 뉴런의 신호 발사에서 비롯된다는 것을 알고 있다. 그런데 어떻게 아는가? 이른바 '의식의 신경적 상관물(Neural Correlates of Consciousness)'에 대해 완전히 파악하고 있는 사람은 아무도 없다. 그러나 최근 몇 년 동안 상당한 진척이 이루어졌다. 신경망이나 뉴런망의 활동을 모형화함으로써 가능했다. 우리가 마음 혹은 의식이라고 부르는 것이 여기서 나온다는 것이 밝혀진 것이다. Christof Koch, The Quest for Consciousness: A Neurobiological Approach (Denver, CO.: Roberts & Co., 2004)를 참조할 것.

6 나와 도킨스, 하디슨이 교환했던 사적인 서한. 또한 『스켑틱』(vol.9, no. 4)을 참조할 것. 여기에는 이 컴퓨터 실험의 자세한 내용이 실려 있고 그것이 진화 과정의 이해와 관련해서 무엇을 의미하는지 적혀 있다. Richard Hardison, Upon the Shoulders of Giants (Baltimore: University Press of America, 1985); and Richard Dawkins, The Blind Watchmaker (New York: W. W. Norton, 1986). 도킨스의 발견에 대한 하디슨의 응답을 보면 그 역시 이 모형이 갖고 있는 힘을 통찰하고 있었음이 드러난다. 다음은 그 내용이다. 어떻게 하다 보니 나는 TOBEORNOTTOBE 사례에 관한 한 내가 본 것이 최초의 버전이었다는 몰랐다.

한번은 웃기는 배우인 밥 뉴하트(Bob Newhart)가 매우 기발한 농담을 하는 것을 보게 되었다. 그의 말인즉슨 무한한 수의 원숭이가 무한한 수의 타자기를 가지고 작업을 할 때, 그 녀석들이 뭔가 유의미한 일을 하는지 안 하는지 어깨 너머로 보려면 무한한 수의 '감독관'이 필요하리라는 것을 알게 되었다는 것이다. 그래서 뉴하트는 이 감독관 중의 한 사람이 되기로 했다. 그렇지만 하루가 지루하기는 마찬가지였고 아무것도 찾지 못했다는 것이었다. "덤 디 덤 디 덤… 지겨워… 앗… 이봐, 찰리, 뭐 하나를 찾아냈네. 흠, 어디 한번 보자. '죽느냐 사느냐, 그것이 acxrotphoeic'이로다." 나는 밥의 이 유머가 학생들이 '생존을 위한 투쟁'이라는 자연선택 이론을 이해하는 데 도움을 줄 것이라는 것을 단지 '깨닫기만' 했다. 그래서 내 공로는 미미해진 것이다.

7 나는 데이빗 슐로서에게 감사한다. 그는 이 사례들 중 일부를 제공해주었을 뿐만 아니라 기업가이자 의원 후보를 지낸 현실 세계 경험에서 나온, 경제학의 진화론적 뿌리에 대한 귀한 통찰을 빌려주었다.

8 Ludwig von Mises, Socialism (Indianapolis: Liberty Classics, 1981). See also Murray Rothbard, The Essential Ludwig von Mises (Auburn, AL: The Ludwig von Mises Institute of Auburn University, 1980).

9 R. Preston McAfee, "The Price Is Right Mysterious," Engineering and Science 3 (2005): 32~42; Michael Doane, Kenneth Hendricks, and R. Preston McAfee, "Evolution of the Market for Air-Travel Information," http://vita.mcafee.cc/PDF/AirTravel.pdf, 2003; Joseph Turow, Lauren Feldman, and Kimberly Meltzer, "Open to Exploitation: American Shoppers Online and Offline," policy statement, Annenberg Policy Center, University of Pennsylvania, 2005.

10 Ultimatum game research and applications are reviewed in Colin Camerer, Behavioral Game Theory (Princeton, NJ: Princeton University Press, 2003).

11 Herbert Gintis, Samuel Bowles, Robert Boyd, and Ernst Fehr, Moral Sentiments and Material Interests: The Foundations of Cooperation in Economic Life (Cambridge, MA: MIT Press, 2005).

12 Frans B. M. de Waal, "Food-Transfers Through Mesh in Brown Capuchins," Journal of Comparative Psychology, 111 (1997): 370~378; and "Food Sharing and Reciprocal Obligations Among Chimpanzees," Journal of Human Evolution (1989): 433~459.

13 James Madison, "The Federalist No. 51: The Structure of the Government

Must Furnish the Proper Checks and Balances Between the Different Departments," Independent Journal (Wednesday, February 6, 1788).

제2장 : 통념 경제학의 오류

1 Richard Dawkins, The God Delusion (New York: Houghton Mifflin, 2006), 367~368.

2 K. Hawkes, "Showing Off: Tests of an Hypothesis about Men's Foraging Goals," Ethnology and Evolutionary Biology 12 (1990): 29~54; Hillard Kaplan and Kim Hill, "Food Sharing Among Ache Foragers: Tests of Explanatory Hypotheses," Current Anthropology 26 (1985): 223~246.

3 P. Freuchen, Book of the Eskimos (Cleveland: World Publishing, 1961).

4 우리들 조상 시대의 제로섬 인간관계에서 현대의 비제로섬 세계로의 이행에 관한 예리하고 흥미진진한 역사를 보려면 이 책을 참조할 것. Robert Wright, Nonzero: The Logic of Human Destiny (New York: Pantheon, 2000).

5 Mark Skousen, The Making of Modern Economics (London: M. E. Sharpe, 2001), 20.

6 Daniel B. Klein, "The People's Romance: Why People Love Government (As Much As They Do)," The Independent Review X(1) (Summer 2005): 5~37.

7 개인 서한, March 9, 2007.

8 나는 다음 장에서 이런 편향성에 대한 다수의 사례를 제시할 참이다. 내가 현대적인 용법상의 '보수주의자'와 '자유주의자'라는 말을 썼다는 점을 주목해야 한다. 18세기의 '고전적 자유주의자'는 (지금과는 달리) 자유시장을 옹호한 사람들을 말한다.

9 Stephen Jay Gould, "Kropotkin Was No Crackpot," Natural History (July 1998): 12~21.

10 Peter A. Corning, "Evolutionary Ethics: An Idea Whose Time Has Come? An Overview and an Affirmation," Politics and the Life Sciences 22(1) (2003): 50~77.

11 Pyotr Kropotkin, Mutual Aid: A Factor in Evolution (London: Heinemann, 1902).

12 Daniel P. Todes, "Darwin's Malthusian Metaphor and Russian Evolutionary Thought, 1859~1917," Isis 78(294) (1987): 537~551.

제3장 : 아래로부터의 자본주의

1 Janet Browne, Voyaging: Charles Darwin—A Biography (New York: Knopf, 2000), 36, 366.

2 Toni Vogel Carey, "The Invisible Hand of Natural Selection, and Vice Versa," Biology & Philosophy 13(3) (July 1998): 427~442; Michael T. Ghiselin, The Economy of Nature and the Evolution of Sex (Berkeley: University of California Press, 1974); Stephen Jay Gould, "Darwin's Middle Road," in The Panda's Thumb (New York: W.W. Norton, 1980), 59~68; Stephen Jay Gould, "Darwin and Paley Meet the Invisible Hand," in Eight Little Piggies (New York: W. W. Norton, 1993), 138~152; Elias L. Khalil, "Evolutionary Biology and Evolutionary Economics," Journal of Interdisciplinary Economics 8(4) (1997): 221~244; Silvan S. Schweber, "Darwin and the Political Economists: Divergence of Character," Journal of the History of Biology 13 (1980): 195~289; Syed Ahmad, "Adam Smith's Four Invisible Hands," History of Political Economy 22(1) (Spring 1990): 137~144; Donald Walsh, "Darwin Fallen Among Political Economists," Proceedings of the American Philosophical Society 145(4) (2001): 415~437.

3 William Paley, Natural Theology: Or, Evidences of the Existence and Attributes of the Deity, The Appearances of Nature (Hallowell, ME: Glazier & Co., 1826), 169~171 (orig. pub. 1802)에서 재인용.

4 Adam Smith, The Theory of Moral Sentiments (London: A. Millar, 1759), part 1, sec. 1, chap. 1.

5 같은 책 part 1, sec. 1, chap. 40.

6 Adam Smith, An Inquiry into the Nature and Causes of the Wealth of Nations, 2 vols., R. H. Campbell and A. S. Skinner, gen. eds., W. B. Todd, text ed. (Oxford: Clarendon Press, 1979), 549 (orig. pub. 1776).

7 같은 책 131.

8 같은 책 625.

9 같은 책 424.

10 같은 책 625.

11 http://www.taxfoundation.org

12 Frédéric Bastiat, "The Petition of the Candlemakers" and "What Is Seen and

What Is Not Seen," in Setectecl Essays on Political Economy, George B. de Huszar, ed. (Irvingtonon-Hudson, NY: Foundation for Economic Education, 1995) (orig. pub. 1845 and 1848).

13 Bastiat, "What Is Seen and What Is Not Seen," chap. 1.

14 Frederic Bastiat, Economic Sophisms (Irvington-on-Hudson, NY: Foundation for Economic Education, 1996) (orig. pub. 1845).

15 Richard D. Stone, The Interstate Commerce Commission and the Railroad Industry: A History of Regulatory Policy (New York: Praeger, 1991).

16 셔먼독점금지법은 웹브라우저 주소창에 다음을 입력하면 PDF 파일로 볼 수 있다. http://www.usdoj.gov/atr/public/divisionmanual/chapter2.pdf 여기에 Dominick Armentano, Antitrust and Monopoly: Anatomy of a Policy Failure (New York: Wiley, 1982); and Yale Brozen, Concentration, Mergers, and Public Policy (New York: Macmillan, 1982)를 참고할 것.

17 나는 제이 스튜어트 스넬슨에게 감사한다. 그가 세운 인간진보연구소에서 있었던 자유시장경제 세미나의 도움을 많이 받았다. 그는 애덤 스미스의 이론에서 소비자 추종 경제와 생산자 추동 경제를 구분했다. 그리고 소비자 추동 경제의 위반 사례로서 거론된 알코아 재판 사건도 그의 세미나에서 알게 된 것이다. 거기에 나는 내가 개발한 '아래로부터의 경제학'과 '위에서부터의 경제학' 이론을 덧붙였다.

18 U.S. v. Aluminum Co. of America, 148 F.2d 416, 431 (2d Cir. 1945).

19 연방준비제도이사회(Federal Reserve Board, FRB) 의장이었던 앨런 그린스펀(Alan Greenspan)은 자신이 1966년에 쓴 에세이 《자본주의에 있어서 반독점(Antitrust in Capitalism: The Unknown Ideal)》Ayn Rand, ed. (New York: Signet, 1966)에서 반독점 입법의 효과와 역사를 간결하게 서술했다. 철도산업에 대한 정부의 보조금 지급이 차후에 규제 입법의 형태로 철도 및 연동산업에 주어지게 되는 보조금 시리즈의 서막이 되었다는 점은 의문의 여지가 없다.

20 U.S. v. Microsoft, No. 98~1232 (TPJ) (D.D.C. November 5, 1999) (법원의 사실 인정서), paragraph 408. 전문은 이곳에서 볼 수 있다. http://www.usdoj.gov/atr/cases/f3800/msjudgex.htm.

21 같은 책 paragraph 409.

22 같은 책 paragraph 375.

23 AP통신 기사, "Motorcycle Imports Cited," New York Times, January 20,

1983.

24 United States International Trade Commission, Heavyweight Motorcycles, and Power Train Subassemblies: Report to the President on Investigation No. TA-201-4F under Section 201 of the Trade Act of 1974, February 1983, 19. 첫해 49.4퍼센트를 적용했고, 다음 해는 39.4퍼센트로 관세를 낮췄다. 3년째 는 24.4퍼센트, 4년째는 19.4퍼센트, 5년째는 14.4퍼센트로 낮아졌다. 그 후 관 세는 원래의 4.4퍼센트로 복귀했다.

25 George Will, "Liberalism as Condescension," Washington Post, September 14, 2006. 다음의 웹사이트에서 볼 수 있다. http://www.realclearpolitics. com/articles/2006/09/liberalism_as_condescension.html

26 Edward C. Prescott, "Competitive Cooperation," Wall Street Journal, Opinion, Feb. 15, 2007, A19.

27 같은 책.

28 Mary Anastasia O'Grady, "One Year After CAFTA," Wall Street Journal, February 2007, A18.

29 Prescott, "Competitive Cooperation."

30 Smith, Wealth of Nations, 145.

31 같은 책 418.

32 같은 책 14.

33 같은 책 423. 보이지 않는 손이라는 은유의 기원을 둘러싼 긴 논쟁을 보려면, 《Emma Rothschild, Economic Sentiments》(Cambridge: Harvard University Press, 2001)를 볼 것. 엠마 로스차일드는 스미스가 천문학 역사에 관한 한 저작 물에 나오는 보이지 않는 손이라는 은유를 차용했다고 말한다. 그 책에서는 다 신교 사회가 어떻게 사람들로 하여금 '자연의 이례적인 사건'들의 배후에 "지적 이면서 보이지 않는 존재들", 즉 신, 악마, 마녀, 귀신, 요정이 있음을 믿게 하는 지에 대해 말하고 있었다는 것이다. 그러나 그들은 "자연의 일반적인 현상" 뒤에 신의 섭리가 있다고 생각하지 않았다. "불이 타고, 물이 갈증을 채워주고, 무거 운 물질은 아래로 내려가고 가벼운 물질은 위로 올라가는 것은 그것들의 성질에 따른 것이다. 이런 일에서는 주피터신의 보이지 않는 손이 작용하지 않는다." 로 스차일드는 스미스가 어쩌면 애초에는 셰익스피어의 희곡 《멕베스(Macbeth)》에 서 빌려왔는지도 모르겠다고 주장하기도 한다. "오라, 앞 못 보게 하는 밤이여/ 가엾은 낮의 온화한 눈을 스카프로 가렸으니/너의 피 묻고 보이지 않는 손으로/

위대한 결속의 끈을 풀고 끊나니/나는 힘을 잃노라." 그러나 셰익스피어와 스미스를 연결 지을 만한 명백한 증거는 없다.

34 Charles Darwin, The Origin of Species by Means of Natural Selection: or The Preservation of Favoured Races in the Struggle for Life (London: Charles Murray, 1859), 133.

35 다윈은 1838년경, 그가 자신의 이론을 정립해가던 초기에 두 경제 사이에 연관성을 부여한 것으로 보인다. 그때 그는 듀갈드 스튜어트(Dugald Stewart)의 《애덤 스미스의 삶과 글(On the Life and Writing of Adam Smith)》을 읽었다. "인간을 진보케 할 수 있는 가장 효과적인 계획은 모든 사람들에게, 그들이 법규를 준수하는 한 스스로의 방식대로 스스로의 이익을 추구하게 만드는 것이다. 그럼으로써 그들의 노력과 자본을 동료 시민들과 경쟁하는 데 투여하게 만들 수 있다. 어떤 특정한 산업이 자연스럽게 진로를 취하게 하는 것보다 정책적인 노력을 통해서 사회가 나누어 가질 수 있는 더 큰 자본을 끌어내려는 시도는 그것이 이루고자 목적하는 바를 오히려 전복시킬 것이다." '동물 vs 인간' 과 '인구 vs 사람' 이란 표현도 있다. 거기에서 우리는 자연 안에서의 자연선택에 대한 완벽한 묘사를 발견할 수 있다. Silvan S. Schweber, "The Origin of the Origin Revisited," Journal of the History of Biology 10 (1977): 229~316 참조. 슈베버(Schweber)는 다윈이 자연사 외의 방대한 저작물들, 이를 테면 애덤 스미스의 책 같은 것들을 읽은 뒤에 그것들을 토대로 단지 자신의 이론을 짜 맞추었다고 주장했다. "이 스코틀랜드인의 사회 분석이 의하면 개인들의 행동이 결합되면 효과는 제도를 낳고 사회는 그것에 기초를 두게 된다는 것이다. 그러면 이 사회는 안정적이 되고 진화하며, 특별히 누군가가 이를 통제하거나 방향 설정을 해주지 않더라도 잘 기능하게 된다."

36 다윈이 1871년에 쓴 《인간의 유래(The Descent of Man)》에서 보여주고 있는 사회적 본능의 진화와 남에 대해 동정을 느끼는 우리의 자연적 성향, 그리고 이것이 어떻게 도덕 시스템의 발달로 이어지는지에 대한 묘사를 주목하라. 이 책에서 우리는 애덤 스미스가 쓴 《도덕감정론(A Theory of Moral Sentiments)》의 분위기를 강하게 느낄 수 있다. "다음의 주장은 나에게 상당한 개연성을 가지고 있는 것으로 보인다. 즉, 어떤 동물이건 간에 뚜렷한 사회적 본능, 예를 들면 부모 · 자식 사이의 애정 같은 것들을 타고난 것들은 불가피하게 도덕관념이나 양심, 지력이 거의 인간에 필적할 정도로 발달하게 된다." 그리고 "사회적 본능은 공동체의 이익을 위해 인간이나 하등한 동물들까지도 습득하게 된다는 점은 의

심의 여지가 없다. 이는 처음에는 누군가 동료를 돕고 싶다는 바람으로부터 시작된다. 이런 동정심 말고도, 동료들로부터 인정을 받느냐 그렇지 못 하느냐도 사회적 본능을 가지는 데 있어서 중요한 역할을 한다. 이런 충동은 아주 이른 시기부터, 옳고 그름에 대한 완고한 규칙으로서 누군가에게 다가간다." Charles Darwin, The Descent of Man, and Selection in Relation to Sex, 2 vols. (London: John Murray, 1871), vol. 1, 71~72.

제4장 : 진화하는 경제

1 Stephen Jay Gould, Wonderful Life: The Burgess Shale and the Nature of History (New York: W. W. Norton, 1989), 283.

2 Edward Lorenz, "Predictability: Does the Flap of a Butterfly' s Wings in Brazil Set Off a Tornado in Texas?" Address at the AAAS annual meeting, Washington, D.C., December 29, 1979.

3 Stephen Jay Gould, "The Panda' s Peculiar Thumb," Natural History 9 (1978): 20~30.

4 Paul A. David, "Clio and the Economics of QWERTY," American Economic Review 75 (1985): 332~337; 다음 그의 또 다른 저작물도 참고. "Understanding the Economics of QWERTY: The Necessity of History," in Economic History and the Modern Economist, W. N. Parker, ed. (London: Blackwell, 1985); and "Path Dependence in Economic Processes: Implications for Policy Analysis in Dynamical System Contexts," in The Evolutionary Foundations of Economics, Kurt Dopfer, ed. (New York: Cambridge University Press, 2005), 151~194.

5 David, "Clio and the Economics of QWERTY."

6 John Nash, "Equilibrium Points in N-Person Games," Proceedings of the National Academy of Sciences 36(1) (1950): 48~49; and "Non-Cooperative Games," The Annals of Mathematics 54(2) (1951): 286~295. See also Oskar Morgenstern and John von Neumann, The Theory of Games and Economic Behavior (Princeton, NJ: Princeton University Press, 1947).

7 내시 평형 이론이나 파레토 옵티마 같은 개념의 시각에서 최근 연구된 게임 이론과 그 것을 둘러싼 논의에 대해 알고 싶다면 다음 책을 참조. Colin F. Camerer, Behavioral Game Theory: Experiments in Strategic Interaction (Princeton, NJ: Princeton University Press, 2003).

8 John Maynard Smith, Evolution and the Theory of Games. (Cambridge: Cambridge University Press, 1982); and Maynard Smith and Eros Szathmary, The Major Transitions in Evolution (Oxford University Press, 1998).

9 QWERTY 자판의 역사에 대해선 다음 책 참고, Paul David, "Understanding the Economics of QWERTY: The Necessity of History"; and Stephen Jay Gould, "The Panda's Thumb of Technology," Natural History (January 1984): 14~23. 타자기의 역사에 대해선 다음 책들을 참고하라. F. T. Masi, ed., The Typewriter Legend (Secaucus, NJ: Matsushita Electric Corp. of America, 1985); F. J. Romano, Machine Writing and Typesetting (Salem, MA: GAM Communications, 1986); and D. R. Hoke, Ingenious Yankees: The Rise of the American System of Manufactures in the Private Sector (New York: Columbia University Press, 1990). 호크(Hoke)는 타자기의 역사를 정리할 만큼의 역사적 기록이 없다는 것을 알았다. 그래서 그는 부득이하게 타자기 회사의 역사, 잡지광고, 타자기의사진이나 삽화, 남아 있는 타자기, 발명자, 제조자, 타자기 회사 경영자의 전기 사료 등에 의지할 수밖에 없었다.

10 Stanley J. Liebowitz and Stephen E. Margolis, "The Fable of the Keys," Journal of Law and Economics 33 (April 1990); Liebowitz and Margolis, The Economics of Qwerty, papers by Stanley Liebowitz and Stephen Margolis; Peter Lewin, ed. (MacMillan/NYU Press, 2002); Margolis with Liebowitz, "Path Dependence, Lock-in and History," Journal of Law, Economics and Organization (Summer 1995): 205~226; and Liebowitz and Margolis, "Typing Errors," Reason (June 1996).

11 Liebowitz and Margolis, "Typing Errors."

12 같은 책.

13 W. Brian Arthur, "Positive Feedbacks in the Economy," Scientific American 262 (1990): 92~99.

14 David, "Clio and the Economics of QWERTY" (see note 4 above).

15 Paul Krugman, "QWERTY, Lock-In, and Path Dependence," 2001. Accessed at http://cscs.umich.edu/~crshalizi/notebooks/qwerty.html.

16 Douglas J. Puffert, "Path Dependence in Spatial Networks: The Standardization of Railway Track Gauge," Explorations in Economic History 39(3) (July 2002): 282~314.

[17] George Basalla, The Evolution of Technology (Cambridge: Cambridge University Press, 1988).

[18] Quoted in Basalla, Evolution, 53.

[19] 같은 책 30.

[20] 같은 책 123.

[21] 같은 책 128.

[22] Charles Darwin, On the Various Contrivances by Which British and Foreign Orchids Are Fertilized by Insects, and on the Good Effects of Intercrossing (London: John Murray, 1862), 348.

[23] Stephen Jay Gould and Elizabeth Vrba, "Exaptation: A Missing Term in the Science of Form," Paleobiology 8 (1982): 4~15.

[24] R. O. Prum and A. H. Brush, "Which Came First, the Feather or the Bird: A Long-Cherished View of How and Why Feathers Evolved Has Now Been Overturned," Scientific American (March 2003): 84~93.

[25] Kevin Padian and L. M. Chiappe, "The Origin of Birds and Their Flight," Scientific American (February 1998): 38~47. 나는 갈라파고스 섬에서 날지 못하는 가마우지가 먹이를 찾으러 바다 속으로 잠수했다가 해변으로 돌아오는 모습을 사진 찍었다. 이 녀석들은 해변에서 뭉툭한 날개를 쫙 펴고 헝클어진 깃털을 말렸다. 그러면서 태양열을 그러모았다. 이 경우에 있어서 이중적응이란 비행에서 체온조절 기능으로 바뀐 것을 말하는 것일 게다. 갈라파고스에 서식하는 일부 펭귄 종의 날개는 물속에서 헤엄을 칠 때 추진기와 방향타의 역할을 한다. 이것도 이중적응이다.

[26] K. P. Dial, "Wing-Assisted Incline Running and the Evolution of Flight," Science 299 (2003): 402~404; P. Burgers and L. M. Chiappe, "The Wing of Archaeopteryx as a Primary Thrust Generator," Nature 399 (1999): 60~62; P. Burgers and Kevin Padian, "Why Thrust and Ground Effect Are More Important Than Lift in the Evolution of Sustained Flight," in New Perspectives on the Origin and Evolution of Birds: Proceedings of the International Symposium in Honor of John H. Ostrom, J. Gauthier and L. F. Gall, eds. (New Haven, CT: Peabody Museum of Natural History, 2001), 351~361.

[27] Alan Gishlick, "Evolutionary Paths to Irreducible Systems: The Avian Flight

Apparatus," in Why Intelligent Design Fails, Matt Young and Taner Edis, eds. (New Brunswick: Rutgers University Press, 2004), 58~71.

28 Stephen Jay Gould, "Tires to Sandals," Natural History (April 1989): 8~15.

29 대량 이중적응의 마지막 사례로 자전거 기술에 관련된 것을 들었다. 이는 새로운 기술과 산업을 낳았다. 데이빗 고든 윌슨(David Gordon Wilson)이 정리한 그 목록은 이렇다. 볼 베어링의 대량 생산, 강철 튜브의 생산과 사용, 생산에 있어서 금속 압형기술 사용, 차동기어, 탄젠트 스포크 바퀴(바퀴살이 교차하면서 허브에 연결되게 만든 것으로 나중에 차, 오토바이, 비행기 등에서도 사용됐다), 금속제 동력 전달 체인, 도로 주행 능력을 높인 공기 주입식 타이어의 대량 생산과 사용, 할리 데이비슨, 자전거 경주 선수, 라이트 형제, 자전거 제작업체, 자동차 시대의 토대. David Gordon Wilson, Bicycling Science, 3rd ed. (Cambridge, MA: MIT Press, 2004), 32. 트레버 핀치(Trevor Pinch)와 비에커 (W. E. Bijker)도 비슷한 주장을 한다. "우리가 자동차나 비행기를 말할 때처럼 자전거를 하나의 완성된 기술 집합체로 생각해도 크게 틀리지는 않을 것이다. 유명한 자전거 나라들, 네덜란드나 프랑스, 영국 같은 나라에 살고 있지 않은 독자들이라면, 자동차나 항공기 산업이 일정 부분 자전거 산업에서 유래했다는 사실을 알고 있을 필요가 있다. 자전거와 자동차의 역사에서 숱한 이름들이 생겨났다. 그 중 몇 개만 언급하자면, 트라이엄프(Triumph), 로버(Rover), 험버 (Humber), 그리고 랄레이(Raleigh). 라이트 형제는 처음에는 자전거를 만들어서 팔았다. 그리고 나서 비행기를 조립했는데, 거기에 대부분 자전거 부품을 사용했다." T. J. Pinch and W. E. Bijker, "The Social Construction of Facts and Artifacts: Or How the Sociology of Science and the Sociology of Technology Might Benefit Each Other," in The Social Construction of Technological Systems, W. E. Bijker, T. P. Hughes, and T. P. Pinch, eds. (Cambridge, MA: MIT Press, 1989), 50.

제5장 : 돈에 대한 우리의 틀린 생각

1 Leon Festinger, Henry W. Riecken, and Stanley Schachter, When Prophecy Fails: A Social and Psychological Study (New York: HarperCollins, 1964), 3.

2 같은 책 194.

3 1955년 1월 9일 키치 여사를 추종하던 모임은 완전히 해체되었고, 그녀 자신은 시카고에서 애리조나로 이사해서 거기서 또 다른 UFO 신봉자들의 모임인 사이

언톨로지 집단에 합류했다.

4 이런 주제를 재미있게 다룬 책들: Carl Sagan, The Demon-Haunted World: Science as a Candle in the Dark (New York: Random House, 1996). For a scholarly treatment of the subject, see Diana Tumminia, When Prophecy Never Fails: Myth and Reality in a Flying-Saucer Group (New York: Oxford University Press, 2006).

5 Dan Eggen and Paul Kane, "Gonzales: 'Mistakes Were Made,'" Washington Post, March 14, 2007, A01.

6 Carol Tavris and Elliot Aronson, Mistakes Were Made (but not by me) (New York: Harcourt, 2007). 키신저, 이건, 맥도널드 대변인의 발언은 1페이지에 있다.

7 Philip Tetlock, Expert Political Judgment: How Good Is It? How Can We Know? (Princeton, NJ: Princeton University Press, 2005).

8 Geoffrey Cohen, "Party over Policy: The Dominating Impact of Group Influence on Political Beliefs," Journal of Personality and Social Psychology 85 (2003): 808~882.

9 John Jost and Orsolya Hunyady, "Antecedents and Consequences of System-Justifying Ideologies," Current Directions in Psychological Science 14 (2005): 260~265; Aaron C. Kay and John T. Jost, "Complementary Justice: Effects of 'Poor But Happy' and 'Poor But Honest' Stereotype Exemplars on System Justification and Implicit Activation of the Justice Motive," Journal of Personality and Social Psychology 85 (2003): 823~837; see also Stephanie Wildman, ed., Privilege Revealed: How Invisible Preference Undermines America (New York: New York University Press, 1996).

10 Tavris and Aronson, 130~132. http://www.innocenceproject.org

11 Paul Ekman, Telling Lies: Clues to Deceit in the Marketplace, Marriage, and Politics (New York: W. W. Norton, 1992); and Emotions Revealed: Recognizing Faces and Feelings to Improve Communication and Emotional Life (New York: Times Books, 2003).

12 Daniel J. Simons and Christopher Chabris, "Gorillas in Our Midst: Sustained Inattentional Blindness for Dynamic Events," Perception 28 (1999): 1059~1074. 다음의 웹사이트에 접속하면 이와 관련한 비디오클립을 볼 수 있다.

http://viscog.beckman.uiuc.edu/djs_lab

13 2004년 1월 8일에 이루어진 개인적인 인터뷰에서 시몬스 자신도 같은 경험이 있음을 내게 말했다. "그래서 우린 비디오테이프를 실제로 되감았어요. 그래야 피실험자들이 자기들이 같은 영상을 본다는 것을 믿을 테니까요."

14 시몬스는 이렇게 말했다. "이 결과가 놀라운 것으로 다가오는 이유는 뭔가 중요한 사건은 당연히 주목을 끌게 될 것이라는 잘못된 믿음에 있습니다. 예기치 않았던 일들도 자동적으로 눈에 뜨일 것이라고 생각하다 보니, 사람들은 그런 일들을 적극적으로, 정신을 집중해서 기다리지 않는 것입니다."

15 Emily Pronin, D. Y. Lin, and L. Ross, "The Bias Blind Spot: Perceptions of Bias in Self Versus Others," Personality and Social Psychology Bulletin 28 (2002): 369~381.

16 Emily Pronin, Thomas Gilovich, and L. Ross, "Objectivity in the Eye of the Beholder: Divergent Perceptions of Bias in Self Versus Others," Psychological Review 111 (2004): 781~799.

17 Personal correspondence, January 7, 2004.

18 S. N. Brenner and E. A. Molander, "Is the Ethics of Business Changing?" Harvard Business Review (January/February 1977): 57~71.

19 P. A. M. Van Lange, T. W. Taris, and R. Vonk, "Dilemmas of Academic Practice: Perceptions of Superiority Among Social Psychologists," European Journal of Social Psychology 27 (1997): 675~685.

20 J. Kruger, "Personal Beliefs and Cultural Stereotypes About Racial Characteristics," Journal of Personality and Social Psychology 71 (1996): 536~548.

21 "Oprah: A Heavenly Body? Survey Finds Talk—Show Host a Celestial Shoo—in," U.S. News & World Report, March 31, 1997, 18.

22 M. Ross and F. Sicoly, "Egocentric Biases in Availability and Attribution," Journal of Personality and Social Psychology 37 (1979): 322~336; R. M. Arkin, H. Cooper, and T. Kolditz, "A Statistical Review of the Literature Concerning the Self—serving Bias in Interpersonal Influence Situations," Journal of Personality 48 (1980): 435~448; and M. H. Davis and W. G. Stephan, "Attributions for Exam Performance," Journal of Applied Social Psychology 10 (1980): 235~248. For a general summary of the attribution

bias, see Carol Tavris and Carole Wade, Psychology in Perspective, 2nd ed. (New York: Longman/Addison Wesley, 1997).

23 R. E. Nisbett and L. Ross, Human Inference: Strategies and Shortcomings of Social Judgment (Englewood Cliffs, NJ: Prentice-Hall, 1980).

24 Preliminary results of our study were originally published in my book How We Believe: The Search for God in an Age of Science (New York: W. H. Freeman, 2000).

25 전체 데이터와 분석 결과는 나와 프랭크 설로웨이(Frank J. Sulloway)의 공저로 《종교와 신에 대한 믿음 · 경험적 연구(Religion and Belief in God: An Empirical Study)》라는 제목으로 출간될 예정이다.

26 Daniel Kahneman, "Autobiography," Nobel Prize.org: http://nobelprize.org/nobel_prizes/economics/laureates/2002/kahneman-autobio.html (2002).

27 Thomas Gilovich, Richard Vallone, and Amos Tversky, "The Hot Hand in Basketball: On the Misperception of Random Sequences," Cognitive Psychology 17 (1985): 295~314.

28 스탠퍼드대학교에서 낸 부음에서 인용. 다음 웹페이지에서 찾아볼 수 있다. http://newsservice.stanford.edu/pr/96/960605tversky.html.

29 이 분야에서 연구된 이런 저런 문제들에 대해 문헌적으로 정리한 것을 보려면, Daniel Kahneman, Paul Slovic, and Amos Tversky, eds., Judgment Under Uncertainty: Heuristics and Biases (New York: Cambridge University Press, 1982); and, more recently, Thomas Gilovich, Dale Griffin, and Daniel Kahneman, Heuristics and Biases: The Psychology of Intuitive Judgment (New York: Cambridge University Press, 2002).

30 Daniel Kahneman and Amos Tversky, "On the Psychology of Prediction," Psychological Review 80 (1973): 237~251.

31 Amos Tversky and Daniel Kahneman, "Availability: A Heuristic for Judging Frequency and Probability," in Kahneman, Slovic, and Tversky, Judgment Under Uncertainty, 163.

32 Amos Tversky and Daniel Kahneman, "Extension Versus Intuitive Reasoning: The Conjunction Fallacy in Probability Judgment," Psychological Review 90 (1983): 293~315.

33 J. S. Carroll, "The Effect of Imagining an Event on Expectations for the

Event: An Interpretation in Terms of the Availability Heuristic," Journal of Experimental Social Psychology 14 (1978): 88~96.

34 Amos Tversky and Daniel Kahneman, "Availability: A Heuristic for Judging Frequency and Probability," Cognitive Psychology 5 (1973): 207~232.

35 B. Combs and P. Slovic, "Newspaper Coverage of Causes of Death," Journalism Quarterly 56 (1979): 837~843.

36 Barry Glassner, The Culture of Fear: Why Americans Are Afraid of the Wrong Things (New York: Basic Books, 1999).

37 Baruch Fischhoff, "For Those Condemned to Study the Past: Heuristics and Biases in Hindsight," in Kahneman, Slovic, and Tversky, Judgment Under Uncertainty, 335~351.

38 John C. Zimmerman, "Pearl Harbor Revisionism," Intelligence and National Security 17(2) (2002): 127~146.

39 Colin F. Camerer, George Loewenstein, and Matthew Rabin, eds., Advances in Behavioral Economics (Princeton, NJ: Princeton University Press, 2001), 11.

40 마릴린 보스 새번트가 칼럼을 통해 올바른 해법을 밝히자 분노에 찬 편지들이 그녀에게 마구 날아왔다. "Ask Marilyn," Parade, Sept. 9, 1990; Feb. 17, 1991; July 7, 1991. 흥미롭게도 우리는 실제로 이 3개의 문 게임을 웹페이지 http://utstat.toronto.edu/ david/MH.html#1에서 해볼 수 있다. 그리고 여러 웹페이지에서 이 게임에 대해 수십만 번의 모의실험을 행한 컴퓨터 프로그램을 찾을 수 있다. 이 결과들을 보면 선택을 바꾸는 게 좋다는 것이 증명되고 있다. 다음을 참고할 것, L. Gillman, "The Car and the Goats," American Mathematical Monthly (January 1992): 3~7.

41 Amos Tversky and Daniel Kahneman, "The Framing of Decisions and the Psychology of Choice," Science 211 (1981): 453~458; and "Rational Choice and the Framing of Decisions," Journal of Business 59(4) (1986): 2; Benededetto De Martino et al., "Frames, Biases, and Rational Decision-Making in the Human Brain," Science 313 (2006): 684~687.

42 Drazen Prelec and Duncan Simester, "Always Leave Home Without It: A Further Investigation of the Credit-Card Effect on Willingness to Pay," Marketing Letters 12(1) (2001): 5~12.

[43] W. Samuelson and R. J. Zeckhauser, "Status Quo Bias in Decision Making," Journal of Risk and Uncertainty 1 (1988): 7~59; Daniel Kahneman, J. L. Knetsch, and Richard H. Thaler, "Anomalies: The Endowment Effect, Loss Aversion, and Status Quo Bias," Journal of Economic Perspectives 5(1) (1991): 193~206; and E. J. Johnson, J. Hershey, J. Meszaros, and H. Kunreuther, "Framing, Probability Distortions, and Insurance Decisions," Journal of Risk and Uncertainty 7 (1993): 35~51.

[44] Samuelson and Zeckhauser, "Status Quo Bias in Decision Making."

[45] Richard Thaler, Daniel Kahneman, and Jack Knetsch, "Experimental Tests of the Endowment Effect and the Coase Theorem," Journal of Political Economy (December 1990).

[46] Costs, deaths, and casualties of the Iraq war: http://www.cnn.com/SPECIALS/2003/iraq/forces/casualties. Bush quote: http://www.whitehouse.gov/news/releases/2006/07/20060704.html

[47] Raymond Nickerson, "Confirmation Bias: A Ubiquitous Phenomenon in Many Guises," Review of General Psychology 2(2) (1998): 175~220.

[48] Mark Snyder, "Seek and Ye Shall Find: Testing Hypotheses About Other People," in E. T. Higgins, C. P. Heiman, and M. P. Zanna, eds., Social Cognition: The Ontario Symposium on Personality and Social Psychology (Hillsdale, NJ: Erlbaum, 1981), 277~303.

[49] John M. Darley and Paul H. Gross, "A Hypothesis–Confirming Bias in Labelling Effects," Journal of Personality and Social Psychology 44 (1983): 20~33.

[50] Bonnie Sherman and Ziva Kunda, "Motivated Evaluation of Scientific Evidence,", 1989년에 알링턴에서 개최되었던 전미심리학회 연례 회의에 제출된 논문.

[51] Deanna Kuhn, "Children and Adults as Intuitive Scientists," Psychological Review 96 (1989): 674~689.

[52] Deanna Kuhn, M. Weinstock, and R. Flaton, "How Well Do Jurors Reason? Competence Dimensions of Individual Variation in a Juror Reasoning Task," Psychological Science 5 (1994): 289~296.

[53] D. Westen, C. Kilts, P. Blagov, K. Harenski, and S. Hamann, "The Neural

Basis of Motivated Reasoning: An fMRI Study of Emotional Constraints on Political Judgment During the U.S. Presidential Election of 2004," Journal of Cognitive Neuroscience 18 (2006): 1947~1958.

54 Thomas Gilovich and Gary Belsky, Why Smart People Make Big Money Mistakes and How to Correct Them: Lessons from the New Science of Behavioral Economics (New York: Fireside, 2000).

55 내가 좋아하는 전략은(아직 이 전략을 받아들여주는 카지노를 찾진 못했지만) 딜러에게 500달러를 주고 내가 1시간 동안 도박을 할 수 있는지 물어본다. 그들이 내 돈을 가지고 가버리면, 나는 그야말로 재미로 하는 도박꾼이 되는 것이다.

제6장 : 호모 에코노미쿠스의 멸종

1 Michael Shermer, "Choice in Rats as a Function of Reinforcer Intensity and Quality: A Thesis Presented to the Faculty of California State University, Fullerton, in Partial Fulfillment of the Requirements for the Degree Master of Arts in Psychology," Douglas J. Navarick, committee chair; Margaret H. White and Michael J. Scavio, members, August 8, 1978.

2 Richard J. Herrnstein, "Relative and Absolute Strength of Response as a Function of Frequency of Reinforcement," Journal of the Experimental Analysis of Behavior 4(1961): 267~272.

3 Peter A. De Villiers and Richard Herrnstein, "Toward a Law of Response Strength," Psychological Bulletin 83 (1976): 1131~1153.

4 Thomas Gilovich and Gary Belsky, Why Smart People Make Big Money Mistakes and How to Correct Them: Lessons from the New Science of Behavioral Economics (New York: Fireside, 2000).

5 Daniel Kahneman and Amos Tversky, "Prospect Theory: An Analysis of Decision Under Risk," Econometrica 47(2) (1979): 263~291. Reprinted in Daniel Kahneman and Amos Tversky, Choices, Values, and Frames (New York: Cambridge University Press, 2000), 17~43. 카너먼과 트베르스키가 경제학에 기여한 바는, 그들이 자신들의 분야인 심리학에서 이룬 연구 결과물과 방법론을 시장에서의 인간행동 연구로 통합·발전시킨 것이다. 그들은 초기에 이런 통합 작업을 했던 노벨상 수상 경제학자이며 경제학을 공부하는 학생이면 꼭 알아야 할 프리드리히 하이에크의 뒤를 계승했다. "단지 경제학자이기만 한 경제학

자는 좋은 경제학자가 될 수 없다." 이런 입장은 역시 노벨상을 받은 경제학자인 버논 스미스(Vernon Smith)도 취하고 있다. 그는 노벨상 수락 연설에서 이렇게 말했다. 경제학과 심리학을 연결 짓는 이러한 종합적인 작업은 양쪽 학문 분야에서 가장 풍부한 결실을 낳았다.

6 John Nash, "Equilibrium Points in N-Person Games," Proceedings of the National Academy of Sciences 36(1) (1950): 48~49; and "Non-Cooperative Games," The Annals of Mathematics 54(2) (1951): 286~295; Oskar Morgenstern and John von Neumann, The Theory of Games and Economic Behavior (Princeton, NJ: Princeton University Press, 1947).

7 내시의 평형 이론과 파레토의 옵티마 개념을 끌어와서 게임 이론을 연구한 가장 최근의 사례에 대해 알아보려면 이 책을 참조. Colin F. Camerer, Behavioral Game Theory: Experiments in Strategic Interaction (Princeton, NJ: Princeton University Press, 2003).

8 Colin Camerer et al., "Labor Supply of New York City Cabdrivers: One Day at a Time," The Quarterly Journal of Economics 112(2) (May 1997): 407~441. 캐머러의 이력은 이 방법론적인 3부작에 몽땅 바쳐졌다. 그가 1994년 칼텍에 와서 행태경제학 연구실을 연 이후로 그랬다. 이 작은 파사데나 교정의 수많은 영재들 속에 그의 천재성은 안착했다. 그러나 야심은 높았다. 행태경제학자들은 자신들의 과학을 통해 어떤 정책을 알리고자 한다. 이 정책에는 목표가 있으니, 그것은 우리가 어떻게 하면 '사람들과 사회의 복지를 증진시키고, 모든 사람의 삶을 더 낫게 하며, 더 잘못되는 사람이 없게 하는가' 라는 목표다. 이것이야말로 야심 중의 야심이리라.

9 Keith Chen, Venkat Lakshminarayanan, and Laurie Santos, "How Basic are Behavioral Biases? Evidence from Capuchin-Monkey Trading Behavior," Journal of Political Economy, June 2006.

10 Richard H. Thaler, "Some Empirical Evidence on Dynamic Inconsistency," Economic Letters 8 (1981): 201~207.

11 H. Rachlin, Judgment, Decision and Choice: A Cognitive/Behavioral Synthesis (New York: W. H. Freeman, 1989), chap. 7; J. H. Kagel, R. C. Battalio, and L. Green, Economic Choice Theory: An Experimental Analysis of Animal Behavior (Cambridge: Cambridge University Press, 1995).

12 R. Antonio Damasio, Descartes' Error: Emotion, Reason, and the Human

Brain (New York: G. P. Putnam, 1994); Joseph E. Ledoux, The Emotional Brain: The Mysterious Underpinnings of Emotional Life (New York: Simon & Schuster, 1996).

13 Samuel M. McClure, David I. Laibson, George Loewenstein, and Jonathan D. Cohen, "Separate Neural Systems Value Immediate and Delayed Monetary Rewards," Science 306 (2004): 503~507. 변연계에 대한 이러한 해석은 일부 신경과학자들 사이에서는 별 신용을 얻지 못했다. 그들은 변연계에 속하는 것으로 제시된 여러 영역들이 정말로 그러한 기능을 가지고 있는지는 분명치 않다고 주장했다. 한편, 최근 조 케이블(Joe Kable)과 폴 글림처(Paul Glimcher)가 한 연구를 보면 맥클루어의 해석에 반하는 결과를 보여준다. 피실험자들이 할인하는 행동을 할 때 변연계의 활성도는 줄어들었다.

14 한 차례 실험만 해도 생성되는 데이터의 양은 정말 놀랄 정도다. 30초 동안 매 2초마다 한 번씩 뇌를 촬영하는데, 피실험자 1인당 900장의 사진이 나오고 용량은 대략 250메가바이트 정도 된다. 한 번에 16명 혹은 20명의 피실험자들을 대상으로 실험할 수 있다.

15 Sabrina Tom, Craig R. Fox, Christopher Trepel, and Russell A. Poldrack, "The Neural Basis of Loss Aversion in Decision-Making Under Risk," Science 315 (January 26, 2007): 515~518.

16 Interview with Russell Poldrack and Craig Fox conducted on March 12, 2007.

17 Daniel Kahneman, B. L. Fredrickson, C. A. Schreiber, and D. A. Redelmeier, "When More Pain Is Preferred to Less: Adding a Better End," Psychological Science 4(1993): 401~405.

18 Michael L. Platt and Paul W. Glimcher, "Neural Correlates of Decision Variables in Parietal Cortex," Nature 400 (July 15, 1999): 234. See also Paul W. Glimcher, Decisions, Uncertainty, and the Brain (Cambridge, MA: MIT Press, 2003).

19 B. Knutson, S. Rick, G. E. Wimmer, D. Prelec, and G. Loewenstein, "Neural Predictors of Purchases," Neuron 53 (2007): 147~157.

20 Quoted in "This Is Your Brain on Shopping," Scientific American, January 5, 2007, www.sciamdigital.com.

21 James Olds and Peter Milner, "Positive Reinforcement Produced by Electrical

Stimulation of Septal Area and Other Regions of Rat Brain," Journal of Comparative and Physiological Psychology 47 (1954): 419~427.

22 M. E. Olds and J. L. Fobes, "The Central Basis of Motivation: Intracranial Self-Stimulation Studies," Annual Review of Psychology 32 (1981): 523~574; M. P. Bishop, S. T. Elder, and R. G. Heath, "Intracranial Self-Stimulation in Man," Science 140 (1963): 394~396.

23 C. M. Kuhnen and B. Knutson, "The Neural Basis of Financial Risk-Taking," Neuron 47 (2005): 768.

제7장 : 미덕의 가치

1 '궤도차' 실험은 철학자인 필리파 풋(Phillipa Foot)이 "The Problem of Abortion and the Doctrine of Double Effect," Oxford Review 5(1967): 5~15, 에서 처음 언급했다. 궤도차 시나리오를 이용한 폭넓은 연구는 많은 저작물들에 잘 정리되어 있다. 가장 최근의 것을 보고 싶으면 마르크 하우저(Marc Hauser)의 이 책을 보면 된다. 《도덕적 마음: 자연은 어떻게 옳고 그름에 대한 우리의 감각을 설계했나(Moral Minds: How Nature Designed Our Universal Sense of Right and Wrong)》(New York: HarperCollins, 2006), 33~34, 113~120. 하우저는 궤도차 딜레마에 대한 연구(http://moral.wjh.harvard.edu)를 수행하면서 주장하길, 그 실험 결과가 말해주는 것은 우리가 진화된 '도덕 문법'을 가지고 있는 것이라 했다. 그리고 이것은 우리의 진화된 언어 문법과는 다른 것이라고 했다. 우리는 언어 학습 능력을 가지고 태어나고, 여기에 우리가 그 속에서 성장하게 되는 문화에 의해 정련되고 특화된 문법 규칙이 적용되면서 우리의 언어는 완전해진다. 이와 마찬가지로 우리는 도덕적일 능력을 가지고 태어나며, 여기에 우리가 그 속에서 성장하게 되는 특정한 문화에 의해 결정되는 특정한 도덕적 문법이 적용되는 것이다. 참고할 다른 책은 다음과 같다. L. Petrinovich, P. O'Neill, and M. J. Jorgensen, "An Empirical Study of Moral Intuitions: Towards an Evolutionary Ethics," Ethology and Sociobiology 64 (1993): 467~478.

2 어머니의 암과 관련된 당시의 내 경험을 기록한 상당히 긴 에세이 《그림자 나라(Shadowlands)》는 내 책 《사이언스 픽션: 알려진 것과 알려지지 않은 것이 만나는 곳(Science Friction: Where the Known Meets the Unknown)》(New York: Times Books, 2005)에 재수록 되었다.

3 Michael Shermer, The Science of Good and Evil (New York: Times Books,

2004). 새로운 연구들이 영장류 동물과 다양한 종의 사회적 포유류를 대상으로 행해지면서 도덕관념이 보편적이라는 주장은 점점 더 힘을 얻고 있다. 개체들 사이에서의 사회적 관계나 갈등 해결 능력의 유무가 최소한 다른 특질만큼이나 생존 여부를 결정하는 데 중요한 것이라는 점을 생각하면 이는 당연하다.

4 David M. Buss, The Evolution of Desire: Strategies of Human Mating (New York: Basic Books, 2003); D. Singh, "Adaptive Significance of Female Attractiveness: Role of Waist-to-Hip Ratio," Journal of Personality and Social Psychology 65 (1993): 293~307; Helen Fisher, Why We Love: The Nature and Chemistry of Romantic Love (New York: Henry Holt, 2004).

5 이 연구에 관한 광범위한 참고문헌들이 내 책 《선악의 과학》에 소개되고 있다. 특히 2장, 7장, 8장에 많다. 솔직히 말하면 지금 이 책은 《선악의 과학》의 마지막 장인 8장에서 못 다한 이야기를 이어가고 있는 것이라 할 수 있다.

6 B. J. Ellis, "The Evolution of Sexual Attraction: Evaluative Mechanisms in Women," in J. H. Barkow, L. Cosmides, and J. Tooby, eds., The Adapted Mind: Evolutionary Psychology and the Generation of Culture (New York: Oxford UP, 1992), 267~288;Buss, Evolution of Desire; T. Bereczkei and A. Csanaky, "Mate Choice, Marital Success, and Reproduction in a Modern Society," Ethology & Sociobiology 17(1) (1996): 17~35; Randy Thornhill and S. W. Gaugestad, "Fluctuating Asymmetry and Human Sexual Behavior," Psychological Science 5 (1994): 297~302.

7 Donald E. Brown, Human Universals (New York: McGraw-Hill, 1991), 142.

8 Arthur Gandolfi, Anna Sachko Gandolfi, and David Barash, Economics as an Evolutionary Science (New Brunswick, NJ: Transaction Publishers, 2002), 139~140.

9 Gandolfi et al., Economics as an Evolutionary Science, 139~189. '비교적' 이라는 수식어를 붙여서 말하건대, 많은 남성들이 자신들의 아내에게 충실하고, 많은 여성들이 불륜 행각을 벌이고 있다. '많다'는 것이 어느 정도인지를 알려주는 믿을 만한 데이터를 찾기 어렵다. 그리고 발표되는 수치들 간에도 편차가 심하다. 그렇지만 조사를 해보면 전반적으로 미국 남성의 25에서 50퍼센트, 여성의 30퍼센트 정도가 최소한 한 번 이상의 혼외정사 경험이 있는 것으로 나오고 있다. 다음 책을 볼 것. David P. Barash and Judith Eve Lipton, The Myth of Monogamy: Fidelity and Infidelity in Animals and People (New York: W. H.

Freeman, 2001).

10 S. W. Gangestad and J. A. Simpson, "The Evolution of Human Mating: Trade−Offs and Strategic Pluralism," Behavioral and Brain Sciences 23(4) (2000): 1~33.

11 Martin Daly and Margo Wilson, "Child Abuse and Other Risks of Not Living with Both Parents," Ethology & Sociobiology 6 (1985): 197~210; Daly and Wilson, Homicide(New York: Aldene de Gruyter, 1988); Daly and Wilson, "Stepparenthood and the Evolved Psychology of Discriminative Parental Solicitude," in S. Parmigiani and F. S. Von Saal, eds., Infanticide and Parental Care (London: Harwood Press, 1994), 121~134.

12 L. K. White and A. Booth, "The Quality and Stability of Remarriage: The Role of Step−Children," American Sociological Review 50 (1985): 346~358; M. V. Flinn, "Stepand Genetic Parent/Offspring Relationships in a Caribbean Village," Ethology & Sociobiology 9 (1988): 335~369.

13 D. A. Dawson, "Family Structure and Children's Health and Well−being: Data from the 1988 National Health Interview Survey on Child Health," Journal of Marriage and Family 53 (1991): 573~584; K. E. Kierman, "The Impact of Family Disruption in Childhood on Transitions Made in Young Adult Life," Population Studies 46 (1992): 213~234.

14 M. Gordon, "The Family Environment of Sexual Abuse: A Comparison of Natal and Step−Father Abuse," Child Abuse and Neglect 13 (1989): 121~130; D. E. H. Russel, "The Prevalence and Seriousness of Incestuous Abuse: Stepfathers vs Biological Fathers," Child Abuse and Neglect 8 (1984): 15~22; M. Young, The Sexual Victimization of Children (Jefferson, NC: McFarland Press, 1982).

15 M. K. Bacon, I. L. Child, and H. Bary, "A Cross−Cultural Study of Correlates of Crime," Journal of Abnormal and Social Psychology 66 (1963): 291~300.

16 Daly and Wilson, Homicide.

17 Margo Wilson and Martin Daly, "Competitiveness, Risk Taking and Violence: The Young Male Syndrome," Ethology and Sociobiology 6 (1985): 59~73.

18 Steven Pinker, The Blank Slate: The Modern Denial of Human Nature (New York: Viking, 2002).

19 Gary Becker, A Treatise on the Family (Cambridge, MA: Harvard University Press, 1981); Laura Betzig, Despotism and Human Reproduction: A Darwinian Viewpoint (New York: Aldine, 1986).

20 Margo Wilson and Martin Daly, "The Man Who Mistook His Wife for a Chattel," in Jerome Barko, Leda Cosmides, and John Tooby, eds., The Adapted Mind (New York: Oxford University Press, 1992), 289~3222.

21 Daly and Wilson, Homicide Daly and Wilson, "Violence Against Stepchildren," Current Directions in Psychological Science 5 (1996): 77~81.

22 Daly and Wilson, "Whom Are Newborn Babies Said to Resemble?" Ethology and Sociobiology 3 (1982): 69~78.

23 Jared Diamond, Why Is Sex Fun? The Evolution of Human Sexuality (New York: Basic Books, 1997), 76.

24 Shermer, The Science of Good and Evil, chap. 4, "Master of My Fate," 105~138.

25 Richard D. Alexander, Darwinism and Human Affairs (Seattle: University of Washington Press, 1979); and The Biology of Moral Systems (New York: Aldine De Gruyter, 1987); Frank Miele, "The (Im)moral Animal: A Quick and Dirty Guide to Evolutionary Psychology and the Nature of Human Nature," Skeptic 4(1) (1996): 42~49.

26 Edward O. Wilson, Biophilia (Cambridge, MA: Harvard University Press, 1984).

27 Chris Boehm, "Egalitarian Society and Reverse Dominance Hierarchy," Current Anthropology 34 (1993): 227~254; and Hierarchy in the Forest: Egalitarianism and the Evolution of Human Altruism (Cambridge, MA: Harvard University Press, 1999).

28 David Sloan Wilson, Darwin's Cathedral: Evolution, Religion, and the Nature of Society (Chicago: University of Chicago Press, 2002).

29 Signe Howell, Society and Cosmos: Chewong of Peninsular Malaya (Singapore: Oxford University Press, 1984), 184.

30 Amotz Zahavi and Avishag Zahavi, The Handicap Principle: A Missing Piece of Darwin's Puzzle (Oxford: Oxford University Press, 1997).

31 R. Adolphs, "Cognitive Neuroscience of Human Social Behavior," Nature

Reviews Neuroscience 4 (March 2003): 165~170; R. J. Dolan, "Emotion, Cognition, and Behavior," Science 298 (November 8, 2002): 1191~1194.

32 K. McCabe, D. Houser, L. Ryan, V. Smith, and T. Trouard, "A Functional Imaging Study of Cooperation in Two-Person Reciprocal Exchange," Proceedings of the National Academy of Science 98(20) (2001): 11832~11835.

33 K. Semendeferi, E. Armstrong, A. Schleicher, K. Zilles, and G. W. van Hoesen, "Prefrontal Cortex in Humans and Apes: A Comparative Study of Area 10," American Journal of Physical Anthropology 114 (2001): 224~241.

34 J. Moll, R. de Oliveira-Souza, P. J. Eslinger, I. E. Bramati, J. Mourai-Miranda, P. A. Andreiuolo, and L. Pessoa, "The Neural Correlates of Moral Sensitivity: A Functional Magnetic Resonance Imaging Investigation of Basic and Moral Emotions," The Journal of Neuroscience 22(7) (April 1, 2002): 2730~2736.

35 Jorge Moll, Frank Krueger, Roland Zahn, Matteo Pardini, Ricardo de Oliveira- Souza, and Jordan Grafman, "Human Fronto-Mesolimbic Networks Guide Decisions About Charitable Donation," National Academy of Science, 103(42) (2006): 15623~15628.

36 U. Frith and C. Frith, "The Biological Basis of Social Interaction," Current Directions in Psychological Science 10(5) (2001): 151~155.

37 Helen Phillips, "The Cell That Makes Us Human," New Scientist, June 2004, 33~35; J. M. Allman, K. K. Watson, N. A. Tetreault, and A. Y. Hakeem, "Intuition and Autism: A Possible Role for Von Economo Neurons," Trends in Cognitive Sciences 9(8) (2005): 367~373; K. K. Watson, T. K. Jones, and J. M. Allman, "Dendritic Architecture of the Von Economo Neurons," Neuroscience 141 (2006): 1107~1112.

38 Giacomo Rizzolatti et al., "Premotor Cortex and the Recognition of Motor Actions," Cognitive Brain Research 3 (1996): 131~141.

39 L. Fogassi, P. F. Ferrari, B. Gesierich, S. Rozzi, F. Chersi, and G. Rizzolatti, "Parietal Lobe: From Action Organization to Intention Understanding," Science 308(2005): 662~667; V. Gallese, L. Fadiga, L. Fogassi, and G. Rizzolatti, "Action Recognition in the Premotor Cortex," Brain 119 (1996), 593~609.

40 M. Iacoboni, R. P. Woods, M. Brass, H. Bekkering, J. C. Mazziotta, and G. Rizzolatti, "Cortical Mechanisms of Human Imitation," Science 286 (1999): 2526~2528; G. Rizzolatti and L. Craighero, "The Mirror-Neuron System," Annual Review of Neuroscience 27 (2004): 169~192. fMRI 연구를 하면서 보는 영상은 원숭이 뇌에서 보이는 개별 뉴런의 기록과는 다르다는 점을 주목해야 한다. 크리스천 케이저는 이렇게 설명한다. "원숭이의 뉴런에서 나오는 신호를 기록하면서, 우리는 단일 뉴런이 어떤 일을 하는 것과 다른 누군가가 어떤 일을 하는 것을 보고 있는 것, 양쪽 모두에 관련되어 있다는 사실을 실제로 알 수 있다. 이렇게 상상해볼 수 있다. 가로, 세로, 높이가 각각 3밀리미터인 작은 상자가 어떤 일을 하거나 그 일을 하는 것을 볼 때 활성화되는 것이다. 그런데 이 작은 상자에는 수백만 개의 뉴런이 들어 있다. 우리는 그것들이 모두 동일한 뉴런들인지는 확실히 알 수 없다. 어쩌면 그냥 같은 장소에만 있는 것일 수 있다." 다음을 참조. Lea Winerman, "The Mind's Mirror," Monitor on Psychology 36(9) (October 2005): 48.

41 G. Buccino, S. Vogt, A. Ritzl, G. R. Fink, K. Zilles, H. J. Freund, and G. Rizzolatti, "Neural Circuits Underlying Imitation of Hand Actions: An Event Related fMRI Study," Neuron 42 (2004): 323~334.

42 Helen L. Gallagher and Christopher D. Frith, "Functional Imaging of 'Theory of Mind,'" Trends in Cognitive Sciences 7(2) (February 2003): 77.

43 V. Gallese and A. Goldman, "Mirror Neurons and the Simulation Theory of Mind-Reading," Trends in Cognitive Sciences 12 (1998): 493?01.

44 L. Fogassi, P. F. Ferrari, B. Gesierich, S. Rozzi, F. Chersi, and G. Rizzolatti, "Parietal Lobe: From Action Organization to Intention Understanding," Science 308(2005): 662~667.

45 B. Wicker, C. Keysers, J. Plailly, J. P. Royet, V. Gallese, and G. Rizzolatti, "Both of Us Disgusted in My Insula: The Common Neural Basis of Seeing and Feeling Disgust," Neuron 40 (2003): 655~664.

46 L. Carr, M. Iacoboni, M. C. Dubeau, J. C. Mazziotta, and G. L. Lenzi, "Neural Mechanisms of Empathy in Humans: A Relay from Neural Systems for Imitation to Limbic Areas," National Academy of Science 100 (2003): 5497~5502.

47 M. Iacoboni, I. Molnar-Szakacs, V. Gallese, G. Buccino, J. C. Mazziotta, et al., "Grasping the Intentions of Others with One's Own Mirror Neuron System," PLoS Biology 3(3) (2005): e79 doi: 10.1371/journal.pbio.0030079.

48 Y. W. Cheng, O. J. L. Tzeng, J. Decety, T. Imada, and J. C. Hsieh, "Gender Differences in the Human Mirror System: A Magnetoencephalography Study," Neuroreport 17(11) (2006): 1115~1119; Simon Baron-Cohen, The Essential Difference: The Truth about the Male and Female Brain (New York: Basic Books, 2003).

49 M. V. Saarela, Y. Hlushchuk, A. C. Williams, M. Schurmann, E. Kalso, and R. Hari, "The Compassionate Brain: Humans Detect Intensity of Pain from Another's Face," Cerebral Cortex (2006); T. Singer, "The Neuronal Basis and Ontogeny of Empathy and Mind Reading: Review of Literature and Implications for Future Research," Neuroscience and Biobehavioral Reviews 6 (2006): 855~863.

50 V. S. Ramachandran and L. M. Oberman, "Broken Mirrors: A Theory of Autism," Scientific American, May 2006, 62~69. For the connection between mirror neurons and the evolution of language, see M. A. Arbib, "From Monkey-Like Action Recognition to Human Language: An Evolutionary Framework for Neurolinguistics," The Behavioral and Brain Sciences 2 (2005): 105~124.

51 V. S. Ramachandran, "Mirror Neurons and Imitation Learning as the Driving Force Behind 'The Great Leap Forward' in Human Evolution," Edge (2000)

52 Adam Smith, The Theory of Moral Sentiments (London: A. Millar, 1759), part 1, sec. 1, chap. 1. 지난 20년 동안 도덕 감정의 진화적 기원에 대한 다수의 이론이 만들어졌다. 그 예를 들어보자면 대략 이렇다. William D. Casebeer, "Moral Cognition and Its Neural Constituents," Nature Neuroscience 4 (2003): 841~846; William D. Casebeer and Patricia S. Churchland, "The Neural Mechanisms of Moral Cognition: A Multiple-Aspect Approach to Moral Judgment and Decision-Making," Biology and Philosophy 18 (2003): 169~194; Jorge Moll, Roland Zahn, Ricardo de Oliveira-Souza, Frank Krueger, and Jordan Grafman, "The Neural Basis of Human Moral Cognition," Nature Neuroscience 6 (2005): 799~809; Richard Dawkins, The God Delusion(New York: Houghton Mifflin, 2006); Marc Hauser, Moral

Minds: How Nature Designed Our Universal Sense of Right and Wrong (New York: HarperCollins, 2006); Scott Atran, In Gods We Trust: The Evolutionary Landscape of Religion (New York: Oxford University Press, 2004); Robert Hinde, Why Good Is Good: The Sources of Morality (New York: Routledge, 2003); Pascal Boyer, Religion Explained: The Evolutionary Origins of Religious Thought (New York: Basic Books, 2001); and Robert Buckman, Can We Be Good Without God? (Buffalo, NY: Prometheus, 2000).

53 「어바웃 슈미트」마지막 장면은 유튜브에서 볼 수 있다. '은두구의 편지'라는 이름으로 검색하라. 휴지 몇 장도 준비해야 할 것이다.

54 나는 내 친구 로빈 게르크(Robin Gehrke)에게 감사한다. 그는 월드 비전을 대행하는 홍보회사에서 일하고 있는데, 이 후원 프로그램이 있다는 것을 알려주었고, 도움이 필요한 곳이면 어디든지 월드 비전은 효과적이고 확실하게 지원해줄 수 있는 능력을 가지고 있음을 말해주었다.

제8장 : 행복의 진화적 해석

1 Jeremy Bentham, The Principles of Morals and Legislation (New York: Macmillan, 1948) (orig. pub. 1789).

2 출처는 펜 세계 표(Penn World Tables). 실제 1인당 GDP/Real GDP per capita (Laspeyres) (RGDPL)는 어떤 주어진 해의 소비, 투자, 정부지출, 수출액을 다 더하고 여기에서 수입액을 뺀 것을 말한다. 이때 주어진 해의 모든 요소들은 기어리 Geary 총계에서 국제 달러의 1996년 가치를 추정해서 얻어진 수치다. 즉, 기준년도가 1996년에 맞춰진 고정된 기초지수다. 참고로 여기서 'L'은 라스페이레스 (Laspeyres)를 말한다.

3 이 측정치들은 이스터브룩(Easterbrook)이 아주 상세하고 철저하게 정리했다. Richard Layard, Happiness: Lessons from a New Science (New York: Penguin, 2005) 참조.

4 David G. Myers, The American Paradox: Spiritual Hunger in an Age of Plenty(New Haven, CT: Yale University Press, 2000); Robert E. Lane, The Loss of Happiness in Market Democracies (New Haven, CT: Yale University Press, 2000); Gregg Easterbrook, The Progress Paradox: How Life Gets Better While People Feel Worse (New York: Random House, 2003); Barry Schwartz, The Paradox of Choice: Why More Is Less (New York: Ecco/HarperCollins, 2004).

5 W. Pavot and E. Diener, "Review of the Satisfaction with Life Scale," Psychological Assessment 5 (1993): 164~172.

6 E. Diener and E. Suh, "National Differences in Subjective Well–Being," in Daniel Kahneman, E. Diener, and N. Schwarz, eds., Well–Being: The Foundations of Hedonic Psychology (New York: Russell Sage Foundation, 1999).

7 Joel M. Hektner, Jennifer A. Schmidt, and Mihaly Csikszentmihalyi, Experience Sampling Method: Measuring the Quality of Everyday Life (Thousand Oaks, CA: Sage, 2006). 경험 표집 방법(The Experience Sampling Method)이란 피실험자들에게 신호 발신 장치와 주관적인 행복감을 측정하는 조사 기구를 들려주고 일주일 동안 아무 때나 조사 설문을 완성하면 신호를 울리도록 하는 방법이다. 이 방법을 쓰면 주관적인 행복감을 자가 측정하면서, 특정한 시간과 상황에 영향받는 문제를 최대한 피할 수 있다.

8 Study conducted by the Princeton Research Associates, July 12~15, cited in American Enterprise, November/December 1994, 99.

9 Rafael di Tella, Robert J. MacCulloch, and Andrew J. Oswald, "The Macroeconomics of Happiness," Warwick Economic Research Papers no. 615, 2001.

10 World Values Survey, http: //www.worldvaluessurvey.com/.

11 R. Inglehart and H.-D. Klingemann, "Genes, Culture, Democracy and Happiness," in E. Diener and E. M. Suh, eds., Culture and Subjective Well–Being (Cambridge, MA: MIT Press, 2000).

12 N. G. Martin, L. J. Eaves, A. C. Heath, R. Jardine, L. M. Feingold, and H. J. Eysenck, "Transmission of Social Attitudes," Proceedings of the National Academy of Science USA 83 (1986): 4364~4368; L. J. Eaves, H. J. Eysenck, and N. G. Martin, Genes, Culture and Personality: An Empirical Approach (London and San Diego: Academic Press, 1989).

13 N. G. Waller, B. Kojetin, T. Bouchard, D. Lykken, and A. Tellegen, "Genetic and Environmental Influences on Religious Attitudes and Values: A Study of Twins Reared Apart and Together," Psychological Science 1(2) (1990): 138~142.

14 David T. Lykken, Happiness: The Nature and Nurture of Joy and

Contentment (New York: St. Martin's Griffin, 2000).

15 Sara Solnick and David Hemenway, "Is More Always Better? A Survey on Positional Concerns," Journal of Economic Behavior and Organization, 37 (1998): 373~383.

16 Fredrik Carlsson, Olof Johansson-Stenman, and Peter Martinsson, "Do You Enjoy Having More than Others? Survey Evidence of Positional Goods," Economica (Online Early Articles), 2007, http://www.blackwell-synergy.com/doi/full/10.1111/j.1468-0335.2006.00571.x.

17 B. Van Praag and P. Frijters, "The Measurement of Welfare and Well-Being: The Leyden Approach," in Kahneman, Diener, and Schwarz, Well-Being. 이 효과를 간파한 초기 경제학자는 티보 시토브스키(Tibor Scitovsky)이다. 그는 자신의 책 《기쁨 없는 경제: 인간으로서의 만족과 소비자로서의 불만족(The Joyless Economy: An Inquiry into Human Satisfaction and Consumer Dissatisfaction)》 (New York: Oxford University Press, 1978)에서 이에 대해 말하고 있다.

18 Richard Thaler, "Toward a Positive Theory of Consumer Choice," Journal of Economic Behavior and Organization, 1980, reprinted in Breit and Hochman, eds., Readings in Microeconomics, 3rd ed., 1985; and in Howard Kunreuther, ed., Risk: A Seminar Series, IIASA, 1981.

19 Gregory Berns, Satisfaction (New York: Owl Books, 2005).

20 Daniel T. Gilbert, Elizabeth Pinel, Timothy Wilson, Stephen Blumberg, and Thalia Wheatley, "Immune Neglect: A Source of Durability Bias in Affective Forecasting," Journal of Personality and Social Psychology 75 (1998): 633.

21 Daniel Gilbert, Stumbling on Happiness (New York: Knopf, 2005).

22 E. O. Laumann, J. H. Gagnon, R. T. Michael, and S. Michaels, The Social Organization of Sexuality: Sexual Practices in the United States (Chicago: University of Chicago Press, 1994).

23 Jennifer Hecht, The Happiness Myth: Why Smarter, Healthier, and Faster Doesn't Work (San Francisco: Harper, 2007), 223~225.

24 David G. Myers, The Pursuit of Happiness: Who Is Happy and Why (New York: William Morrow, 1992); Martin E. P. Seligman, Authentic Happiness (New York: Free Press, 2002).

25 D. A Schade, and Daniel Kahneman, "Does Living in California Make People Happy? A Focusing Illusion in Judgments of Life Satisfaction," Psychological Science 9(5) (1998): 329~340.

26 Elizabeth W. Dunn, T. D. Wilson, and Daniel T. Gilbert, "Location, Location, Location: The Misprediction of Satisfaction in Housing Lotteries," Personality and Social Psychology Bulletin 29(11) (2003): 1421~1432.

27 Richard Davidson, "Emotion and Affective Style: Hemispheric Substrates," Psychological Science 3 (1992): 39~43.

28 N. Fox and Richard Davidson, "Taste–Elicited Changes in Facial Signs of Emotion and the Asymmetry of Brain Electrical Activity in Human Newborns," Neuropsychologia 24 (1986): 417~422.

29 S. Lisanby, "Focal Brain Stimulation with Repetitive Transcranial Magnet Stimulation(rTMS): Implications for the Neural Circuitry of Depression," Psychological Medicine 33 (2003): 7~13.

30 A. Quaranta, M. Siniscalchi, and G. Vallortigara, "Asymmetric Tail–Wagging Responses by Dogs to Different Emotive Stimuli," Current Biology 17 (2007): R199~R201.

31 Reported in Layard, Happiness, 19.

32 Lykken, Happiness.

33 Antonio R. Damasio, Descartes' Error: Emotion, Reason, and the Human Brain(New York: Putnam, 1994); Ellen Peters and Paul Slovic, "The Springs of Action: Affective and Analytical Information Processing in Choice," Personality and Social Psychological Bulletin 26(12) (2000): 1465~1475; Jon Elster, Ulysses and the Sirens (Cambridge: Cambridge University Press, 1977); Roy F. Baumeister, Todd F. Heatherton, and Dianne M. Tice, Losing Control: How and Why People Fail at Self–Regulation (San Diego: Academic Press, 1994); George Loewenstein, "Out of Control: Visceral Influences on Behavior," Organizational Behavior and Human Decision Processes 65 (1996): 272~292; George F. Loewenstein and Jennifer Lerner, "The Role of Affect in Decision Making," in Handbook of Affective Sciences, R. J. Davidson, K. R. Scherer, and H. H. Goldsmith, eds.(New York: Oxford University Press, 1996), 619~642.

34 Björn Grinde, Darwinian Happiness: Evolution as a Guide for Living and Understanding Human Behavior (Princeton, NJ: Darwin Press, 2002), 49. See also his article "Happiness in the Perspective of Evolutionary Psychology," Journal of Happiness Studies 3 (2002): 331~354.

35 Peggy La Cerra and Roger Bingham, The Origin of Minds: Evolution, Uniqueness, and the New Science of the Self (New York: Harmony Books, 2003).

36 Jennifer Lerner and Dacher Keltner, "Fear, Anger, and Risk," Journal of Personality and Social Psychology 81(2001): 146~159.

37 Colin Camerer, George Loewenstein, and Drazen Prelec, "Neuroeconomics: How Neuroscience Can Inform Economics," Journal of Economic Literature 34(1) (2005): 9~65. See also Andrew Oswald, "Happiness and Economic Performance," Economic Journal 107 (1997): 1815~1831; and Wolfram Schulz and A. Dickinson, "Neuronal Coding of Prediction Errors," Annual Review of Neuroscience 23 (2000): 473~500.

38 T. D. Wilson, D. J. Lisle, J. W. Schooler, S. D. Hodges, K. J. Klaaren, and S. J. LaFleur, "Introspecting About Reasons Can Reduce Post–Choice Satisfaction," Personality and Social Psychology Bulletin 19 (1993): 331~339; Timothy D. Wilson and Jonathan W. Schooler, "Thinking Too Much: Introspection Can Reduce the Quality of Preferences and Decisions," Journal of Personality and Social Psychology 60(2) (1991): 181~192.

39 K. C. Berridge, "Food Reward: Brain Substrates of Wanting and Liking," Neuroscience and Biobehavioral Reviews 20 (1996): 1~25.

40 Personal correspondence, April 10, 2007.

41 Barbara L. Fredrickson, "The Value of Positive Emotions," American Scientist 91, (July/August 2003): 330~335.

42 Gordon M. Burghardt, The Genesis of Animal Play (Cambridge, MA: MIT Press, 2005), 113~117.

43 Daniel Kahneman, A. Krueger, D. Schkade, N. Schwarz, and A. Stone, "A Survey Method for Characterizing Daily Life Experiences: The Day Reconstruction Method (DRM)," Science 306 (2004): 1776~1780.

44 David G. Myers and Ed Diener, "The Pursuit of Happiness," Scientific

American, May 1996, 70~72.

45 같은 책 72. David G. Myers, The Pursuit of Happiness: Who Is Happy and Why (New York: William Morrow, 1992).

46 Michael Shermer, How We Believe: The Search for God in an Age of Science (New York: Times Books, 1999).

47 D. B. Barrett, G. T. Kurian, and T. M. Johnson, eds., World Christian Encyclopedia: A Comparative Survey of Churches and Religions in the Modern World, 2 vols., 2nd ed. (New York: Oxford University Press, 2001). 기독교는 20억에 약간 못 미치는 가장 많은 신도수를 가지고 있다(가톨릭은 그 절반 정도 된다), 이슬람교도가 11억 명, 힌두교도는 8억 1,100만 명, 불교도 3억 5,900만 명, 그 외 민족종교 신도들(정령 숭배자들과 기타 아시아나 아프리카 등지의 토속신앙 신봉자들)이 나머지 2억 6,500만 명의 대부분을 차지하고 있다.

48 2007년 4월 17일에 이뤄진 미하이 칙센트미하이 교수와의 인터뷰. Mihaly Csikszentmihalyi, Flow: The Psychology of Optimal Experience(New York: HarperCollins, 1991); and Finding Flow: The Psychology of Engagement with Everyday Life (New York: Basic Books, 1998) 참조.

49 Helen Keller, "The Simplest Way to Be Happy," Home Magazine, February 1993, 미국맹인재단(American Foundation for the Blind)를 참조. http://www.afb.org/section.asp?SectionID=1&TopicID=193&SubTopicID=12&DocumentID=1211.

제9장: 경제는 신뢰의 진화적 산물

1 이 이야기는 패트릭 그림의 교사모임 강의에 나온다. Questions of Value, Lecture 23, "Moralities in Conflict and Change."

2 2000년 11월에 실시한 인터뷰. 드 왈의 연구실을 방문할 수 있도록 도와준 내 친구 도나(Donna)와 마이클(Michael)에게 감사한다. 인터뷰 전문은 『스켑틱』 vol. 8, no. 2 참조.

3 나는 한편으로 드 왈에게 도덕적 행동의 진화적 기초에 대한 연구가 정책 결정에 영향을 미칠 수 있는지 물었다. 예를 들면 우리가 제7장에서 살펴본 대로 대부분의 범죄를 저지르는 주체는 20대 젊은이들이다. 부분적이긴 하지만 그 이유를 일단 테스토스테론 수치가 높다는 데서 찾아볼 수 있을 것이다. 거기에 위계질서적인 영장류 사회에서 젊은 남자는 성년기에 접어들면 여성을 차지하기위한 경쟁을

벌여야 하고 다른 남성과 권력을 놓고 싸워야 한다는 사실 등도 이유가 될 수 있다. 그런데 이 모든 것은 반사회적인 행동으로 이어질 수 있다. 어떻게 진화론이 도덕적 문제에 관해 정치논쟁의 장에 유용한 정보를 제공할 수 있겠는가? 여기서 드 왈은 다시 한번, 진화론적인 모형을 너무 멀리까지 밀고 가는 것에 대해 회의를 표시한다. 그가 생각하기에 진화론은 "왜 우리가 도덕 체계를 가지고 있고 어떻게 그것을 운용할 수 있을지를 이해하는 데에는 도움을 줄 수 있습니다. 그러나 나는 절대로 이렇게는 말 못합니다 '침팬지들이 그렇게 하니까 우리들도 그렇게 해야 해' 라는 말을 말이죠. 무엇보다 먼저, 우리가 아무리 침팬지와 가깝다 하더라도 우리와 녀석들은 다른 종류의 사회를 꾸리고 있거든요. 심지어 인간 집단 안에서도 어떤 사회의 모습은 그것이 채택하고 있는 도덕 체계에 따라 크게 달라지기도 합니다." 어떻게, 그럼, 우리는 도덕적인 행동을 하기로 결정할 수 있을까요? "우리가 어떻게 행동하느냐에 대한 결정은 하나의 사회라는 수준에서 우리가 합의한 결정이죠. 자, 그런 결정이 개별적인 인간의 성정에 파고들어옵니다. 우리는 동정심, 상호 배려, 부모 자식 관계, 공격심리, 그밖에 여러 가지 성향들을 갖게 됩니다. 예를 들어 당신이 어떤 사회 형태를 주창했다 칩시다. 그런데 그 사회가 이런 기본적인 인간의 요구와 충돌한다면 당신의 주장은 실패로 끝나는 거지요." 여기서 나는 이스라엘의 키부츠를 생각했다. 거기서는 아이들이 부모와 떨어진 채로 집단적으로 양육되었다. 그러나 그것은 실패한 사회적 실험이었다. 어머니들은 어쨌든 자신의 자식들과 같이 있고 싶어 했기 때문이었다.

4 Frans de Waal, Chimpanzee Politics: Sex and Power Among the Apes (Baltimore: Johns Hopkins University Press, 1982), 203, 207.

5 Frans de Waal, Peacemaking Among Primates (Cambridge, MA: Harvard University Press, 1989).

6 Frans de Waal, Our Inner Ape (New York: Riverhead Books, 2005), 175.

7 같은 책 187~188.

8 Frans B. M. de Waal, "Food-transfers Through Mesh in Brown Capuchins," Journal of Comparative Psychology 111 (1997): 370~378; and "Food Sharing and Reciprocal Obligations Among Chimpanzees," Journal of Human Evolution (1989): 433~459.

9 Sarah F. Brosnan and Frans de Waal, "Monkeys Reject Unequal Pay," Nature 425 (September 18, 2003): 297~459.

10 M. Cords and S. Thurnheer, "Reconciling with Valuable Partners by Long-

Tailed Macaques," Behaviour 93 (1993): 315~325.

11 Sarah F. Brosnan, "Fairness and Other-Regarding Preferences in Nonhuman Primates," in Paul Zak, ed., Moral Markets: The Critical Role of Values in the Economy (Princeton, NJ: Princeton University Press, 2008).

12 Frans de Waal, Good Natured: The Origins of Right and Wrong in Humans and Other Animals (Cambridge, MA: Harvard University Press, 1996).

13 N. F. Koyama and E. Palagi, "Managing Conflict: Evidence from Wild and Captive Primates," International Journal of Primatology 27(5) (2007): 1235~1240; N. F. Koyama, C. Caws, and F. Aureli, "Interchange of Grooming and Agonistic Support in Chimpanzees," International Journal of Primatology 27(5) (2007): 1293~1309.

14 Daniel Dennett, "True Believers" in D. Dennett, ed., The Intentional Stance (Cambridge, MA: MIT Press, 1987); and Breaking the Spell: Religion as a Natural Phenomenon(New York: Penguin, 2005).

15 Frans de Waal, "How Selfish an Animal? The Case of Primate Cooperation," in Zak, ed., Moral Markets.

16 Interviews conducted over a series of visits in February and March 2007.

17 Paul J. Zak, "Trust," Capco Institute Journal of Financial Transformation 7 (2003): 13~21.

18 Paul J. Zak and Stephen Knack, "Trust and Growth," The Economic Journal 111(2001): 295~321.

19 Zak, "Trust."

20 V. C. L. Hutson and G. T. Vickers, "The Spatial Struggle of Tit-for-Tat and Defect," Philosophical Transactions of the Royal Society of London B 348 (1995): 393~404; K. Binmore, Game Theory and the Social Contract, vol. 1: Playing Fair (Cambridge, MA: MIT Press, 1994).

21 게임 이론과 협력에 관한 상당한 양의 문헌들이 있다. 그 사례가 될 만한 것들이 다. John Von Neumann and Oskar Morgenstern, Theory of Games and Economic Behavior (Princeton, NJ: Princeton University Press, 2004 [orig. pub. 1944]); Robert L. Trivers, "The Evolution of Reciprocal Altruism," Quarterly Review of Biology 46 (1971): 35~57; Robert Axelrod and William D. Hamilton, "The Evolution of Cooperation," Science 211 (1981): 1390~6;

Robert Axelrod, The Evolution of Cooperation (New York: Basic Books, 1984); Douglas R. Hofstadter, "Metamagical Themas: Computer Tournaments of the Prisoner's Dilemma Suggest How Cooperation Evolves," Scientific American 248(5) (1983): 16~26; Robert Frank, Passions Within Reason: The Strategic Role of the Emotions (New York: W.W. Norton, 1988); Matt Ridley, The Origins of Virtue (New York: Viking, 1996); J. K. Murnighan, Bargaining Games (New York: William Morrow, 1992); M. Taylor, The Possibility of Cooperation (Cambridge: Cambridge University Press, 1987)

22 B. Bower, "Getting Out from Number One: Selfishness May Not Dominate Human Behavior," Science News 137(17) (1990): 266~267.

23 R. M. Dawes, A. van de Kragt, and J. M. Orbell, "Cooperation for the Benefit of Us—not Me, or My Conscience," in J. Mansbridge, ed., Beyond Self-Interest (Chicago: University of Chicago Press, 1990), 97?10.

24 James Rilling, D. A. Gutman, T. R. Zeh, G. Pagnoni, G. S. Berns, and C. D. Kilts, "A Neural Basis for Social Cooperation," Neuron 35 (July 18, 2002): 395~404.

25 R. Forsythe, J. L. Horowitz, N. E. Savin, and M. Sefton, "Fairness in Simple Bargaining Experiments," Games and Economic Behavior 6 (1994): 347~369.

26 Helen Fisher, Why We Love: The Nature and Chemistry of Romantic Love (New York: Henry Holt, 2004).

27 Steven R. Quartz and Terry J. Sejnowski, Liars, Lovers, and Heroes: What the New Brain Science Reveals About How We Become Who We Are (New York: William Morrow, 2002).

28 M. Kosfeld, M. Heinrichs, P. J. Zak, U. Fischbacher, and E. Fehr, "Oxytocin Increases Trust in Humans," Nature 435 (2005): 673~676.

29 Paul J. Zak, "Trust: A Temporary Human Attachment Facilitated by Oxytocin," Behavioral and Brain Sciences 28(3) (2005): 368~369; Vera B. Morhenn, Jang Woo Park, Elisabeth Piper, and Paul J. Zak, "Monetary Sacrifice Among Strangers Is Mediated by Endogenous Oxytocin Release After Physical Contact," National Academy of Science.

30 Linda Mealy, "The Sociobiology of Sociopathy," Behavioral and Brain

Sciences 18 (1995): 523~599; D. T. Lyyken, The Antisocial Personalities (Hillside, NJ: Lawrence Erlbaum Associates, 1995).

31 Ralph Adolphs, D. Tranel, and A. R. Damasio, "The Human Amygdala in Social Judgment," Nature 393 (1998): 470~474; Ralph Adolphs, D. Tranel, H. Damasio, and A. Damasio, "Impaired Recognition of Emotion in Facial Expressions Following Bilateral Damage to the Human Amygdala," Nature 372 (1994): 669~672.

32 Paul J. Zak, "Values and Value: Moral Economics," in Paul Zak, ed., Moral Markets: The Critical Role of Values in the Economy (Princeton, NJ: Princeton University Press, 2008).

33 Dan Chiappe, Adam Brown, Brian Dow, Jennifer Koontz, Marisela Rodriguez, and Kelly McCulloch, "Cheaters Are Looked At Longer and Remembered Better Than Cooperators in Social Exchange Situations," Evolutionary Psychology 2 (2004): 108~120.

34 Kevin McCabe, Daniel Houser, Lee Ryan, Vernon Smith, and Theodore Trouard, "A Functional Imaging Study of Cooperation in Two–Person Reciprocal Exchange," Proceedings of the National Academy of Sciences (98) (2001): 11832~11835.

35 Joseph Henrich, Robert Boyd, Sam Bowles, Colin Camerer, Herbert Gintis, Richard McElreath, and Ernst Fehr, "In Search of Homo Economicus: Experiments in 15 Small–Scale Societies," American Economic Review 91(2) (2001): 73~79.

36 Joseph Henrich, Robert Boyd, Sam Bowles, Colin Camerer, Ernst Fehr, and Herbert Gintis, Foundations of Human Sociality (New York: Oxford University Press, 2004), 8.

37 같은 책 49~50.

38 Herbert Gintis, Samuel Bowles, Robert Boyd, and Ernst Fehr, Moral Sentiments and Material Interests (Cambridge, MA: MIT Press, 2005); Robert Boyd and Peter J. Richerson, The Origin and Evolution of Cultures (New York: Oxford University Press, 2005).

제10장 : 좋은 진화를 유도하는 좋은 규칙

1 1등 론 할데만: 9일 20시간 2분. 2등 존 하워드: 10일 10시간 59분. 3등 마이클 셔머: 10일 19시간 54분. 4등 존 마리노: 12일 7시간 37분. 1등부터 3등까지는 할데만이 이전에 세웠던 10일 23시간 27분의 대륙횡단 기록을 깨뜨렸다.

2 논지를 더욱 분명히 하기 위해 사례 한 가지를 더 들겠다. 극심한 피로와 수면 부족으로 몸과 마음의 안정 상태가 무너지기 때문에 경주자들은 길가에서 볼일을 보곤 한다. 자전거 위에서 그냥 해소하는 사람도 있다(어쨌든 남자니까). 이 때문에 규정집의 한 부분을 몽땅 할애해서 개인 용무 문제에 대한 지침을 실어야 했다. 어떤 경주자가 다른 사람들에 비해서 좀 더 분별력이 있다는 이유로 손해를 보면 안 되니까. 예를 들면, 어느 해인가 한 경주자가 레스토랑 창문에 대고 실례를 했는데, 색 유리가 끼워져 있어서 안에서 식사하던 사람들이 질려버린 것을 보지 못했던 모양이다(그는 그 레스토랑이 문을 닫았다고 생각했다나). 그래서 우리는 규칙 하나를 더 추가했다. 내용인즉, 선수가 공중화장실을 못 찾거나, 지원용 차량이 주위에 없을 때, 선수는 길가로 가서 볼일을 보되, 선수 지원 요원이 비치지 않는 얇은 판이나 담요로 주변을 가려야 한다는 것이었다. 최상위권 여성 라이더 한 사람이 문제제기를 했다. 그녀는 항상 첫 1,000마일에서는 맨 앞에서 달렸고, 경주 전체로 보면 늘 5위안에 드는 선수였다. 이 선수는 자신이 화장실에 가기 위해 멈추는 동안 자전거에서 바로 볼일을 보는 남성 선수들이 얼마나 이익을 보는지를 계산했다(그녀가 생각하기에 한 번 쉴 때마다 몇 분씩 소요되고, 하루에도 여러 차례 볼일을 봐야 하는데, 이렇게 10일 정도를 한다 치면 상당한 시간이 되는 것이었다). 이것 때문에 남녀 차별 없는 소변 규칙을 만들어야 했다(나중에 숙고 과정을 거쳐 폐지되기는 했다).

3 Thomas Hobbes, Leviathan, or The Matter, Forme and Power of a Common Wealth Ecclesiasticall and Civil, C. B. Macpherson, ed. (New York: Penguin, 1968), 76(orig. pub. 1651).

4 David Landes, The Wealth and Poverty of Nations (New York: W. W. Norton, 1998).

5 Douglass C. North, Structure and Change in Economic History (New York: W.W. Norton, 1981); and Understanding the Process of Institutional Change (Princeton, NJ: Princeton University Press, 2005).

6 노스의 강연은 다음 웹사이트에서 볼 수 있다. http://nobelprize.org/nobel_prizes/economics/laureates/1993/north-lecture.html. 경제학자인 로널드 코스

는 제도, 거래비용과 신고전주의 경제학 이론 사이에 연관성이 있다고 보았다. 그
는 이렇게 쓰고 있다. "효율적 시장이라는 신고전주의적 결과는 오직 거래비용이
없을 때만 얻어낼 수 있다. 오로지 무비용 거래라는 조건 하에서만 행위자는 제도
적 장치와 무관하게 총소득을 최대화하는 길을 찾아낼 수 있다. 거래에 비용이 들
면, 제도가 개입하고, 그러면 다시 거래비용이 발생한다. 월리스와 노스는 1986
년 한 경험적 연구를 통해 1970년대 미국 GNP의 45퍼센트가 거래 부문으로 들어
갔다는 사실을 제시했다." 이 책들을 볼 것. Ronald Coase, "The Problem of
Social Cost," Journal of Law and Economics 3(1) (1960): 1~44; and John J.
Wallis and Douglass C. North, "Measuring the Transaction Sector in the
American Economy," in S. L. Engerman and R. E. Gallman, eds., Long Term
Factors in American Economic Growth (Chicago: University of Chicago Press,
1986).

7 Erin O'Hara, "Trustworthiness and Contract," in Paul Zak, ed., Moral
Markets: The Critical Role of Values in the Economy (Princeton, NJ: Princeton
University Press, 2008). 계약법과 시장 사이의 연관성은 중세 유럽에 그 뿌리를
두고 있다. 인디애나대학교 정치학자인 데이빗 슈왑(David Schwab)과 엘리너 오
스트롬(Elinor Ostrom)에 의하면, 중세기의 상행위법은 "상업적 거래를 규준하는
일련의 법적 규약이었으며, 상인 계층에서 선발된 민간 재판관이 이를 관장했다.
이 규약의 목적은 서로 다른 지역에서 온 상인들 간의 거래가 이뤄지도록 하는 데
있었다. 다른 상인이 자신을 속였다고 생각하는 상인들은 지역 민간 재판관에게
불만을 제기할 수 있었다. 그러면 재판관은 심리를 해서 그 불만이 타당하다고 인
정되면, 제소한 상인에게 유리한 판결을 내렸다." 현대 상법의 많은 부분이 중세
상행위법이 처결했던 바로 그런 문제들을 다루도록 제정되어 있고 시장에서 믿고
할 수 있는 거래를 보장하는 데 중점을 두고 있다. David Schwab and Elinor
Ostrom, "The Vital Role of Norms and Rules in Maintaining Open Public and
Private Economics," in Paul Zak, ed., Moral Markets 참조.

8 Oliver E. Williamson, "The New Institutional Economics: Taking Stock,
Looking Ahead," Journal of Economic Literature 38 (2000): 595~613.

9 T. Anderson and P. J. Hill, "The Evolution of Property Rights: A Study of the
American West," Journal of Law and Economics 18 (1975): 163~179; John
Umbeck, "The California Gold Rush: A Study of Emerging Property Rights,"
Explorations in Economic History 14 (1977): 197~226.

10 Robert C. Ellikson, Order Without Law: How Neighbors Settle Disputes (Cambridge, MA: Harvard University Press, 1991), 4.

11 Ronald Coase, "The Lighthouse in Economics," Journal of Law and Economics 17 (1974): 357~376. 이와 관련된 여러 문제들을 폭넓게 다룬 내용을 보고 싶다면 다음 책을 참조. Vernon Smith, "Constructivist and Ecological Rationality in Economics."

12 Jared Diamond, Guns, Germs, and Steel: The Fates of Human Societies (New York: W. W. Norton, 1997), 286.

13 같은 책 287.

14 Inaugural Addresses of the Presidents of the United States (Washington, D.C.: U.S. GPO, 1989); bartleby.com, 2001 (www.bartleby.com/124/).

제11장 : 사악함이 부르는 진화의 돌연변이

1 Philip Zimbardo, The Lucifer Effect: Understanding How Good People Turn Evil (New York: Random House, 2007).

2 Aleksandr Solzhenitsyn, The Gulag Archipelago, 3 vols. (New York: Harper & Row, 1973~1978).

3 Charles W. Perdue, John F. Dovidio, Michael B. Gurtman, and Richard B. Tyler, "Us and Them: Social Categorization and the Process of Intergroup Bias," Journal of Personality and Social Psychology 59 (1990): 475~486.

4 Philip Zimbardo, "The Human Choice: Individuation, Reason, and Order Versus Deindividuation, Impulse, and Chaos," in W. J. Arnold and D. Levine, eds., Nebraska Symposium on Motivation, 1969 (Lincoln: University of Nebraska Press, 1970). Zimbardo's The Psychology of Attitude Change and Social Influence (New York: McGraw-Hill, 1991). 스탠퍼드 감옥 실험과 아부그라이브 사이의 연관성에 대한 다른 견해를 알고 싶다면. 다음 책을 참조. William Saletan, "Situationist Ethics: The Stanford Prison Experiment Doesn't Explain Abu Ghraib," Salon.com, May 12, 2004.

5 Stanley Milgram, Obedience to Authority: An Experimental View (New York: Harper, 1969).

6 Solomon E. Asch, "Studies of Independence and Conformity: A Minority of One Against a Unanimous Majority," Psychological Monographs 70, no. 416

(1951). 역시 그가 쓴 "Opinions and Social Pressure," Scientific American, November 1955, 31~35 참조.

7 Gregory Berns et al., "Neurobiological Correlates of Social Conformity and Independence During Mental Rotation," Biological Psychiatry 58 (August 1, 2005): 245~253.

8 같은 책.

9 Edmund Burke, The Portable Edmund Burke, Isaac Kramnick, ed. (New York: Penguin, 1999).

10 2007년 3월 26일에 이뤄진 필립 짐바도의 인터뷰.

11 Joel Bakan, Mark Achbar, and Jennifer Abbott, The Corporation: The Pathological Pursuit of Profit and Power, documentary film, 2003. 같은 제목의 책도 나와 있음.

12 Michael James, "Is Greed Ever Good?" ABC News.com, August 22, 2002, available at http: //abcnews.go.com/Business/story?id=85971.

13 Kurt Eichenwald, Conspiracy of Fools (New York: Broadway Books, 2005); Bethany McLean and Peter Elkind, The Smartest Guys in the Room (New York: Penguin, 2004).이 책을 토대로 해서 제작한 다큐멘터리 필름도 있음. The Smartest Guys in the Room. 엔론의 붕괴에 대해 일반적으로 수용되는 견해를 회의적으로 보는 책. Malcolm Gladwell, "Enron, Intelligence, and the Perils of Too Much Information," The New Yorker, January 8, 2007.

14 Clinton Wallace Free and Norman B. Macintosh, "Management Control Practice and Culture at Enron: The Untold Story," August 8, 2006, CAAA Annual Conference Paper

15 Quoted in Free and Macintosh, "Management Control Practice and Culture at Enron."

16 R. Bryce, Pipe Dreams: Greed, Ego, and the Death of Enron (New York: Public Affairs, 2002), 112.

17 Quoted in B. Gruley and R. Smith, "Anatomy of a Fall: Keys to Success Left Kenneth Lay Open to Disaster," The Wall Street Journal, April 26, 2002, A1, A5.

18 Robert Simons, Levers of Control: How Managers Use Innovative Control Systems to Drive Strategic Renewal (Cambridge, MA: Harvard Business

School Press, 1995).

19 Alex Gibney, Enron: The Smartest Guys in the Room, documentary film, 2005, Independent Lens.

20 같은 책.

21 Quoted in L. Fox, Enron: The Rise and Fall (Hoboken, NJ: Wiley, 2003).

22 Quoted in P. Fusaro and R. Miller, What Went Wrong at Enron: Everyone's Guide to the Largest Bankruptcy in U.S. History (Hoboken, NJ: Wiley, 2003).

23 Quoted in L. Fox, Enron: The Rise and Fall.

24 T. Fowler, "The Pride and the Fall of Enron," The Houston Chronicle, October 20, 2002, 14.

25 고양이는 들이지 마세요. 부탁입니다. "우리가 고양이에게 특별히 나쁜 감정이 있는 건 아니에요. 그러나 우리 회사는 개를 사랑하는 회사입니다. 그래서 우리 생각에는 고양이가 우리 회사에 오면 꽤나 스트레스 받고 뛰쳐나갈 거예요."

26 Robert Cialdini, Influence: The New Psychology of Persuasion (New York: William Morrow, 2006).

27 http://www.google.com/corporate/culture.html.

28 http://investor.google.com/conduct.html.

29 Although one corporate wag said evil is whatever Brin says it is.

30 Last updated January 30, 2007, http://investor.google.com/conduct.html#8.

제12장: 선택과 결정의 순간

1 리드 몬태규의 《왜 이 책을 선택했지?(Why Choose This Book?)》(New York: Dutton, 2006). 이 제목은 1960년대에 애비 호프먼(Abbie Hoffman)이 쓴 고전적 사회비평서 《이 책을 훔쳐라(Steal This Book)》를 생각나게 한다.

2 같은 책 2~3.

3 같은 책 24.

4 같은 책 16.

5 P. Read Montague and Gregory S. Berns, "Neural Economics and the Biological Substrates of Valuation," Neuron 36 (2002): 265~284.

6 Montague, Why Choose This Book? 99.

7 Friedrich Hayek, The Fatal Conceit (Chicago: University of Chicago Press, 1988), 68.

8 Samuel M. McClure, Jian Li, Damon Tomlin, Kim S. Cypert, Latane M. Montague, and P. Read Montague, "Neural Correlates of Behavioral Preference for Culturally Familiar Drinks," Neuron 44 (2004): 379~387.

9 Robert Lee Hotz, "Searching for the Why of Buy," Los Angeles Times, February 27, 2005.

10 An excellent discussion of the discovery of the D4DR gene and its implications for risk-taking behavior can be found in Matt Ridley, Genome: The Autobiography of a Species in 23 Chapters (New York: HarperCollins, 2001).

11 Benjamin Libet, "Unconscious Cerebral Initiative and the Role of Conscious Will in Voluntary Action," Behavior and Brain Sciences 8 (1985): 529~566.

12 Michael Shermer, The Science of Good and Evil (New York: Times Books, 2004), chap. 4.

13 Richard Layard, Happiness (New York: Penguin, 2005).

14 같은 책 223~236.

15 Ludwig von Mises, Human Action, 3rd ed. (Chicago: Contemporary Books, 1966) (orig. pub. 1949), 860.

16 Interview of Mihaly Csikszentmihalyi conducted by the author on April 17, 2007.

17 Frederic Bastiat, Economic Sophisms (Irvington-on-Hudson, NY: Foundation for Economic Education, 1996) (orig. pub. 1845).

18 http://www.brainyquote.com/quotes/quotes/g/georgebern128084.html.

19 http://quotations.about.com/od/moretypes/a/taxquotes1.htm.

20 Quoted in David Boas, Libertarianism: A Primer (New York: Free Press, 1998).

21 Albert Brooks, Who Really Cares: The Surprising Truth About Compassionate Conservatism (New York: Basic Books, 2006).

22 Ruut Veenhoven, "Quality-of-Life in Individualistic Society," Social Indicators Research 48 (1999): 157~186. See also his article "The Four Qualities of Life," Journal of Happiness Studies 1 (2000): 1~39.

23 Cass R. Sunstein and Richard H. Thaler, "Libertarian Paternalism Is Not an Oxymoron," University of Chicago Law Review 70(4) (2003): 1159~1202;

Thaler and Sunstein, "Libertarian Paternalism," American Economic Review 93(2) (2003): 175~179.

24 Sunstein and Thaler, "Oxymoron," 1159.

25 Colin F. Camerer, George Loewenstein, and Matthew Rabin, eds., Advances in Behavioral Economics (Princeton, NJ: Princeton University Press, 2004).

26 http://www.prnewswire.com/mnr/fridays/27066

27 Sunstein and Thaler, "Oxymoron," 1191.

28 배리 슈워츠(Barry Schwartz)는 MRI 유방 촬영을 애초 옵션으로 해놓으면 여성들은 틀림없이 이것을 선택하지 않는다고 주장한다. Barry Schwartz, "Unnatural Selections," New York Times, April 12, 2007, A21.

에필로그 : 진화하는 시장과 함께 가는 경제학

1 www.futurefoundation.org.

2 물론 어떤 뒷북 편향에 의지해, 드러난 사실을 잡고 역사적 기록을 거슬러 올라가면, 소련의 붕괴나 월드 와이드 웹의 탄생을 예측했던 것처럼 보이는 통찰력 있는 누군가를 찾아내는 일은 쉽다. 그러나 여기서는 우리의 목적에 비춰보건대, 그 2가지 사건이 거의 모든 사람을 놀라게 했다는 의미로 받아들이면 될 것이다. 그게 내가 하고 싶은 말이다. 그러나 놀라지 않은 예외를 보고 싶다면 이 책을 참조. John Mueller, Retreat From Doomsday: The Obsolescence of Major War (New York: Basic Books, 1989).

3 Robert Carneiro, "A Theory of the Origin of the State," Science 169(2947) (1970): 733~738.

4 Peter Bellwood, First Farmers: The Origins of Agricultural Societies (Blackwell Publishers, 2004), and Mark Nathan Cohen, The Food Crisis in Prehistory: Overpopulation and the Origins of Agriculture (New Haven: Yale University Press, 1977). The Neolithic revolution may have also led to a shift in parental preference for offspring quality over quantity, especially for those capable of mastering technologies that lead to an increase in survival. See O. Galor and O. Moav, "Natural Selection and the Origin of Economic Growth," Quarterly Journal of Economics 67(4) (2002): 1133~1191.

5 Jared Diamond, Guns, Germs, and Steel: The Fates of Human Societies (New York: W. W. Norton, 1997). See also N. Roberts, The Holocene (Oxford: Basil

Blackwell, 1989).

6 Robert Carneiro, "On The Relationship Between Size of Population and Complexity of Social Organization," in Southwestern Journal of Anthropology 23 (1967): 234~243.

7 Frederic Bastiat, Economic Sophisms (Irvington-on-Hudson, N.Y.: Foundation for Economic Education, 1996) (orig. pub. 1845).

8 Napoleon Chagnon, Yanomamö: The Fierce People (New York: Harcourt Brace, 1992).

9 Ronald M. Berndt, "The Walmadjeri and Gugadja," in Hunters and Gatherers Today, M. G. Bicchieri, ed. (Prospect Heights, IL: Waveland Press, 1988).

10 Jared Diamond, "The Religious Story: A Review of Darwin's Cathedral by David Sloan Wilson," The New York Review of Books, November 7, 2002.

11 후속적인 인종학적 연구에서 다른 인류학자들은 이 토착민들의 주관적인 행복도가 상당히 올라간 점을 발견했다. 즉, 그들은 고질적인 전쟁이 주는 육체적·심리적 부담감을 떨쳐버리자 그 전보다 더 행복해졌던 것이다. 다음 책들을 볼 것. R. B. Edgerton, Sick Societies: Challenging the Myth of Primitive Harmony (New York: Free Press, 1992); and M. P. Ghiglieri, The Dark Side of Man: Tracing the Origins of Male Violence (Reading, MA: Perseus Books, 1999).

12 Robert L. Bettinger, Hunter-Gatherers: Archaeological and Evolutionary Theory (New York: Plenum Press, 1991). 집단 간 폭력과 공격에 대한 연구들을 개괄한 책으로는 Anne Campbell, "Aggression," and Roberg Kurzban and Steven Neuberg, "Managing Ingroup and Outgroup Relationships," in The Handbook of Evolutionary Psychology, David Buss, ed. (New York: Wiley, 2005); and Herbert Gintis, Samuel Bowles, Robert Boyd, and Ernst Fehr, Moral Sentiments and Material Interests (Cambridge, MA: MIT Press, 2005).

13 Rudolf J. Rummel, Power Kills: Democracy as a Method of Nonviolence (New Brunswick: Transaction, 1997). 다음 웹페이지도 참고. http://www.hawaii.edu/powerkills/pk.chapi.htm. 민주주의와 전쟁의 관계에 대한 더 많은 논문을 보고 싶다면 다음을 참조. N. Beck and R. Tucker, "Democracy and Peace: General Law or Limited Phenomenon?" Annual Meeting of the Midwest Political Science Association; Steve Chan, "In Search of Democratic

Peace: Problems and Promise," Mershon International Studies Review (47) (1997); Christian Davenport and David A. Armstrong II, "Democracy and the Violation of Human Rights: A Statistical Analysis from 1976 to 1996," American Journal of Political Science 48(3) (2004); Michael W. Doyle, Ways of War and Peace (New York: W. W. Norton, 1997); Christopher F. Gelpi and Michael Griesdorf, "Winners or Losers? Democracies in International Crisis, 1918~1994," American Political Science Review 95(3) (2001): 633~647; Hyung Min Kim and David L. Rousseau, "The Classical Liberals Were Half Right (or Half Wrong): New Tests of the 'Liberal Peace,' 1960~1988," Journal of Peace Research 42(5) (2005): 523~543; David Leblang and Steve Chan, "Explaining Wars Fought by Established Democracies: Do Institutional Constraints Matter?" Political Research Quarterly 56 (2003): 385~400; Edward D. Mansfield and Jack Snyder, Electing to Fight: Why Emerging Democracies Go to War (Cambridge, MA: MIT Press, 2005); John M. Owen, "Give Democratic Peace a Chance? How Liberalism Produces Democratic Peace," International Security 19(2) (Autumn 1994): 87~125; and James Lee Ray, "Does Democracy Cause Peace?" Annual Review of Political Science 1 (1998): 27~46.

[14] A good place to start is Irenaus Eibl-Eibesfeldt, The Biology of Peace and War (New York: Viking Press, 1979).

[15] Michael Shermer, The Science of Good and Evil (New York: Times Books, 2003).

[16] C. Gamble, Timewalkers: The Prehistory of Global Colonization (London: Alan Sutton, 1993), and T. D. Price and J. A. Brown, eds. Prehistoric Hunter-Gatherers: The Emergence of Cultural Complexity (Orlando, FL: Academic Press, 1985).

[17] Shepard Krech, The Ecological Indian: Myth and History (New York: W. W. Norton, 1999), 152.

[18] J. Rilling, D. A. Gutman, T. R. Zeh, G. Pagnoni, G. S. Berns, and C. D. Kilts, "A Neural Basis for Social Cooperation," Neuron 35 (July 18, 2002): 395~404.

[19] This research was pioneered by Paul Zak at the Center for Neuroeconomics at Claremont Graduate University. See his Web page at http:

//www.llu.edu/llumc/neurosciences/. For the research on national trust, see P. J. Zak, "Trust," Journal of Financial Transformation (CAPCO Institute) 7 (2002): 18~24.

20 Thomas L. Friedman, The Lexus and the Olive Tree (New York: Anchor, 2000); and The World Is Flat (New York: Farrar, Straus and Giroux, 2005).

21 Michael Shermer, "Starbucks in the Forbidden City," Scientific American, July 2000, 34~35.

22 로버트 라이트(Robert Wright)는 역사와 인간의 삶에 있어서 비(非)제로섬의 협력적인 관계에 대한 유용한 작업을 했는데, 그 속에서 이런 평화에 관한 훌륭한 논지를 펼치고 있다. Nonzero: The Logic of Human Destiny (New York: Vintage, 2002), 215~216.

23 Don Tapscott and Anthony D. Williams. Wikinomics: How Mass Collaboration Changes Everything (New York: Penguin/Portfolio, 2006).

24 점점 커지고 있는 세계화의 움직임에 대한 정리를 아주 잘해놓은 책이 내가 이 책을 끝마칠 무렵에 출간되었다. 바로 이 책이다. Nayan Chanda's Bound Together: How Traders, Preachers, Adventurers, and Warriors Shaped Globalization (New Haven: Yale University Press, 2007).

25 Ludwig von Mises, The Anti-capitalistic Mentality (Indianapolis: Liberty Fund, 2006) (org. pub. 1956).

26 토머스 페인(Thomas Paine), 에이브러햄 링컨, 그리고 몇몇 사람들이 이와 비슷한 말을 했다. 그 중에는 아일랜드의 웅변가 존 필폿 큐런(John Philpot Curran)이 있다. 그는 1790년에 이런 말을 한 것으로 전해진다. "신께서 인간에게 자유를 주실 때의 조건은 영원히 경계심을 품어야 한다는 것이었다."

27 이 문장은 인간진보연구소의 모토가 되었다. 그리고 이 글을 내 눈에 띄게 해준 제이 스튜어트 스넬슨에게 감사한다.

진화하는 경제의 흐름을 읽는 눈

진화경제학

지은이 | 마이클 셔머
옮긴이 | 박종성
펴낸이 | 김경태
펴낸곳 | 한국경제신문 한경BP
등록 | 제 2-315(1967. 5. 15)

제1판 1쇄 발행 | 2009년 11월 10일
제1판 2쇄 발행 | 2009년 12월 15일

주소 | 서울특별시 중구 중림동 441
홈페이지 | http://www.hankyungbp.com
전자우편 | bp@hankyung.com
기획출판팀 | 3604-553~6
영업마케팅팀 | 3604-595, 555   FAX | 3604-599

ISBN 978-89-475-2725-5   03320
값 25,000원